Mosaik
bei GOLDMANN

Buch

Traditionelle Meditation diente männlichen Priestern zur Abkehr von der Welt und ihren Versuchungen. Was diesen Hintergrund betrifft, entspricht sie ganz und gar nicht weiblichen Bedürfnissen: Frauen brauchen Meditationsarten, die ihre ganze Psyche – mit allem, was dazugehört – ansprechen. Camille Maurine und Lorin Roche bieten einen modernen, revolutionären Ansatz speziell für ihre Bedürfnisse und Ziele. Unter ihrer Anleitung kann jede Frau ihre ganz persönliche Art zu meditieren entwickeln und durch die Versenkung zu sich selbst und ihrer Umwelt zurückfinden.

Autoren

Camille Maurine und ihr Mann Lorin Roche bringen die verschiedenen Komponenten ihrer jeweiligen Erfahrung mit dem Thema Meditation ein: Maurine kommt von der Transzendentalen Meditation, dem Zen und dem tibetischen Buddhismus – Roche ist eher mit der Meditation des Himalaya vertraut.

CAMILLE MAURINE
LORIN ROCHE

Meditation
Geheimnisse für Frauen

Entdecken Sie Leidenschaft,
Freude und inneren Frieden

Aus dem Amerikanischen
von Tatjana Kruse

bei GOLDMANN

Für die weisen Frauen aller Zeitalter.
Für jene, die ihre Stimme gefunden haben,
und für jene, die leise hinter den Kulissen arbeiten.
Für die fröhlichen Dakinis,
die ihre Geheimnisse geteilt haben.

Umwelthinweis:
Alle bedruckten Materialien dieses Taschenbuches
sind chlorfrei und umweltschonend.

Deutsche Erstausgabe August 2002
© 2002 Wilhelm Goldmann Verlag, München,
ein Unternehmen der Verlagsgruppe Random House GmbH
© 2001 by Camille Maurine and Lorin Roche
Originaltitel: Meditation. Secrets for Women.
Originalverlag: HarperCollins Publishers, Inc., New York
Umschlaggestaltung: Design Team München
unter Verwendung folgender Fotos: Zefa/SIS
Lektorat: Petra Kunze
Satz: Barbara Rabus, Sonthofen
Druck: GGP Media, Pößneck
Verlagsnummer: 16506
Kö · Herstellung: Max Widmaier
Printed in Germany
ISBN 3-442-16506-7
www.goldmann-verlag.de

1 3 5 7 9 10 8 6 4 2

Inhalt

Vorwort

Dieses Buch entstand aus lebhaften Gesprächen mit meinem Ehemann Lorin, die wir das erste Mal 1983 führten und bis heute fortsetzen. Wir unterrichten beide Meditationstechniken und sprechen häufig über das Zusammenspiel von Meditation und Liebe, Arbeit, Hobbys, Kreativität und Gesundheit. Eines unserer zentralen Anliegen ist die Frage, wie man die Meditation in die Herausforderungen und Freuden des modernen Lebens integrieren kann.

Wir sind beide unendlich dankbar für die uralten Traditionen, insbesondere die fernöstlichen. Aber das Reich der Meditation ist nicht nur eine Männerwelt, es ist eine Welt von Mönchen gewesen. Jahrtausendelang waren Mönche die wichtigsten Hüter des Wissens um die Meditation sowie die Schöpfer der Meditationstechniken, und dabei haben sie sich natürlich in erster Linie um ihre eigenen Bedürfnisse gekümmert. Infolgedessen sind die meisten Meditationslehren immer noch von Einstellungen geprägt, die in einer fernen Vergangenheit funktionierten, in Asien, für zurückgezogen und zölibatär lebende Männer. Viel zu wenig ist darüber bekannt, was für Frauen funktioniert, vor allem für die Frauen von heute. Allmählich werden die Meditationstechniken an den Westen angepasst, aber es ist an der Zeit für einen neuen Schwerpunkt, einen, der sich insbesondere um die Bedürfnisse und Stärken der Frauen kümmert.

Seit Mitte der Siebzigerjahre unterrichte ich Meditationstechniken, hauptsächlich im Zusammenhang mit Bewegung, wobei ich in-

nere Bewusstheit mit äußerem Ausdruck verbinde. Im Laufe der
Zeit haben zahllose Frauen ihre Einsichten mit mir geteilt, während
wir zusammen die Tiefen weiblicher Erfahrung erforschten. Lorin
lehrt seit 1970 Meditationstechniken. In seinem Unterricht versucht er, mehr über das Leben seiner Schüler und Schülerinnen he-
rauszufinden – über ihre Sehnsüchte, ihre Vorlieben, ihre innewohnende Weisheit. Anstatt rigide Techniken vorzugeben, hilft er ihnen,
die Übungen maßzuschneidern, damit sie der individuellen Persönlichkeit entsprechen.

Lorin prüft ständig, was alles funktioniert. Eines Morgens, gleich
nach meiner Meditation, fragte er mich: »Was müssen Frauen wissen, um bei ihrer Meditation aufzublühen?«

Ich antwortete aus dem meditativen Zustand heraus, und er
schrieb alles, was ich sagte, auf große Karteikarten, die er auf dem
Teppich ausbreitete. Später begutachteten wir diese Karten, und ich
meinte: »Weißt du, das sind eigentlich Geheimnisse. Wenn Menschen an Meditation denken, dann fallen ihnen diese Prinzipien für
gewöhnlich nicht ein, aber für Frauen sind sie von entscheidender
Bedeutung. Die meisten Meditationslehren verstehen weder den
weiblichen Körper noch die weibliche Psyche.« Daraufhin schlug
Lorin vor: »Warum schreiben wir nicht ein Buch darüber, damit
mehr Frauen davon erfahren?« Zuerst tat ich diese Idee ab, weil ich
bereits mit anderen kreativen Projekten vollauf beschäftigt war.
Aber dann vertraute mir eine alarmierend große Zahl von Freundinnen und Schülerinnen – hoch gebildete und spirituell orientier-
te Frauen – an, dass sie Antidepressiva nahmen. Ihre Depressionen
und ihre Angstzustände schienen mir der viel sagende Ausdruck einer größeren kulturellen Dynamik zu sein: dem drängenden Bedürfnis der Frauen, ihren inneren Boden zurückzuerobern. Ich wurde in meinem Bemühen noch leidenschaftlicher und widmete mich
wieder ganz diesen Fragen. Lorin und ich setzten unsere Seminar-
arbeit fort, und bald darauf war ich für dieses Buch bereit.

Meditation — Geheimnisse für Frauen ist die Synthese unserer zahllosen Gespräche. Der ganze Prozess erwies sich als ein bemerkenswert nahtloser und sich gegenseitig ergänzender Strom zwischen uns beiden. Ich glaube, diese Geheimnisse sind für jede Frau absolut notwendig, die meditieren will, ob sie nun eine erfahrene Reisende in innere Welten ist oder ob sie noch ganz am Anfang ihrer Reise steht. Ich hoffe sehr, dass Sie durch diese Geheimnisse Zugang zu mehr Freude und Sinngehalt finden, sowohl in der Meditation als auch im Leben.

Lorin und ich danken allen Frauen, die uns Einblick in ihre Innenwelt gewährten. Ihre Geschichten haben den Grundstein für dieses Buch gelegt und es inspiriert.

CAMILLE MAURINE
Marina del Rey, Kalifornien
Sommer 2000

Einleitung

Die sinnlichen Gezeiten des Atems,
die Wärme der Sonne auf der Haut,
Licht, das die Augenlider berührt wie ein
    Kuss,
das beruhigende Rascheln von Blättern im
    Wind,
das befriedigende Gefühl, von der Erde
    getragen zu werden –
nichts Bestimmtes, was man tun oder sein
    müsste,
nur das Gewebe des Lebens in diesem
    Augenblick genießen …

Entspannen, sich lösen, sich der Sinnlichkeit
    hingeben, einsinken, loslassen, tiefer,
    tiefer …
Atem, der sich ausbreitet, alles in mir massiert,
    eine sanfte Berührung … aaah …
Muskeln, die sich entspannen, ein Seufzer der
    Erleichterung, bis hinein in die Knochen.
Hier, jetzt, die Bewegung des Lebens,
die mich berührt, die mich heilt, mir ihre
    schlichte Wahrheit offenbart –
ich tauche ein in die Umarmung des Lebens.

Ja, ich höre das Ja.
Und meine Antwort, ja.
Ich bin diese Bewegung.
Ich bin zu Hause.

Finden Sie heim zu sich selbst

Das ist Meditation: sich in der Welt der Sinne räkeln, einfach in sich ruhen, sich selbst schamlos genießen.

»Wie bitte?«, werden Sie jetzt fragen. »Ich dachte, man muss sich selbst disziplinieren, um meditieren zu können. Ich dachte, man muss sich vom Vergnügen distanzieren, die Sehnsüchte ausklammern, den Geist leeren.« Nach zusammen über fünfzig Jahren Erfahrung lautet unsere Antwort darauf laut und deutlich: *Nein!*

Die Natur hat uns derart gestaltet, dass wir im körperlichen Zustand der Freude erblühen. Wenn wir dieses grundlegende Bedürfnis anerkennen, wird jede Zelle, jede Pore unseres Körpers und unserer Seele, erfüllt und lebendig. Etwas tief in uns — dieser ursprüngliche Ort jenseits unserer Alltagspersönlichkeit — wird befriedigt. Etwas, das berührt und mit Vergnügen angefüllt wird, erwacht, wie ein Tier, das schnurrend zu Gesundheit und Kraft findet, oder eine zarte Pflanze, die zu herrlich leuchtenden Farben erblüht.

Das schlichte Vergnügen, sich im eigenen Körper völlig zu Hause zu fühlen, bringt uns in Kontakt mit den ständigen Rhythmen der Natur. Wir bekommen ein sicheres Gefühl für uns selbst als einen Organismus innerhalb eines größeren natürlichen Umfelds — wir sind verbunden, umgeben, sicher. Wenn wir uns mit Genuss in unserem Innern entspannen, spüren wir, dass wir frei werden, um tief in uns in einen Zustand des mühelosen Fließens überzugehen. Das Pulsieren von Atem und Blut verlangsamt sich zu einem beruhigenden Tanz. Unsere Sinne weiten sich, wir fühlen uns den Prozessen des Lebens näher.

Diese Offenheit, mit der wir das Leben berühren, ist zutiefst heilend und zugleich nährend. Der Körper öffnet sich empfangend, und wir werden durchdrungen von der gewaltigen, fruchtbaren, lebensspendenden natürlichen Welt. Uns wird klar: *Hier ist das Leben. Ich bin hier. Ich bin am Leben.*

Die Zeit, die Sie mit der Meditation verbringen, eignet sich hervorragend dazu, diese natürliche Verbundenheit zu kultivieren. Es mag den Anschein haben, als würden Sie sich nur verwöhnen und in Luxus schwelgen, aber eine solche Verbindung ist lebensnotwendig. Wenn es Frauen bei ihrer Meditation gut gehen soll, dann müssen sie ihre Übungen auf dieses ursprüngliche Gefühl des Wohlbefindens gründen. Der Körper, die Instinkte, die Gefühle dürfen nicht geleugnet werden. Ihre Meditation sollte eine tiefe, intime Beziehung zu sich selbst, zu Ihrem Atem und Ihrem Leben beinhalten. Großes Vergnügen ist wie ein Stamm, der zu Ihren weiblichen Wurzeln führt, der Sie mit der reichen, fruchtbaren Muttererde verbindet und die Lebenskraft nach oben zieht, sodass Ihre Individualität erblühen kann. Wenn Ihre Meditation auf Vergnügen aufbaut, werden Sie durch sie zu Ihren Gefühlen kommen, Sie werden nach Hause finden.

Die Meditation ist eine Zeit, die Sie nur mit sich verbringen – ein heiliger Zeitraum –, um dieses zu Grunde liegende Ja des Lebens zu spüren, die Bestätigung Ihres Seins. An diesem weiten, positiven Ort spüren Sie das Ja Ihrer eigenen Reaktion auf das Leben, das aus Ihrer Tiefe heraufdringt – und nicht auf Disziplin gründet, sondern auf Vergnügen, nicht auf Anforderungen, sondern auf Liebe.

Eine Einladung

Welche Frau sehnt sich nicht nach mehr Zeit für sich selbst, ohne irgendjemandem etwas vorspielen zu müssen? Eine Zeit, in der sie

sich ausruhen, erneuern, zur Ruhe finden kann. Um all die Gedanken zu Ende zu führen, die ihr den ganzen Tag über durch den Kopf
gegangen sind. Um ihre eigenen Gefühle aus dem Netz der Gefühle anderer auszusortieren. Um in Kontakt mit sich selbst zu kommen, mit ihrem Körper, ihrem Rhythmus. Um ihr Gespür für etwas
zu klären. Um zu ihrer Essenz zurückzufinden …

Die Frauen, mit denen wir arbeiten, erzählen uns ständig von
dieser Sehnsucht. Aber wenn wir auf die Meditation zu sprechen
kommen, reckt der Widerstand sein Haupt:

- »Ich möchte ja meditieren, aber ich habe einfach nicht die Zeit
  dafür.«
- »Ich kann nicht im Schneidersitz still sitzen – da tun mir die
  Knie weh.«
- »Alle Gedanken aus meinem Kopf kriegen? Das ist doch wohl
  ein Witz?«
- »Ich soll ruhig werden und alle Menschen lieben? Ach, kommen
  Sie – ich kann dem Schwirren in meinem Kopf unmöglich Ein-
  halt gebieten.«
- »Dazu fehlt mir die Disziplin.«
- »Meditation soll einem doch gut tun, oder? Aber das klingt al-
  les so trocken und langweilig. Ich möchte mir nicht so viel ver-
  sagen müssen.«

Was wäre, wenn wir Ihnen jetzt erzählen, dass es keine abscheu-
lichen Regeln gibt, denen Sie folgen müssen? Dass es bei der Meditation nur darum geht, Sie selbst zu sein? Was wäre, wenn wir Ihnen
sagen, dass Sie sich überhaupt nicht verändern müssen, um alle Vorzüge des Meditierens genießen zu können?

Tja, genau darum geht es in diesem Buch.

Die wunderbare Wahrheit lautet, dass Sie bereits wissen, wie
man meditiert. Wir sind nur hier, um Ihnen die Erlaubnis zu geben
– die Erlaubnis, auf Ihre ganz eigene Weise zu meditieren. Wenn Sie

für angenehme Rahmenbedingungen sorgen, geschieht Meditation völlig spontan. In diesem Buch geht es darum, wie man solche Bedingungen für sich selbst erschafft. Die Meditation sorgt für eine Pause, die mehr entspannt als Schlaf. Sie ist erfrischend und wirkt verjüngend. Sie ist gut für Ihre Gesundheit und befähigt Sie, besser mit Stress umzugehen. Sie hilft Ihnen, in Harmonie mit Ihrer Umwelt zu leben. Hunderte wissenschaftlicher Studien haben diese wohltuenden Wirkungen nachgewiesen. Aber Sie können diese Vorzüge nur dann ganz ausschöpfen, wenn Sie einen weiblichen Weg finden, der für Ihr persönliches Leben maßgeschneidert ist.

Es gibt eine ernüchternde, aber letztlich befreiende Wahrheit, die Sie sich von Anfang an klarmachen sollten. Uralte Meditationstechniken wurden nicht für den Körper und die Psyche von Frauen erfunden. Jahrelang haben Lorin und ich uns gefragt: »Wie sieht der spezifisch weibliche Zugang zur Meditation aus? Warum blühen manche Frauen bei der Meditation auf, während andere nur langsam vorankommen oder gar aufhören?«

Wir haben Frauen zugehört, wenn sie von ihren Meditationserfahrungen erzählten, und wir haben erlebt, dass Frauen zur Meditation geboren sind. Wenn sie die Gelegenheit haben, fallen sie in eine tiefe Meditation und bleiben eine ganze Weile so versunken, selbst wenn sie noch nie zuvor meditiert haben. Lorin hat herausgefunden, dass viele Menschen spontan Meditationstechniken erfinden und sie jahrelang mit guten Ergebnissen umsetzen – und dabei häufig unbewusst klassische Techniken neu erschaffen. Auf gleiche Weise arbeiten viele Frauen mit mir, weil sie auf einer körperlichen Ebene, durch subtiles Erspüren und Bewegen, zu neuen Einsichten gelangen wollen. Wenn wir das Verständnis dieser Menschen dafür erweitern, was Meditation alles sein kann, treten sie in einen tiefen und transformierenden Bewusstseinszustand ein.

Was wollen wir damit sagen? Frauen brauchen einen andersartigen Zugang zur Meditation. Für sie sollte die Meditation fröhlich, sinnlich, hingebungsvoll, lebendig sein. Sie sollte im Vergnügen wurzeln. Jede Frau benötigt eine ganze Hand voll Techniken, nicht nur eine einzige. Die alten, rigiden Zeitvorgaben, die Regeln über die Unbeweglichkeit und die Anweisungen, wie man seine Gefühle blockiert, verwehren der Frau ihr grundlegendes Recht, das Leben so zu ersehen, zu schmecken und zu erleben, wie sie es sich zutiefst wünscht. Frauen leben unmittelbar im natürlichen Rhythmus des Lebens – eine emotionale und körperliche Verbindung, die wir anerkennen und befriedigen müssen.

Wir laden Sie mit unserem Buch ein, die Meditation als Möglichkeit zu sehen, sich mit diesem natürlichen Rhythmus zu verbinden und ihn nicht zu verdrehen. Betrachten Sie die Meditation als eine Möglichkeit, sich selbst zu respektieren und all Ihre Erfahrungen zu begrüßen – in welcher Stimmung Sie auch sind und ohne die Realität zu leugnen oder zu verdrängen.

Die zwölf Meditationsgeheimnisse, die wir Ihnen hier vorstellen wollen, sind so einfach, dass man sie nur allzu leicht übersieht. Warum ist der Wert des Vergnügens für Frauen nur ein solches Geheimnis? Dieser Zustand ist derart natürlich und grundlegend, derart lebensbejahend, dass man denken sollte, wir alle würden ihn feiern, ihn für selbstverständlich halten, ihn als natürlich akzeptieren oder sogar als unser Geburtsrecht, was er ja auch ist. Vielen von uns fällt es schwer, sich die Erlaubnis zu geben, in diesem fundamentalen und nährenden Zustand zu verweilen. Als ob wir eine Erlaubnis bräuchten! Als ob die Welt auseinander fallen würde, wenn wir es uns gut gehen ließen. Als ob wir gesteinigt oder auf dem Scheiterhaufen verbrannt würden, wenn wir uns unserer natürlichen Sinnlichkeit hingeben.

Wenn wir uns voller Vergnügen in uns selbst entspannen, treffen wir irgendwann auf tief sitzende, kulturelle Tabus, die es uns verbieten wollen, unsere Sinnlichkeit zu genießen, unseren Körper zu lieben, in unserem weiblichen Selbst zu ruhen. Wir werden mit den verborgenen Vorurteilen konfrontiert, dass all dies hedonistisch sei, selbstsüchtig, minderwertig, verrucht, hohl, frivol oder gar sündig.

(Möchten Sie an dieser Stelle Ihre eigenen Adjektive einsetzen?) Sobald Sie also meditieren, werden Sie sich höchstwahrscheinlich diesen Tabus stellen müssen – all den Kontrollmechanismen, die man
Ihnen als Frau eingetrichtert hat. Auch all die kritischen Beurtei-
lungen Ihrer eigenen Person werden mit Sicherheit an die Oberfläche kommen. Das Wunderbare an der Meditation ist, dass Sie die
Chance erhalten, ganz in sich zu ruhen und Ihre Individualität zu
feiern.

Nähern Sie sich unseren *Geheimnissen* so, als ob Sie durch eine Tür
in eine Welt treten würden, nach der Sie sich immer sehnten, von
der Sie immer schon vermuteten, dass es sie geben muss. Und bitte,
bitte kommen Sie so, wie Sie sind. Zwingen Sie sich nicht, sich zu
ändern oder zu »verbessern« – Sie müssen nicht ehrerbietig sein,
Sie müssen nicht ernsthaft sein. Kommen Sie so, wie Sie sich in diesem Augenblick fühlen: neugierig, fröhlich, müde, aufrührerisch,
liebevoll, sauer, nervös, verspielt, voller Energie oder schläfrig. Treten Sie ein. Lassen Sie sich von den weit geöffneten Armen umfassen. Heißen Sie alles willkommen, was Sie in sich finden, vom Kleinen zum Gewaltigen, vom Zärtlichen zum Weisen, vom Profanen
zum Göttlichen. Sie werden feststellen, dass die Meditation Ihr
Herz nährt. Und wie der Besuch bei einer inneren Therapeutin, wie
ein Kurzurlaub, eine emotionale Einstimmung oder eine magische
Heilung, so ist auch die Meditation eine Erfahrung, aus der Sie
ganzheitlicher herausgehen, authentischer und mit der Kraft, Ihr
bestes Ich zu sein.

Ein gesunder Ansatz

Hier sind wir also, in der Welt von heute, in der Millionen Menschen aus allen Berufsgruppen täglich meditieren – und weitaus weniger als ein Prozent davon sind Mönche. Über die Hälfte aller Meditierenden sind Frauen: Sportlerinnen, Geschäftsfrauen, Lehrerinnen, Studentinnen, Künstlerinnen, Sängerinnen, Therapeutinnen,
Schauspielerinnen, Mütter, Töchter und Heilerinnen. Frauen sind

Teil der spirituellen Gleichheit geworden, nicht nur als Anhängerinnen und Schülerinnen, sondern auch als Lehrerinnen und Führerinnen. Doch die überwältigende Mehrheit der vielen tausend Bücher über Meditation stammt von Männern, die verschiedenen klösterlichen Wegen folgen. Im Allgemeinen untermauern die Meditationstraditionen dieser Welt die folgenden Vorstellungen:

> Besser still sitzen als tanzen.
> Besser wunschlos sein als Wünsche haben.
> Besser distanziert sein als sich engagieren.
> Besser mitfühlend sein als leidenschaftlich.
> Besser sich zurückhalten als lieben.
> Besser gehorsam sein als trotzig.
> Besser sich unterwerfen als unabhängig sein.
> Besser dem erprobten Weg folgen als dem eigenen.
> Besser das Ego töten als seine Individualität leben.
> Besser leer sein als voll.
> Besser männlich sein als weiblich.

Mönche legen Gelübde der Keuschheit, der Armut und des Gehorsams ab, und darum bezwecken sie mit ihrer Meditationspraxis natürlich, diese Gelübde besser zu leben und alle gegenteiligen Impulse niederzuschmettern. Mönchtum und Meditation werden gern verwechselt, aber in Wirklichkeit haben sie nur wenig miteinander zu tun. In seinen Reden verkündet der Dalai Lama immer wieder eine Weisheit, der wir von Herzen zustimmen: »Werden Sie kein Mönch, werden Sie kein Tibeter. Leben Sie Ihr eigenes Leben, Ihre eigene Religion. Meditieren Sie einfach, seien Sie glücklich und zeigen Sie Mitgefühl für alle Lebewesen.«

Die Meditation ist eine Möglichkeit, Ihre Gedanken, Emotionen, Sinne und Ihre Aufmerksamkeit in den Griff zu bekommen und dadurch zu einem tiefen und friedlichen Zustand der Ruhe zu gelangen. Wenn das funktioniert, kann das zu einer inneren Har-

monie führen, die wunderbar revitalisierend wirkt. Aber was geschieht, wenn Sie sich die Technik eines anderen aufzwingen? Was
geschieht, wenn Sie sich einen Stil oder eine »mentale Software« zu
Eigen machen, die eigentlich für einen anderen Menschen mit einem anderen Lebensstil entwickelt wurde? Für gewöhnlich wird Sie
das verwirren, und Sie beschleicht das Gefühl, versagt zu haben.

Bei unseren Gesprächen unterhielten Lorin und ich uns auch oft
über die Transzendentale Meditation (TM), die ich 1972 erlernte.
Lorin hatte TM bei Maharishi gelernt und diese Technik von 1970
bis 1975 unterrichtet. Er dachte viel über eine Differenzierung
nach, auf die Maharishi großen Wert legte: dass es nämlich einen
entscheidenden Unterschied zwischen dem Weg der Einsamkeit beziehungsweise des Mönchtums und dem Weg eines »Haushalters«
gebe. »Er machte mir klar, dass Haushalter – Menschen, die in der
Welt leben – sich durch das Abenteuer entwickeln: indem sie ihre
Leidenschaften leben, indem sie es wagen, Bindungen einzugehen,
große Intimität zuzulassen und mit der ständig wechselnden Struktur ihrer Beziehungen umzugehen. Der Weg des Haushalters besteht darin, in Berührung mit dem inneren Frieden zu kommen, indem man morgens eine halbe Stunde meditiert und dann loszieht,
um aktiv und dynamisch daran zu arbeiten, diese Welt zu einem
besseren Ort zu machen. Wie immer, wenn er lehrte, gab er uns die
Anweisung, den Menschen Möglichkeiten der Meditation an die
Hand zu geben, mit denen sie ihre Hoffnungen und Pflichten erfüllen konnten, nicht solche, die all das untergruben. Wenn wir mit
einer Geschäftsfrau arbeiteten, dann sollten wir ihr eine Technik
beibringen, die ihr half, in ihrem Arbeitsleben ruhig und glücklich
zu sein. Wir sollten ihren Ehrgeiz ermutigen.«

Nach Maharishi ist es grundfalsch, wenn Lehrer Menschen, deren Gedanken sehr geschäftig sind, dazu auffordern, alles Denken
einzustellen. Denn dadurch verknoten diese sich nur und kämpfen
gegen ihre eigene innere Dynamik an – eine Schlacht, die sie unmöglich gewinnen können. Diese Erkenntnis stellt sich dem uralten

Meditationsklischee entgegen, dass der Geist absolut still zu sein habe. Das mag ja möglich sein, wenn man in einer Höhle lebt oder in einem religiösen Orden und das Leben bis ins Extrem vereinfacht ist; man lebt in der Einsamkeit, hat keinen Beruf, muss nicht mit Geld umgehen, hat keine Lebensträume und folgt einfach den Anordnungen der Ordensoberen. Wenn Sie jedoch in der Welt leben, Menschen lieben, leidenschaftliche Gefühle hegen und einem Beruf nachgehen, dann können und dürfen Sie nicht versuchen, sich bei Ihrer Meditation Stille aufzuzwingen. Es funktioniert viel besser, wenn Sie die Bewegung begrüßen, einschließlich der Bewegung von Emotionen und Gedanken. Diese Art der Meditation verleiht Ihnen das Gefühl der Stille-in-Bewegung. Sie mag nur wenige Sekunden oder Minuten dauern, aber sie ist da und Sie haben sie berührt.

Der Körper und die Psyche von Frauen haben besondere Bedürfnisse und Stärken. Damit wir gesund meditieren können, müssen wir Folgendes berücksichtigen:

- Körperrhythmen und Hormonschwankungen
- Emotionale Komplexität und Reife
- Verwandtschaftliche Basis
- Intuition
- Natürliche Sinnlichkeit
- Fähigkeit zur Multifunktionalität
- Tiefe Verbundenheit mit den Lebenszyklen

Neuere Forschungsergebnisse in der Physiologie der Frau, manchmal auch »Befreiungsbiologie« genannt, spielen eine wichtige Rolle bei der Untermauerung dieser Attribute. Jüngste Studien zeigen beispielsweise strukturelle Unterschiede zwischen männlichen und weiblichen Gehirnen und weisen nach, dass Frauen normalerweise beide Gehirnhälften benützen, um Informationen zu verarbeiten. Solche Erkenntnisse deuten darauf hin, dass es eine biologische Basis gibt für den Zugang, den Frauen zum Unbewussten, zu emotionaler Bewusstheit und zu einer erweiterten Sicht des Lebens haben, und dass dieser Zugang auf wechselseitiger Verbundenheit basiert.

Das Nervensystem von Frauen ist bereits höchst empfänglich; wir brauchen keine rigiden Übungen, um es empfänglich zu machen. Für Frauen ist es viel wichtiger, die Meditation als sicheres Heiligtum zu betrachten, in dem sie diese Empfänglichkeit verarbeiten und integrieren können. Frauen verdrängen nicht im selben Maße, wie es Männer tun, und unsere innere Realität sieht anders aus. Das sollten wir feiern, nicht fürchten oder uns gar dafür schämen.

Wenn man diesen Unterschieden bei der Meditationstechnik nicht Rechnung trägt, werden die Frauen um ihre Vorzüge betrogen. Sie können sich bei der Meditation verletzen, ebenso wie beim Joggen oder Tanzen, wenn man Ihnen rigide Techniken aufzwingt. Die Meditation führt Sie in eine Versenkung, bei der Sie Tiefen berühren, in denen Sie neu geschaffen werden. Sie installieren dabei eine bestimmte Qualität in den subtilen Energiekreisen (oder *Nadis*) Ihres Nervensystems. Wenn Sie also Unterdrückung aufzwingen, dann reicht das tief. Entspannung ist sinnlich, ja sogar sexy und elektrifizierend. Aber da viele Frauen geistig auf den Guru und die Regeln fokussiert sind, stutzen sie ihre natürliche Vitalität zurecht. Infolgedessen sind sie zwar während und nach der Meditation ruhig, jedoch devitalisiert und bleich. Eine frauenfreundliche Meditation gibt Frauen die Chance, ein gesundes Selbstwertgefühl aufzubauen, und lässt sie erkennen, wer sie in ihrem tiefsten Innern wirklich sind. Diese Verbindung zum weiblichen Kern ist kostbar und darf nicht verunglimpft werden.

Als eine Frau, die in der Meditation förmlich aufblüht, kann ich Ihnen versichern, dass das Meditieren eine meiner Lieblingsbeschäftigungen ist. Im Laufe der Jahre habe ich mehrere alte Methoden studiert – Transzendentale Meditation, esoterisches Yoga, Zen und tibetischen Buddhismus. Ich fühle mich diesen spirituellen Kulturen eng verbunden und weiß ihre Techniken zu schätzen, aber mir wurde klar, dass ich durch mein Leben als weibliches Wesen im Amerika des 21. Jahrhunderts eine völlig andere Bewusstseinserfahrung mache. Je mehr ich die Strenge äußerer Strukturen loslassen konnte und lernte, auf mein Inneres zu hören, desto gesünder fühlte ich mich. Ich vertraue heute der Lebendigkeit, die mich durchströmt und mir jeden Tag aufs Neue sagt, welche Übung ich brauche – immer als Antwort auf die Bewegung meines Lebens und immer als wunderbarer Ausgleich.

Eines Morgens fütterte Lorin gerade in der Küche die Katze, als ich aus dem Schlafzimmer kam. Ich hatte bis weit nach Mitternacht eine Performancegruppe unterrichtet und war verdrießlich, müde und ungekämmt. Meine Haare standen in alle Richtungen ab – und genauso fühlte ich mich auch. Ich murmelte: »Ich bin prämenstruell drauf«, und nachdem ich mir eine Tasse Tee gemacht hatte, verschwand ich wieder im Schlafzimmer, um zu meditieren. Als ich eine halbe Stunde später wieder auftauchte, sah Lorin mich an und lachte: »Erstaunlich, wie du das machst. Jetzt siehst du gelassen, gepflegt und erfrischt aus, als ob du einen ganzen Tag im Schönheitssalon verbracht hättest.«

»Gelassen? Ha! Die ersten fünf Minuten habe ich geknurrt, gezischt und gezittert. In den nächsten fünf Minuten hat sich mein Atem in Schluchzer verwandelt. Dann habe ich zehn Minuten lang gesummt und meinen Körper mit dem Strom der Elektrizität geschaukelt. Die letzten Minuten saß ich mit offenen Augen einfach nur da und grinste böse. Ich gleiche eher einem wilden Tier als einem gelassenen Menschen. Aber ich fühle mich wieder wie an einem Stück, mein Fell ist geglättet, und ich muss zugeben, ich bin definitiv erfrischt!«

Lorin erwiderte: »Weißt du, jetzt sehe ich Tag für Tag und Jahr für Jahr, wie du diese Magie anwendest, bei jeder Stimmung und unter allen möglichen Umständen.« (Wir waren damals seit fünfzehn Jahren verheiratet.) »Aber was du tust, während du meditierst, steht in keinem Lehrplan. Es würde viele Menschen überraschen.

Knurren? Schluchzen? Das klingt nicht besonders distanziert!« Lorin brach in Gelächter aus. »Das ist so ein weiblicher Ansatz, so gesund – du unterdrückst absolut gar nichts.« Ich wusste, was er damit sagen wollte: Diese sinnliche, instinktive Lebendigkeit haben die meisten Menschen nicht gerade vor Augen, wenn sie an Meditation denken.

Viele Frauen weinen während der Meditation. Wenn Sie bei Kinofilmen gern in Tränen ausbrechen, dann wird es Ihnen in der Meditation wahrscheinlich genauso gehen, weil Sie dabei die Chance haben, Ihr Herz dahinschmelzen zu lassen und sich all der Liebe hinzugeben, die Sie verspüren. In den meisten Meditationsbüchern ist von Tränen keine Rede, doch das Dahinschmelzen ist eine Möglichkeit, Transzendenz durch das Herz zu erlangen. Das Leben selbst ist ein großartiger Lehrer. Wenn Sie jemanden oder etwas mit völliger Hingabe ansehen – ein Haustier oder ein Baby oder Ihren Liebhaber –, dann sind Sie in diesem Augenblick nicht ich-bezogen. Sie haben das Gefühl, Teil von etwas Größerem zu sein. Sie fühlen sich verbunden. Mit oder ohne Liebe, wir lernen viel über unser Ego. Der Bereich des Persönlichen führt zur Transzendenz, weil alle Beziehungen uns verändern, und unser Herz in dem Maße, wie wir uns auf die Beziehung einlassen, davon berührt wird. Achten Sie einmal auf diese Bewegung der Veränderung, und schon sind Sie mitten in einer Meditation.

Wenn Frauen eine Meditationstechnik so adaptieren, dass sie zu ihrer ganz individuellen Art passt, scheinen ihnen die wenigen Modifikationen, die sie vornehmen, nichts weiter als »gesunder Menschenverstand« oder »Intuition« zu sein. Sie scheuen sich oft, ihre Tipps anderen mitzuteilen, denn für sie sind das keine weisen Erkenntnisse; ganz im Gegenteil, die Frauen, mit denen wir darüber gesprochen haben, schämen sich oft, weil sie offensichtlich nicht in der Lage sind, sich in vorgegebene Programme einzufügen.

An einem Nachmittag in den frühen Achtzigern saß Lorin in der Cafeteria von Esalen, einem Seminarzentrum, das auf einer

Klippe über dem pazifischen Ozean im kalifornischen Big Sur liegt. Er war allein, trank eine Tasse Kaffee, und in der riesigen Cafeteria saßen nur wenige andere Personen, obwohl es Platz für über einhundert Menschen gab. Eine wunderschöne Frau kam auf ihn zu und setzte sich neben ihn. Aus ihrer Art, sich zu bewegen und wie sie ihre Kaffeetasse hielt, schloss er, dass sie eine Menge Bewusstseinsübungen gemacht hatte – jede einzelne ihrer Bewegungen war voller Anmut. Sie fing ein Gespräch an und fragte ihn, was er in Esalen mache, und er sagte ihr, dass er Meditation unterrichte. Sie erwiderte voller Freude, dass sie Zen praktiziere, sie und ihr Ehemann seien in einem Zen-Zentrum engagiert und würden schon seit Jahren »sitzen«.

Lorin folgte einer Eingebung und fragte vorsichtig: »Glauben Sie, dass Zen schlecht für Frauen ist? Dauernd sitzen und den Drang nach Bewegung unterdrücken – wo bleibt da der Rhythmus?«

Die Frau zuckte kurz zusammen, als ob eine unsichtbare Hand sie geschlagen hätte. Dank ihrer Zen-Praxis erholte sie sich jedoch rasch und nutzte den Augenblick. Sie beugte sich vor und erzählte ihm die folgende Geschichte.

»Letztes Jahr haben die Frauen – die Ehefrauen – im Zen-Zentrum angefangen, sich regelmäßig einmal pro Woche zu treffen und Tee zu trinken. Mit der Zeit wurde uns klar, dass viele von uns diverse gesundheitliche Probleme hatten, und wir fragten uns, was da los war. Ich meine, wir ernährten uns alle gesund und meditierten. Unser Leben war nicht besonders stressig. Schließlich meinte eine der Frauen: ›Wisst ihr, ich habe das Gefühl, dass meine Energie von der Meditation aktiviert wird, aber dann kann ich sie nirgends einsetzen. Die Energie ist einfach da und stagniert, während wir stundenlang herumsitzen. Ich spüre den Drang, mich zu bewegen, die Energie herauszutanzen.‹ Bei einigen der anwesenden Frauen ›klingelte‹ es: Wir praktizierten seit Jahren stundenlange Sitzmeditationen.«

Lorin fragte: »Haben Sie darüber mit Ihrem Lehrer geredet?«

»Einige von uns haben sich mit dem Roshi darüber unterhalten, aber er hat unseren Einwand beiseite gefegt. Wir haben uns dann wieder in der großen Gruppe zusammengesetzt und entschieden, dass wir weniger im Sitzen meditieren und dafür eine Meditation im Gehen aufnehmen wollten. Das machen wir jetzt seit fast einem Jahr, und es scheint zu funktionieren.«

»Haben Sie Ihren Ehemännern davon erzählt?«, wollte Lorin wissen.

»Nein, unsere Ehemänner sind so ernsthaft bei der Sache. Und da der Lehrer unseren Vorschlag ablehnte, würde das nur zu Schwierigkeiten führen.«

Wir haben viele solcher Geschichten gehört, bei denen Frauen, die gern meditieren, die Meditation ihren Bedürfnissen anpassen. Sie finden Mittel und Wege, die Meditation aufzupeppen, persönlicher zu machen und sie zu genießen. Doch häufig wird ihre Kreativität von ihren (meist männlichen) Lehrern im Keim erstickt. Selbst wenn die Methoden der Frauen funktionieren und ihre Ideen praktisch und hilfreich sind, werden sie wie Häretikerinnen behandelt. Oder man sagt ihnen, dass sich dadurch nur »ihr Ego zu Wort melde« und dass sie sich stärker unterwerfen sollten. Infolgedessen wurden die wertvollen Einsichten von Frauen zum Thema Meditation niemals gesammelt, um sie als Lehrmethode für andere Frauen einzusetzen. Jede Frau muss durch Versuch und Irrtum selbst entdecken, was bei ihr funktioniert und was zur Stagnation führt. Das kann unter Umständen viele Jahre dauern.

Lorin hat einmal mit einer Frau namens Cynthia gearbeitet, die sieben Jahre lang eine Form der buddhistischen Meditation mit überaus strengen Regeln und mühsamen Visualisierungspraktiken ausgeübt hatte. Mit 22 hatte sie angefangen zu meditieren, jetzt war sie 29. Nach mehreren Sitzungen, in denen sie stundenlang über ihre Erfahrungen berichtet hatte, fragte sie schließlich mit beträchtlicher Beklommenheit: »Glauben Sie, dass es möglich ist ... dass diese Übungen … niemals für Frauen gedacht waren?« Cynthia hatte jahrelang probieren, leiden, sich fragen, quälen und Innenschau halten müssen, um an den Punkt zu kommen, wo sie das sagen konnte. Sie hatte versucht, die Übungen genau so durchzuführen, wie sie gelehrt wurden, in der Stimmung und der Haltung, die der Lehrer anordnete, und sie hatte festgestellt, dass sie immer mehr von sich selbst ausblenden musste, um in das Programm zu passen. »Ich liebe die Meditation, aber ich glaube nicht, dass diese Regeln für Menschen wie mich gemacht wurden.«

Klösterliche Vorstellungen von der »Zerstörung des Ego«, dem »Distanzieren von Verlangen« und dem »Töten von Instinkten« haben für das normale Leben wenig Bedeutung, insbesondere für das Leben von Frauen. Diese Vorstellungen sind unzulänglich und sogar schädlich. Die Anforderungen durch Beruf, Familie und Partnerschaft beanspruchen das Ego der Frauen in hohem Maße. Bei der Meditation sollten wir danach trachten, das Ego zu stärken, nicht zu schwächen. Ebenso steht es mit dem Verlangen. Seit hunderten, wenn nicht gar tausenden von Jahren hat man uns eingetrichtert, uns von unserem Verlangen zu distanzieren – und von unseren Instinkten. Es ist an der Zeit, all das wieder einzufordern. Es gibt keinen einzigen Grund, warum man die Meditation nicht dazu nutzen sollte.

Wir dürfen den Lamas, Yogis und Roshis dafür danken, dass sie die Lehren ihrer Vorfahren bewahrt und weitergegeben haben. Sie reagierten auf den weltweiten Hilferuf und teilten großzügig und mutig ihren Weg zum Frieden. Sie verließen ihre Klöster, reisten in die Ferne und lernten unsere Sprache; sie kamen uns mehr als nur auf halbem Weg entgegen. Aber wir können von ihnen nicht erwarten, dass sie eine Ahnung von weiblicher Weisheit haben; die müssen wir Frauen schon selbst entdecken und entwickeln. Als Frau ist es unsere Aufgabe, für uns selbst einzutreten, unseren Körper zu erforschen und Meditationstechniken zu entwickeln, die den Bedürfnissen unseres Lebens entsprechen.

Frauen haben alle möglichen Mantras und Techniken erlernt, sie haben Gelübde abgelegt und sind Gurus gefolgt, aber erst ihre eigenen Anpassungen und Ergänzungen haben ihrer Meditation Kraft und Schönheit verliehen. Sie haben Wege der Meditation gefunden, die wirklich zu ihnen passen, haben jedoch niemandem davon erzählt. Wir betrachten dies als heiliges Wissen. Wir haben dieses Buch geschrieben, um alles zu sammeln, was Frauen uns an Hinweisen, Entdeckungen und Erkenntnissen über die Meditation offenbart haben. Wir halten dieses Buch für einen Zwischenbericht. Die Geschichte von den Frauen und der Meditation wird sich zweifelsohne noch jahrzehntelang entfalten, solange weibliche Meditierende und Lehrerinnen ihre Erfahrungen miteinander teilen. Es geht darum, diese Gespräche am Laufen zu halten.

Wir laden Sie ein, mitzureden, zu experimentieren und eine Methode zu finden, die für Sie am besten funktioniert. Mit Hilfe dieser Geheimnisse sollte es Ihnen möglich sein, sich in eine Meditationsweise zu verlieben, die Ihrem Körper, Ihren Bedürfnissen und Ihrer weiblichen Lebensart entspricht.

Holen Sie jetzt, in diesem Augenblick, tief Luft – wie Sie bei großer Freude oder Zufriedenheit einatmen würden. Aaaah … na bitte, Sie haben schon angefangen.

Der Ruf, sich zu erinnern

Die Kräfte, die gegen die grundlegende Natur der Frau arbeiten, sind mächtig und traurigerweise tief verinnerlicht. Ich spüre sie in mir selbst und in allen Frauen meines Umfelds, gleichgültig wie emanzipiert wir auch sein mögen. Wir haben viel Boden gutgemacht, das sollten wir feiern. Wir besitzen viel mehr Freiheiten, mehr Selbstbewusstsein, mehr Macht; wir wissen mehr darüber, was wir wollen und wie wir es bekommen können. Warum aber leiden dann noch überall kreative, intelligente, selbstbewusste Frauen? Warum halten sie es beinahe für unmöglich, sich selbst gutzuheißen, ihren Körper so zu lieben, wie er ist, und in der Schlichtheit des Seins zu schwelgen?

Das Bedürfnis nach inneren Ressourcen war niemals größer. Es ist sicherlich *kein* Geheimnis, dass das Leben immer komplexer und unvorhersehbarer wird; man hat kaum Zeit, all die Veränderungen in sich aufzunehmen, die sich im persönlichen Leben und weltweit ereignen. Die meisten von uns machen sich große Sorgen um die Umwelt, die Bildung, die Zukunft unserer Kinder, um Eingeborenenkulturen und bedrohte Tierarten, und wir engagieren uns dafür, so gut wir können. Aber was ist mit unserer eigenen Natur, unserer inneren Welt? Auch sie ist gefährdet. Bringen wir ihr ebenso viel Wertschätzung entgegen?

Brüste und Bäuche schreien laut, versuchen, unsere Aufmerksamkeit auf sich zu lenken, uns nach Hause zu rufen.

Allein schon, uns Zeit für uns zu nehmen, wo wir doch so viele Beziehungen zu pflegen haben, erscheint uns beinahe unanständig. Unser Leben ist so voll und komplex, es gibt so viel, um das wir uns kümmern müssen, dass der Gedanke, uns Zeit zu nehmen, um »einfach zu sein«, selbstsüchtig und unpraktikabel wirkt. Die Zeitstruktur selbst ist zu einer Last geworden, sie gibt uns keine Gelegenheit mehr, uns zu entfalten. Als Frauen, als Haushälterinnen der Welt, ordnen wir unsere Instinkte den Bedürfnissen anderer unter. Wir verlieren den Kontakt zu unserem Wesenskern. Manchmal wird er uns sogar richtiggehend fremd. Wir glauben, wir müssten uns den Eintritt ins »Königreich« erst verdienen, wo das Land doch in Wirklichkeit frei ist und direkt unter unseren Füßen liegt.

Es bereitet Stress, sich in einer zunehmend anspruchsvollen Umwelt heldenhaft den eigenen Weg zu bahnen. Die meisten Frauen schlüpfen in viele Rollen, versuchen, Körper und Seele für sich selbst und die Menschen, die sie lieben, zusammenzuhalten. Wir kennen auch die psychische Last durch unsere Gefühle der Welt und unserer eigenen Situation gegenüber, aber auch gegenüber dem großen, globalen Kontext. Frauen neigen dazu, jeden emotionalen Subtext, der irgendwo herumschwirrt, wahrzunehmen und zu verarbeiten – was wirklich erdrückend ist, aber irgendjemand muss es doch tun! Dann stellt sich uns die Herausforderung, mit dem Reiferwerden – okay, mit dem Altern – und mit der gesellschaftlichen Scham, die daran haftet, zurechtzukommen. Gleichgültig, wie alt wir sind oder welche Form unser Körper hat, es gibt immer ein ideales und ständig vermarktetes Bild, mit dem wir uns vergleichen. Heimtückisch! Wenn wir es tatsächlich irgendwann fertig bringen, uns nicht selbst zu verurteilen, dann für gewöhnlich erst nach einem langen Kampf. Allein schon die Hormonschwankungen in den Griff zu bekommen, die körperlichen und emotionalen Zyklen, die wir alle kennen, während wir uns um die Bedürfnisse unserer Kinder, um unsere Beziehungen und unsere Arbeit kümmern … wie schaffen wir das nur alles?

Frauen arbeiten unglaublich hart, innerlich und äußerlich; viele von uns sind erschöpfter, als es ihnen selbst klar ist. Depressionen, die uns innerlich zu Boden zerren, scheinen heutzutage fast epidemisch unter Frauen zu grassieren. Warum ist das so? Seien wir ehrlich, unsere weiblichen Wurzeln rufen uns. Unser Körper und unsere Psyche hungern nach dieser erfüllenden Nahrung. Ohne sie können wir nicht gedeihen. Ohne sie stirbt etwas Wesentliches in uns, geopfert auf dem Altar männlicher Werte und Macht.

Ironisch, nicht wahr, dass etwas so Grundlegendes und Natürliches so viel bewusste Pflege erfordert. Aber so ist es nun einmal. In dieser höchst anspruchsvollen und unsicheren Welt brauchen wir die Grundlage unserer weiblichen Wurzeln – und wie.

Wir müssen einander daran »er-innern«. Wir müssen uns das immer und immer wieder ins Gedächtnis rufen.

Mit der Scham brechen

Wenn wir das Reich des Vergnügens und der Sinnlichkeit betreten, stellen wir uns gegen die Tyrannei der gesellschaftlichen Ansichten über den Körper. Trotz all unserer angeblich so erleuchteten Ansichten sind wir immer noch ziemlich begriffsstutzig. Vergnügen und Sinnlichkeit werden nicht als Werte an sich geschätzt – für uns selbst. Irgendwie wirken sie gekünstelt, kompliziert, fremd – sie gehören nicht zu uns.

Wir Frauen haben uns daran gewöhnt, uns selbst als Objekte zu sehen oder uns auf irgendeine Weise zu vermarkten. Nur allzu leicht glauben wir, dass etwas mit uns nicht stimmt, dass wir dieses oder jenes an uns ändern müssten, um akzeptiert zu werden. Unser Selbstwertgefühl wird auf dem Markt gesellschaftlicher Erwartungen eingeschnürt, bewertet, taxiert und verkauft. Ist genug jemals genug? Unsere Sinnlichkeit beziehungsweise unser innerer Wert wird mit dem äußeren Wert, wie begehrenswert wir sind, vermischt. Wie leicht wird unsere Sinnlichkeit sexualisiert, angepasst, um einem anderen Zweck oder einem anderen Menschen zu dienen. Anstatt Vergnügen zu empfinden, bereiten wir Vergnügen. Die zarte Flamme unseres Selbstwerts flackert im gesellschaftlichen Wind.

Die meisten Frauen schämen sich unterschwellig (oder auch nicht ganz so unterschwellig) dafür, dass sie den kollektiven Idealbildern hinsichtlich Körper und Sexualität nie ganz entsprochen haben. Wir versuchen, uns dem Bild anzupassen, das uns unserer Meinung nach Liebe bringt – Sie alle kennen diese Geschichte nur zu gut. Aber natürlich reichen wir nie ganz an die Erwartungen heran.

Vollkommenheitsideale trennen uns von uns selbst ab. Wir fühlen uns zerstückelt, irgendwie ständig unzureichend. Abgeschnitten von unseren inneren Impulsen fangen wir an, diesen zu misstrauen. Wir vergessen die natürliche Sinnlichkeit und das tiefe Körperwissen, das unser Anker und unsere Kraft sein könnte.

Tatsächlich scheint unsere ganze Gesellschaft heutzutage mit diesen Fragen zu kämpfen. Gesundheit und Fitness werden hoch angesiedelt, aber paradoxerweise kultiviert diese Körperbewusstheit nicht das innere Wohlbefinden, sondern feuert die Suche nach dem richtigen Aussehen, der richtigen Körperform, dem richtigen Muskeltonus für ein attraktives Aussehen nur noch weiter an. Wir befinden uns in einer kollektiven Trance und suchen mit religiöser Hingabe nach dem modernen Heiligen Gral: dem perfekten Körper.

Die Medien — Fernsehen, Kino, Zeitschriften — bombardieren uns ununterbrochen mit Bildern von schönen und unabhängigen Frauen. Doch genau die Bilder, die vorgeben, die Befreiung der Frau zu fördern, wirken entfremdend, verzerrend und einkerkernd. Allzu häufig sind die Frauen in diesen Abbildungen spindeldürr mit aufgeblähten Brüsten — eine unwahrscheinliche Kombination. Das ist nichts Neues. Aber geben Sie es zu: Obwohl Sie es eigentlich besser wissen, tragen doch bestimmt auch Sie viele idealisierte Bilder von Models und Filmstars in Ihrem Kopf herum, und wie oft vergleichen Sie sich mit ihnen!

Wir sind an dieses Spiel gewöhnt, an die Konkurrenz, das Gefühl der Unzulänglichkeit, den Neid von andern oder auf andere Frauen. Doch es ist ein zweischneidiges Schwert. Selbst wenn uns jemand ein Kompliment macht, können wir es nur schwer akzeptieren. Wir dürfen nicht zu glücklich sein, zu eingebildet, zu gut — als ob wir uns für unser eigenes Aufblühen entschuldigen müssten. Es gibt immer etwas, das uns wieder zurechtstutzt, uns auf unseren Platz verweist. Eine Freundin sagt zu Ihnen: »He, du siehst gut aus!«, und Sie möchten am liebsten entgegnen: »Ach, wirklich?« *(Ich glaube ihr kein Wort. Warum sagt sie so was? Was will sie von mir?)* Also antworten Sie: »Ach, na ja, du hättest mich mal heute Morgen beim Aufstehen sehen sollen!« Oder wir sind zusammen mit unserem Geliebten, der uns streichelt und uns Bewunderndes ins Ohr flüstert, und wir haben nur einen einzigen Gedanken: *O mein Gott, was habe ich für wabbelige Oberschenkel und was für einen Hängebusen!*

Mit diesen Unsicherheiten von Frauen lassen sich millionenschwere Geschäfte machen, und manch ein Vermögen wurde dank der einen oder anderen kosmetischen Lösung angehäuft. Der Alterungsprozess terrorisiert viele Frauen und versetzt sie in Panik, denn die Hypnose der gesellschaftlichen Wertevorstellungen hat eine beträchtliche Kraft. Wir wiederholen sie wie den Katechismus: *Ich bin wertlos, ich bin wertlos.* Es stellt eine enorme Herausforderung dar, diesen Bann zu brechen.

In sich selbst zentriert zu bleiben, sich mitten in diesem Ansturm im eigenen Körper zu Hause zu fühlen, gleicht einer Sisyphusarbeit. Wenn Sie zur Generation der Babyboomer gehören, so wie ich, dann sind Ihnen im Spiegel sicher schon einige unvermeidliche Veränderungen aufgefallen. Wir sind jedoch viele, und ich hoffe, dass wir diese Trance einfach durchbrechen können – gemeinsam sind wir stark. Fassen Sie sich ein Herz, Sie sind nicht allein. Wir stehen das zusammen durch und lernen, wie wir uns befreien können.

Feminismus und Sinnlichkeit

Man sollte meinen, dass der Feminismus die Fragen, die ich hier aufwerfe, bereits gestellt hätte, aber merkwürdigerweise gilt die Sinnlichkeit der Frauen heutzutage als politisch unkorrekt. Der Feminismus ist ursprünglich die Bestätigung der Frau als Subjekt, nicht als Objekt. Es ging darum, Frauen ihre eigene Macht zuzusprechen, nach Freiheit und Gleichheit mit den Männer zu streben. Aber das Vergnügen wurde häufig zum Opfer des Feminismus – oder vielleicht handelte es sich auch nur um eine falsche Anwendung, um ein Missverständnis. Denn eines ist klar: Auf der Basis des eigenen tiefen Vergnügens zu leben ist ein politischer Machtakt.

Macht wird in dieser Welt immer noch in erster Linie mit männlichen Werten assoziiert. Frauen, die schwer arbeiten, die Karriere machen, die intelligent sind und sozial bewusst leben, scheinen ihre eigene weibliche Natur häufig zu fürchten. Bloß nie zugeben, dass wir anders sind als die Männer – dann verlieren wir den Boden, den wir schon gewonnen haben! Sinnlich zu sein fühlt sich aufgeplustert an, zu verletzlich, riecht zu sehr nach Dummchen. Wie soll uns dann noch jemand ernst nehmen? Andere Frauen sind vom Kampf an vorderster Front so erschöpft, dass sie für solch törichte, triviale Selbstverwöhnung keine Zeit und keine Energie mehr zu haben glauben. *Wenn ich mich entspanne und mich mal so richtig gehen lasse,* fragt sich die moderne Frau, *komme ich dann je wieder auf die Beine?*

Sinnlichkeit kann sich gefährlich und unberechenbar anfühlen. Wenn wir uns ihr hingeben, könnte unsere Welt zu sexy werden, wir sind dann vielleicht nicht mehr in der Lage, unseren Beruf auszuüben oder den professionellen Respekt einzufordern, den wir brauchen, und es könnte irgendwie schlüpfrig werden, sich mit anderen Leuten zu treffen. Womöglich müssten wir dann mit all den Emotionen umgehen, die entstehen, wenn wir Kontakt zu uns selbst herstellen. Nein, wir halten unsere Sinnlichkeit besser unter Verschluss.

Und wieder einmal trennen wir uns von unserem tiefen Vergnügen ab – von dem körperbasierenden, weiblichen Heim in uns selbst.

Eine Frau, die ich Sharon nennen will, formulierte dieses weit verbreitete Dilemma scharf. Nachdem sie an mehreren Gruppenunterrichtsstunden teilgenommen hatte, nahm sie Privatunterricht und sagte: »In der Gruppe habe ich erste Ansätze entdeckt, wie es ist, eine Frau zu sein, und ich will mehr erfahren.« Sharon war eine begabte Autorin in den Vierzigern, arbeitete in einem höchst anspruchsvollen Job und beschäftigte sich intensiv mit gesellschaftlichen Fragen. Seit Jahren praktizierte sie schon buddhistische Meditation. Die geistige Klarheit und Schlichtheit dieser Meditationsform sprach sie an, und wie so viele Frauen betrachtete sie die patriarchale Struktur einfach als androgyn, um besser damit umgehen zu können. Doch nachdem sie eine Weile geredet hatte, gab sie zu, dass ihr weibliches Ich sich häufig wie eingesperrt vorkam – es brüllte und schlug gegen die Kerkertür.

Tief im Innern fühlte sich Sharon lustvoll, vibrierend und leidenschaftlich – Eigenschaften, die in ihren Bewegungen sofort deutlich wurden. Aber weil es ihr große Mühe bereitete, mit der Intensität dieser Eigenschaften umzugehen, und ihr Verlangen (besonders in Beziehungen) häufig durchkreuzt wurde, was sie verletzte, fiel es ihr nicht leicht, mit diesem Aspekt von sich in Berührung

zu bleiben. Sie beschrieb ihren Körper als sinnlich, aber da sie Sinnlichkeit mit Verletzlichkeit gleichsetzte, versteckte sie ihren Körper
in weiten Kleidern, um für ihn keine »Werbung« zu machen. Und
obwohl sie sich nach einer Beziehung sehnte, schien sie die Hoffnung darauf aufgegeben zu haben. Sharon war jahrelang in Therapie gewesen und nahm auch Prozac, dennoch lauerte eine unter-
schwellige Depression in den hinteren Winkeln ihres Bewusstseins.
Während sie sprach, wurde ihr voller Trauer bewusst, dass ihr weibliches Ich schon lange nicht mehr lautstark nach Anerkennung ver-
langte und vor Enttäuschung stumm geworden war.

Durch Atemarbeit und Bewegung konnte sich Sharon mit der
Freiheit, der Macht und der Fröhlichkeit ihres weiblichen Naturells
neu verbinden – und mit ihrer Zärtlichkeit. Wir lachten, weinten
und johlten zusammen, während sie ihre Erkenntnisse aus sich he-
raustanzte. Vor kurzem bat ich sie, einen Hauch ihrer Sinnlichkeit
in die Sitzmeditation einzubringen – und sei es auch nur eine Minute lang, als Experiment. Ich sah, wie sie zögerte. »In der Geschäftswelt lernt man, seine Sinnlichkeit zu unterdrücken, und im
Meditationszentrum ist es ebenso. Man akzeptiert einfach, dass es
so ist.« Aber sie ahnte, wie vibrierend und machtvoll es sein könnte, wenn sie ihre Sinnlichkeit als Lebenskraft durch ihren Körper
strömen ließe. »Das ist ehrlich und machbar und wahrscheinlich
viel gesünder und großzügiger sich selbst gegenüber. Ich hoffe, ich
kann das umsetzen, bevor ich zu alt dafür bin.« Sie lachte und
meinte, sie könne vielleicht nach der üblichen Meditationszeit im
Zentrum noch ein paar Minuten länger bleiben.

Im Laufe der Jahre habe ich mit tausenden von Frauen gearbeitet, die den Ruf ihrer tiefen, weiblichen Weisheit vernommen haben.
Einige stehen noch ganz am Anfang der Reise; andere sind schon ge-
übte Entdeckerinnen. Es sind Frauen aller Altersgruppen, von der
Pubertät bis zu den Wechseljahren. Sie alle kämpfen gegen das Ide-
albild, das die weibliche Psyche zerstückelt und sie von ihrem Körper, ihren Instinkten und ihrer emotionalen Wahrheit abtrennt.

Ich wünschte mir, dass jüngere Frauen für diese innere Aufspaltung weniger empfänglich wären, aber die Verwirrung über unser Körperbild, unsere Sinnlichkeit und Sexualität scheint so groß wie eh und je. Ironischerweise müssen junge Frauen aufgrund ihrer freieren gesellschaftlichen Stellung auf der Suche nach ihrem Selbstwertgefühl heute noch geschickter durch widersprüchliche Bilder und Verhaltensvorgaben navigieren. Essstörungen bei Mädchen und überhaupt alle selbstzerstörerischen Symptome zeugen laut und deutlich von diesem Kampf. Hoffentlich hören wir ihre Schreie und reagieren mit unserer eigenen, schwer erkämpften Weisheit.

In diesem Buch bieten wir einige Hilfsmittel, die uns an die Geheimnisse erinnern sollen, wie man aus den Wurzeln des eigenen Seins heraus meditiert. Meditation muss *für* Sie arbeiten, im Dienste Ihres Lebens. Sie ist nicht einfach nur eine Auszeit, sondern eine Zeit, in der Sie vieles gewinnen können. Finden Sie heim zu Ihrem Körper, zu Ihrem Wesen, zu der Fülle Ihrer Sinne. Seien Sie Subjekt, nicht Objekt. Die Meditation wird all Ihre Beziehungen bereichern und Ihnen Kraft geben, damit Sie sich für Ihre Welt mit mehr Energie und mit intakten Instinkten einsetzen können.

Sie kennen bereits Augenblicke einer solchen Verbindung. Einfache Freuden, die Sie lieben, sind Pforten in ein größeres Körperwissen, in diesen fundamentalen Seinsgrund, der immer da ist, unter der Oberfläche, und darauf wartet, wahrgenommen zu werden. Das Leben ist großzügig: wenn Sie ihm auch nur die kleinste Öffnung bieten, strömt es herein.

Jedes Mal, wenn Sie mit Ihrer Bewusstheit diesen Seinsgrund erspüren, wächst etwas. Jedes einzelne Mal, wenn Sie sich erinnern, nimmt eine Substanz zu: die Essenz Ihres Wesens. Je stärker und greifbarer sie wird, desto mehr leben und bewegen und atmen Sie in der Erfahrung des Seins. Langsam, aber sicher finden Sie sich in einem neuen Körper wieder, der lebendigen Realität des Körpers der Liebe.

Ihr Geheimnis

Wenn Sie Ihren Sinn für das Vergnügen kultivieren, sollten Sie das zu Ihrem kleinen Geheimnis machen. Was in der Meditation geschieht, gehört zur Privatsphäre Ihres Innenlebens. Niemand muss erfahren, was Sie in sich selbst erleben, also nehmen Sie sich diese Freiheit. Die anderen werden sich fragen, warum dieses seltsame Lächeln Ihre Lippen umspielt. Sollen sie sich fragen; Sie werden es ihnen niemals erzählen.

Machen Sie Ihre Meditation zu einem Ort, an dem Sie die Regeln brechen – wie immer diese Regeln für Sie aussehen mögen. Möglicherweise widerspricht das allem, was Sie von einer Meditation erwarten. Wir alle kennen Hemmungen vor unserem eigenen Vergnügen, vor unserer Wildheit und unserer Freude. Fordern Sie diese Tabus heraus. Heißen Sie Ihre Sinnlichkeit willkommen. Reißen Sie sich von der alten Scham los.

Vielleicht ist Ihr Geheimnis das Gefühl, ein wunderschönes inneres Heiligtum zu haben, einen Ort der Zuflucht nur für Sie. Oder es ist ein inneres Wissen, das Gefühl, Teil aller Bewegungen der Natur zu sein, eine intuitive, aber spürbare Verbundenheit mit der Fruchtbarkeit des Lebens und Ihrem Platz darin. Vielleicht verbinden Sie sich auch mit der primitiven, wilden, tierischen Kraft in Ihnen, als ob Ihre Haut mit dichtem Fell bedeckt wäre, als ob Ihre Barthaare zuckten und Ihre Augen wachsam blickten. Ihr Geheimnis kann die Erfahrung sein, einen göttlichen Geliebten zu haben, der Sie so, wie Sie sind, anbetet, der Sie genau so in seinen Armen hält und zärtlich umfasst, wie Sie es sich wünschen. Oder Ihre Sinnlichkeit fühlt sich wie ein verbotenes Vergnügen an, als ob Sie eine heiße, leidenschaftliche Affäre hätten – aber Sie haben diese Affäre mit dem Leben selbst! Was immer Sie für sich entdecken, genießen Sie das Gefühl. Akzeptieren Sie es. Hören Sie auf das, was es Ihnen beibringen will. Gehen Sie durch die Welt mit diesem üppigen Geheimnis, das in Ihnen lebt, Ihrem ganz persönlichen Mysterium.

Was Frauen in der Meditation erleben

Körperbewusstsein

»Ich bin mir der Spannung in meinen Muskeln bewusst, ein leichter Schmerz in meinem ganzen Körper, besonders im Hals, den Schultern und im Rücken. Sobald mir klar wird, dass ich jetzt nicht Haltung bewahren muss und ich gerade keinen Dienst habe, weicht der Schmerz.«

»Mein Körper entspannt sich. Ich atme tief und das ganz natürlich. Ich fühle mich größer und freier, manchmal so groß wie die Galaxie.«

»Es ist, als ob meine ganze Haut eingeölt würde. Das Öl glättet mich von Kopf bis Fuß und dringt in meine Poren.«

»Warme, wogende Wellen des Vergnügens.«

»Eine zarte, innere Berührung – wie Rosenblätter auf meiner Haut.«

»Ich spüre, wie das Leben durch mich jagt. Es prickelt und summt.«

»Ich fühle mich in mir selbst zu Hause, in meinem Körper, in meinem Leben.«

Gedanken

»Ich bin mir immer der langen Liste an Dingen bewusst, die ich noch zu erledigen habe. Ich denke an meine Aufgaben, an Termine, bei denen ich erscheinen muss. Ich gehe Gespräche mit Leuten durch, die ich vor kurzem geführt habe, und versuche, meine Erfahrungen einzuordnen.«

»Allmählich taucht eine übergeordnete Sichtweise auf ... Ich sehe die ganze wirbelnde Bewegung meines Lebens, aber anstatt ›außerhalb‹ zu stehen oder darin gefangen zu sein, befinde ich mich mittendrin.«

»Ich habe dadurch die Zeit, mir die größeren Zusammenhänge ins Gedächtnis zu rufen, dass ich Teil der Welt, der Natur und des Universums bin. Dann staune ich über das Wunder der Schöpfung und über das Geheimnis, was es heißt, ein Mensch zu sein.«

Gefühle

»Mir fallen all die Gefühle im Hintergrund wieder ein, die ich zwar spüren konnte, bei denen ich aber nicht die Zeit hatte, sie zu verarbeiten. Ich weine oft, oder mir wird klar, dass ich wegen irgendetwas wütend bin und darüber sprechen muss. Durch all diese Gefühle verbinde ich mich wieder mit meinem Kern.«

»Mir wird all das Leid der Menschen, die ich kenne und die schwierige Zeiten durchlaufen, bewusst. Manche stecken in einer emotionalen Krise oder liegen im Krankenhaus. Ich denke auch an die Gewalt und die Unterdrückung auf der ganzen Welt. Mein Herz öffnet sich und ich fühle mich diesen Menschen nahe. Ich sende ihnen Liebe und heilende Energie, und manchmal entdecke ich überraschende Möglichkeiten, wie ich ihnen aktiv helfen kann.«

»Ich mache eine Pause und freue mich über die einzelnen Aspekte meines Lebens, über alles, was ich liebe und schätze, den Reichtum meiner persönlichen Beziehungen. Es ist inspirierend, als ob man herrliche Musik hört. Und ich bin dann voller Dankbarkeit.«

»Ich spüre Energieströme, die aufregend, beruhigend, betörend, reinigend, nährend, organisierend und ausgleichend sind. Es ist immer wieder eine andere Zusammensetzung von Energieströmen.«

»Jeder Atemzug läuft durch mein ganzes System. Es ist, als ob man mit fließender emotionaler Energie gebadet und abgespült würde.«

»Die Spinnweben in den Ecken werden herausgefegt.«

»Alles in mir bewegt sich und findet seinen richtigen Platz. Es gibt mehr Klarheit, als ob sich der Schlamm in einem aufgewühlten See wieder zu Boden senkt.«

»Ich lasse wirklich los, wie im Schlaf, aber ich schlafe nicht. Bilder ziehen vorbei wie in einem Traum. Es ist besser als die Drogen, die ich früher genommen habe. Manchmal bekomme ich auch kreative Ideen für ein Projekt, an dem ich arbeite.«

»Wenn ich meditiere, habe ich das Gefühl, gehegt und gepflegt zu werden, als ob mir jemand gut zuredet und mir eine Massage verabreicht. Danach fühle ich mich komplett, als ob ich genau das richtige Outfit trage und meine Frisur perfekt sitzt.«

»Ich hole all die Gespräche nach, die ich verpasst habe. Ich kann mich denken hören. Ich spüre, wie viel Liebe für meine Familie und meine Freunde in meinem Herzen ist. Am Schluss fühle ich mich absolut zentriert und in der Mitte meiner Welt. Ich gelange immer an diesen Punkt, obwohl ich zuvor oft zehn Minuten lang meinem inneren Geschnatter zuhören muss. Und gerade, wenn ich glaube, das Geschnatter hört niemals auf, überrascht es mich und schweigt.«

»Ich nehme mir einfach Zeit für mich. Es ist, als ob die Präsenz des Lebens auf mich wartet und mich nähren will. Ich lasse mich von ihr durchdringen, lasse sie einsinken und mich anfüllen. Ich absorbiere sie, indem ich mir dieser Präsenz einfach bewusst bin.«

Diese Intimität mit sich selbst ist für uns Frauen von entscheidender Bedeutung. Sie ist die Grundlage für alle anderen Beziehungen unseres Lebens. Schon eine Minute hin und wieder kann den Ausschlag geben. Verwöhnen Sie sich. Sie werden verjüngt und erfrischt daraus auftauchen. Dann können Sie dieses Geschenk in die Beziehungen Ihres Lebens einbringen, von einem Ort der Fülle in Ihnen selbst. Es liegt ganz bei Ihnen. Kommen Sie schon! Erfreuen Sie sich an sich selbst – schamlos!

Vorschläge zum Gebrauch dieses Buches

Ein Buch zum Thema Meditation kann immer nur eine Sammlung von Vorschlägen sein – die wahren Fertigkeiten erlernt man stets von innen heraus. Das Abenteuer liegt darin, Ihre eigenen Geheimnisse zu finden – Möglichkeiten der Meditation, die zu Ihrer individuellen Natur passen und den Bedürfnissen und Wünschen Ihres eigenen Lebens entsprechen. Bei der Meditation heißen wir vorurteilslos unser ganzes Wesen willkommen – und dabei brauchen wir alle Hilfe.

Lassen Sie sich von diesem Buch helfen, wenn Sie sich selbst etwas Gutes tun wollen. Durch die Meditation kann man sich auf tausenderlei Weise Gutes tun. Man kümmert sich um die Seele, den Geist und den Körper. Stellen Sie sich Ihr »Selbst« als das Zusammenspiel aller Ebenen Ihres Seins vor. Seien Sie ruhig selbstsüchtig. Sie müssen nicht religiös sein, um meditieren zu können, aber die Meditation kann Ihre Gebete ergänzen und vertiefen. Vielleicht kennen Sie das alte Sprichwort »Beim Gebet redet man mit Gott, bei der Meditation hört man Gott zu«. Sie müssen sich nicht einmal für spirituell halten. Vielleicht ist gerade Ihr verkommenes, unzüchtiges, unreligiöses Selbst der Schlüssel. Im Laufe der Zeit erweitert die Meditation unsere Wahrnehmung, und Sie werden von einer unbeschreiblichen neuen Verbindung mit der Schöpfung, dem Universum oder der Quelle des Lebens überrascht. Sie bekommen ein Gefühl für Ihren Platz innerhalb des größeren Ganzen.

Unsere zwölf Geheimnisse werden in zwölf Kapiteln vorgestellt, von denen jedes diverse Übungen enthält, die Sie auch in Ihrem All-

In sich selbst zu Hause sein

Die Schriftstellerin Alice Walker zeigt uns, wie natürlich die Meditation sein kann. »Als ich noch ein Kind war, fühlte ich mich so sehr als Teil der Landschaft und von allem, was darin war, dass ich das Gefühl nicht loswerden konnte, unglaublich geliebt zu werden, weil ich hier sein durfte.

Als ich zur Meditation fand — ich fing mit der Transzendentalen Meditation an, nachdem ich nach einer Scheidung nach New York gezogen war —, da war das wie eine Reise zurück. Gleich zu Beginn des Trainings, als ich es endlich irgendwie begriffen hatte, fing ich an zu lachen, weil mir klar wurde, wo ich war. Ich war in meinem Geist wieder an dem Ort, an dem ich als Kind gelebt hatte — ein sehr offener, weiter, liebevoller Ort, an dem ich mich völlig in Frieden und in mir selbst fühlte.«

tagsleben mühelos und bequem durchführen können. Wenn Sie diese Forschungsreisen lesen und selbst nachvollziehen, achten Sie auf die Reaktion Ihres Körpers. Sorgen Sie sich nicht, ob Sie auch alles »richtig« machen. Tun Sie einfach das, was mit Ihrem Körper und Ihren Gefühlen an diesem Tag funktioniert.

Die Kapitel sind wie folgt aufgebaut:

- *Forschungsreise:* Fragen, über die Sie nachdenken sollten. Schreiben Sie alles auf, was Ihnen hilft, die Antworten persönlich auf Sie zuzuschneiden. Es gibt auch »Warm-up«-, also Aufwärmübungen, durch die Sie spielerisch den jeweiligen Aspekt der meditativen Erfahrung erlernen können. Dabei handelt es sich um unterhaltsame Bewusstheitsexperimente, die Ihnen später einmal nützen werden.

- *Fertigkeitskreis:* Praktische Tipps, um all die Fertigkeiten aufzubauen, die Ihre Erfahrung bei der Meditation bereichern werden. Jeder Fertigkeitskreis unterstreicht eine bestimmte Möglichkeit, innerhalb dieses Geheimnisses die Aufmerksamkeit zu erhöhen.

- *Meditationen:* Bewusstheitsübungen, aber auch Atem-, Klang- und einfache Bewegungsmeditationen. Es gibt ein paar Einstiegsübungen, gefolgt von einem »Fortgeschrittenenabschnitt«, der weitere Meditationen bietet, mit denen Sie im Laufe der Zeit experimentieren können. Die Vielfalt, die wir anbieten, zeigt, wie produktiv die Meditation sein kann; es gibt viele unterschiedliche Methoden, die Sie in den kommenden Jahren für sich ausprobieren können. Lassen Sie sich Zeit. Denken Sie nicht, dass Sie alle Übungen durchführen müssten; führen Sie nur diejenigen durch, die Sie im jeweiligen Augenblick ansprechen. Fangen Sie mit irgendeiner Meditation an, die Ihnen interessant erscheint, und erforschen Sie sie ungefähr eine Woche lang. Lassen Sie sich von ihr beibringen, wie Sie Aufmerksamkeit konzentrieren, und kehren Sie immer dann zu dieser Meditation zurück, wenn Ihnen danach ist. Sie werden auch den Impuls verspüren, Ihre eigenen Meditationen zu erfinden. Folgen Sie diesen Impulsen und improvisieren Sie.

- *Reflexionen:* Fragen, die Ihnen helfen, das zu verarbeiten, was Sie durch das Geheimnis des jeweiligen Kapitels entdeckt haben.

Darüber hinaus zeigen wir Ihnen im zwölften Geheimnis noch einige Dehn- und Streckübungen, die Sie vor oder nach der Meditation durchführen können. Wir empfehlen Ihnen auch, vor Ihrer Meditation ein oder zwei Seiten des jeweiligen Geheimnisses zu lesen. Neue Fertigkeiten lernt man am besten, indem man sie sofort in die Praxis umsetzt. Wenn die Information auf den Seiten zu Ihrer eigenen Erfahrung wird, verkörpern Sie neue Verhaltensweisen auf muskulärer und neuraler Ebene – neue Wege, lebendig zu sein. Bei jedem Geheimnis geht es darum, die Erfahrungen, die Sie bereits gemacht haben, zu akzeptieren; Sie hatten sich bislang nur noch nie die Zeit genommen, auf sie zu achten, oder Sie hatten Ihre Sinne für diesen Bereich noch nicht geöffnet.

Arbeiten Sie nicht an einer Meditation, spielen Sie mit ihr. Tiere lernen neue Verhaltensweisen durch Spiel und Wiederholung. Es ist besser, verspielt zu sein, als ernsthaft und scheinheilig. Versuchen Sie schon beim Lesen, natürlich, spontan und frei zu sein. Je lockerer Sie sich bei der Lektüre dieses Buches fühlen, desto nachhaltiger wird das, was Sie lernen, in die körperlichen Fertigkeiten Ihrer Meditation einfließen. Der Akt des Lesens sollte sich bereits genussvoll und fröhlich anfühlen. Wenn nicht, dann fragen Sie sich: Bin ich entspannt? Atme ich leicht? Lege ich die Stirn in Falten? Dränge ich mich, zum nächsten Satz überzugehen? Gibt es etwas, das ich nicht verstanden habe? Sollte ich zurückblättern und irgendeine Stelle noch mal lesen? Brauche ich eine Pause? Sollte ich spazieren gehen, tief Luft holen, die Antworten auf einige Fragen suchen, mich meinen Zweifeln stellen oder mir Sorgen machen?

Überlegen Sie, ob Sie sich ein spezielles *Geheimnis*-Tagebuch zu-

Die häufigsten Fragen

Wann ist der beste Zeitpunkt für die Meditation?
Normalerweise ist eine Meditation dann am hilfreichsten, wenn man kurz darauf in eine aktive Phase eintritt – morgens und dann wieder nachmittags oder am frühen Abend. Wenn Sie zu diesen Zeiten meditieren, nehmen Sie die entspannende Wirkung der Meditation mit in Ihr Alltagsleben. Wenn Sie vor dem Schlafengehen meditieren, machen Sie es kurz – nur fünf oder zehn Minuten.

Wie lange sollte ich pro Sitzung meditieren?
Es gibt einen natürlichen Körperrhythmus von zwanzig Ruheminuten, deshalb ist das eine gute Zeitspanne für die Meditation. Geben Sie sich jeweils ein paar Minuten, um in die Meditation einzusteigen und auch wieder aus der Meditation herauszukommen. Sie können aber auch im Laufe des Tages immer mal wieder ein bis fünf Minuten meditieren.

Welche Haltung nehme ich am besten ein?
Bei jeder Meditationsübung in diesem Buch wird eine bestimmte Haltung empfohlen, aber im Allgemeinen können Sie in jeder Position meditieren, die für Sie bequem ist. Sie müssen nicht mit gekreuzten Beinen dasitzen. Menschen mit Rückenproblemen meditieren auch gern im Liegen.

Muss ich innerlich ruhig werden?
Nein. Ihr Geist darf sich so schnell bewegen, wie er will.

Was ist, wenn mir die ganze Zeit Gedanken durch den Kopf schießen?
Menschen, die ein geschäftiges Leben führen, erleben das häufig. Akzeptieren Sie Ihre Gedanken, und kehren Sie dann langsam wieder zu Ihrem Konzentrationspunkt zurück.

Wie sehr muss ich mich bei der Meditation anstrengen?
Etwas weniger als beim Lesen dieses Satzes.

Was ist mit Geräuschen von außen?
Es gibt fast immer Geräusche von außen, aber das ist kein Problem. Stellen Sie sich vor, es sei die Musik des Lebens. Es gehört zum Rhythmus der Meditation, Geräusche von außen wahrzunehmen und dann wieder zum Konzentrationspunkt zurückzukehren.

Was ist, wenn ich einschlafe?
Fast jeder Mensch hat ein Schlafdefizit, darum nicken die meisten Menschen beim Meditieren für ein paar Minuten ein.

Was ist, wenn ich unterbrochen werde?
Wenn möglich, nehmen Sie sich einige Sekunden Zeit, bevor Sie darauf reagieren. Im Allgemeinen sollten Sie Störungen auf ein Minimum beschränken, indem Sie zum Beispiel das Telefon ausstecken oder ein »Bitte nicht stören«-Schild an die Tür hängen.

Ist es gefährlich zu meditieren?
Es ist ungefähr so riskant, wie auf dem Sofa zu sitzen, und wahrscheinlich weniger gefährlich als fernzusehen.

legen, in dem Sie Ihre Reaktionen auf die Forschungsreisen sowie die Erfahrungen Ihrer meditativen Reise festhalten können. Sie könnten auch Ihre nächtlichen Träume aufzeichnen und prüfen, ob es irgendwelche Entsprechungen zu den Einsichten aus Ihrer Meditation gibt. Schreiben Sie, zeichnen oder malen Sie oder schneiden Sie Bilder aus Zeitschriften aus, die Ihre Fantasie beflügeln, und kleben Sie sie in dieses Tagebuch. Wenn Sie Ihre Einsichten, Fragen und Überlegungen auf diese Weise nach außen tragen, ehren Sie die Fruchtbarkeit Ihrer Psyche, die Sie in ihrer Großzügigkeit sicher mit noch mehr Offenbarungen belohnen wird.

Gehen Sie kreativ damit um, wie, wann und wo Sie meditieren. Sammeln Sie einige Freundinnen um sich, und erforschen Sie die

Die Grundschritte

1. Suchen Sie sich eine der Meditationsübungen am Ende jedes Kapitels heraus, oder schlagen Sie in der Übersicht über alle Meditationen in 12. Geheimnis: *Leben Sie!* nach.

2. Bereiten Sie den Raum vor. Stecken Sie das Telefon aus, sorgen Sie für frische Luft und legen Sie eine Decke oder einen Pulli zurecht, falls Ihnen kalt wird.

3. Nehmen Sie eine bequeme Haltung ein, vorzugsweise die Position, die in der entsprechenden Übung vorgeschlagen wird.

4. Geben Sie sich zwei oder drei Minuten Zeit, um in die Meditation zu finden. Seien Sie sich Ihrer selbst bewusst, und achten Sie darauf, was Sie fühlen.

5. Beginnen Sie mit der Meditation, und richten Sie Ihre Aufmerksamkeit auf den Konzentrationspunkt, sei er nun eine Empfindung, ein Bild oder ein Klang.

6. Es ist ganz natürlich, dass Ihre Gedanken abschweifen werden. Manchmal konzentrieren Sie sich mühelos, dann wieder wandern Ihre Gedanken und Ihre Wahrnehmung. Kehren Sie einfach immer wieder zu Ihrem Konzentrationspunkt zurück, sanft und ohne sich für das Abschweifen Vorhaltungen zu machen. Diese Bewegung – das Abdriften und die Rückkehr – ist der Rhythmus der Meditation.

7. Lassen Sie nach fünfzehn oder zwanzig Minuten den Konzentrationspunkt los, und ruhen Sie sich noch ein wenig in bequemer Haltung aus.

8. Bleiben Sie mindestens noch drei Minuten sitzen, in denen sich Ihr Körper und Ihre Sinne langsam wieder in der Welt zurechtfinden. Öffnen Sie dann langsam die Augen. Bewegen Sie Ihre Finger und Hände, wackeln Sie mit den Zehen. Strecken Sie sich.

9. Gehen Sie langsam wieder in Ihren üblichen aktiven Zustand über.

Halten Sie Ihre Übungen einfach: Es besteht kein Grund, sich Regeln auszudenken oder von anderen zu übernehmen. Ein Beispiel: Sie könnten sich einreden, dass alle Gedanken langsam zu sein haben oder dass nur bestimmte Gedanken zulässig sind – und dass wütende oder sexuelle Gedanken nicht erlaubt sind. Das ist reine Zeit- und Energieverschwendung. Bei der Meditation besteht Ihre Aufgabe einfach darin, Ihre Erfahrung von einem Punkt der Ruhe aus zu beobachten – und das ohne zu urteilen.

Mit der Zeit werden Sie mindestens drei, wahrscheinlich jedoch fünf oder sechs Meditationsübungen zur Auswahl haben, die Ihren Bedürfnissen entgegenkommen. Aus diesen können Sie jeden Tag für Ihre Meditation eine entsprechende Übung aussuchen. Gehen Sie zu Beginn alle Übungen durch, und wählen Sie eine aus. Wir haben festgestellt, dass Menschen einen sehr feinen Instinkt dafür haben, welche Übung ihnen zu einem bestimmten Zeitpunkt gut tut. Zugang zu diesen Instinkten zu finden gehört zur Vorbereitung auf die Meditation. Auch wenn Sie sich manchmal unsicher fühlen – »Wer bin ich, dass ich mir selbst eine Meditationsübung aussuche?« –, legen Sie los und experimentieren Sie.

Halten Sie sich an Ihre Meditationszeit. Zu Beginn werden Sie wahrscheinlich die meiste Zeit in diesem Buch lesen und nur hier und da eine Minute lang meditieren. Im Laufe der Zeit wird Ihr Selbstvertrauen wachsen und Sie werden mehr Zeit mit geschlossenen Augen und meditierend verbringen und nur noch gelegentlich etwas in dem Buch nachlesen.

Geheimnisse gemeinsam. Lesen und diskutieren Sie die Passagen, die Sie für nützlich, strittig oder inspirierend halten. Meditieren Sie ein- oder zweimal zusammen, und denken Sie über Ihre Entdeckungen nach. Es gibt eine Synergie, eine Vervielfachung der Energie, wenn zwei oder mehr Frauen beisammen sind. Das führt nicht nur zu erhöhter Aufmerksamkeit, sondern unterstützt auch den weiblichen Ansatz und bestärkt Sie darin, Ihren individuellen Stil zu entwickeln. Wenn Sie Ihre Notizen gegenseitig austauschen, üben Sie Ihre Ausdrucksfähigkeit und entwickeln dabei eine neue Sprache für die weibliche Erfahrung. Es ist immer faszinierend, unsere Eigenarten zu entdecken, aber auch das, was wir innerhalb einer Gruppe gemeinsam haben. Die weibliche Gruppenenergie ist besonders machtvoll bei Bewegungs- und Klangexperimenten, die sehr befreiend sind und manchmal auch höchst unterhaltsam.

Am wichtigsten ist jedoch, dass Sie die Geschenke finden, die jedes Geheimnis für Sie bereithält, und dass Sie sich diese Geschenke aneignen, sie auf Ihre Weise in Ihre Meditation einbauen. Jedes Geschenk bietet Einsichten, die Ihre Erfahrungen mit den anderen Geschenken noch erhöhen werden. Im Laufe der Zeit werden Sie wahrscheinlich alle Geheimnisse einmal durchlaufen. Einige der Geheimnisse mögen im Augenblick nichts in Ihnen zum Klingen bringen, oder sie sind Ihnen vielleicht schon längst bekannt. Aber eines der Geheimnisse wird zweifelsohne genau richtig für Sie und Ihre Situation sein. Probieren Sie alles aus, was Ihnen bunt und faszinierend erscheint, und weben Sie daraus Ihr ureigenstes Meditationsgewebe.

Feiern Sie Ihre Sinne

Fürsorge für mich selbst, ja, das könnte ich
    gut gebrauchen.
Ich muss heute noch eine Million Sachen
    erledigen, aber die Meditation wird mir
    helfen.
Und schon eile ich in meine Regenerations-
    kammer ...

Ich bin ein wenig faul und zu müde, um
    aufrecht zu sitzen ...
Ich werde mich einfach auf eine Unmenge
    Kissen stützen.
Etwas Musik wäre auch nicht schlecht – leise
    und aufbauend ...
Ja, das ist die perfekte Hintergrundmusik, um
    meine Seele zu nähren.

Hm, ich darf nicht vergessen, den Zahnarzt
    anzurufen ...
Und auf dem Rückweg von der Buchhandlung
    muss ich noch in der Markthalle vorbei.
Ach ja, dann noch zur Post und zur Bank ...
Okay, okay, ich kann auch schnell mal einen
    Tagesplan erstellen.

So, jetzt kann ich mich entspannen ... Also,
    worauf will ich meine Aufmerksamkeit
    richten? Welche Stimmung brauche ich?
    Bequemlichkeit und Wohlbefinden ... ja, ich
    werde einfach ins Vergnügen eintauchen.

Mmm ... die Musik streichelt mich, beruhigt
    mich wie ein heilender Balsam.
Und mein Atem geht so regelmäßig – er füllt
    mich, durchwogt mich, massiert mich sanft
    von innen. Wie kann er nur so süß sein?
Mein ganzer Körper wird von dieser Süße
    überschwemmt, innen und außen ...
Aaah ... mein Herz hebt sich, weitet sich und
    lächelt.

Ich atme die Süße ein, immer wieder.
So viele freudige Empfindungen ...
Wau, es ist schon fast zu viel des Guten!
Jetzt stelle ich mir vor, wie mein Tagesablauf
    von diesem Wohlbefinden bestimmt wird.
Ich nehme es mit mir in die Welt, mit diesem
    geheimen Lächeln in mir.

Ein Fest für die Sinne

Die Meditation wird zwar häufig als eine Erfahrung jenseits der
Sinne beschrieben, aber in Wirklichkeit ist es eine Reise durch
die ganze Bandbreite unserer Sinne. Diese führen uns in den gegenwärtigen Augenblick, und nur in diesem Augenblick können wir

wahrhaft versuchen, die Geschenke des Lebens anzunehmen. Die Fähigkeit, ganz im Augenblick präsent zu sein, ist eine der größten Belohnungen der Meditation.

Die Meditation ist ein *Fest* für die Sinne. Sie ist unglaublich extravagant, wie ein Korb der herrlichsten Köstlichkeiten eines edlen Feinkostladens, wie das beste Orchester, der perfekte Tanzpartner, das eleganteste Ambiente, das größte Vergnügen, der einfühlsamste Gefährte oder der teuerste Wein. Die Meditation ist ein Zustand höchsten Wohlbefindens und Reichtums, bei dem Sie völlig von Vergnügen durchtränkt werden. Es ist eine alles übertreffende Fülle, die außerhalb der Privatsphäre Ihrer Innenwelt wahrscheinlich illegal wäre. Wenn Sie diese Üppigkeit einatmen, öffnen Sie sich dem Strom des Lebens und der Erfahrung, wie großzügig das Leben Ihnen den nächsten Atemzug gewährt und Sie mit seiner Nährkraft erfüllt.

Zum Vergnügen der Meditation gehört auch die Verfeinerung der Sinne. Die Meditation versetzt uns in einen Zustand erhöhter Wertschätzung, der unsere Fähigkeit vergrößert, die Feinheiten des Lebens aus einem neuen Blickwinkel zu betrachten. Das öffnet uns für eine ästhetische Wahrnehmung unserer Umgebung und unserer Persönlichkeit – eine poetische, mit Worten nicht beschreibbare Sensibilität, die unsere Erfahrungen verwandelt. Die Alltagsrealität erhält eine neue Bedeutung: Wir leben inmitten einer schönen und geheimnisvollen Schöpfung, die sich stets neu entfaltet. Das ist zweifellos ein guter Grund zum Feiern!

Äußere und innere Sinnlichkeit

In diesem Kapitel werden Sie erfahren, wie Sie Ihr liebstes sinnliches Vergnügen zum Schwerpunkt Ihrer Meditationen machen können. Zwischen dem äußeren Vergnügen einer Aktivität und dem inneren Vergnügen der Meditation gibt es eine Spirale des Entzückens, eine positive Feedbackschleife, durch die das eine vom anderen durchtränkt und verstärkt wird. Denken Sie an einige sinnliche Aktivitäten:

- Gartenarbeit im warmen Sonnenschein
- Barfuß durch Gras laufen
- Eine herrliche Mahlzeit genießen
- Sich im Rhythmus der Musik bewegen
- Aus vollem Hals singen
- Liebe machen
- Ein schlafendes Kind im Arm wiegen
- Eine leise schnurrende Katze im Schoß halten
- Mit dem Hund Gassi gehen
- Auf einem Pferd reiten
- An einer Rose oder Gardenie riechen

Jede dieser Aktivitäten birgt in sich den Schlüssel zu Ihrer Gesundheit, Ihrem Wohlbefinden und Ihrem persönlichen Meditationsstil. Die Meditation kann sich diese vibrierenden Strukturen zu Nutze machen, sie intensivieren und Ihre Wertschätzung für diese Aktivitäten sogar noch erhöhen.

Je mehr Sinne Sie an Ihrer Meditation beteiligen, desto interessanter wird es. Wir wollen uns jetzt eine Minute Zeit für ein Experiment nehmen. Welche angenehmen Gefühle entdecken Sie genau in diesem Augenblick, hier, wo Sie sitzen oder liegen? Wie sehen die kleinen, sensorischen Hinweise aus, die Ihnen dieses Gefühl vermitteln? Verleiht Ihnen die Weichheit des Sofas oder des Sessels, auf dem Sie sitzen, das Gefühl der Bequemlichkeit oder des Getragenwerdens? Vielleicht fällt Ihnen beim Luftholen plötzlich auf, dass Sie tiefer atmen wollen und wie gut sich das anfühlt. Oder Sie schauen sich um und freuen sich an den Farben, Formen oder den Bewegungen Ihrer Umgebung. Sie riechen die Blumen in der Vase oder das Essen, das gerade gekocht wird. Vielleicht hören Sie im

Leckerbissen aus Lieblingsgenussmeditationen

»Wenn ich auf meinem begrünten Balkon in der Sonne sitze, zerdrücke ich ein paar Lavendel- oder Basilikumblätter in der Hand und inhaliere ihren Duft.«   *Carol, Psychotherapeutin und Professorin*

»Ich hantiere morgens im Haus herum und summe mir dabei selbst etwas vor.«   *Jane, Fernsehproduzentin*

»Ich trinke hingebungsvoll und mit viel Gusto meinen morgendlichen Cappuccino.«   *Marta, Schriftstellerin*

»Vor, während und nach einem Bad!«
Sandra, Therapeutin und Performancekünstlerin

»Gartenarbeit und der Aufenthalt in der freien Natur. Ich muss einfach draußen sein.«   *Jeanne, Lehrerin*

»Auf einer Liege unter einem großen Ginsterbusch. Ich schaue durch die Blätter in den herrlichen Himmel über New Mexico.«
Anna, Massagetherapeutin

»Ich stehe am Ufer und sehe zu, wie sich das Licht auf den Wellen spiegelt.«   *Kathleen, Schriftstellerin*

»Ich liebe die Weite, also beobachte ich den Himmel. Von meinem Haus aus kann ich die Wolken über den Bergen sehen, darum sitze ich oft nur so da und sehe ihnen zu. Oder ich gehe spazieren und achte darauf, wie sich das Wetter verändert.«
Lillian, Videokünstlerin, Schriftstellerin und Lektorin

Nebenzimmer die Stimme eines Menschen, den Sie lieben, oder das Geräusch des Windes, der draußen durch die Baumwipfel fegt. Nehmen Sie sich einen Augenblick Zeit, um sich einfach treiben zu lassen und diese Eindrücke zu genießen. Welche Sinne sind an der Freude dieses Augenblicks beteiligt?

Jeder einzelne Sinn ist eine Welt voller Wunder, die wir für gewöhnlich als selbstverständlich erachten, und jede Sinneswahrnehmung aktiviert unterschiedliche Bereiche des Gehirns. Es gibt viel mehr Sinne als nur die fünf, die man uns beigebracht hat: riechen, sehen, tasten, hören und schmecken. Wir haben auch einen Sinn für das Gleichgewichtsempfinden, für Bewegung, Temperatur, die Stellung unserer Gelenke, den Sauerstoffgehalt in unserem Blut und die vielen Feinheiten der Berührung. Die meisten Aktivitäten sind in Wirklichkeit eine *Synesthesia*, die Kombination vieler Sinne zur gleichen Zeit.

Wenn Sie beispielsweise in einem Restaurant essen, spielen nicht nur der Geschmack und die Beschaffenheit der Nahrungsmittel eine Rolle, sondern auch die Präsentation der Speisen, wie sie neben den anderen Gerüchen des Restaurants duften, dazu die Dekoration und das besondere Ambiente, die Geräusche und Bewegungen, Ihre Begleitung und die Qualität der Unterhaltung. Ihre *Körperkinesthesie* ist wichtig – wie Sie einen Bissen zum Mund führen, wie Sie das Aroma einatmen, der Akt des Kauens, wie Sie sich genießerisch zurücklehnen, Ihre inneren Empfindungen von Erregung und Zufriedenheit. Ihr Vergnügen erwächst nicht zuletzt durch diese reiche Vielfalt an Eindrücken.

Einige der tief greifendsten Meditationen geschehen in Gegenwart großer Kunst, Musik oder Schauspielerei. Im September 1998 machten sich meine Freundin Carol und ich auf eine Kunstsafari durch New York. Wir sättigten uns mit Theater und Tanz und besuchten auch eine Pierre-Bonnard-Ausstellung im Museum of Modern Art zusammen mit Carols Mutter. Während wir durch die Hallen schlenderten und vor jedem Gemälde innehielten, spürten

Was K.T. liebt

K.T. ist mit ihren 29 Jahren die jüngste Führungskraft eines Handelsunternehmens in der Unterhaltungsindustrie — und sie ist die einzige Frau. Um sich auf ihren Arbeitstag vorzubereiten, meditiert K.T. nach dem Aufwachen im Bett. Sie ruft sich dabei alles in Erinnerung, was sie liebt.

»Im Laufe des Tages habe ich mit ungeheuer vielen gestressten Leuten Kontakt, die versuchen, mich unter Druck zu setzen und mich auszunützen. Ich arbeite härter als die anderen Führungskräfte, aber trotzdem schikanieren und missbilligen sie mich. Ich besitze ein starkes Selbstwertgefühl und kann gut auf mich aufpassen, aber es kostet mich viel Anstrengung, um nicht in ihre Negativität zu verfallen. Wenn ich meditiere, erschaffe ich mir deshalb einen Ort, an dem ich in alles eintauchen kann, was am Leben so großartig ist: Blumen, Katzen, meine Freunde und Freundinnen, mein Verlobter. Ich meditiere über die sensorischen Eigenschaften all dessen, was ich liebe. In meinem Herzen berühre ich meinen Geliebten und meine kleinen Kätzchen; ich atme das Sonnenlicht und die Meeresluft ein. Ich sehe meine Lieblingsblumen vor mir und stelle mir ihre Farben und ihren Duft vor. Das stimmt meine Sinne auf die Welt ein, in der ich lebe, die ich erschaffen will.

Wenn ich dann bei der Arbeit und in einer Sitzung bin, sehe ich, wie sich die Leute gegenseitig Dolche in den Rücken rammen und um Macht konkurrieren, aber das berührt mich nicht. Ich bleibe in der Schönheit und dem Guten des Lebens zentriert, und das gibt mir Kraft. Wenn ich mir nicht die Zeit nehme, um zu meditieren, dann spüre ich das sofort. Schon allein fünf oder zehn Minuten verändern den Tag grundlegend.«

Die Erfahrung von K.T. zeigt, wie überaus einfach und funktional Ihre Meditation sein kann — etwas, das die Qualität Ihres Alltags von Grund auf verändert. Da die Meditation etwas so Natürliches ist, kann es auch leicht passieren, dass man sie einmal vergisst; schließlich scheint gar keine besondere Technik vorzuliegen. Es ist mehr eine Art und Weise, bei sich selbst zu sein, als etwas zu tun oder das Ich zu verbessern. Eine gesunde Meditationspraxis baut auf dieser Qualität des Vergnügens auf.

wir die fast greifbare Atmosphäre der Wertschätzung. Bonnards
sprühende Farben schienen nicht nur die Augen zu durchdringen,
sondern das gesamte Wesen. Wir drei saßen zusammen und meditierten (wie sonst sollte man es nennen?) mitten in dem Gedränge
der Körper, dem Murmeln und den Seufzern, die Ehrerbietungen
gleichkamen. Carol und ich hatten dieselbe Erfahrung: unsere Körper bebten vor freudiger Erregung – aufgrund der Farben, die in
uns pulsierten, und aufgrund der *participation mystique* an diesem gemeinsamen ästhetischen Ritual.

Jeder Sinn ist ein in uns wohnender Pfad, der unsere innere Natur mit unserer äußeren Natur verbindet. Die Sinne ermöglichen
uns nicht nur den Kontakt mit der äußeren Welt, sondern erzählen
uns auch, was in unserer Innenwelt geschieht. Nur durch die inneren Sinneswahrnehmungen wissen wir, was wir fühlen und denken.
Denken Sie an irgendetwas aus Ihrem Leben, und prompt sehen,
hören und fühlen Sie dieses Ereignis. Sogar abstraktes Denken besteht aus inneren Sinnesempfindungen. Die Meditation macht sich
diese Fähigkeit, einen Gedanken zu generieren oder eine Erfahrung
zurückzurufen, zu Nutze. Alle Techniken – selbst die uralten und
die esoterischen – basieren auf Sinneserfahrungen. Es ist ein Irrtum
zu glauben, dass subtile innere Erfahrungen jenseits unserer Sinnes-
welt lägen.

Unser Sinnesapparat ist dafür entworfen, unsere Umwelt mit
Hilfe einer bemerkenswerten Wahrnehmungsbandbreite zu erforschen, vom Offensichtlichen und Großen bis hin zum Subtilsten.
Der Tastsinn ermöglicht uns das ganze Spektrum – wir können
kräftig zupacken oder mit herrlicher Sanftheit und Zärtlichkeit
streicheln. Die leichteste Berührung kann überaus gefühlvoll sein,
aber auch enorm machtvoll und packend – und genau das, wonach
wir uns sehnen. Der kinästhetische Sinn bietet uns die Bandbreite
der Bewegung: von der dynamischen Bewegung bis hin zu geringfü-
gigsten Muskelveränderungen. Mit den Augen können wir sowohl
im hellen Sonnenlicht sehen als auch in der schwachen Beleuchtung

Eine aktive Vergnügungsmeditation

Denken Sie an das Feuer, die Vitalität, das Selbstvertrauen und die Befriedigung, die Ihnen Ihre liebste körperliche Betätigung vermittelt — beispielsweise Wandern, Tanzen, Schwimmen, Singen, Krafttraining, Gymnastik oder Gartenarbeit. Wie fühlen Sie sich, wenn Sie dieser körperlichen Aktivität nachgehen? Gesund, mobil, stark? Verschwitzt und schmutzig, aber unbesiegbar? Ausdrucksstark und frei? Anmutig, im Einklang mit sich selbst? Wie sehen die angenehmen Nachwirkungen aus? Sind Ihre Muskeln müde, aber herrlich entspannt — fühlen sie sich gut ausgelastet an? Sind Sie rundum stolz auf sich selbst? Sind Sie voller Energie, aber ausgeglichen und in Kontakt mit Ihrem Körper?
Nehmen Sie genau diese Eindrücke mit, wenn Sie sich zur Meditation hinsetzen (oder hinlegen). Erschaffen Sie diese erfreulichen Gefühle erneut, und würdigen Sie all ihre Einzelheiten. Wenn Sie sich an diesen Zustand erinnern und ihm in Ihrem Innern wieder eine Form geben, tragen Sie ihn in die Gegenwart. Genießen Sie es, wie aktiv und kraftvoll die Meditation innerlich sein kann, nicht nur beruhigend und still.

durch Mond und Sterne bei Nacht, und wir erleben das ganze Spektrum der Farben, von den intensiven Grundfarben bis hin zu den Nuancen der Pastelltöne.

Gleichermaßen nehmen wir eine große Bandbreite an inneren Hinweisen wahr. Bei der Meditation fangen wir in der äußeren Welt an und folgen dann dem Pfad der Sinne nach innen zu unserem Wesenskern. Wir können dabei beispielsweise unsere Sehnsucht nach sanfter Berührung erfüllen und sie in die Welt der zunehmend zarteren Empfindungen jenseits unserer üblichen Wahrnehmung ausdehnen, bis sie den innersten Kern unseres Wesens berührt. Ähnlich bei Klängen: unsere Liebe zur Musik kann uns in die inneren Bereiche des Hörens führen, die so fein sind, dass sie himmlisch scheinen. Wir können entdecken, wie die inneren Klänge leiser werden und tiefer Stille und Frieden weichen. Die innere Welt des Sehens übermittelt lebendige Szenen aus dem Gedächtnis, aus Träumen oder der Fantasie, schöne abstrakte Muster und selbst noch die schwächsten Spektralbilder. Ebenso können wir uns an dem ganzen Kontinuum der Kinästhesie erfreuen, von dem Gefühl beim wilden Tanzen bis zum Stillsitzen und der Wahrnehmung unseres regelmäßig schlagenden Herzens. Das entspannende Gefühl, im Meer zu schwimmen, hat ebenfalls eine innere Entsprechung: bei der Meditation gibt es die Empfindung, einzutauchen und sich tragen zu lassen, was wie ein Bad in der Quelle des Lebens erscheint.

Genau das meinen wir, wenn wir davon sprechen, dass Sie bei der Meditation in Ihrer eigenen sinnlichen Erfahrung schwelgen werden. Der Reichtum der Sinneswahrnehmungen schlägt eine Brücke zwischen inneren und äußeren Freuden und öffnet Sie für die Erfahrung der wunderbaren Fülle, in beiden Welten umfassend zu leben.

Vergnügen und Gesundheit

Damit Sie nicht glauben, bei dieser Feier des Vergnügens handele es sich einfach nur um überschwängliches New-Age-Denken oder um dichterische Begeisterung für hedonistische Selbstsucht, wollen wir Ihrem kritischen Verstand versichern, dass jüngste Studien den Wert der Freude für die Gesundheit der Frau untermauern.

Sie können allen Stress aus Ihrem System herauswaschen, indem Sie sich ein Vergnügen bereiten. Das Stress Institute in Boulder, Colorado, hat herausgefunden, dass unser Immunsystem geschwächt und für alle Arten von Erkältungen, Viruserkrankungen und Grippe anfällig wird, wenn wir uns nicht genügend Zeit nehmen, uns selbst Kraft zu geben. Schon kleine Freuden wie ein Besuch beim Friseur, eine Gesichtsbehandlung bei der Kosmetikerin oder eine Massage bewirken etwas.

Gesund durch Lebensfreude von Robert Ornstein und Dr. David Sobel ist voller Informationen über die Vorzüge, die Vergnügen für Ihre Gesundheit hat. »Jeder Mensch besitzt ein wirksames inneres System zur Gesunderhaltung, das vom Vergnügen gesteuert wird. Tatsächlich gibt es hinreichende wissenschaftliche Beweise, dass wir für die Freude erschaffen wurden. Tief liegende Gehirnzentren reagieren direkt auf angenehme Empfindungen.« Und weiter heißt es: »Viele von uns bekommen nicht ihre tägliche minimale Dosis an sensorischen Vergnügungen.«

Also legen Sie los, und verwöhnen Sie sich auf die Weise, die Ihnen am liebsten ist, denn dadurch sorgen Sie für Ihre Gesundheit. Und jetzt raten Sie mal? Sie können auch ein- oder zweimal am Tag meditieren und dadurch dieselben Ergebnisse erzielen. Die Meditation ist zufällig eine der besten Möglichkeiten der Stressreduzierung, und die Meditationen, die wir Ihnen vorschlagen — das Schwelgen in Sinnlichkeit — kosten Sie nichts, stehen Ihnen jederzeit zur Verfügung und können Ihnen noch größere Wonnen verschaffen.

Meditation und Sex

Die Art der Aufmerksamkeit bei der Meditation ähnelt dem Sex — wenn Sie eine Methode finden, die Ihnen gefällt. Es ist eine zarte innere Begegnung, eine sich entfaltende Entdeckung dessen, was Sie genießen, und eine allmähliche Hingabe an immer mehr Vergnügen. Und hinterher fühlen Sie sich großartig! Sie sind eine neue Frau, völlig Sie selbst: verbunden, erneuert, knackig und entspannt.

Meditation und Sex spielen sich auch ähnlich ab: Als Reaktion auf einen inneren Drang gibt man sich die Zeit und den Raum, um mit seinen Sinnen zu forschen. Man sorgt für die Sicherheit, in der man sich entspannen kann. Sowohl Meditation als auch Sex sind am besten, wenn man nicht davon ausgeht, dass etwas Bestimmtes passiert. Man gestattet sich einfach, alles zu genießen und es lang-

Noch besser als Eis mit heißer Schokoladensoße

Als Jennifer 16 Jahre alt war, schenkte ihre Mutter ihr das Buch *Autobiografie eines Yogi* von Paramahansa Yogananda. Er gehörte zu den ersten Swamis, die Meditation und Yoga in den Westen brachten, und sein Buch hat Millionen Amerikaner inspiriert (einschließlich Lorin und mich). Jennifer liebte seine Geschichten und fing an, auf die von ihm beschriebene Weise zu meditieren. Sie konzentrierte sich auf ihr »drittes Auge« und füllte es mit blauem Licht. Das machte sie mitten in den Wirrungen der Pubertät glücklich, und sie behielt diese Meditation jahrelang bei. Aber irgendwann wurde Jennifer klar, dass sie sich abgehoben und high fühlte. Als sie ein Kind bekam, musste sie sich mehr erden. Sie hörte auf zu meditieren.

Bei ihren Sitzungen mit mir sprach Jennifer, nun 35 Jahre alt, von den Problemen, die sie damit hatte, Grenzen zu setzen und sich Zeit für sich selbst zu nehmen. Als wir diesen Punkt näher untersuchten, entdeckte sie, dass sie sich selbst normalerweise in einem hyperwachsamen Beobachtungsmodus Aufmerksamkeit schenkte – ich nenne es »Periskop-Aufmerksamkeit«. Sie schilderte es so: »Ich beobachte mich, als ob ich in einem Kampfbomber sitze und jeden Moment einen Angriff von hinten erwarte.«

Es half Jennifer, wenn sie sich auf konkrete Körperempfindungen konzentrierte: wie ihr Körper auf dem Kissen lag, das Gewebe des Teppichs zu spüren, die Bewegungen ihres Atems, ihrer Muskeln und ihrer Haut, ihr Bewusstsein für das Zimmer. Diese sensorischen Wahrnehmungen wurden eine Möglichkeit, sie selbst zu sein und sich im Vergnügen zu erden. Nachdem sie sich ein oder zwei Wochen darauf konzentriert hatte, nahm Jennifer Yogaunterricht und schrieb: »Ich war viel stärker in meinem Körper. Ich hatte mehr Bewusstheit, und mein Geist war stiller als sonst.«

Jennifer befand sich in einer intensiven Übergangsphase. »Ich habe Angst, durch und durch, überall. Ich habe eine Bombe auf mein Leben abgeworfen; ich habe den Stein ins Rollen gebracht. Ich tue die Dinge nicht mehr so wie früher, aber ich weiß auch noch nicht so recht, was anders ist. Die Meditation ist bei diesem Übergang sehr hilfreich. Sie bringt mich zurück. Hier liegt meine Sicherheit; ich schaffe mir Sicherheit. Ich lerne, mich nicht so furchtbar anzustrengen. Die Meditation ist das Hilfsmittel, das mich weitermachen lässt, und sie fühlt sich wirklich gut an. Ich genieße meine Meditationen sehr und freue mich ungeheuer auf sie. Sie sind sogar noch besser als Eis mit heißer Schokoladensoße!«

sam anzugehen. Allmählich wächst das Interesse, und man konzentriert sich auf die faszinierenden sensorischen Details. Während man seine Aufmerksamkeit erhöht, werden die Sinne eingeschaltet. Man wird präsent und fängt an, loszulassen. Unvermeidlich denkt man in diesem Moment an etwas anderes: *Ich müsste eigentlich die Wäsche machen* oder *Ach herrje, ich habe Susi nicht zurückgerufen.* Man ist einige Sekunden lang »weg«.

Ganz natürlich ruft Sie das Vergnügen schließlich wieder zurück (es ist ein zwingender Faktor), und während Sie den Empfindungen und Bewegungen folgen, lassen Sie noch ein wenig mehr los. Tief innen gibt es ein langsames Sich-Weiten, ein Sich-Öffnen. Sie zapfen Ihre kraftvolle Natur an. Dieser Zyklus vollzieht sich in Wellen und nimmt an Intensität zu, bis Sie — von der Energie überwältigt — ganz im Vergnügen aufgehen. Ströme der Lebenskraft durchlaufen Sie, bahnen sich Wege bis hinunter zu Ihren Zehen und hinauf zum Scheitel, revitalisieren jede Zelle und sorgen überall für Ausgeglichenheit.

Bei der Meditation verbinden Sie sich mit sich selbst. Sie finden heraus, was für Sie funktioniert — Ihr Rhythmus, Ihr Körper, Ihre Emotionen. Die sanfte, anspruchslose Berührung der Meditation kann helfen, jedes Trauma, jede sexuelle Verletzung und jede Hemmung zu heilen. Die Geheimnisse, die Sie bei der einen Meditation lernen, bereichern Ihre eigene innere Sinnlichkeit, und wenn Sie wollen, öffnet eine andere Meditation Ihre Sexualität. Meditative Bewusstheit gleicht bisweilen einem stürmischen Liebesspiel mit dem Universum. Dieses Geheimnis wartet auf Sie.

Tabu-Überprüfung

Wenn wir langsamer machen und unsere Sinne genießen, nehmen wir unsere Sinnlichkeit in Besitz. Sinnlichkeit lässt sich als Hingabe an sinnliche Erfahrungen definieren. Die Meditation vergrößert die Bandbreite Ihrer Sinne, und das fühlt sich fabelhaft an. Aber Sie werden dennoch immer wieder auf Ihre persönlichen Grenzen stoßen, die Sie Ihrem Vergnügen gesetzt haben. Vergnügen ist ein Tabu – stellen Sie sich diesem Tabu. Klingt all diese Sinnlichkeit empörend, skandalös und einfach nur schlecht? Haben Sie eine solch derbe Meditation womöglich nicht erwartet? Scheint dieser Ansatz all dem zu widersprechen, was Sie jemals über Meditation gehört haben? Wir wollen uns diese Vorstellungen einmal näher ansehen.

Wenn Sie meditieren, treten Sie in einen besonderen Zustand der Entspannung ein. Physiologische Studien zeigen, dass dieser Ruhezustand noch tiefer reicht als Schlaf, doch innerlich sind Sie hellwach. Eine Zeit lang beobachten Sie sich sogar beim Träumen. Vielleicht haben Sie sich niemals zuvor in einem solchen Ruhezustand befunden, oder Sie waren trotz Entspannung noch nie so voll bei Bewusstsein. Wie fühlt sich diese unglaubliche Erholung an? Nun, wie fühlt es sich an, im Bett zu liegen oder am Strand und völlig locker zu sein? Es ist herrlich; es ist sinnlich.

Die Meditation ist ein besonderer Zustand mit eigenen Regeln und Zugeständnissen. Ein Großteil des Meditationsunterrichts besteht darin, Stressmuster abzulegen. Sie lernen, die Regeln, die bei der Arbeit oder beim Autofahren gelten, zu vergessen und die Zeit, die Sie mit sich selbst verbringen, nicht zu kontrollieren. Arbeit ist gut, aber wenn Sie Ihre Meditation in Arbeit verwandeln, wird sie keine Erholung bringen. Sie ist dann nur eine weitere Pflicht auf der langen Liste der zu erledigenden Aufgaben. Werfen Sie die alte Einstellung »ohne Schweiß kein Preis« über Bord. Sie stimmt nicht und ist hinfällig. Suchen Sie Ihren eigenen Weg in Richtung Vergnügen. Zum Meditationsunterricht gehört auch, diese neuen Empfindungen zu tolerieren.

Wenn Sie sich nicht die Erlaubnis geben, Ihre Meditation sinnlich und genussreich sein zu lassen, dann beschränken Sie Ihre Möglichkeiten. Sie verpassen die Hälfte der Erfahrung und Ihnen entgeht auch die Hälfte der Vorteile. Frauen besitzen eine natürliche Sinnlichkeit, und wenn man ihnen keine Hindernisse in den Weg stellt, erleben sie die Meditation als zärtlich und zutiefst genussreich, wie ein Wannenbad. Der Zustand der Auflösung lässt Sie verletzlich erscheinen, und vielleicht fragen Sie sich, ob Sie gerade irgendwelche Regeln brechen. Möglicherweise erfinden Sie sogar neue. Doch dieses Gefühl, ein Tabu zu brechen, ist ein Zeichen von Erfolg: Es zeigt, wie tief Sie vordringen. Die Herausforderung besteht nun darin, sich diesem Gefühl zu stellen. Sie müssen Wege finden, sich dabei selbst zu unterstützen. Geben Sie sich Ihrer Erfahrung hin. Unterwerfen Sie sich keinen abstrakten Ideen, keinen Techniken oder Gurus. Beherzigen Sie das, damit Sie sich später nicht zu Tode langweilen. Viele Frauen fürchten sich, ihre Sinnlichkeit wirklich wahrzunehmen, oder sie wissen nicht, wie sie das machen sollen, darum wird ihre Meditation zu einer sehr beschränkten Erfahrung. Es gibt keine Belohnung, wenn Sie sich selbst Grenzen setzen: Sie werden dann einfach keine Lust mehr auf Meditation haben.

Sie können Ihre Meditationsmethode auch gleich an dem ausrichten, was Sie lieben und genießen, denn es fällt dann leichter, aufmerksam zu sein, und Sie werden meditieren *wollen.* Eines der großen Geheimnisse besteht darin, wie viel Spaß eine Meditation machen kann. Sie kann sich sogar herrlich verrucht anfühlen. Sobald Sie wissen, wie es geht, stellen Sie möglicherweise fest, dass Sie sich schon immer danach gesehnt haben und Sie sogar lieber meditieren, als sich Ihren »Lastern« hinzugeben. Stellen Sie sich nur vor, wie lustvoll sich das anfühlen wird!

Wenn Sie Ihren eigenen Instinkten folgen, wenn Sie sich von Ihrer eigenen Erfahrung anleiten lassen, werden Sie geheime Pfade und geheime Freuden entdecken. Jede Meditierende, ob Lehrerin oder Schülerin, findet in der Meditation kleine Freuden und schmale Wege, denen sie folgt, die jedoch noch niemand anderer entdeckt hat. Wenn Sie mit einer Katze, einem Hund, einem Kind, einem Gärtner, einem Künstler und einem Insektenkundler in einem Garten sitzen, wird jeder von ihnen eine völlig andere Welt des Entzückens wahrnehmen, denn jeder genießt einen bestimmten Aspekt des Gartens und erforscht ihn auf seine individuelle Weise. Wir hören seit dreißig Jahren auf unsere Schülerinnen und Schüler und lernen immer noch Neues. Suchen Sie sich Ihren eigenen Weg – Ihren einzigartigen, sinnlichen und weiblichen Weg.

Forschungsreisen

- Was sehen, hören, riechen, schmecken und empfinden Sie am liebsten? Welche Farben, welche Musik bevorzugen Sie? Was versetzt Sie in Entzücken?
- Was bereitet Ihnen Freude? Was lieben Sie?
- Wann fühlen Sie sich mit sich selbst am wohlsten?
- Wann empfinden Sie ein Gefühl der Befriedigung, wie das Gefühl, das viele Menschen haben, wenn sie eine Aufgabe gut erledigen konnten?
- Nehmen Sie sich einen Augenblick Zeit, und denken Sie über einige alltägliche Freuden nach, denen Sie sich gelegentlich hingeben. Welche täglich wiederkehrende Aktivität bereitet Ihnen insgeheim Vergnügen: sich zu schminken oder einzukaufen, über den weichen Stoff eines Abendkleides zu streichen, sich richtig

Aufwärmübung: Die Après-Bad-Technik

Diese Technik unterstützt einen tiefen Entspannungszustand. Betrachten Sie die Übung als Vorbereitung auf andere Meditationen. Nehmen Sie ungefähr eine halbe Stunde lang ein Bad, so heiß, wie es für Sie gerade noch angenehm ist. Um Ihren Muskeln zu noch mehr Entspannung zu verhelfen, können Sie eine Tasse Epsomer Bittersalz in das Badewasser geben. Verwenden Sie Ihr Lieblingsschaumbad oder ätherische Öle, um Ihren Geruchssinn zu verwöhnen, und zünden Sie eine Kerze an, wenn Sie möchten. Schwelgen Sie in der samtweichen Struktur des Wassers und der alles durchdringenden Hitze. Trinken Sie ein Glas Wasser, um Ihren Durst zu stillen.

Steigen Sie langsam aus der Wanne heraus. Wickeln Sie sich in ein Badetuch und legen Sie sich hin. Decken Sie sich zu, damit Sie nicht auskühlen. In diesem aufnahmebereiten Zustand können Sie sich an die tiefe Entspannung gewöhnen. Ihre Muskeln fühlen sich möglicherweise wie Gummi an und wahrscheinlich schwitzen Sie (das ist überaus reinigend!). In diesem extrem entspannten Zustand können Sie sich treiben lassen und die Empfindungen erforschen, die sich mit dem Loslassen einstellen. Nehmen Sie sich dafür mindestens zehn Minuten Zeit. Anschließend können Sie sich kühl abduschen und eine duftende Körperlotion auf Ihrer Haut verteilen.

ausweinen zu können, sich jemandem verbunden zu fühlen, etwas auszuhandeln oder einen Plan zu erstellen, Ihre Wohnung aufzuräumen, Frieden zu stiften, für Freunde zu kochen, den Tisch zu decken, Blumengebilde zu arrangieren, ein Schaumbad im Kerzenlicht zu nehmen oder eine ausgedehnte heiße Dusche?

◆ Suchen Sie sich im Laufe des Tages einen Ihrer Sinne aus und »verwöhnen« Sie ihn. Genießen Sie anschließend die Nachwirkungen. Wir tun das ganz instinktiv: Wir riechen einen Duft und freuen uns an ihm, solange er in der Luft hängt; wir cremen unseren Körper mit einer Lotion ein; wir lassen Eiscreme langsam im Mund schmelzen. Nachdem Sie den Sinn stimuliert haben, lassen Sie los, und erspüren Sie, was dann geschieht. Achten Sie darauf, wie das Verschwinden der Empfindung ebenso angenehm ist wie die Empfindung selbst. Wir wollen gar nicht immer die volle Dosis, wir wollen uns ausruhen und in den Feinheiten schwelgen. Inwieweit verändert es Ihre Erfahrung, wenn Sie Ihre Aufmerksamkeit auf diese Weise verstärken? Schreiben Sie Ihre Erkenntnisse auf.

1. Fertigkeitskreis:
Wie man mit dem Vergnügen des Atems meditiert

Der Atem ist der klassische Konzentrationspunkt bei der Meditation, und das hat mehrere Gründe. Zum einen, was wäre geeigneter als der Atem? Er ist sinnlich, rhythmisch und immer bei uns, solange wir leben. Außerdem ist der Atem ein Geschenk der Welt um uns herum; er tritt in unseren Körper ein, in unsere Lungen, in unser Blut und dann in jede Zelle. Der Atem ist ein intimer Austausch mit dem gesamten Kosmos, in dem wir leben, uns bewegen und existieren. Wenn wir auf unseren Atem achten, nehmen wir all das direkt wahr. Der Atem ist von sich aus schon voller Anmut.

Es gibt hunderte von Möglichkeiten, wie man sich auf den Atem konzentrieren kann. Sie können sich bewusst machen, welchem Rhythmus er folgt, wie er sich ausweitet und wieder zusammenzieht, wie er von außerhalb in den Körper hineingezogen wird. Sie können sich den Atem bildlich vorstellen oder sich Ihrer Nasenspitze bewusst sein, der leisen Geräusche des Atmens, des seidigen Gefühls in Ihrem Hals, der Pause am Ende des Einatmens und so weiter. Sie können sich mit Hilfe Ihrer Sinne auf die Berührung, die Bewegung, das Hören, Riechen oder Sehen konzentrieren.

Sie können sich mit Ihrem Atem von der Welt zurückziehen oder sich auf sie einlassen.

Während Sie mit dem Atem meditieren, können Ihre Augen geschlossen oder offen sein – was immer sich spontan einstellt. Sie werden lernen, in der Präsenz des Atems zu ruhen, und Ihre Augen werden sich irgendwann von ganz allein schließen – aber erzwingen Sie das nicht. Wenn Sie diesem sanften Ansatz folgen, kann sogar der schlichte Akt, die Augen zu schließen, zu einem herrlichen Erlebnis werden.

Ihre Gedanken driften mit Sicherheit ab und kehren dann wieder zu Ihrem Aufmerksamkeitspunkt zurück. Das ist völlig normal. Kehren Sie einfach immer wieder zu dem Vergnügen zurück, das Sie sich für Ihre Meditation ausgesucht haben. Und denken Sie daran, dass Sie überall sitzen können und in jeder Position, die für Sie bequem ist.

Im Laufe der Zeit werden Sie aufgrund Ihrer Sinne ein viel umfassenderes Verständnis für den Atem erlangen. Dabei lassen Sie sich auch immer mehr auf Ihren Atem ein. Löschen Sie den Satz »Ich will versuchen, mich auf meinen Atem zu konzentrieren« aus Ihrem Sprachgebrauch und ersetzen Sie ihn durch »Ich entwickle ein immer größeres Interesse an meinem Atem«.

Begrüßen Sie jeden neuen Atemzug mit all Ihren Sinnen. Je mehr Sie sich Ihres Atems bewusst sind, desto außergewöhnlichere Empfindungsbereiche erschließen sich Ihnen.

Geruch. Sie können Ihren Geruchssinn verbessern, indem Sie besondere Nuancen Ihres Lieblingsduftes – eine Blume, ein ätherisches Öl oder eine reife Frucht – erforschen sowie die Empfindung beim Einatmen dieses Duftes. Atmen Sie langsam ein, und genießen Sie den Atemzug, als ob Sie einen berauschenden Duft riechen würden. Selbst wenn es in diesem Moment nichts zu riechen gibt, richten Sie Ihre Aufmerksamkeit auf Ihre Nase, das weckt Ihren Geruchssinn.

Bewegung. Seien Sie sich der Bewegung Ihres Atems bewusst: wie er in Ihre Nasenlöcher eintritt, den Hals hinunterströmt bis in die Lungen, wie er Zwerchfell und Bauch weitet. Achten Sie auf die Pause am Ende des Einatmens, wenn der Atem sich umkehrt, und richten Sie Ihre Aufmerksamkeit dann auf die Gefühle, die mit dem Ausatmen einhergehen. Achten Sie darauf, was am Ende des Ausatmens geschieht: Sie sind aller Luft entleert, und dann beginnt der Kreislauf von vorn. Erspüren Sie Ihren natürlichen Atemrhythmus. Spielen Sie dann mit dem Tempo, beschleunigen Sie es oder dehnen Sie das Einatmen aus, atmen Sie langsamer oder schneller aus. Möglicherweise ist Ihnen das Einatmen lieber als das Ausatmen, oder umgekehrt. Oder Sie mögen diese winzige Pause am Ende des Einatmens, wenn sich der Atem umkehrt.

Berührung. Genießen Sie die Liebkosung der Luft, die durch Ihre Nase oder Ihren Mund strömt, Ihren Hals entlangstreicht und in Ihre Lungen tritt. Spüren Sie die Berührung des Atems, der sich wie eine sanfte Massage in Ihnen ausbreitet. Wo fühlen Sie es? Atmen Sie durch Mund oder Nase direkt auf die Haut Ihrer Arme aus und genießen Sie es, wie sich die kleinen Härchen aufstellen. Spüren Sie die Feuchtigkeit oder die Trockenheit, wenn Sie einatmen, aber auch die Feuchtigkeit, wenn Sie ausatmen.

Temperatur. Die Luft und Ihr Körper haben häufig eine unterschiedliche Temperatur. Wenn Sie ein- und wieder ausatmen, achten Sie auf die Hinweise, die Sie über Kühle oder Wärme erhalten.

Sehen. Wenn Sie Farben lieben, können Sie etwas in Ihrer Lieblingsfarbe vor sich legen und Ihre Augen von Zeit zu Zeit öffnen. Atmen Sie die Eigenschaft dieser Farbe ein. Oder stellen Sie sich Ihren Atem als farbigen Strom vor, der in Ihnen wirbelt und dann in den Raum um Sie herum strömt. Spielen Sie mit den Mustern, die der bunte Strom Ihres Atems erzeugt.

Hören. Wenn Sie gern Musik hören, dann lauschen Sie in den ersten fünf Minuten der Atemmeditation Ihrer Lieblingsmusik und sitzen Sie dann weitere fünf Minuten in der Stille. Der Rhythmus und die Harmonik der Musik können Ihre Atemerfahrung in vielerlei Hinsicht beeinflussen. Stellen Sie sich Ihren Atem als Musik vor; lassen Sie ihn auf irgendeine Weise hörbar werden. Lauschen Sie, wie die Luft durch Ihre Nase oder Ihren Mund strömt, und spielen Sie mit diesem Geräusch – zischen Sie, schnaufen oder keuchen Sie. Versuchen Sie anschließend, den Mund geschlossen zu halten, während Sie dem Klang lauschen, der aus Ihrem Hals aufsteigt. Ziehen Sie Ihre Kehle langsam zusammen, und erschaffen Sie eine Art flüsterndes oder rauschendes Geräusch – wie der Atem eines Menschen, der schläft, oder wie Wellen, die an den Strand spülen. Im Yoga wird dies »Uijayi-Atem« genannt. Auf das Geräusch des Atems zu hören ist ein sehr guter Konzentrationspunkt für die meditative Bewusstheit.

Üben Sie mit den folgenden Aussagen zur Atembewusstheit:

»Ich bin mir jetzt bewusst, wie ich meinen Atem rieche.«
»Ich bin mir jetzt bewusst, wie ich meinen Atem spüre.«
»Ich bin mir jetzt bewusst, wie ich meinen Atem berühre.«
»Ich bin mir jetzt bewusst, wie ich meinen Atem sehe.«
»Ich bin mir jetzt bewusst, wie ich meinen Atem höre.«
»Ich bin mir jetzt der Temperatur meines Atems bewusst.«

Meditationen

Die Sinnlichkeit des Atems

Bei der Meditation ist die Qualität der Aufmerksamkeit von besonderer Bedeutung. Bei dieser Meditation und bei allen anderen, die Sie durchführen, dürfen Sie sich niemals zwingen oder hart zu sich selbst sein. Ihre Aufmerksamkeit sollte immer weich und schwerelos sein, wie Blütenblätter auf Ihrer Haut.

Setzen Sie sich einige Minuten bequem hin, und stellen Sie Ihre Sinne auf den gegenwärtigen Augenblick ein. Richten Sie dann Ihre Aufmerksamkeit auf Ihren Atem, und fragen Sie sich: »Welche Art von Freude verspüre ich beim Atmen?« Wie im Fertigkeitskreis bereits ausgeführt, kann jeder Ihrer Sinne – oder auch mehrere gleichzeitig – das Bewusstsein für Ihren Atem steigern. Wie verschwenderisch können Sie ihn ausstatten? Vielleicht genießen Sie die entspannende Ebbe und Flut des Atems, seine seidige Struktur, seinen Duft, die innere Massage seiner wellenartigen Bewegung oder schlicht und einfach das Wunder, dieses Geschenk des Lebens zu erhalten. Durchtränken Sie den Atem mit jedem Inhalt beziehungsweise mit jeder Eigenschaft, nach der Sie sich sehnen.

Atmen Sie ungefähr zehn Minuten lang voller Bewusstheit. Sie werden in Gedanken oder Gefühlen über Ihr Leben abtreiben; das ist ein normaler und gesunder Integrationsprozess. Wenn Sie merken, dass Sie abdriften, dann versuchen Sie nicht, diese Gedanken auszublenden. Kehren Sie einfach zu der Sinnlichkeit Ihres Atems zurück, sobald Sie können, damit Ihr ganzes Wesen sich dem Vergnügen hingeben und auf diese Weise genährt werden kann.

Atemmeditationen können draußen in der Natur etwas Wundervolles sein, besonders wenn es windet und eine Brise über Ihre Haut streicht. Experimentieren Sie. Sie werden jeden Tag etwas Neues und Köstliches an Ihrem Atem entdecken.

Schwelgen Sie in Ihrer Weiblichkeit

Wir haben zwar alle eins gemeinsam, nämlich Frauen zu sein, aber jede von uns erfährt ihre Weiblichkeit anders. Schwelgen Sie in Ihrer individuellen weiblichen Atmosphäre. Feiern Sie Ihre weibliche Gestalt – Brüste, Hüften, Vulva –, Ihre einzigartige Verkörperung des Weiblichen. Wie ist es, wenn man sich ganz als Frau fühlt? Treten Sie in dieses Bewusstsein ein und genießen Sie es von Herzen.

Achten Sie darauf, wie harmonisierend sich dieses Ja zur Weiblichkeit anfühlt. Bleiben Sie zehn Minuten in diesem Gefühl, und öffnen Sie dann langsam die Augen. Lassen Sie sich noch ein paar wunderbare Minuten Zeit, um dieses innere Ja mit Ihrem Gefühl als Frau in der äußeren Welt zu vereinen. Wenn Sie dann bereit sind, ziehen Sie los und genießen Sie das Leben!

Musik in Ihren Ohren

Wenn Sie in der Stimmung sind, sich in Klängen zu baden, dann gibt es nichts Besseres, als zu Musik zu meditieren (eine meiner absoluten Lieblingsmeditationen). Zu welcher Art von Musik zieht es Sie in diesem Augenblick? Welche Musik passt zu Ihren Gefühlen? Möchten Sie etwas Langsames und Aufbauendes? Etwas Leidenschaftliches und Mitreißendes? Klassik, New Age, Rhythm and Blues? Ein Instrumentalstück oder einen Song?

Schalten Sie die Musik ein, und setzen Sie sich irgendwo bequem hin, wo Sie Ihre Wirbelsäule aufrecht halten können. Entspannen Sie Ihren Körper. Es gibt zwei Möglichkeiten, mit Musik zu meditieren, und wahrscheinlich werden Sie zwischen diesen beiden Möglichkeiten abwechseln. Jede befriedigt eine andere Phase der Meditation, richten Sie sich also ganz nach Ihrem inneren Fluss. Es gibt keine falsche Art, diese Meditation durchzuführen!

Bei der einen Technik richten Sie Ihre gesamte Aufmerksamkeit auf die Musik. Hören Sie mit Ihrem ganzen Körper zu, als ob Sie überall Ohren hätten. Lauschen Sie der Melodie und dem Rhythmus. Spüren Sie die Bewegung in Ihrem Körper; wiegen Sie sich sanft, summen Sie oder singen Sie mit. Geben Sie sich völlig dem Gefühl hin, das die Musik in Ihnen wachruft.

Bei der anderen Technik wird die Musik zur tragenden Hintergrundstimmung, wie ein Meer aus Klang, auf dem wir treiben, während wir atmen. Wählen Sie ein stilleres, »meditatives« Stück, das Ihnen seine Atmosphäre nicht aufzwingt. (Es gibt eine Vielzahl passender Stücke, wie Sie auch den Empfehlungen im Anhang dieses Buches entnehmen können.) Genießen Sie die Freude, in diese Atmosphäre einzutauchen; lassen Sie sich vom Klang mittragen. Während Sie sich treiben lassen, können Sie auch sanft den Kopf wiegen.

Die Musik kann Nahrung für Ihren inneren Wesenskern sein, und wenn Sie Ihre Aufmerksamkeit auf diese Weise konzentrieren, wird Ihr ganzer Körper genährt. Sie spüren die Schwingungen der Musik möglicherweise wie eine liebevolle Berührung auf der Haut, oder Sie stellen fest, dass Sie die Musik mit Ihrem Atem trinken können, wie eine dürstende Seele Wasser trinkt. Manchmal wünsche ich mir, dass die Musik meinen Körper durchdringt, dann drehe ich die Lautstärke auf und stelle mir vor, wie die Musik in meine Knochen, in meinen Bauch oder in mein Herz einsinkt.

Nachdem Sie fünf oder zehn Minuten zugehört haben, schalten Sie die Musik aus und lauschen für die nächsten fünf Minuten den Nachwirkungen der Musik; hören Sie auf den Rhythmus, den Sie weiterhin spüren werden, auf alle Gefühle, die hochkommen, oder auf den feinen Nachhall in der Stille.

Die Mmmm-Meditation

Hier werden Sie zu Ihrer eigenen Musik und können gründlich in diesem Gefühl des Entzückens schwelgen. Spielen Sie mit dem Ton *mmmm*. Fangen Sie mit einem tiefen Summen an und experimentieren Sie weiter. Verändern Sie Rhythmus, Tonlage oder Lautstärke je nach Wunsch. Achten Sie darauf, wie das Summen durch Ihren Kopf, Ihre Brust, Ihren ganzen Körper vibriert. Improvisieren Sie. Summen Sie das Vergnügen in jede Körperzelle, bis hinein in Ihre Knochen. Vibrieren Sie vor Entzücken! Wenn Sie das Gefühl haben, fertig zu sein, lassen Sie das Summen abschwellen, und geben Sie sich mehrere Minuten Zeit, um die Nachwirkungen zu genießen. Sie können auch mehrere Runden aus Klang und Stille durchführen und jedes Mal eine höhere Stufe des Entzückens erklimmen.

Aufbauübungen

Die Lieblingssünde-Meditation

Suchen Sie sich für diese Meditation ein geheimes Vergnügen oder ein Laster aus. Das gibt Ihnen ein paar Hinweise auf Ihre bevorzugten sensorischen Pfade. Wenn wir einer unserer Lieblingsfreuden nachgehen, öffnen sich unsere Sinne für das Entzücken darüber, wie die Welt riecht oder schmeckt oder aussieht. Je stärker Sie Ihre Meditation auf diese Pfade des Vergnügens ausrichten, desto mehr erfüllt Sie die Meditation und bringt Sie letztlich dazu, Ihre schlechten Angewohnheiten zu beenden. Suchen Sie in Ihren Lastern nach den gesunden Vergnügungen, die in ihnen verborgen sind.

Was ist Ihre »Lieblingssünde«? Das Urteil darüber, was eine Sünde ausmacht, ist höchst subjektiv – nur Sie können festlegen, was für Sie sündig ist. Wir werden Ihnen ganz sicher keine Moralpredigt halten! Ihr Laster könnte etwas sein, das Ihnen ein Gefühl von Luxus vermittelt, das Gefühl, wie schön das Leben doch ist oder dass Sie echt cool sind oder heiß, rebellisch, sexy, unanständig. Auch wenn das Ausleben unseres Lasters – beispielsweise Rauchen, Trinken, zu viel Kaffee oder Nahrungsmittel, zu große Verschwendungssucht – nicht anzuraten ist, können Sie doch das ursprüngliche Vergnügen und die dahinter liegende Freiheit genießen. Es kann etwas Harmloses sein, das Ihnen dennoch ein diebisches Vergnügen bereitet. Flirten, Liebesromane lesen oder Fernsehen eignet sich hierzu gut. Mein Körper hält beispielsweise meine alten Laster wie Kaffeetrinken oder zu viel Wein nicht mehr aus; die Nachwehen sind das Ganze einfach nicht mehr wert. Also ziehe ich jetzt viel Vergnügen aus meiner morgendlichen Tasse Schwarztee. Früher hielt ich Tee für »schlecht« (wegen des Koffeins), trank ihn aber trotzdem mit großem Vergnügen. Obwohl es der Tee aufgrund seiner Antioxidantien und anderer krebsverhindernder Substanzen vor kurzem auf die Liste der gesunden Genussmittel geschafft hat,

erfreue ich mich an ihm immer noch so, als ob ich eine Regel breche.

Bringen Sie das geheime Vergnügen Ihres Lasters in Ihre Meditation ein. Atmen Sie mit der Freude und der Freiheit, die Ihr Laster Ihnen verschafft. Regen Sie Ihre inneren Sinne durch das Vergnügen an, so als würden Sie es ausleben. Sitzen Sie eine Minute
mit offenen Augen still da, auf dem Sofa oder auf einem Stuhl.
Denken Sie dann eine halbe Minute an Ihre Lieblingssünde. Stellen
Sie sich vor, wie Sie sich fühlen würden, wenn Sie ihr in diesem Augenblick nachgingen. Auf welche Weise werden Ihre Sinne stimuliert? Lassen Sie Ihre Gedanken treiben und tagträumen Sie eine
weitere halbe Minute.

Richten Sie Ihre Aufmerksamkeit ungefähr fünf Minuten lang
abwechselnd auf Ihr Laster und auf das Treibenlassen – oder auch
so lange, wie Sie darin schwelgen wollen.

Das geheime Lächeln

Dieses Lächeln strahlt durch alle drei Oktaven von Kopf, Herz und
Bauch. Setzen Sie sich bequem hin, damit das Lächeln auf alle drei
Ebenen gerichtet ist. Jeder dieser Bereiche ist ein wichtiges Energie-
zentrum, und gerade Frauen sollten wissen, wie sie diese Bereiche
entspannen und sich ganz locker der Offenheit hingeben können.
Massieren Sie vor Beginn der Meditation sanft Ihr Gesicht. (Siehe
auch die Dehn- und Streckübungen in *12. Geheimnis: Leben Sie!*)
Schließen Sie die Augen und genießen Sie.

Werden Sie einige Minuten lang ruhig, und lassen Sie Vergnügen
und Entspannung in sich hinein. Richten Sie dann Ihre Bewusstheit
auf die Stirn, und wackeln Sie mit beiden Augenbrauen, um in diesem Bereich alle Spannung loszulassen. Stellen Sie sich ein Lächeln
vor, das mitten in Ihren Augenbrauen beginnt, sich mühelos nach
oben zieht und Sie über Ihre Stirn verlässt. Spüren Sie, wie es sich
ausbreitet und alle Falten glättet. Achten Sie darauf, wie schon die
Andeutung eines Lächelns Gelassenheit und innere Schönheit her-

vorruft. Genießen Sie diese Gefühle. Das ist auch der Bereich des »dritten Auges«, seien Sie also nicht überrascht, wenn Sie mehr Licht wahrnehmen. (Bonus: Diese Meditation kann Ihr Gesicht um Jahre jünger aussehen lassen.)

Richten Sie Ihre Aufmerksamkeit jetzt in den Brustkasten. Spüren Sie, wie sich die Rippen beim Atmen bewegen. Wenn Sie einatmen, weitet sich der Brustkasten sanft zu immer größerer Fülle. Wenn Sie ausatmen, wird der Brustkasten weich. Stellen Sie sich ein breites Lächeln vor, das in der Mitte Ihrer Brust beginnt und sich unter Ihrem Busen ausbreitet, das Herz streichelt und hebt. Atmen Sie angenehm und fröhlich ein.

Richten Sie Ihre Aufmerksamkeit zu guter Letzt auf Ihren Bauch, zwischen Nabel und Schambein. Konzentrieren Sie sich einen Augenblick auf die Mitte Ihres Bauches. Stellen Sie sich vor, wie sich über den Hüftknochen jeweils eine Kurve nach oben zieht, so wie ein sehr geheimes Lächeln. Lassen Sie Ihren Atem in diesen Bereich fließen und ihn mit Wärme durchtränken.

Diese drei Formen des Lächelns ähneln nach oben geöffneten Halbmonden. Lächeln Sie besonders breit. Begrüßen Sie alle Empfindungen, Gefühle oder Bilder, die in Ihnen aufsteigen. So kann etwa das oberste Lächeln über Ihren Kopf hinausreichen, ein silberner Halbmond, der Ihren Scheitel krönt wie der mystische Kopfschmuck einer Hohepriesterin. Das Herzlachen kann wie ein strahlendes goldenes Licht erscheinen, das warm in Ihrem Brustkasten glüht. Das untere Lachen ähnelt vielleicht einem vibrierenden roten Lavastrom, der Ihre Hüften öffnet. Ihr inneres Lächeln kann so fröhlich-ansteckend wie das von Julia Roberts sein, so rätselhaft wie das der Mona Lisa oder mehr wie ein Grinsen — ein wenig frech oder verschmitzt.

Nehmen Sie sich die Zeit, um erst einmal jedes Lächeln einzeln zu erforschen, dann alle drei gemeinsam. Wahrscheinlich wird es Ihre Mundwinkel unwiderstehlich nach oben ziehen; auch sie werden mitspielen wollen. Sobald Sie bereit sind, öffnen Sie langsam die

Augen und genießen die Nachwirkungen. Gestalten Sie den Übergang stufenweise, und nehmen Sie Ihr geheimes Lächeln mit in Ihr
Alltagsleben.

Reflexionen

◆ Aus welcher dieser sensorischen Meditationen konnten Sie das
  größte Vergnügen ziehen? Welche der einfachen Atemmeditationen haben Sie am meisten genossen?
◆ Wenn Sie sich diese Auszeit für Ihr Vergnügen genehmigen, stoßen Sie dann auf ein Verbot dieser »Selbstsucht«? Vernehmen
  Sie eine unausgesprochene Regel, beispielsweise ein Tabu, das
  auftaucht, sobald Sie Ihre Sinnlichkeit genießen? Wenn nicht,
  dann feiern Sie das! Laden Sie sich selbst zum Essen ein. Falls
  aber doch, wessen Stimme ist das? Glauben Sie wirklich daran?
  Brauchen Sie dieses Verbot noch?
◆ Wie können Sie sich erlauben, Ihre sensorische Erfahrung noch
  mehr zu genießen?
◆ Weitere Vorschläge für verantwortungsvolle und gesunde Vergnügungen: regelmäßig Sex innerhalb einer liebevollen Beziehung; Lachen; Spaziergänge; Gespräche mit engen Freunden und
  Freundinnen; kreative Aktivitäten wie Musik, Tanz und Schrei-
  ben; sinnvolle Arbeit. Gibt es einen Bereich, den Sie stärker aus-
  bauen möchten?
◆ Denken Sie stets an das Prinzip: Vergnügen, keine Arbeit. Stel-
  len Sie sich Ihre Konzentration auf das Vergnügen als liebevolle
  Hingabe an sich selbst vor. Bei diesen Techniken geht es nicht
  darum, etwas »geschehen zu lassen«. (Siehe auch *4. Geheimnis:
  Seien Sie sanft zu sich selbst.*) Wenn Ihnen Vergnügen fremd ist oder
  Sie es nur schwer finden können, erlauben Sie sich im Laufe des
  Tages einige Mini-Vergnügungen. Halten Sie mitten in einer
  Aktivität, die Ihnen gefällt, inne. Legen Sie einfach eine Pause
  ein, und genießen Sie ganz den Moment. Nehmen Sie all die an-

genehmen Eindrücke mit Ihrem Bewusstsein auf. Wenn Sie Ihre Aufmerksamkeit in dieser besonderen Weise auf Ihre Empfindungen und Wahrnehmungen richten, und sei es auch nur eine Minute lang, wird Ihr ganzes Wesen mit lebensbejahender Freude durchtränkt.

• Fangen Sie mit einer dieser Meditationen an und führen Sie sie eine Woche oder länger durch. Sie werden viel daraus lernen, und Sie werden feststellen, dass Ihr sensorisches Bewusstsein bei Alltagsaktivitäten intensiver wird und die Welt lebendiger erscheint.

Respektieren Sie Ihre Instinkte

Langsam, treibend, wache ich auf ...
Meine Lider flattern, schließen sich wieder.
Mein Körper ist herrlich schwer mit Träumen ...
Eine seidige Brise weht durchs Fenster ...
Die ersten Strahlen der Morgendämmerung.
Weiche Flanelllaken und zerwühlte Kissen.
Das vollkommene Gewicht der Decke ...
Mmm, ich kuschele mich in die Behaglichkeit ein.
Ein schläfriges Lächeln überkommt mich:
Bequemlichkeit – zu Hause, in diesem Bett, auf
    dieser Erde.
Was für ein süßer Augenblick ...

Ich gleite aus dem Nest, um mir das kostbare
    Alleinsein zu stehlen ...
Im Wohnzimmer erschaffe ich die behagliche
    Süße.
Ein weicher Schal, um mich gewickelt wie ein Fell.
Im Sitzen atme ich die Stille ein.
Ich trinke den Atem wie ein Elixier – sauerstoff-
    haltiger Nektar,
den die Bäume und Blumen und das weite Meer
    ausgeatmet haben ...
Was ich ausatme, wird wieder zu ihrer Nahrung ...

Tier und Pflanze in immer während Austausch –
voneinander zutiefst abhängig.
Jedes Sauerstoffatom ist unsterblich,
es lebt in und aus allen lebenden Formen auf diesem Planeten.
Es wird transformiert, aber nie verändert.
Ich nehme meinen Platz in diesem nahtlosen
Kreislauf ein,
bin eingewoben in die verschlungene gegenseitige
Verbundenheit allen Lebens.

Die Sonne geht auf, Vögel zwitschern … die Welt
erwacht.
Meine Tieraugen öffnen sich dem Tag, die Ohren
sind wachsam gespitzt.
Durchtränkt von Freude stehe ich langsam auf
und gehe noch etwas steifbeinig durch den
Flur,
bereit für die vertraute Neuheit.
Das Abenteuer beginnt von Neuem:
Menschliche Wesen entdecken, was heißt, am
Leben zu sein.

Die weisen Bewegungen des Lebens

W ir Frauen wissen, dass wir untrennbar mit der Natur verbunden sind – wir riechen, schmecken, hören und atmen die Weisheit der Natur jeden Tag. Wenn wir uns selbst als Kreaturen dieser Erde wahrnehmen, wird das Gewebe des Lebens sowohl bereichert als auch vereinfacht. Metaphern offenbaren unsere innere

Natur und sind gar nicht so weit vom Buchstäblichen entfernt. Wir
sind menschliche Tiere; wir sind wandelnde Bäume; wir sind die Erde, die neues Leben schenkt. Dieses Bewusstsein verdeutlicht unsere Bedürfnisse unmittelbar. Was braucht unsere innere Kreatur, um
zu erblühen? Pflegen Sie Ihre innere Natur, respektieren Sie die Bewegungen Ihres Lebens, und lassen Sie die Meditation Bestandteil
dieser Selbstfürsorge sein.

Um das Beste aus der Meditation herauszuholen, sollten Sie die
begrenzten Ansichten über sie erweitern. Es gibt zwei Einstellungen, eine alte und eine aus neuester Zeit. Die neueste, ein Nebenprodukt der wissenschaftlichen Forschung, bestätigt, dass die Meditation gesundheitsfördernd ist. Diese Einstellung hält die Meditation für ein tägliches Wartungsinstrument, eine monotone und
mechanische Routineangelegenheit wie das Zähneputzen; Sie hassen es, aber Sie denken, dass Sie es tun müssen. Die andere, ältere
Ansicht besagt, dass die Meditation geheimnisvoll und elitär ist, eine komplizierte Methode, um das irdische Leben zu transzendieren. In beiden Fällen wird die Meditation als eine von Menschen
gemachte Technologie verstanden, wie eine neue, verbesserte Zahn-
bürste oder ein Raumschiff für den interstellaren Verkehr. Obwohl
manches für diese beiden Ansätze spricht, wollen wir Ihre Aufmerksamkeit auf ein einfacheres und verblüffenderes Paradigma
lenken.

Meditation geschieht instinktiv. Sie ist etwas Natürliches. Ihr
Körper weiß bereits, wie man meditiert – diese Fähigkeit ist ange-
boren. Die Meditation ist ein Aspekt der körpereigenen Überle-
bensstrategie, und sie dient Ihrer Gesundheit, Ihrem inneren
Gleichgewicht und der Anpassung an die Umwelt. Durch die Meditation können Sie ausruhen, Sie werden aufgeladen und erneuert,
und sie führt zu erhöhter Wachsamkeit. Der Körper liebt die Meditation, und es zieht ihn zu ihr wie eine Ente zum Wasser.

Die Meditationstechniken entstehen aus dem Körper selbst.
Menschen meditieren spontan und auf natürliche Weise, einen Au-

genblick hier, einen Moment dort. Sie wissen bereits, wann Sie in
einen Zustand fallen, der an Meditation grenzt oder sogar medita-
tiv ist: wenn Sie Musik hören, sich einen Sonnenuntergang anschauen oder nach dem Liebesspiel im Bett liegen. Kurz nach dem
Aufwachen oder vor dem Einschlafen kann es ebenfalls Momente
geben, in denen Sie voller Ruhe sind und doch innerlich wach. Bei
der Meditation lernen Sie, diese Momente der »ruhevollen Wachsamkeit« auszudehnen. Wenn Sie diesem Prozess eine halbe Stunde
geben und ihn ganz tief in sich eindringen lassen, sprechen wir von
einer Technik.

Manchmal werden Sie in erhabene Bereiche geführt, die sich zart
und kostbar anfühlen. Dann wieder fühlen Sie sich erdverbunden,
primitiv, wild und sexy. Es gehört zu den grundlegenden Fertigkeiten der Meditation, die Koexistenz dieser Gegensätze auszuhalten.
Ein altes Klischee der Meditation besagt, sie sei vergeistigt, äthe-
risch, abstrakt und weltfremd; man »verlasse den Körper« und
schwebe im Äther herum. Häufig wird in spirituellen Kreisen angedeutet oder sogar offen behauptet, dass man seine primitiven Bedürfnisse überwinden und seine Instinkte ablegen müsse. Wir Menschen sind daran gewöhnt, unsere Instinkte für etwas Niederes, Ge-
fährliches und Verwirrendes zu halten, darum versuchen wir, sie zu
kontrollieren und sie zu transzendieren. Diese einseitige Betrach-
tungsweise ist kurzsichtig, armselig und bruchstückhaft. Eine derart
beschränkte Sicht basiert auf einem tief greifenden Missverständnis der Spiritualität. Wenn Sie versuchen, Ihre Instinkte zu beherr-
schen, werden Sie nichts weiter erreichen, als einen ständigen Krieg
gegen Ihre innere Natur zu führen.

Zu einer gesunden Annäherung an die Spiritualität gehört das
ganze Spektrum der menschlichen Erfahrung. Man verleugnet
nichts. Die Meditation ist ein Gefäß der Bewusstheit, und Sie bringen Ihr gesamtes Wesen darin ein. Sie begrüßen jeden Impuls, jede
Emotion und jedes Verlangen. Wenn Sie Ihrem Innenleben vorurteilslos Ihre Aufmerksamkeit schenken, werden Sie all diese Impul-

se als Bestandteile der innewohnenden Intelligenz Ihres Körpers zu schätzen lernen. Instinkte sind heilig. Sie sind die weisen Ahnungen des Lebens, die uns zwingen, zu überleben, zu atmen, uns zu ernähren, uns auszuruhen, wenn wir müde sind, zu heilen, Freundschaften zu pflegen und uns einen Gefährten zu suchen. Diese natürlichen Triebe sind herrlich und kostbar. Die Grundlage der meditativen Praxis besteht darin, sich auf den wundersamen Prozess des Lebens einzulassen, der sich auf jeder Ebene erneuert und bewahrt.

Wenn wir unsere Instinkte respektieren, bringen sie uns in Kontakt mit unserer tierischen Menschlichkeit und mit dem, was wir als gesunde Tiere benötigen. Sobald Sie Ihre Instinkte bewusst begrüßen, wird Sie jeder einzelne beschenken und Ihr Leben bereichern. Während der Meditation bringen Sie diesen Ahnungen, die sich für gewöhnlich nur unterschwellig abspielen, Bewusstheit entgegen. Sie geben allen die Erlaubnis, lebendig zu werden und in Ihnen zu erstrahlen, damit sie integriert werden können. Dieser lebendige Zugang zu Ihren Instinkten verleiht Ihnen eine robustere Vitalität – also lernen Sie am besten, sich mit allen Instinkten anzufreunden.

Im Laufe der Entwicklung des menschlichen Gehirns wurden frühere Ausbildungen nicht abgestoßen, sondern dienten späteren Formen als Grundlage. Die Meditation ist wie die Evolution ein alles integrierender Prozess. Wir besitzen in Wirklichkeit drei Gehirne, und jedes spricht mit uns durch seine instinktive Weisheit. Das grundlegendste Gehirn ist das Reptiliengehirn, zu dem die Wirbelsäule und der Hirnstamm gehören. Das Reptiliengehirn vermittelt uns Hinweise auf unsere primitiven Bedürfnisse nach Sicherheit, Überleben und Territorium, aber auch auf das menschliche Bedürfnis nach Ordnung, Regelmäßigkeit und Routine. Dann gibt es das Säugetier- oder limbische Gehirn, das vom Zerebralkortex umgeben ist. Das limbische System ist der »Sitz« unserer Emotionen; es bringt uns mit unseren sozialen Bedürfnissen in Kontakt, einschließlich unserer Sehnsucht, uns mit anderen Menschen zu verbinden und zu kommunizieren. Das dritte, höher entwickelte Gehirn ist der Neokortex, der uns ein Bewusstsein schenkt – die Fähigkeit, vernunftbegabt zu denken und uns selbst zu verstehen. Als menschliche Tiere brauchen wir alle drei Ebenen des Verstehens; wir sind erst dann richtige Menschen, wenn alle drei Gehirne synchron funktionieren. Wir halten die Meditation für eine lebensnotwendige Aktion, die das Gehirn ausübt, um seine Leistung zu erhöhen und die Kommunikation zwischen all seinen Teilen zu stärken.

Ahnungen, Bauchgefühle und Intuition sind Formen des instinktiven Wissens. Wenn alle drei Teile des Gehirns gemeinsam funktionieren und die Instinkte sich frei entfalten dürfen, erhalten wir aufschlussreiche Empfindungen. Unsere Reaktionen auf die Außenwelt nennen wir »Bauchgefühle«. Sobald die Sinne die Innenwelt erkunden, sprechen wir von Intuition. Die Tatsache, dass Frauen Informationen sowohl mit der rechten als auch mit der linken Gehirnhälfte verarbeiten, mag der Grund sein, warum unsere Intuition besser entwickelt ist als die von Männern.

Die Entwicklung des Neokortex befähigte die Menschen dazu, über sich selbst und die Verworrenheit des Universums nachzudenken. Möglicherweise besitzen wir sogar einen Instinkt, um in allem einen Sinn zu suchen. Menschen sind in der Lage, Verbindungen zwischen verschiedenen Erfahrungsebenen herzustellen und eine mythologische Bedeutung zu generieren. Wir lieben es, Neues zu lernen und durch Symbole, Geschichten, Musik, Wissenschaft und Kunst zu kommunizieren. Diese menschliche Fähigkeit der Sinnerschaffung dient zweifelsohne einem evolutionären Zweck. Es ist eine wissenschaftlich erwiesene Tatsache, dass das Gefühl, alles habe einen Sinn, ein entscheidender Faktor für optimale körperliche und psychologische Gesundheit ist. Sogar hoch entwickelte Reaktionen wie Ehrfurcht und Erstaunen können als Teil unseres Instinktapparats betrachtet werden, der uns hilft, uns in unserer Umgebung zu orientieren. Wenn Sie sich selbst in dieses »größere Bild« einbringen – wie unbeschreibbar es auch sein mag –, dient das nicht nur dem Zweck, die existenzielle Isolation zu mindern, sondern es

Die Meditation des natürlichen Staunens

Sie können eine Meditation erschaffen, die auf Möglichkeiten basiert, wie Sie Staunen und Freude absolut natürlich erleben. Meditieren Sie auf diese Weise überall und zu jeder Zeit. Wenn wir einen Sonnenaufgang, eine Bergkette oder den Himmel in einer sternenklaren Nacht anschauen, überkommt uns bisweilen die Empfindung großen Staunens. Dieses Staunen taucht aus unserem inneren Wesenskern auf, aus den tiefsten Teilen unseres Gehirns. Es ist ein wortloses Erkennen, aber wenn Sie dieses Gefühl in Worte fassen könnten, wären es wohl die folgenden: *Ich existiere als überaus winziger Teil dieser großen und prächtigen Welt.* Jeder kennt diese Erfahrung; sie stellt sich unter den richtigen Bedingungen spontan ein und führt zu sofortiger Erleuchtung. In diesem Augenblick voller Staunen und Ehrfurcht sind Sie erleuchtet.

Suchen Sie diese Erfahrung in der äußeren Welt, und erweitern Sie Ihr Repertoire. Bei dieser Meditation können Sie aber auch Erinnerungen hervorrufen und jene Momente neu durchleben, in denen Sie dieses natürliche Staunen empfunden haben. Je häufiger Sie das üben, desto besser werden Sie in der Kunst der Erinnerung. Wenn Sie solch eine Erfahrung neu durchleben, können Sie zurückspulen und sich Ihre Lieblingsstelle immer wieder ansehen. Diese Meditation ist mehr als eine einfache Imaginationsübung – sie nährt alle Sinne. Sie bereitet Ihr Nervensystem darauf vor, Schönheit anzuerkennen, und außerdem sind Sie dadurch besser in der Lage, das Geschenk dieser Erfahrung anzunehmen, wenn es sich Ihnen anbietet.

Rufen Sie sich einen solchen Augenblick in Erinnerung und holen Sie ein paarmal Luft, als ob Sie jetzt dort wären. Welche Empfindungen nehmen Sie in Ihrem Körper wahr, wenn Sie über einen Aspekt des Lebens nachdenken, der Sie mit Staunen erfüllt? Schicken Sie Ihre Aufmerksamkeit auf Wanderschaft durch Ihre Sinne. Was hören Sie? Was riechen Sie? Welche Qualität hat das Licht? Was fühlen Sie in Ihrem Bauch, auf Ihrer Haut, in Ihrem Herzen?

Notieren Sie in Ihrem Tagebuch alle Momente, in denen Sie dieses natürliche Staunen erlebt haben. Verbringen Sie dann jeden Tag ein oder zwei Minuten damit, diese Erfahrungen auszukosten. Im Laufe der Zeit wird Ihnen auffallen, dass Sie auf kaum wahrnehmbare Weise verändert werden. Sie werden feststellen, dass Sie dankbarer dafür sind, am Leben zu sein.

ist auch eine tiefe Quelle der Kraft. Staunen ist Gehirnnahrung. Wenn wir beispielsweise zu den Sternen blicken, fühlen wir uns klein, demütig angesichts solcher Größe, aber auch in Kontakt mit dem Mysterium unseres eigenen Platzes innerhalb des größeren Ganzen. Diese Erfahrung weist auf ein Paradox der Meditation hin: Sie ist sowohl primitiv als auch vergeistigt.

Staunen, Dankbarkeit, Trauer, Sehnsucht, Humor und Freude sind allesamt instinktive Reaktionen und können zu spontaner meditativer Bewusstheit führen. Die Menschen halten dabei ganz natürlich inne — Aaah! —, wenn auch nur für einen oder zwei Atemzüge. Das Geheimnis besteht darin, in der Intensität zu verharren und sich durch sie verwandeln zu lassen. Das ist das Geheimnis der Meditation: Gestatten Sie ihr, Sie zu durchdringen, zu verändern und Ihr Gefühl für sich selbst und die Welt zu transzendieren.

Ganz natürlich bei sich selbst sein

Eine Meditation geschieht spontan, wenn Sie die richtigen Bedingungen schaffen und es zulassen, dass sich dieser Prozess ganz natürlich entfalten kann. Sie müssen nichts erzwingen. Wenn Sie Ihrem Körper die Chance dazu geben, ergreift er in seiner Weisheit die Gelegenheit, zu heilen und ein Gleichgewicht herzustellen. Die Meditation ist eine solche Gelegenheit.

Sie haben sich eine Auszeit genommen und zu Ihrem Nervensystem gesagt: »Du bist frei. Ich werde dir jetzt keine anderen Aufgaben stellen.« Das Ziel jeder Übung besteht immer darin, ganz natürlich bei sich selbst zu sein, sodass sich die Meditation nicht wie eine Technik anfühlt, sondern einfach nur wie eine Form des Daseins.

Es liegt etwas Wunderbares und fast Wundersames in der Art und Weise, wie die Meditation funktioniert. Schon bei der einfachsten Technik kann man auf mühelose Weise in einen Zustand tiefster körperlicher Entspannung und Regeneration eintreten.

Wenn Sie mit sich selbst natürlich und unaffektiert umgehen, verändert sich Ihre Erfahrung ständig, und Ihre Sinne pulsieren angesichts des Neuen. Sie fühlen sich, als ob das Wissen, wie man meditiert, ganz aus Ihnen selbst kommt, als ob diese Weisheit Ihre ureigenste Weisheit ist.

Viele Menschen, die östliche Weisheitslehren studiert haben, wurden von deren enormen Reichtümern überwältigt und bekamen das Gefühl, dass das Wissen außerhalb ihrer selbst wohnt. Sie wurden von äußeren Autoritäten abhängig und nahmen nicht nur uralte Weisheiten in sich auf, sondern auch uralten Aberglauben. Viele unserer Freunde, die den asiatischen Wegen folgten, sind immer noch nicht wirklich in ihrer eigenen Haut und ihrem eigenen Körper zu Hause, und das nach zwanzig oder dreißig Jahren der Meditation. Sie müssen erst in Indien anrufen, um die Erlaubnis zu erhalten, ihre vegetarische Ernährungsweise einmal auszusetzen und einen Fisch zu essen.

Die Weisheit Indiens und Tibets ist wie eine Bergkette aus Juwelen in verschiedenen Größen, bei Sonnen- oder Mondlicht wunderschön anzuschauen. Die Weisheit der Instinkte wohnt dagegen tief unten und sie ist wie Schlamm und Wasser, wie Erde, Samen und grüne Pflanzen – Ihr eigener kleiner Garten. Es geht um lebendige Wesen, nicht um Juwelen. Die Instinkte machen das Leben aus; sie sind genau hier, pulsieren in jedem Atemzug und jedem Herzschlag. Es ist ein bescheidener Ansatz, aber einer, der jede von uns in ihre eigene Innenwelt führt – und das auf ihre eigene, natürliche Weise.

Wenn Sie ganz selbstverständlich bei sich selbst sein können, wissen Sie immer, wie Sie in die Art von Meditation eintreten können, die Sie genau in diesem Augenblick brauchen.

Keine getrennte Welt

An diesen Listen der äußeren und inneren Instinkte sehen Sie, dass die Meditation in keinster Weise vom Leben getrennt ist, und sie wird auch nicht von gesonderten Impulsen angeleitet. Dieselben Instinkte, die Sie im Alltagsleben führen, führen Sie auch bei der Meditation. Abgesehen von den Grundimpulsen – zu essen und zu schlafen – verfügen Sie über die Instinkte zu lernen, Ihre Umgebung zu erforschen, ein Heim zu schaffen, alle zu schützen, die Sie lieben, Bündnisse mit anderen einzugehen, zu kommunizieren und zu spielen. Jeder dieser Impulse ist ein entscheidender Teil des Menschseins und führt Sie aktiv durch jeden Augenblick Ihrer Meditationen. Alle Instinkte kommen ins Spiel, wenn Sie meditieren, und eine Technik ist einfach eine Möglichkeit, mit diesen Instinkten zu kooperieren.

So ist beispielsweise der Atem ein viel geliebter Konzentrationspunkt bei der Meditation. Und was geschieht beim Atmen? Es ist ein Vorgang, bei dem eine lebensspendende Substanz aus der Luft aufgenommen und von Ihrem Körper absorbiert wird. Luft ist unser wichtigstes Nahrungsmittel – wir nehmen jeden Tag hunderte von Litern auf. Innerhalb von 24 Stunden atmen wir ungefähr 22 000-mal. Wenn Sie diesem Vorgang Ihre Aufmerksamkeit schenken, ist das so wichtig und so befriedigend wie eine gute Mahlzeit.

Der Drang nach einer Ruhepause ist ein weiterer grundlegender Instinkt. Jeder Organismus arbeitet in einem Kreislauf aus Ruhe, Regeneration und Aktion. Sie wissen, wie erfrischt Sie sich nach einem erholsamen Schlaf fühlen. Während der Meditation tritt der Körper häufig in einen Ruhezustand, der noch viel tiefer ist als Schlaf. Darum kann der Wunsch nach einer Meditation auch die Reaktion auf das Bedürfnis nach Ruhe verkörpern.

Die Instinkte in der äußeren Welt

Das Alltagsleben strukturiert sich um die folgenden Instinkte:

* *Ruhe:* schlafen und träumen
* *Nahrung:* sich selbst und die Familie sowie die Haustiere mit Essen versorgen
* *Körperpflege:* baden und sich anziehen, die Haare richten, »das Fell der Kinder entlausen«
* *Sammeln:* Futtersuche, indem man in den Supermarkt oder in den Garten geht und Nahrung nach Hause bringt
* *Jagen:* die Umwelt nach allem durchsuchen, was man benötigt, Schnäppchen kaufen, sich das nehmen, was man in der Welt braucht
* *Erkunden:* herumschauen und -schnüffeln und alles entdecken, was interessant ist, auf Abenteuersuche gehen, den eigenen Horizont erweitern
* *Heimkehr:* mit Hilfe des Orientierungssinns den Heimweg finden, wenn man auf Erkundungstour war
* *Nestbau:* ein Heim bauen, es pflegen, dekorieren, säubern und es sich im Bett gemütlich machen
* *Soziale Kontakte:* telefonieren, sich mit Freunden und Freundinnen treffen
* *Spielen:* Spaß haben, Dinge aus purer Freude tun
* *Werben:* flirten, mögliche Gefährten aussuchen
* *Paaren:* eine liebevolle Beziehung entwickeln, Sex haben
* *Fortpflanzen:* dem Drang nachgeben, Kinder zu bekommen
* *Kommunizieren:* sich ausdrücken, laut singen, sagen, was man weiß
* *Schützen:* sich selbst, den Nachwuchs und den Stamm behüten
* *Dominanz herstellen:* am Arbeitsplatz konkurrieren, den eigenen Platz in der Hackordnung finden

Die Instinkte in der inneren Welt

Auf diese Weise arbeiten die Instinkte während der Meditation in Ihnen. Sie werden alle paar Minuten eine Veränderung wahrnehmen, während Sie von einem Instinkt zum anderen wechseln.

- *Ruhe:* sich in einem Zustand der Ruhe entspannen, der viel tiefer reicht als Schlaf
- *Nahrung:* sich aus der Stille, aus der Luft nähren und die tiefsten Sehnsüchte füttern
- *Körperpflege:* die Nerven, die Haut und die Sinne sanft massieren
- *Sammeln:* hier und da im Universum wertvolle Dinge auflesen und sie für sich behalten
- *Jagen:* sich auf einem Pfad durch die Innenwelt bewegen in Richtung dessen, wonach man strebt
- *Erkunden:* in sich selbst herumschlendern, einfach um der Abenteuerlust willen, und den eigenen Horizont erweitern
- *Heimkehr:* den Weg zu den Orten in sich finden, wo man sich am meisten zu Hause fühlt
- *Nestbau:* in sich selbst zu Hause sein und etwas dafür tun, um dieses Nest zu erhalten, es mit Federn auskleiden und die Innenwelt stärker und schöner machen
- *Soziale Kontakte:* Zeit mit all den inneren Stimmen und Eigenschaften verbringen, auf die Unterhaltungen zwischen verschiedenen Teilen des Gehirns und des Körpers lauschen
- *Spielen:* aus purer Freude an der Sache meditieren
- *Werben:* die Möglichkeit erforschen, eine Verbindung mit einem Teil von sich einzugehen, den man bislang noch nicht anerkannt hat
- *Paaren:* ein tiefes Band mit dem inneren Selbst eingehen und den Körper von Liebe durchdringen lassen
- *Fortpflanzen:* die neuen Lebensimpulse, die im Körper heranwachsen, nähren – das neue Selbstgefühl heranreifen lassen
- *Kommunizieren:* beten, laut sagen, was man von der Meditation erwartet
- *Schützen:* mit Hilfe der Meditation die eigenen Grenzen stärken und die Fähigkeit vergrößern, diese Grenzen zu wahren
- *Dominanz herstellen:* herausfinden, welche inneren Aspekte in diesem Augenblick die höchste Priorität einnehmen: das Kind, die sexuelle Frau, die Arbeiterin, die Mutter, die uralte Weise

Das Bedürfnis, sich ein Nest zu bauen, ein Heim für sich und die Familie zu schaffen, ist eine tiefe Sehnsucht. Die Meditation ermöglicht es dem menschlichen Nestbau-Instinkt, uns zu führen, sodass wir uns in uns selbst und im Universum zu Hause fühlen.

Das Bedürfnis nach Pflege ist ein weiterer starker Drang bei der Meditation. Manchmal hat man das Gefühl, das ganze Federkleid sei durcheinander oder jedes einzelne Härchen im Fell aufgestellt; Ihre innere Frisur ist das reinste Chaos. Sie tragen die falschen Kleider, oder Ihre Aura hat die falsche Farbe. Die Fähigkeit, bei der Meditation auf uns selbst zu achten, hilft uns, wieder alles in Ordnung zu bringen.

Es hat etwas Fröhliches an sich, wenn wir an all unseren Instinkten teilnehmen. Wenn die Instinkte gemeinschaftlich arbeiten, ist das wie eine Symphonie. Man kann die Spiritualität durchaus als einen Vorgang sehen, bei dem die Instinkte verfeinert werden und ein Konzert geben. Die Meditation ist eine Zeit, in der die Orchestermitglieder zusammenfinden, ihre Instrumente stimmen, sich aufwärmen, sich abstimmen und sich auf die Vorführung vorbereiten.

Die Arbeit mit den Instinkten ist immer überraschend, weil es so viele intelligente Schichten innerhalb jedes einzelnen Impulses gibt. Sie nehmen eine Hand voll Erde aus Ihrem Garten hoch, und bei näherer Prüfung erkennen Sie plötzlich, dass jeder Brösel in vielen unterschiedlichen Farben schimmert.

Sie müssen sich nicht vorschreiben, meditieren zu wollen. Die Motivation liegt bereits in Ihren primitivsten Sehnsüchten. Die zeitlose Weisheit des Lebens pulsiert in Ihnen als Ihr tiefstes Verlangen. Orientieren Sie sich am Vergnügen, und machen Sie die Freude zu Ihrer Führerin. Gewöhnen Sie sich an die Vorstellung, dass Vergnügen instinktiv ist. Es ist Teil des großen Plans der Natur, der uns belohnt, wenn wir unsere grundlegendsten Bedürfnisse erfüllen; wir freuen uns daran, Wasser zu trinken, wenn wir durstig sind, zu essen, wenn wir hungrig sind, uns auszuruhen, wenn wir müde sind. Wenn Sie sich der Meditation als einem gesunden

Vergnügen nähern, schützt Sie das auf lange Sicht vor allen negativen Nebenwirkungen. Sie aktivieren Ihre selbstkorrigierenden Instinkte.

Gesunde Grenzen

Alle organisierten Systeme und Lebewesen besitzen eine Aura — konzentrische Sphären an lebendigen Kraftfeldern, die Energie aus dem Universum auf ein ihnen gemäßes Niveau filtern. So besteht die Erdatmosphäre aus vielen Schichten, die das Sonnenlicht so filtern, damit es das Leben erhält und nicht abtötet. Jede Zelle wird von einer Membran umgeben, die alle nährenden Elemente durchlässt, jedoch das abblockt, was sie nicht nährt.

Die Meditation ist der Raum, in dem wir bewusst unsere eigene »Atmosphäre«, unsere gesunde Aura, kultivieren. Als Mensch haben Sie das Recht, das auszufiltern, was Ihnen schadet, und zu all dem Ja zu sagen, was Ihnen hilft zu erblühen. Gesunde Grenzen entwickeln sich in dem Moment, in dem wir diese Auswahl treffen. Diese Grenzen schützen Sie. Sich seines Körpers bewusst zu sein, ist ein Mittel, diese Grenzen zu spüren. Ihre Haut ist eine Membran, die zwischen »Ihnen« und dem, was Sie umgibt, einen Unterschied macht und Ihnen hilft, die Grenzen Ihres persönlichen Raumes zu wahren. Halten Sie jetzt eine Minute inne, spüren Sie Ihre Haut, Ihren Körper und wo genau Sie sich in Ihrer Umgebung befinden. Woher wissen Sie, was davon *Sie* sind?

Es ist eine einfache, aber wirksame Übung, um gesunde Grenzen zu ziehen, wenn Sie auf das achten, was Sie Ihrem Körper zuführen. Ihre Körperöffnungen unterliegen Ihrer freien Wahl: was Sie als Nahrung in Ihren Mund geben, was Sie Ihren Augen und Ihren Ohren zumuten, was in die intimste Öffnung Ihrer Genitalien eindringt. Das Wissen, wie Sie berührt werden wollen, ist eine Grenze, und Sie können anderen durchaus beibringen, wie sie Sie berühren sollen. Darüber hinaus werden Ihre Grenzen durch die Umgebung

bestimmt, der Sie sich aussetzen, durch die Menschen, mit denen
Sie sich treffen, und durch das, was Sie mit Ihrer wertvollen Zeit
und Energie anfangen.

Gesunde Grenzen sind das Ergebnis des Zusammenspiels aller
Instinkte, nicht nur von einem oder zwei. Es wäre einseitig und un-
ausgewogen, wenn man sich die Meditation ausschließlich als etwas
vorstellt, bei dem Grenzen aufgelöst werden und man mit der Unendlichkeit eins wird. Die Meditation hilft Ihnen, Ihre Grenzen und
Vorlieben kennen zu lernen, nicht sie auszulöschen. Erst wenn Sie
Ihre Grenzen kennen, wird die erweiterte Wahrnehmung der Nicht-
Grenzen, der Nicht-Trennung und des Einsseins, die mit der Meditation auch einhergehen kann, zu einem lebensspendenden, integ-
rierten Zustand. Viele Frauen auf dem spirituellen Weg übersehen
diesen wichtigen Punkt.

Während der Meditation wird ein bestimmter Prozentsatz Ihrer
Zeit damit verbracht, alle »Grenzüberschreitungen« zu prüfen, die
Sie erlebt haben – Zeiten, in denen Sie Ja sagten, Ihnen aber mehr
nach Nein zu Mute war, oder in denen Sie Ihren inneren Rhythmus
nicht respektiert haben. Bei jeder Abendmeditation tauchen die Ereignisse des Tages auf und wollen gefühlt werden, und für gewöhnlich ist auch etwas zum Thema Grenzen dabei. Wenn Sie im Laufe
des Tages zu abweisend waren und bei jeder Bitte in die Luft gingen,
dann zieht es Sie in Richtung Mitgefühl, und Sie verstehen die
Sichtweise der anderen. Aber wenn Sie zu sanft, zu nachgiebig waren, dann kann Sie Ihre Meditation dazu bringen, die Weisheit des
Nein-Sagens zu erkennen. Aus diesem Grund kann es schädlich
sein, sich »Tugenden« wie Mitgefühl aufzuzwingen. Wenn Sie nicht
gerade eine besonders selbstsüchtige Person sind, kalt und herzlos,
dann müssen Sie Mitgefühl nicht bewusst einüben. Auf jeden Fall
führt Sie der freie Fluss der Aufmerksamkeit bei der Meditation dazu, Ausgewogenheit zu erkennen und zu fühlen.

Wenn Sie Ihre Grenzen unterdrücken, leugnen Sie die Energie
des Selbstschutzes. Ein gesundes Immunsystem ist eine Grenze –

das Wissen darum, was »ich« bin und was »nicht ich« ist. Ein Ungleichgewicht kann in beiden Richtungen geschaffen werden: die rigide, zugemauerte Grenze von »Alles ist nicht ich«, die auf Furcht basiert, aber auch der schwammige Mangel an Grenzen, »Alles ist ich, alles ist eins«, was falsche Unterwerfung darstellt. Starke und dennoch flexible Grenzen verleihen uns Integrität: die Wahl, ja oder nein zu sagen, und es auch so zu meinen.

»Ja« zu sagen, wenn Sie »Nein« meinen, entzieht Ihnen eine große Menge psychischer Energie. Das führt zu einer Störung Ihrer Meditation: Unbehagen, emotionale Qualen und der Lärm sich ständig wiederholender Gedanken, mit denen Sie die Situation im-

Pilars Wasserfall

Pilar wurde in Kolumbien in eine große Familie mit engem Zusammenhalt hineingeboren. Heute ist sie 37 und leitet ein blühendes Unternehmen in Los Angeles. Pilar besitzt ein leidenschaftliches Herz, das vor Liebe überfließt. Sie hat auch großes Leid kennen gelernt, darunter den Tod von drei Brüdern. »Selbst in meinen dunkelsten Augenblicken hat mir die Meditation geholfen, das Leben zu feiern, mich selbst zu feiern, damit ich meinen Schmerz und meine Wut nicht an anderen auslasse. Die Meditation lehrt mich, ebenso anzunehmen wie zu gehen und ein Gleichgewicht zu finden.«

Pilar hat einen kleinen Altar errichtet, mit einem Foto von sich als Kind. »Ich muss meinen Tränen nahe bleiben. Ich muss mir klar machen, woher ich komme. Meine Vergangenheit hilft mir, meine Zukunft zu sehen. Die Meditation ist wie ein Schritt vom Bürgersteig hinunter auf die Straße – ich sinke in die Weite der Natur und in meine eigenen tiefsten Gefühle ein. Ich liebe es, mir vorzustellen, ich würde mich in einem Wald mit einem Fluss befinden, nackt. Die Feuchtigkeit berührt meinen Körper, und ich höre das friedliche Plätschern eines Wasserfalls in der Ferne.«

mer wieder durchgehen. Sie können es sich selbst leichter machen, indem Sie lernen, Nein zu sagen, wenn es nötig ist. Die Klarheit und die Freiheit gesunder Grenzen können auch Ihnen gehören.

Wecken Sie Ihre animalische Kraft

In Märchen, Mythen und Träumen verkörpern Tiere im Allgemeinen die Verbindung mit unserem Körper und unserem instinktiven Wissen. Sie zeigen sich der Suchenden als hilfreiche Verbündete, Boten oder Führer. Manchmal ist das Traumtier verwundet oder entstellt – ein Hinweis darauf, dass unsere Verbindung zum Körper Heilung, Akzeptanz und Fürsorge erfordert. Stets gibt uns das Tier spezifische Anweisungen, was für unsere Gesundheit, unsere persönlichen Beziehungen oder unseren kreativen Ausdruck lebenswichtig ist, und es spiegelt alles wider, was wir tun müssen, wenn wir uns unserer Grenzen nicht mehr sicher sind. Das Tier zeigt uns, welche Energie wir annehmen und verkörpern müssen – von wilder Kraft bis hin zu Verletzlichkeit oder Rückzug. Wenn wir das Animalische in uns wieder in Besitz nehmen, erhalten wir den wichtigsten Schlüssel zu gesunder Freiheit, zu Fröhlichkeit und Wohlgefühl in unserer eigenen Haut.

Claire, eine Frau Mitte fünfzig, siedelte, auf einer bewussten und entschlossenen inneren Suche, von Neuseeland nach Los Angeles um. Ihre berufliche Tätigkeit umfasste eine große Bandbreite: von hochkarätigen Karriereentwicklungs-Seminaren bis hin zu hellsichtigem Tanzen. Claire war spirituell orientiert und überaus positiv eingestellt. Sie wollte mit mir an ihrem Verständnis arbeiten, wie sie ihre Tänze und ihren Körper für die subtileren Bereiche von Energie und Bewegung öffnen konnte.

Claires brennendes Verlangen nach Wahrheit machte sie durch und durch ehrlich. In ihrer ersten Sitzung gab sie zu, ständig Schmerzen im Kreuzbein und Probleme im unteren Rückenbereich zu haben, die sie »immer schon« quälten. Wir begannen eine Körpermeditation, die sofort zeigte, dass etwas in ihr knurrte. Claire war erstaunt, aber bereit, sich auf alles einzulassen, was sich zeigte.

Als ich sie bat, die Empfindungen zu erforschen, zeigte sich ihr ein Bild – ein Tiger, der in einer Höhle gefangen war. Tapfer brach sie ihr lebenslanges Tabu, ihre Wut offen zu zeigen, und wurde zum Tiger, der wütend auf und ab schritt. Obwohl es für Claire immer noch allzu Furcht einflößend war, ihrer Wut eine Stimme zu verleihen, wusste sie trotzdem, dass der Tiger nun frei war. Energie strömte von ihrem Becken durch ihre Beine und ihr Rückgrat hinauf. Damit gingen Tränen der Trauer einher – und der Erleichterung.

Am nächsten Tag berichtete Claire, dass sie zum ersten Mal seit vielen Jahren keine Rückenschmerzen gehabt hatte (was auch blieb). Tage später saß der Tiger während ihrer Meditation vor der Höhle in der Sonne und leckte mit seiner großen, rosa Zunge glücklich sein Fell. Die Fürsorge für ihr Tigerselbst ist für Claire seitdem eine beständige Aufgabe geworden, um auf diese Weise ihrem Körper und ihren Emotionen treu zu bleiben. Ein Jahr später schrieb sie: »In meinem Becken ist viel erwacht. Ich werde mir der ungeheuren Ressourcen an Energie bewusst, die frei verfügbar pulsieren, aufwallen, strömen. Ich fühle mich schön, reich, strahlend, sinnlich und vital.«

Unter all den tausenden von Frauen, mit denen ich zum Thema Körpermeditation und expressive Bewegung gearbeitet habe, kann ich mich an keine einzige erinnern, die durch ihre instinktive animalische Kraft nicht Heilung und Befreiung gefunden hätte.

Jeder Tag ist anders

Wenn Sie Ihren Instinkten folgen, bekommen Sie ein herrliches Gefühl der freien Wahl. Sie entdecken, auf welche Weise Sie jeden Tag meditieren wollen, und das ähnelt sehr einer Einkaufstour. Man stelle sich vor: Einkaufen als tiefer, ursprünglicher Instinkt! Die

Frauen der Vorzeit wussten, wann ihre Sippe in ihrer täglichen Ernährung Abwechslung brauchte; sie zogen los und suchten genau die Wurzel oder das Kraut, das die benötigten Nährstoffe lieferte. Auch Sie verfügen über die intuitive Fähigkeit, aus Funktionen Ihrer Innenwelt zu wählen: Ziehen Sie also jeden Tag los und suchen Sie sich genau die Technik, die Ihre Bedürfnisse an diesem Tag befriedigt. Lillian, eine erfahrene Meditierende, hat es einmal so formuliert:

»Jeder Tag ist anders, darum probiere ich herum und wähle stets die Meditation aus, die sich in dem betreffenden Augenblick gut anfühlt. Es ist wie eine Multitasking-Aufgabe, bei der Frauen ja so gut abschneiden. Frauen müssen Zugang zu all ihren Hilfsmitteln haben. Ich besitze eine Art Werkzeugtasche, die ich auf der Hüfte trage, wie die Handwerker mit ihren Werkzeuggürteln. Männer scheinen alle sechs Wochen eine Veränderung zu durchlaufen; ich habe sie studiert und das herausgefunden. Sie ziehen sich dann auf unterschiedlichste Weise in ihre Höhle zurück. Aber für Frauen ist jeder Tag anders, wie das Wetter. Es gibt mehr als nur eine einzige Möglichkeit, die meinem Wesen entspricht.«

Der Erfindungsreichtum von Frauen kennt keine Grenzen. Nehmen Sie sich die Freiheit, den Ort, an dem Sie meditieren, frei zu wählen, ebenso Ihren persönlichen Stil an diesem Tag und sogar Ihre Kleidung. Stellen Sie sich vor Ihren Kleiderschrank und spielen Sie. Vielleicht haben Sie Power-Kleidungsstücke oder Power-Schmuckstücke, beispielsweise ein Amulett, die genau die Stimmung signalisieren, die Sie erschaffen wollen. An manchen Tagen kommen Sie aus der Dusche und wollen Ihre schönste Seide anlegen; an anderen Tagen möchten Sie splitterfasernackt meditieren oder nur eine Kette und ein paar Ringe tragen. Wenn Sie sich wie Artemis (oder Diana) fühlen, müssen Sie vielleicht raus und im Gehen meditieren, sich auf einen Felsen im Wald setzen oder sich ins Gras legen. Wenn Sie gerade im Garten gearbeitet haben, ist es womöglich am angenehmsten, gleich dort zu bleiben und dreckver krustet zu meditieren. Wenn es Sie drängt, sich der Ekstase hinzugeben, dann spielen Sie Musik, die Sie inspiriert, tanzen oder singen Sie. Wenn es Sie nach Einsamkeit und Dunkelheit verlangt, dann können Sie in der Sicherheit eines Wandschranks meditieren, um sich geborgen zu fühlen. Wenn Sie ein gemütliches Nest anspricht, dann legen Sie sich unter die Decke ins Bett. Jeder dieser Meditationsstile befriedigt einen Ihrer Instinkte, und wenn Sie ihm nachgeben, ist das pures Entzücken.

Versuchen Sie, nach einem sportlichen Training zu meditieren, nach dem Sex oder wenn Sie sich nach einem guten Film emotional bereichert fühlen. Ich sehe mir gern die Videoaufnahmen von den umwerfend komischen Improvisationen der Fernsehshow *Whose Line Is It Anyway?* an, wobei ich schallend lache (auch wenn ich allein bin). Anschließend meditiere ich mit dem Humor, der mich immer noch erfüllt. Entdecken Sie Ihre eigenen merkwürdigen und wunderbaren Eigenarten und schwelgen Sie schamlos in ihnen.

Die nährende Meditation einer Mutter

Eines Tages besuchte Lorin seine Schwester Danielle, um ihr mit ihrem Computer zu helfen. Sie hatte damals ein sechs Monate altes Baby, und kaum hatte Lorin einen Blick auf Dani geworfen, sagte er: »Du strahlst ja richtig, als ob du meditiert hättest.« Dani erwiderte: »Ich habe heute aber nicht meditiert.« Lorin blieb hartnäckig und fragte: »Wann bist du aufgestanden? Was hast du den ganzen Tag über gemacht?« Dani antwortete müde: »Tja, ich bin um drei Uhr nachts hoch, um das Baby zu stillen. Wir saßen im Wohnzimmer, und ich bin dort geblieben, als das Kleine wieder eingeschlafen war.« Auf weiteres Drängen gab sie zu: »Ich saß ziemlich lange dort – ich war mir nicht sicher, ob ich wach war oder schlief. Die ganze Welt war still. Die Fenster standen auf und ich hörte jedes Geräusch, sogar das Flüstern des Windes in den Bäumen. Ich spürte die ganze Nachbarschaft und fühlte, in was für eine friedliche Welt ich dieses Baby geboren hatte. Hin und wieder gingen meine Gedanken auf Wanderschaft, aber ich kehrte immer wieder an den Punkt zurück, wo mir bewusst war, dass ich dieses kleine, sü-ße Bündel im Arm hielt.«

Dani war in einer Mama-Meditation, ruhte in sich selbst und sammelte ihre Kraft, während sie gleichzeitig ihr Baby stillte. Das ist ein Beispiel dafür, wie etwas Grundlegendes und Instinktives auch heilig sein kann. Danielle befand sich im Reich der Göttin und spürte, wie das Leben sie durchströmte und durch ihre Brüste auch ihr Baby.

Selbst wenn Sie nicht stillen, kann sich Ihre Meditation manch-mal so anfühlen, als ob Sie sich selbst im Arm halten, als ob Sie sich lieben und trösten, weil Sie müde und entmutigt gerade von einem langen Arbeitstag nach Hause zurückgekehrt sind. Wenn Sie in sich selbst ruhen, werden Sie sich Ihrer inneren Stärken bewusst, dieses tiefen und kraftvollen Teils von Ihnen, der grenzenlose Liebe zu ge-ben hat.

Das Yoga der Instinkte

Wenn man sich der Meditation als einer instinktiven Wahrneh-mung nähert, so hat das eine interessante Auswirkung auf das All-tagsleben: Es schmiert gewissermaßen die Türangeln und Gelenke, und man ist nicht auf eine einzige mögliche Reaktion auf besonde-re Umstände beschränkt. Den meisten von uns wird immer erst im Nachhinein klar, wie sie auf eine schwierige Situation hätten rea-gieren sollen. Wenn wir genug Zeit haben, entwickeln wir in der Rückschau einen Adlerblick. Es mag Tage, Wochen, Monate oder Jahre dauern, aber irgendwann sehen wir klar.

Die Meditation hilft uns, diesen Lernvorgang zu verkürzen. Sie schafft mehr Raum, eine Lücke zwischen Stimulanz und Reaktion, und somit werden Sie flexibler und können Ihre Reaktion je nach Bedarf abstimmen. Anstatt sich erst später klarzumachen, wie Ihre Optionen in diesem Moment aussahen, bekommen Sie in dem betreffenden Augenblick die freie Wahl. Die Zeit kollabiert; die Zukunft wird zur Gegenwart.

Es ist kein Geheimnis, wie das zustande kommt. Wenn Sie jeden Tag meditieren, verbringen Sie ungefähr die Hälfte der Zeit damit, Ihren Tag Revue passieren zu lassen, und wenn Sie die Bilder vor Ihrem geistigen Auge sehen, wird Ihnen auch klar, wie Sie besser hätten reagieren können. Diese Rückschau ist fast immer schmerzlich: Sie ist eine Litanei aus »O je«, »Ach!«, »Meine Güte!« und »O nein!« Die Rückschau geschieht nur, wenn Sie sich tief genug entspannen, und dabei passiert noch etwas anderes: Sie lernen, locker zu bleiben, während Sie die Spannung produzierenden Aspekte Ihres Alltagslebens noch einmal durchgehen. Möglicherweise waren Sie sich in der fraglichen Situation nicht all Ihrer Möglichkeiten bewusst, aber in der Lockerheit und Sicherheit der Meditation können Sie sie deutlich wahrnehmen. Dabei geht es nicht nur um »ich hätte können« oder »ich hätte sollen«; der Körper vollführt vielmehr etwas wirklich Wertvolles: Er übt kreativere Reaktionen ein, und Sie werden bald schon feststellen, dass Sie in Ihrem Leben aus einer größeren Bandbreite an Optionen heraus agieren können.

Wenn Sie Ihre Instinkte bei der Meditation kultivieren und sie respektieren, haben Sie in Ihrem Alltagsleben einen besseren Zugang zu ihnen. Ihr Verhalten wird flexibler und anpassungsfähiger. Wir alle haben unsere instinktiven Lieblingsreaktionen. Bei der Meditation geht es um Gleichgewicht, darum zeigt Ihnen Ihr Nervensystem auch die Reaktionen auf, die Ihren entgegenstehen. Sie üben dabei ein, zwischen Ruhe und Wachsamkeit abzuwechseln, Ihre Grenzen wahrzunehmen und sie zu stärken, zu kommunizieren und zu konfrontieren. Schließlich werden Sie in Ihrem Alltagsleben schneller »schalten«. Das ist so, weil Sie sich in der Sicherheit der Meditation daran gewöhnt haben und es einüben konnten. Weil Ihnen all Ihre Instinkte zur Verfügung stehen, bekommen Sie ein umfassenderes Gefühl für Ihre Optionen.

Wir sprechen hier vom »Yoga der Instinkte«, denn es hat den

Anschein, als ob der Körper jede seiner instinktiven Reaktionen spielen lässt, wie ein Sportler, der jeden Muskel in seinem Körper streckt und eine Pose nach der anderen einnimmt. Bei der Meditation wiederholt der Körper das häufig so lange, bis er ein exaktes Gleichgewicht beziehungsweise die absolut richtige Kombination der einzelnen Instinkte erlangt hat. Nervensystem und Körper versuchen es mit unterschiedlichen Ansätzen, sie probieren sie alle durch: Verteidigung, Kommunikation, Widerstand, Nachgeben, neues Terrain erforschen, Sozialisierung, Spiel. Es gibt unendlich viele Abstufungen für jede mögliche Reaktion, und manchmal scheint der Körper sie alle durchgehen zu wollen, um die optimale Reaktion zu finden. Am Anfang kann sich dieser Prozess ungeheuer lästig und mühselig anfühlen.

Nehmen wir an, es habe sich eine angespannte Situation mit einer Kollegin ergeben: Sie glaubten, angegriffen worden zu sein, also reagierten Sie mit einem Gegenangriff und wiesen sie zurecht. Aber später, als Sie wieder etwas lockerer waren und sich dieser »Film« vor Ihrem inneren Auge erneut abspielte, konnten Sie alles mit Röntgenstrahlen durchschauen. In Ihrer entspannten Haltung ging Ihr emotionaler Körper die Konfrontation durch und drehte Ihr emotionales Zifferblatt in jede nur vorstellbare Richtung. Die Wiederholung fing möglicherweise mit noch mehr Wut an, dann mit weniger, schließlich kamen Entschuldigungen, eine Kommunikation aus dem Herzen, Vermeidung und zuletzt überraschenderweise ein spielerischer Umgang. Vielleicht können Sie sogar darüber lachen. Am nächsten Tag haben Sie an Ihrem Arbeitsplatz mehrere Möglichkeiten. Wenn Sie sich dafür entscheiden, es wieder gutzumachen, sind Sie dabei vielleicht gar nicht so ernst – möglicherweise lachen Sie sogar über sich, wenn Sie Ihrer Kollegin erzählen, wie Ihnen klar wurde, dass Sie gar nicht angegriffen wurden. Sie stellen fest, dass Sie nicht in einer bestimmten Position feststecken, sondern offen sind, um sich andere Sichtweisen anzuhören. Je nachdem, wie sicher Sie sich bei Ihrer Meditation im Allgemeinen fühlen, kann das Instinkt-Yoga zu großen Überraschungen führen: Möglicherweise stellen Sie fest, dass Ihr Körper mit Reaktionen aufwartet, die Ihnen zuvor nie in den Sinn gekommen sind, die nicht einmal Teil Ihrer üblichen Persönlichkeitsstruktur sind.

Wenn neue Situationen auftauchen, ist das so, als ob es einen stummen »Punkt der Entscheidung« gibt, an dem Sie Luft holen und auf Ihr Bauchgefühl, auf Ihr Herz und Ihren Kopf achten und sie alle zu einer gemeinsamen Bewegung zusammenführen. Es ist leichter, wenn Sie dabei Ihren Impulsen folgen. Dieses Gefühl ist subtil; in erster Linie fühlen Sie sich lebendiger. All das sind Nebenwirkungen der Meditation. Die Welt wird zu einem anderen Ort, einem ganz anderen Ort, wenn Sie entspannt und verbunden sind.

Sie werden feststellen, dass Sie auch in Notfällen klar sehen. Eines Tages fragte Lorin in einer Meditationsgruppe die Teilnehmenden, welche Wirkung die Meditation auf ihr Alltagsleben hätte. Die Gruppe hatte vor drei Monaten zu meditieren begonnen. Helen, eine schüchterne 19-jährige Frau, meldete sich zu Wort. Sie arbeitete in Teilzeit bei einer Produktionsfirma in Irvine, Kalifornien. Helen war dort seit zwei Monaten tätig und wurde immer noch als Neuankömmling mit niederem Status behandelt. Eines Nachmittags verletzte sich ein Kollege — Helen hörte einen Schrei und sah, wie sich Menschen um den Verwundeten sammelten. Eine Sekunde lang stand Helen einfach da und nahm die Szene in sich auf, dann wurde ihr klar, dass niemand etwas unternahm — alle standen unter Schock. Sogar die Führungskräfte riefen einfach nur »O mein Gott!« Helen sah, dass jemand auf dem Boden lag und blutete. Sie wusste, dass es jetzt auf jede Sekunde ankam. Ohne um Erlaubnis zu bitten, eilte sie zum Telefon und rief den Notarzt, noch bevor jemand brüllte: »Ruft einen Krankenwagen.« Helen legte den Hörer auf, blieb kurz stehen und sah plötzlich vor ihrem inneren Auge den Grundriss der Firma und die umliegenden Straßen. Sie erkannte, dass das Gebäude, in dem sie sich befanden, zu einem Dutzend identischer Hallen gehörte, die zu einem labyrinthartigen Komplex angeordnet waren. Der Krankenwagen würde wahrscheinlich Mühe haben, sie zu finden. Helen verschwendete keine Zeit damit, das den anderen zu erklären, sondern rannte eilig hinaus, lief zur Pforte und befahl den Wachmännern, das Tor zu öffnen und für freie Durchfahrt zu sorgen. Als der Krankenwagen eintraf, winkte sie ihn zu sich, sprang hinein und leitete ihn an den geeigneten Parkplatz. Hinterher zeigte sie dem Krankenwagen auch wieder den Weg aus dem Gebäudekomplex heraus, um sicherzustellen, dass sich die Sanitäter nicht verirrten. Zu guter Letzt kehrte sie an ihren Arbeitsplatz zurück und nahm ihre Pflichten wieder auf.

Als Helen auf diese Ereignisse zurückblickte, sagte sie: »Bevor ich mit der Meditation anfing, hätte ich nie so rasch gehandelt. Ich vertraute mir selbst und zögerte nicht, das Notwendige zu tun.« Sie war von sich selbst überrascht, denn ihre Vorgehensweise passte so gar nicht zu dem Bild, das sie von sich hatte. Genauer gesagt war sie von der absoluten Klarheit überrascht, mit der sie all diesen Menschen, die viel älter waren als sie, Anweisungen erteilt hatte.

Es ist etwas anderes, ob man sofort instinktiv handelt, oder ob man einige Sekunden abwartet. In Situationen wie der von Helen kann Abwarten dazu führen, dass sich verschiedene Impulse gegenseitig bekämpfen und man verwirrt wird. Helen erlebte eine Reihe von Impulsen: zu kommunizieren, zu instruieren und zu navigieren. Keine innere Zerrissenheit hielt sie davon ab, aktiv zu werden. Die Natur will, dass wir so geschmeidig wie Katzen sind, fähig, bei Bedarf von völliger Entspannung zu höchster Wachsamkeit zu wechseln und dann wieder locker zu werden. Viele von uns ähneln jedoch ein wenig einem Roboter – es knackt, wenn wir uns auf ungewohnte Weise bewegen, und wir müssen erst Öl auf unsere Gelenke träufeln und sie vorsichtig in alle Richtungen austesten.

Instinkt-Yoga tritt bei der Meditation spontan auf, solange Sie diesem Prozess vertrauen. Alle Yoga-Übungen sind Verfeinerungen natürlicher Bewegungen. Hatha-Yoga, das Yoga der Körperstellun-

Goldies Methode

Die Schauspielerin Goldie Hawn hat eine besonders erdverbundene Weise, unter stressigen Umständen zu meditieren. »Ich entschuldige mich und schließe mich irgendwo auf der Toilette ein, um meine Gedanken zu ordnen. Dort ziehe ich Energie in mich hinein und atme den Rest, den Müll, aus. Das ist sehr wichtig.« Ist das nicht ein herrliches Beispiel für eine kreative und instinktive Anpassung?

»Frauen sind Heilerinnen, Pflegerinnen und das Herz der Familie. Sie sind überaus kraftvoll«, fährt Goldie fort. »Frauen führen den Haushalt, sie ziehen die Kinder groß und sie müssen sehr, sehr zäh sein. Und wenn sie einmal mit voller Kraft auf den Tisch schlagen, dann ist das ziemlich beängstigend ... Frauen müssen mit beiden Beinen auf der Erde stehen, aber sie müssen auch weiblich sein ... Ich fürchte mich nicht vor meiner Weiblichkeit, und ich fürchte mich nicht vor meiner Sexualität. Ich muss keine Ränke schmieden, um das zu bekommen, was ich will. Es geht darum, mir selbst treu zu sein und stolz auf mich zu sein.«

Goldie hat die Meditation schon vor langer Zeit zu einem Bestandteil ihres täglichen Lebens gemacht. Sie hat sich in ihrem Haus einen speziellen Schrein erschaffen, der mit Kristallen, Gebetsketten und Buddhas geschmückt ist. Sie nennt es »ein Heiligtum, in dem mein Geist wohnt«.

gen, baut auf Streckübungen auf. Tiere, Hunde, Katzen und kleine Kinder räkeln sich ganz spontan. Hatha-Yoga ist eine Intensivierung dieser instinktiven Bewegungsabfolgen – auf entspannte Weise strecken Sie sich durch eine Reihe von Körperhaltungen, wobei jedes Gelenk durch die ganze Bandbreite an Bewegungen geführt wird und sich der Körper in jedem nur möglichen Winkel dreht. Überlegen Sie einmal, wie die Entsprechung bei den Instinkten aussehen könnte: Man testet jeden Instinkt aus, spürt ihn, hält ihn eine Minute lang und geht dann zum nächsten über. Mantra-Yoga ist eine

Verstärkung der natürlichen Neigung, uns selbst etwas vorzusummen oder Melodien in unserem Kopf zu hören. Liebende erfinden innovative Stellungen beim Sex und lassen sich für diese Herrlichkeit manchmal viel Zeit; das Tantra-Yoga erhöht diesen Erfindungsreichtum und das Halten der Erregung.

Auf diese Weise stehen Ihnen im wirklichen Leben mehr Instinkte zur Verfügung, und Sie werden vielseitiger. Unter anderem können Sie besser auf Allgemeinsituationen reagieren. Sie sind nicht auf eine einzige Handlungsweise festgelegt, nur weil diese Ihrem Selbstbild entspricht. Es ist wichtig, diese instinktive Vielseitigkeit zu begrüßen. Wenn Sie sich verändern, werden Sie weniger vorhersehbar und weniger unterwürfig. Ihre Grenzen treten deutlicher zu Tage. Manchen Menschen wird das nicht gefallen – sie sind nicht länger in der Lage, Sie zu manipulieren. Wenn Ihnen im Laufe des Tages Ihre Wahlmöglichkeiten auffallen, dann respektieren Sie sie.

Forschungsreisen

- Es gibt im Leben viele instinktive Momente, die an der Grenze zur Meditation liegen und als Pforten für diesen Zustand dienen: wenn Sie in Ihrem Nest sitzen, nur Sie allein; wenn Sie sich ins Bett kuscheln; wenn Sie auf den Horizont schauen; ein Bad im Kerzenlicht; ein Gebet; wenn Sie Ihr Baby versorgen; diese halbe Sekunde reinen Vergnügens, wenn Sie den Geruch eines Nahrungsmittels riechen. Können Sie sich an einige solcher Momente erinnern?
- Wann fühlen Sie sich mit sich selbst am wohlsten, am natürlichsten?
- Wann fallen Sie auf natürliche Weise in einen Entspannungszustand?
- Erinnern Sie sich an Augenblicke des Staunens, der Ehrfurcht und der Freude: als Sie ein Kind geboren haben oder bei einer

Geburt dabei waren; als Sie über den Sternenhimmel nachdachten; als Sie an einem herrlich sonnigen Morgen aufwachten und glücklich waren, am Leben zu sein.

• Wann sind Sie Ihren Bauchgefühlen gefolgt? Wie fühlte sich das an?

• Was haben Sie darüber gelernt, Ja zu sagen zu dem, was Ihr Körper will und braucht?

• Wie leicht fällt es Ihnen, auch einmal Nein zu sagen, wenn es nötig ist?

• In Träumen und Mythen sind Tiere oft hilfreich oder überbringen eine Botschaft. Jedes Wesen – Delfin, Tiger, Pferd, Bär, Wolf, Wiesel, Elefant, Maus, Vogel, Echse, Schlange – hat andere Eigenarten. Welchen Tieren fühlen Sie sich am meisten verbunden? Welche sind in Ihren Träumen aufgetaucht? Erforschen Sie allein oder in einer Gruppe (Letzteres macht mehr Spaß) tierische Laute: grunzen, knurren, wimmern, schnurren. Werden Sie primitiv!

2. Fertigkeitskreis:
Wie Sie mit Ihren Instinkten meditieren

Instinkte sind Bewegungen, die Ihr Körper durchzuführen weiß. Die Meditation gestattet Ihnen, sich auf die spezifische Weisheit jeder einzelnen Bewegung einzustimmen. Dieses instinktive Wissen kommt ins Spiel, wenn Sie Ihren täglichen Meditationsschwerpunkt auswählen, aber auch bei dem, was während einer Meditation abläuft. Eine Meditationstechnik ist einfach eine Möglichkeit, mit einer oder mehrerer dieser Bewegungen zu kooperieren und sich von ihr in Ihre Innenwelt führen zu lassen.

Im Laufe der Zeit werden Sie lernen, wie all diese Instinkte bei Ihrer Meditation und in Ihrem Alltagsleben funktionieren. Diejenigen, die Sie ausgrenzen, werden Ihnen Schwierigkeiten bereiten. Kraft entsteht, wenn man auf seinen Instinkten wie auf Wellen rei-

Aufwärmübung:
Ein Spaziergang in der Natur

Für diese Übung des sensorischen Bewusstseins spazieren Sie durch Ihre Umwelt: im Wald, im Stadtpark, am Strand oder in Ihrem eigenen Garten. Selbst in der Stadt findet sich irgendwo ein Stückchen Natur!
Gehen Sie in gemütlichem Tempo, und wecken Sie dabei all Ihre Sinne, als ob Sie gerade erst für diese Welt erwacht wären. Richten Sie Ihre Aufmerksamkeit auf Ihre Augen, nehmen Sie die Farben, Formen und die Bewegung des Lebens um Sie herum in sich auf. Richten Sie Ihre Aufmerksamkeit dann auf Ihre Ohren und konzentrieren Sie sich auf die subtilen Klangschichten. Atmen Sie die Vielfalt der Gerüche ein.
Bleiben Sie gelegentlich stehen, um diese Eindrücke auszukosten. Machen Sie sich bewusst, wie sich Ihre Füße in den Boden graben, und genießen Sie diesen Kontakt. Berühren Sie einen Baumstamm und fahren Sie mit den Fingern durch Gras, Büsche oder den Erdboden. Schnuppern Sie an einer Blume oder einem Blatt. Nehmen Sie einen Stein oder einen Kiesel in die Hand, spüren Sie seine Form und sein Gewicht. Erforschen Sie bei Ihrem Spaziergang die besondere Art und Weise, wie sich Ihr Gewicht auf Ihre Beine verteilt. Werden Sie irgendwann schneller, und spüren Sie, wie kraftvoll Ihre Beine und Hüften Sie vorantreiben.
Achten Sie auf Ihre Reaktionen. Gibt es in dieser Umgebung irgendetwas, zu dem es Sie instinktiv zieht? Stößt Sie irgendetwas ab oder jagt Ihnen Angst ein? Welche neuen Informationen erhalten Sie über die Welt der Natur und Ihre Beziehung zu ihr?

tet. Wenn Sie jeden einzelnen Instinkt ehren, wird er Sie führen und Sie segnen.

Je mehr Instinkte Sie ehren, desto lebendiger und produktiver wird Ihre Meditation. Die Instinkte dienen Ihrer Meditation, und Sie können den Instinkten dienen. Die Meditationstechniken sind den Weisen aus alter Zeit spontan eingefallen; sie wurden instinktiv geboren. Wenn Sie mehr Übung haben, werden auch Ihnen eigene Techniken einfallen.

Geben Sie sich die Erlaubnis, als Reaktion auf Ihre Wahrnehmungen und auf Ihren inneren Ruf jederzeit in einen instinktiven Zustand einzutreten. Als gesunde Menschen sind wir flexibel genug, um uns jederzeit in jede Richtung zu bewegen und auf alles zu reagieren, was eine Situation uns abverlangt.

Wenn Sie in der Meditation feststecken, dann häufig deshalb, weil Sie einen oder mehrere Instinkte leugnen oder sich dagegen wehren, indem Sie sich an die Instinkte klammern, die Sie kennen. Lassen Sie sich von der Vielfalt der Instinkte den Reichtum der meditativen Erfahrung bewusst machen. Seien Sie bereit, sich von der einzigartigen Art und Weise überraschen zu lassen, wie Stimmungen instinktiv wechseln und jeden Augenblick Ihrer Meditation miteinander interagieren. Sie werden zweifelsohne eine ganze Reihe dieser Stimmungen durchlaufen.

Kurzmeditationen mit den Instinkten

Um sich mit Ihren Instinkten vertraut zu machen, nehmen Sie sich am besten jeden einzelnen Instinkt vor und meditieren eine Minute lang über ihn. Lernen Sie jeden Tag einen, zwei oder drei von ihnen kennen. Erfinden Sie Ihr eigenes Ein-Wort-Mantra für einen Instinkt, beispielsweise »Heim«, »Stärkung«, »Obdach«, »Vereinigung« oder »Kommunion«. Denken Sie an den Begriff und lassen Sie Ihr ganzes Wesen von dem Klang und der Eigenschaft, die dieser hervorruft, durchdringen. Das bereitet den Boden für die anderen meditativen Übungen, die Sie sich aussuchen.

- *Heimkehr:* Entwickeln Sie ein Gespür dafür, wo sich in Ihnen ein Heim befindet. Ein Ort, an dem Sie sich entspannen und ganz Sie selbst sein können. »Ich bin zu Hause in mir selbst. Ich bin zu Hause in der Welt. Ich bin hier sicher.«

- *Nestbau:* Bauen Sie ein inneres Nest. Kleiden Sie es aus. »Ich fühle mich wohl in meiner inneren Welt. Es steht mir frei, alles an meine Bedürfnisse anzupassen.«
- *Ruhen:* »Ich kann mich in meinem inneren Heiligtum ausruhen.«
- *Körperpflege:* Baden Sie, reinigen Sie sich innerlich, sorgen Sie für eine innere Massage. »Ich bade in der Luft. Ich bade im Licht. Ich bade in der Stille.«
- *Sammeln:* Bei der Meditation sammeln Sie alles ein, was Sie an diesem Tag aus Ihrer inneren Welt brauchen. Das kann in einem kurzen Augenblick geschehen. Sie strecken sich nach einem Atemzug, einem Klang oder einer Berührung aus und sammeln die energetische Substanz, nach der Sie sich sehnen. »Ich sammle, was ich brauche, all die Energie und die Konzentration, die ich heute benötigen werde. Ich sammle meine Gedanken und meine Gefühle.«
- *Nähren:* Nehmen Sie die Stärkung in sich auf, die Sie gesammelt haben. Lernen Sie, was Sie nährt, finden Sie heraus, wann und wie viel Stärkung Sie benötigen. Bringen Sie in Erfahrung, wann Sie innehalten und Ihre Erfahrung verdauen müssen. »Wenn ich mich ausruhe, nähre und stärke ich mich. Ich lasse es einsinken und es wird ein Teil von mir.«
- *Schutz:* Ein Gefühl für die Integrität Ihres eigenen Raumes. Praktischer Tipp: Stöpseln Sie das Telefon aus, damit Sie bei Ihrer Meditation nicht gestört werden. Stärken Sie Ihre Grenzen und nehmen Sie sie in Besitz. »Ich kann mich selbst schützen. Ich bin wachsam, was meine Grenzen betrifft, und kann spüren, wenn man sie überschreitet. Ich bin von einer Aura des Schutzes umgeben.«
- *Jagen:* Bei der Jagd achten Ihre Sinne wachsam auf die Umgebung: sie schauen, lauschen, riechen. Bei der Meditation spürt dieser Instinkt die Technik auf, die Sie an diesem Tag brauchen. Sie werden dadurch bei Ihrer Meditation stärker, weil Sie das erschaffen, wonach Sie sich in Ihrem Leben sehnen. Die Kehrseite

des Jagens ist das Verstecken oder das Gefühl, selbst gejagt zu werden und eine Rückzugsmöglichkeit zu brauchen. »All meine Sinne sind wachsam für meine innere und äußere Umgebung; ich höre, sehe, rieche und fühle in alle Richtungen. Ich kann warten – in völliger Stille und mit weit geöffneten Sinnen. Ich kann die Technik finden, die ich heute brauche.«

- *Heilen:* Regeneration. Sie lecken Ihre Wunden. Die Meditation ist ein heilender Zustand, bei dem Ihr ganzes System wieder ins Gleichgewicht kommen kann. »Ich bade in heilender Energie. Ich bin in Einklang mit der Natur und der heilenden Kraft meines eigenen Körpers. In der Sicherheit meiner Meditation erkenne ich meine Verletzungen an, reinige sie und reibe sie mit beruhigendem Öl ein.«

- *Erkunden:* Abenteuerlust, die Sehnsucht nach neuen Erfahrungen und die Bereitschaft, etwas zu verändern. Wenn Sie sich Ihre natürliche Neugier zu Nutze machen, befriedigen Sie Ihre Sehnsucht nach Wundern. Gehen Sie mit diesem Instinkt auf Wanderschaft, und erweitern Sie Ihren Horizont. Diese Fertigkeit ist ein Aspekt der Anpassungsfähigkeit. »Ich stecke mitten in einem Abenteuer, bin offen für neue Erfahrungen und bereit, mich von ihnen verändern zu lassen. Ich bin neugierig und voller Staunen.«

- *Spielen:* Spiel ist mehr als nur die spontane Aktivität von Kindern. Spielen heißt, Raum zu schaffen, damit sich das Leben durch Sie hindurchbewegen kann, frei von angespannter, ernsthafter Stimmung. Das Spiel ist die Haltung des Entzückens, die Sie einnehmen, wenn Sie etwas Erholsames tun. »Ich fühle mich wohl und pflege spielerischen Umgang mit meiner Innenwelt.«

- *Soziale Kontakte:* Vereinigung, das Zusammentreffen all Ihrer Teile, all Ihrer inneren Welten. Sie denken über Ihre äußeren Beziehungen nach – etwas, das Frauen ganz selbstverständlich tun. Sie kommen in Berührung mit der Liebe und der Sehnsucht in Ihrem Herzen. Sie bereiten sich auf äußere soziale Kontakte vor,

ähnlich dem Schminken und der Kleiderwahl für ein gesellschaftliches Ereignis. Sie stimmen sich darauf ein, mit der Welt
in Kontakt zu treten. »Ich pflege die Gemeinschaft mit all meinen inneren Stimmen und äußeren Bindungen. Ich bin in meinen Herz-Verbindungen zentriert.«

• *Paaren:* Die mystische beziehungsweise innere Vereinigung, das
Paaren gegensätzlicher Teile in Ihnen. Die Bereitschaft, sich der
Liebe zu öffnen. Ihre natürliche Erotik und Ihre Fähigkeit, sich
der sinnlichen Berührung durch die Lebensenergie hinzugeben.
Bei der Meditation führt die innere Paarung zur Geburt der kreativen Inspiration und zu lebendigen Impulsen, die in der Welt
ausgedrückt werden wollen. »Ich bin offen für die Liebe in mir
selbst. Ich gebe mich dem köstlichen Fluss der Energie in meinem
Körper und zwischen meinem Körper und meiner Seele hin.«

Die spirituelle Seite der Instinkte

Wenn Sie Ihrer instinktiven sensorischen Stimmung Aufmerksamkeit schenken, verbindet sie sich mit den anderen Instinkten und
verfeinert sich auf entsprechende Weise. Für gewöhnlich müssen Sie
nicht daran arbeiten, einen Instinkt zu verfeinern; erlauben Sie ihm
einfach, sich frei auszudrücken.

• *Erforschen* wird zu Ehrfurcht und Verwunderung, zu Forschung,
zu Staunen angesichts der Schöpfung, zu einer wundersamen
Verbindung mit Gott.

• *Paaren* verwandelt sich in eine erotische, zutiefst erfüllende Verbindung mit dem Leben, zu inneren Vereinigungen und der Verbindung zu Gott.

• *Ruhephasen* werden zu der Fähigkeit, in Gott zu ruhen und in völ-
ligem Frieden mit dem Universum zu stehen. Manchmal ist ein
Nickerchen die heiligste Meditation.

• *Nähren* beziehungsweise die Nahrungsaufnahme kann zu einer
zutiefst ehrfürchtigen und segensreichen Aktivität werden. Sie

öffnen sich der Fülle der Erde und des Meeres, gesegnet vom Sonnenlicht, und akzeptieren die Speisen in Ihrem Körper bewusst als Geschenk, das Sie erneuert und stärkt. Essen kann ein Gebet sein: Unser täglich Brot gib uns heute.

- *Soziale Kontakte* – sich anderen in einer Gemeinschaft anschließen – können zu einem Gefühl der geistigen Verbundenheit werden.
- *Selbstschutz* führt zu einem gesünderen Leben, zu Maßnahmen, um diese Welt zu einem besseren Ort für Ihre Kinder zu machen und etwas Dauerhaftes in diese Welt einzubringen.
- *Selbstbehauptung* ermöglicht ein individuelles Leben, während Sie gleichzeitig die Verschiedenheit der anderen zu schätzen wissen. Sie gewinnen Mut und die Entschlossenheit, sich von der Menge abzuheben und dieser Welt Ihren eigenen Stempel aufzudrücken.

Wir empfehlen, keinen Ihrer Instinkte zu verändern oder abzuschwächen. Lassen Sie sie gemeinschaftlich arbeiten und einander ausgleichen, und entwickeln Sie ständig neue Ebenen der Integration.

Die Kunst des Spielens

Kultivieren Sie eine spielerische Einstellung. Alle Säugetiere lernen durch Spiel, und auch Menschen sehnen sich nach Vielfalt und Veränderung. Die Meditation ist wie ein Abenteuer. Während der Meditation nehmen wir etwas wahr – eine Eigenschaft des Atems, ein Geräusch oder ein Licht. Weil wir uns in einer sicheren Umgebung befinden und nicht um unser Überleben kämpfen müssen, fängt das Nervensystem an, mit den unterschiedlichen Wahrnehmungen ein- und derselben Sache zu spielen. Subjektiv gesehen, spüren wir vielleicht nur wenig Interesse, aber dieser Zustand schafft Raum für die Improvisation, die uns unser Leben auf neue Weise sehen lässt. Es ist immer wieder überraschend. Bewahren Sie sich eine spielerische Einstellung, das hilft Ihnen, die Unvorhersehbarkeit und Neuheit jedes Augenblicks der Meditation zu akzeptieren.

Meditationen

Das Elixier des Lebens

Geben Sie sich ein paar Minuten, um zur Ruhe zu kommen — wo immer Sie sein mögen, an Ihrem Meditationsort oder im Freien.

1. Schritt: Setzen oder legen Sie sich hin. Die Augen können offen oder geschlossen sein, wie es Ihnen lieber ist. Denken Sie über die folgende Frage nach: Woher wissen Sie in diesem Augenblick, dass Sie am Leben sind? Welche Anzeichen gibt es dafür? Bleiben Sie ein paar Minuten bei dieser Frage, und gehen Sie allem nach, was Sie dabei entdecken. Sobald Sie dazu bereit sind, fahren Sie sanft fort ...

2. Schritt: Denken Sie jetzt über diese Frage nach: Auf welche Weise geht es Ihnen gut? Welche Hinweise gibt es in diesem Augenblick, dass Sie gesund sind? Hüten Sie sich vor der Neigung, nur bei dem zu verweilen, was alles nicht stimmt — eine verbreitete Angewohnheit unter Frauen. Richten Sie Ihre Aufmerksamkeit vielmehr darauf, wo und wie es Ihnen genau jetzt wirklich gut geht, wie schwach oder geringfügig diese Eindrücke auch sein mögen. Schwelgen Sie in diesem Bewusstsein.

3. Schritt: Atmen Sie langsam und tief ein. Trinken Sie den Atem wie kostbaren Nektar, und nehmen Sie seine vitale Kraft in Empfang. Machen Sie sich klar, dass der Sauerstoff, den Sie aufnehmen, von all den Pflanzen zu Land und zu Wasser kommt. Schicken Sie Ihren Atem beim Ausatmen als Geschenk zurück zur Natur. Stellen Sie sich vor, wie die großen Bäume in aller Welt Ihren Atem empfangen. Atmen Sie immer weiter, genießen Sie diesen großzügigen Fluss des Gebens und Nehmens. Die einfache Zirkulation des Atems webt Sie in das Gewebe des Lebens auf diesem Planeten, dem Heim, das wir alle teilen. Ziehen Sie Kraft aus dieser Verbindung, aus Ihrem Platz im fruchtbaren Ökosystem der Erde.

Die Nein-Bewegung

Die Fähigkeit, klar und deutlich Nein zu sagen, ist ein großes Vergnügen, aber auch ein Paradox: Ein Nein ist immer auch ein Ja zu etwas anderem. Das ist die Freude und die Freiheit gesunder Grenzen.

1. Schritt: Jede Frau müsste eigentlich auf zehn unterschiedliche Arten Nein sagen können. Wenn Sie regelmäßig meditieren, sind Sie entspannter, sobald Sie einmal ein Nein anbringen müssen. Beginnen Sie diese Übung stehend. Atmen Sie tief durch, und ziehen Sie dabei Ihre Hände in Richtung Ihres Körpers. Sagen Sie beim Ausatmen Nein, und bewegen Sie Ihre Hände von Ihrem Körper weg. Wiederholen Sie das zehnmal, variieren Sie dabei jedes Mal Tonfall und Bewegungsart. Denken Sie an jede Situation, in der Sie eine stärkere Grenze ziehen müssen.

2. Schritt: Halten Sie jetzt inne, und genießen Sie die Wirkung Ihrer Bewegung. Welche Empfindungen nehmen Sie in Ihrem Körper wahr? Wie bewegt sich Ihr Atem? Wie erleben Sie sich selbst? Wenn ein Gefühl hochkommt, was sagt es Ihnen dann?

3. Schritt: Bleiben Sie stehen, setzen oder legen Sie sich hin, um die Meditation mit diesen Eindrücken zu vertiefen. Wiederholen Sie jetzt das Nein ein paar Mal schweigend, nur mit Ihrer inneren Stimme. Spüren Sie, wie die Energie der Welt Ihren Geist und Ihren Körper — Ihre ganze »Atmosphäre« — reinigt. Achten Sie darauf, wie entspannt Sie bleiben können. Lassen Sie das Nein dann los, öffnen Sie sich dem Ja. Atmen Sie mit der Macht der freien Wahl ein.

Der Schaltkreis der Erde

Seit das menschliche Tier aufrecht läuft und eine vertikale Wirbelsäule besitzt, hat unser Körper eine ganz besondere Beziehung zum elektromagnetischen Feld der Erde. Einer der wichtigsten Pfade der Lebenskraft verläuft in einem ununterbrochenen Schaltkreis den

Rücken hinauf und an der Vorderseite des Körpers herunter – in dem »Schaltkreis der Erde«.

Setzen Sie sich so hin, dass Ihre Wirbelsäule hoch und frei aufragt – aufrecht, aber nicht steif. (Setzen Sie sich, wenn möglich, auf den Boden – es ist in Ordnung, wenn Sie den Rücken an einer Wand oder einem Baum abstützen und die Beine ausstrecken.) Lassen Sie Ihr Gewicht auf Ihren Hüften ruhen, und bringen Sie sich die Unterseite des Beckens ins Bewusstsein, an der Sie Kontakt zum Boden, zum Kissen oder zum Stuhl haben.

Stellen Sie sich nun vor, dass Ihre »Sitz-Knochen« und Ihr Steißbein wie Wurzeln nach unten reichen, tief in die Erde hinein. Spüren Sie oder stellen Sie sich vor, wie Sie Energie in Ihren unteren Rückenbereich ziehen. Folgen Sie langsam dem Weg nach oben zur Mitte Ihres Rückens. Lassen Sie sich Zeit. Führen Sie Ihr Bewusstsein behutsam über Ihren Scheitel hinweg, dann das Gesicht hinunter zur Vorderseite des Körpers und wieder hinein in die Erde. Beginnen Sie anschließend den Kreislauf von neuem. Fahren Sie den ganzen Schaltkreis entlang – die ununterbrochene Zirkulation von der Erde hinauf und wieder hinunter. Genießen Sie den Strom an Energie, und achten Sie darauf, ob sich die Geschwindigkeit auf irgendeine Weise ändern will. Spüren Sie, wie die Zirkulation Ihren ganzen Körper zusammenschweißt.

Erforschen Sie den Schaltkreis der Erde ungefähr zehn Minuten lang. Denken Sie daran, dass es völlig normal ist, wenn Ihre Gedanken hin und wieder abschweifen; sobald Sie dies bemerken, kehren Sie einfach sanft mit Ihrer Aufmerksamkeit zurück. Richten Sie sich am Ende der Meditation auf, und spüren Sie diesem Fluss noch einige Minuten lang nach. Wenn Ihre Füße wieder Kontakt zum Boden bekommen, werden auch sie zu Wurzeln, die die Lebenskraft durch Ihre Beine kanalisieren. Das ist eine wunderbare Übung, die Ihre Energie auflädt und Ihr gesamtes System ausgleicht.

Aufbauübungen

Heilungsmeditation

Diese Meditation eignet sich immer dann, wenn Ihre Lebenskraft gering ist und Sie sich müde, ausgelaugt oder krank fühlen.

Errichten Sie zuerst Ihr Meditationsnest. Machen Sie es sich irgendwo gemütlich – unter der Decke im Bett, auf dem Sofa oder auf einigen Kissen auf dem Boden. Geben Sie sich dem Gefühl der Müdigkeit hin. Lassen Sie Ihren Körper absinken und Ihre Muskeln schwer werden. Entspannen Sie sich. Spüren Sie, wie Sie von dem breiten und massiven Körper der Erde unter Ihnen gestützt werden.

Werden Sie sich dann der Luft bewusst, die Sie zu allen Seiten umgibt. Stellen Sie sich vor, sie sei mit heilender Kraft angefüllt. Erkennen Sie diese Luft als die gütige, liebevolle Atmosphäre der Erde an, als den Atem der Großen Mutter, der uns stets umgibt und durchdringt, ob wir uns dessen bewusst sind oder nicht. Verharren Sie in dieser heilenden Präsenz; lassen Sie sich von ihr baden und nähren. Zapfen Sie bei jedem Atemzug diese nährende Atmosphäre an, und spüren Sie, wie die Luft mühelos die heilenden Eigenschaften in Ihre Lungen trägt, in jede Zelle Ihres Körpers und an den geheimen Ort in Ihrem Herzen.

Tiermeditationen

Das Totemtier. Diese Meditation kann man im Sitzen, im Stehen oder im Laufen durchführen, entweder in der Privatsphäre Ihres Wohnzimmers oder an einem öffentlichen Ort. (Niemand muss wissen, was Sie da tun!) Führen Sie sie allein oder in einer Gruppe durch, aber amüsieren Sie sich dabei. Bereit?

Wählen Sie sich ein Lebewesen als Krafttier aus. Mit welchem Tier identifizieren Sie sich? Welchem Tier wären Sie gern ähnlicher? Meditieren Sie darüber, wie Sie zu diesem Tier werden. Treten Sie mit Hilfe Ihrer Imagination in dessen Wahrnehmungswelt ein. Lassen Sie sich erst ein paar Minuten Zeit, um zur Ruhe zu kommen.

Stellen Sie sich vor, Sie würden sich in dem natürlichen Umfeld dieses Tieres befinden. Öffnen Sie langsam Ihre Sinne. Ihre Ohren stellen sich auf. Auf welche Weise hören Sie, was um Sie herum vor sich geht? Lassen Sie Ihre Augen zu den Augen dieses Tieres werden. Öffnen und schließen Sie sie nach Belieben. Wie sehen Sie? Machen Sie sich Ihre Nase bewusst; bewegen Sie die Nasenlöcher, während Sie die subtilen Düfte im Wind erschnuppern. Haben Sie Barthaare? Wie bewegt sich Ihr Kopf, während Sie die Umgebung prüfen? Richten Sie Ihre Aufmerksamkeit auf Ihre Haut, und stellen Sie sich vor, sie sei das Fell, die Schuppen oder die Federn Ihres tierischen Ichs. Welchen Kontakt hat die Haut zur Luft, zum Wasser oder zum Boden? Wie möchten Sie gern berührt werden? Was ist mit Ihren Füßen und Händen? Sind es Flügel, Flossen, Klauen oder Hufe? Spannen Sie die großen Muskeln Ihrer Oberschenkel und Ihres Hinterteils an und lassen Sie wieder los. Wie ist Ihr Gesäß, kraftvoll und gebieterisch? Wie bewegen Sie sich voran? Machen Sie ein paar Schritte, um den ganzen Körper dieses Tieres zu spüren und wie es seine Welt bewohnt.

Welches Wissen hat dieses Tier? Was will es Ihnen beibringen? Was weiß es über Bequemlichkeit? Wie drückt sich seine Macht aus? Wie würde es reagieren, wenn es Gefahr wittert? Oder einen Gefährten? Was ist seine Lieblingsnahrung? Was braucht es, um zu gedeihen? Lassen Sie Ihren Körper diese Eigenschaft aufgreifen. Wenn Sie andere »Menschen« sehen, sei es jetzt oder später, dann erforschen Sie voller Neugier diese Mitkreaturen. Wie reagieren Sie auf sie?

Sich im tierischen Wesen aalen. Diese Meditation ist absolut einfach und angenehm. Sie kann allein oder nach einer der anderen Meditationen durchgeführt werden. Machen Sie es sich bequem, und sehen Sie sich als Tier — als menschliches Tier, das Teil der Natur ist. Aalen Sie sich in der Leichtigkeit, der Gesundheit und der Kraft dieses Bewusstseins. Entspannen Sie Ihren Körper, seien Sie wachsam, und genießen Sie die Annehmlichkeiten in Ihrem sicheren Habitat. Das ist alles! Falls Gedanken an Ihre Alltagssorgen aufkommen, akzeptieren Sie sie – das ist die Art, wie das menschliche Tier sich auf seine Umgebung vorbereitet. Richten Sie Ihre Aufmerksamkeit dann wieder auf Ihren Konzentrationsschwerpunkt: auf die einfachen Eindrücke des tierischen Wesens.

Reflexionen

- Wie sieht Ihre Beziehung zur Natur aus?
- Was haben Sie nach diesen Meditationen über Ihre innere Natur gelernt? Welche Instinkte sind in Ihnen aktiv oder sind Ihnen bereits vertraut? Welche sind Ihnen völlig fremd? Welche sind für Sie am angenehmsten beziehungsweise am unangenehmsten?
- Nach welchem Instinkt sehnen Sie sich am meisten?
- Auf welche Weise öffnen sich Ihre Sinne, wenn Sie mit Ihrem Totemtier meditieren? Fällt Ihnen hinterher ein Unterschied in der Beziehung zu Ihrer Umgebung auf? Wie fühlen Sie sich in Ihrem Körper? Welches Geschenk hat Ihnen Ihr tierischer Freund gemacht?
- Stellen Sie sich in Ihrer normalen Welt mit derart wachen Instinkten vor: Wie fühlen Sie sich innerlich, wenn Sie sich auf diese Weise im Alltagsleben sehen? Nehmen Sie die Kraft, die Vitalität, die Wachsamkeit und alle anderen Eigenschaften, deren Sie sich bewusst sind, in Besitz. Achten Sie darauf, auf welche Weise Ihre Instinkte Ihnen Ihre Bedürfnisse mitteilen und wie Sie sie erfüllen können. Gibt es eine bestimmte Sache, bei der Sie mehr von diesem Bewusstsein gebrauchen könnten?
- Zeichnen oder malen Sie alle Eindrücke aus diesen Meditationen. Vielleicht kommt Ihnen ein ganz bestimmtes Bild in den Sinn, Sie können Ihre Eindrücke aber auch als abstrakte Wirbel, Farbkleckse oder Linien festhalten. Lassen Sie Ihre Hand die

Farben instinktiv aussuchen, und bewegen Sie sie mit den Eigenschaften über das Papier, die Sie innerlich spüren. Nehmen Sie sich ein paar Minuten Zeit, nachdem Sie fertig sind, und meditieren Sie über die Farben und Formen, die Sie geschaffen haben.

- Verfolgen Sie auch weiterhin Ihre Instinkte, und überlegen Sie, wie Sie sie in jedem Bereich Ihres Lebens stärken können.

3. GEHEIMNIS

Nehmen Sie Ihre innere Autorität in Besitz

Okay. Das ist heute ein großer Tag. Ich will alles
   auf die Reihe bekommen.
Was ist, wenn es den anderen nicht gefällt, was
   ich zu sagen habe? Was ist, wenn sie mich
   kritisieren oder, schlimmer noch, angreifen?
O je, ich stehe ziemlich neben mir. Ich sollte es
   allmählich wieder auf die Reihe kriegen.
Mist, ich habe meine Kraft verbraucht. Es ist, als
   ob ich ein Leck hätte.
Ich werde mich zurückziehen, meditieren und
   wieder ins Lot kommen.

Leck flicken und Schutz suchen ... das brauche
   ich jetzt.
Ich werde mich in eine imaginäre Energieblase
   versetzen – mein heiliger Ort.
Ich wickele meine Aufmerksamkeit rund um
   mich herum, auf 360 Grad.
Ich sitze in der Mitte ... hmm, als ob ich auf
   einem Thron sitze.
Ja, ich mache ihn zu einem steinernen Thron, aus
   uraltem Felsen gehauen.
Aber Herrschaft über andere ist mir nicht wichtig;
   ich fordere Souveränität gegenüber mir selbst.

Nein, ich fordere es nicht – ich nehme es für
    mich in Anspruch, das ist eine unveräu-
    ßerliche Wahrheit.
Es gibt keine Notwendigkeit, etwas zu bewei-
    sen oder mit Gewalt vorzugehen. Ah …

Erstaunlich. Die Kraft strömt in meinen
    Körper zurück.
Wie eine Eigenblut-Transfusion.
Das ist mein Körper. Das ist mein Leben.
Oh, ich verstehe … Niemand sonst kann mir
    Kraft geben.
Und niemand kann mir meine Kraft nehmen.
Niemand sonst weiß, was ich tun oder sein
    sollte.
Eines Tages werde ich einfach in dieser Wahr-
    heit ruhen.
Eines Tages werden alle Frauen sich an ihre
    Souveränität erinnern …
Das ist doch ein gutes Gebet.

Ich atme tief ein: »Mein Körper, mein Atem,
    mein Leben.«
Jeder Atemzug ist durchdrungen von Freude
    und Kraft.
Das ist meine Atmosphäre, gelassen und klar,
Erfüllt mit meiner eigenen Essenz, unbeein-
    flusst von den Gedanken anderer.
Ich atme tief aus: Ich bin bereit.

Ihr Geschenk

D as Leben will uns. Es will uns ganz und gar. Bei der Meditation geht es im Wesentlichen darum, in Ihrer inneren Autorität zentriert zu sein, dann hinaus in die Welt zu gehen und mit Macht, Integrität und Anmut zu agieren. Dabei müssen Sie Ihre eigene Autorität nicht arrogant in Besitz nehmen. Sie müssen nur zutiefst verantwortlich handeln.

Den Vorgang, bei dem man sein volles Selbst entwickelt, nennt man Individuation. Bei der Individuation wächst man über die kollektiven und konventionellen Normen hinaus und übernimmt die Verantwortung für das eigene Wertgefüge. Sie sind nicht länger ein Kind in einer Eltern-Kind-Beziehung mit Gott oder der Gesellschaft, sondern beteiligen sich auf Ihre eigene, kreative Weise am Leben.

Ganz Sie selbst zu sein und zu riskieren, sich von Ihrer Kultur, Ihrer Familie oder Ihren Freunden zu unterscheiden, kann zu Ängsten und Zweifeln führen. Aber Ihre Authentizität ist ein Geschenk, das Sie der Gemeinschaft machen. Jede von uns besitzt ein Wissen, das sie zu dem Ganzen beisteuern kann. Wenn Sie das verkörpern, was Sie an sich wahrnehmen und für wichtig halten, dann wird das Gewebe der Verbundenheit zwischen uns allen bereichert.

Autorität und Authentizität stammen aus derselben Wurzel, der »Schöpfung«. Wie eine Künstlerin am Rande der Gesellschaft oder die Schamanin, die an der Peripherie tanzt, können Sie eine Frau sein, die eine heilende Vision erhält oder eine Wahrheit ausspricht, die die Gemeinschaft dringend braucht. Unser Überleben und unsere Entwicklung als Spezies hängen von einer solchen Kommunikation ab, und gerade heute müssen die Stimmen der Frauen mehr denn je gehört werden.

Souveränität über das Selbst

Jede Frau hat irgendwo in sich ein Gefühl für ihre eigene Autorität, ein Gefühl der Souveränität. Als Frauen wissen wir etwas dank unseres Körpers, unserer Emotionen und unserer Intuition — wir könnten von weiblicher Macht sprechen, denn genau das ist es! In der Meditation wird diese Fähigkeit bekräftigt, und in Körper und Seele findet eine tief greifende, heilende Integration statt.

Die Meditation kann für Frauen in ihrem Umgang mit der äußeren Welt ein ungeheurer Segen sein. Wenn Sie meditieren und Ihre Instinkte respektieren, zapfen Sie Ihr inneres Wissen an und werden zuversichtlicher. Hinterher sind Sie sich häufig sowohl der großen als auch der kleinen Dinge bewusst, die Sie in Ihrem Leben ändern wollen. Angesichts Ihrer inneren Klarheit scheinen sich Entscheidungen von allein zu fällen. Das ist ein natürliches und spontanes Nebenprodukt der meditativen Bewusstheit.

Veränderungen verleihen Ihrem Leben Kraft, aber Sie sollten auch mit Widerständen von außen rechnen. Vielleicht müssen Sie Staub aufwirbeln — Ihren eigenen oder den anderer. Bei Veränderungen tauchen immer Hindernisse auf, aber diese dynamische Spannung ist in Wirklichkeit ein Gewinn, denn Sie werden dadurch geformt. Diese Spannung kennzeichnet einen kreativen Dialog zwischen der inneren und der äußeren Welt. Um einen echten Dialog zu führen, müssen Sie Ihre eigene Stimme finden und die seelische Stärke, laut mit ihr zu sprechen. Lassen Sie diese Fähigkeit durch die Meditation wachsen.

Eine Meditation ist wie ein Kurzurlaub von Ihrem Leben: Sie kehren mit einer neuen Perspektive zurück. Häufig tauchen Einsichten unerwartet auf, während Sie Ihren Alltagsaktivitäten nachgehen. Eine halbe Stunde nach der Meditation wird Ihnen plötzlich klar, dass Ihre Beziehung am Ende ist oder dass Sie über Ihren Job hinausgewachsen sind. Jemand nimmt Sie als selbstverständlich hin, oder Ihre Bedürfnisse werden nicht erfüllt. Die Zeit umzuziehen oder die Dinge zu tun, die Sie immer schon tun wollten, ist gekommen. Das ist keine willentliche Entscheidung, sondern eine Erleuchtung, als ob man in einem dunklen Zimmer eine Lampe einschaltet.

Manchmal wird Ihnen auch klar, dass Sie sich nicht ändern werden. Sie haben sich an die Unzufriedenheit über einen bestimmten Aspekt Ihrer selbst geklammert, doch ganz plötzlich finden Sie sich damit ab. Sie sind, wer Sie sind, und fertig. Sie wollen eigentlich gar nicht mehr mit einer bestimmten Person zusammen sein, oder Sie mögen einfach keine Countrymusic, und Sie werden diese zehn Pfund niemals verlieren, na und? Sie haben immer gedacht, Ihr Job sei nur vorübergehend oder die Beziehung jederzeit beendbar. *Ich wohne hier nicht wirklich. Eines Tages ergreife ich die Flucht.* Doch nun sehen Sie ein: *Ich bin hier. So bin ich. Das ist mein Leben.* Dies sind schlichte Erkenntnisse.

Andererseits können Sie auch ein unangenehmes Erwachen erleben. Völlig abrupt wird Ihnen klar, dass Sie für die Geschenke anderer blind waren und dass nun die Zeit gekommen ist, etwas zurückzugeben. Oder dass Sie ständig einen Groll hegten, als ob Sie vom Leben gegen Ihren Willen an einen Ort gezerrt worden wären, an den Sie niemals hätten gehen wollen. Plötzlich gehen Ihnen »die Augen auf«, und Sie erkennen, dass Sie diese Einstellung loslassen müssen. Es fällt oft leichter, diese Dynamik bei anderen Menschen zu sehen, als sie in uns selbst wahrzunehmen. Wenn Sie Ihren Groll zugeben, nahern Sie sich Ihrem Selbst wieder an — demütig, aber zutiefst machtvoll.

Neue Verhaltensweisen entstehen, weil Sie Raum für Veränderungen geschaffen haben. Sie sind präsent geblieben und haben auf all Ihre inneren Stimmen gehört, auf all Ihre Schuldgefühle und Ängste. Durch das Zuhören haben Sie deren Kraft in sich aufgenommen. Diese Stimmen können nun endlich schweigen, denn Sie haben alles gehört, was die Stimmen zu sagen hatten, und in diesem Raum der Stille sind Sie zu einem anderen Menschen geworden. Sie sind eine andere, weil Sie endlich sich selbst beim Denken zuhörten. Das ist Ihre innere Autorität.

Stellen Sie sich als Königin vor, die auf ihrem Thron sitzt und die Standpunkte all ihrer Untertanen anhört: der Berater, des Wesirs, des Hofnarren, der Hofdamen, des Knappen, der Barone und Bischöfe, der Hebammen und Bauern. Die alte Hexe aus dem Wald, die Elfen und Feen, die Tiere und die Monster – alle treten mit ihren Bitten an sie heran. Die Aufgabe der Königin besteht darin, zuzuhören, abzuwägen und mit Souveränität zu erklären: »Genug. Ich habe euch alle angehört, und ihr könnt jetzt gehen. Ich werde nun beschließen, was wir tun, damit alle Untertanen in meiner Fürsorge (für mich selbst und andere) gedeihen können.«

Den eigenen Boden behaupten

Souveränität stellt sich ein, wenn Sie in sich ruhen und es eine räumliche Wechselbeziehung gibt. Sie stecken ganz in Ihrer Haut. Ihre Grenzen sind intakt. Sie haben Ihren Boden gefunden, und Sie wagen es, ihn zu behaupten. Sie nehmen Ihren Raum ein. Wenn Sie im Selbst zentriert sind und voller Integrität in der Welt agieren, nennen wir das »geerdet sein«. Sie sind mit Ihren inneren Wurzeln verbunden und können sich hoch und weit ausstrecken. Sie stehen voller Kraft da und nehmen Ihren Platz im Leben ein.

Meine Füße verbinden sich mit der Erde.
Ich nehme meinen persönlichen Raum ein.
Ich bin ein selbstständiges Wesen in persönlicher Beziehung
    zu dem Leben, das mich umgibt.
Meine Individualität taucht im Kontext eines größeren
    Umfeldes auf.
Ich weiß, wo in dieser Welt mein Platz ist.
Ich kann mit dem Leben umgehen, wie immer es sich mir
    auch zeigt.
Ich falle nicht so leicht um; meine Wurzeln reichen tief.

Ich bin aufgeschlossen, nicht unbeugsam.

Ich kann mich jederzeit in jede Richtung bewegen.

Ich kann laut und deutlich und voller Überzeugung Ja sagen.

Ich spüre bei all meinen Erfahrungen und in allem, was ich gelernt habe, meinen Körper.

Ich brauche keine Erlaubnis, um Raum einzunehmen.

Ich kann tief durchatmen; ich muss nicht klein werden und mich für meine Existenz entschuldigen.

Ich kann mich mit vollem Herzen ausbreiten und der Welt mit Freude entgegentreten.

Souveränität in der Meditation

Souveränität bedeutet »niemand anderem gehören«. In der Meditation heißt Souveränität, die eigene Erfahrung in Besitz zu nehmen und ihr gegenüber loyal zu sein. Sie räumen den Bedürfnissen Ihres inneren Lebens Priorität ein und vertrauen Ihren Instinkten. Sie geben sich die Erlaubnis, das zu finden, was für Sie funktioniert, und alle Vorstellungen abzulegen, die Ihnen fremd sind. Ihre innere Autorität bestimmt jeden Tag aufs Neue die Meditationstechnik, die Sie brauchen. Sie unterstützen sich selbst und akzeptieren alles, was sich zeigt. Sie feiern sich als Individuum. Sie machen sich keine Vorwürfe, weil Sie anders sind als andere oder gängigen Vorstellungen nicht entsprechen. Sie lernen aus Ihren Sehnsüchten und Wünschen. Sie prüfen die Dinge anhand Ihres eigenen Bezugrahmens. Sie nähern sich allem, was von außen kommt, erst einmal unter Vorbehalt. Sie wissen, welche Kraft in Ihnen ruht. Die Initiation erfolgt durch Ihre eigene Seele, nicht durch eine äußere Autorität.

Wie Buddha einmal sagte, sollten wir eine Sache niemals deshalb glauben, weil sie Engel, Götter oder Heilige sagten. Glauben Sie nur, was Sie selbst überprüft haben und was Ihrer Erfahrung nach funktioniert.

Dem eigenen Weg folgen

Jeder Augenblick der Meditation ist eine Abenteuerreise in das Selbst, eine Gelegenheit, innere Regionen kennen zu lernen. Sie folgen Ihrem eigenen Weg, hinterlassen Ihre eigene Duftmarke. Was Sie bei einer Meditation entdecken und womit Sie zurückkommen, ist ein Aspekt Ihres Wesenskerns. Sie sind das Neuland, und Sie sind Ihr eigener ultimativer Reiseführer. Aus diesem Grund steht keine äußere Autorität höher als Ihre eigene.

Der Pfad der Meditation ist nicht von vornherein festgelegt, und es gibt auch kein festes Ziel. Deshalb macht es ja so viel Spaß. Es ähnelt eher einer gemächlichen Reise, voller freudiger Überraschungen. Vielleicht erhebt es Sie zu hohen Gipfeln oder in Bereiche himmlischen Wohlbefindens. Es kann Sie in tiefe Wälder treiben, in dunkle Höhlen oder bis hinunter auf den Grund des Ozeans. Sie werden mit Engeln jubilieren, mit Wölfen heulen und mit Walen singen. Wir halten Sie für den abenteuerlustigen Typ – Sie würden dieses Buch nicht lesen, wenn das nicht der Fall wäre. Also schlüpfen Sie in Ihr Lieblingsoutfit, ziehen Sie festes Schuhwerk an und nehmen Sie Ihren Badeanzug mit!

An bestimmten Kreuzungen auf dem Weg werden Sie wahrscheinlich auf Schilder stoßen: »Hier unterschreiben, Seelenheil garantiert!« »Hier entlang – Abkürzung!« »Gefahr, umdrehen und wieder dem alten Trott folgen!« »Nein, hier herüber, unser Weg ist noch älter!« »Hier entlang zum einzig wahren Weg – ohne uns werden Sie es niemals schaffen!« »Erleuchtung in drei einfachen Lektionen! Kaufen Sie jetzt, zahlen Sie später!«

Diese Botschaften können extrem verwirrend sein, besonders dann, wenn Sie an einem Scheidepunkt in Ihrem Leben stehen, wenn Sie sich verletzlich fühlen und sich fragen, ob Sie wirklich auf dem richtigen Weg sind. Vielleicht zweifeln Sie an sich selbst und fühlen sich entmutigt oder verloren. Aber die Hilfsmittel, die Sie brauchen, befinden sich direkt in Ihrem Körper. Vertrauen Sie Ihrer Intuition. Folgen Sie Ihrer Nase, Ihrem Bauch und Ihrem Herzen.

Es erfordert Mut, den eigenen Weg zu finden. Es ist erstaunlich, wie tollkühn es schon anmutet, nur man selbst zu sein. Es kann sich verboten anfühlen, wie ein Aufstand oder sogar ein Diebstahl, als ob Sie Ihre eigene Macht zurückstehlen würden. Aber hinter dem »Aufstand« steckt Klarheit. Wenn Sie Ihre innere Autorität in Besitz nehmen, berühren Ihre Füße den Boden — vorsichtig, einen Schritt nach dem anderen.

Vorsicht vor den Frauen!

Achtung, Frau! Manche Fantasien, die Meditation und Spiritualität umgeben, können für Sie äußerst schädlich sein.

Die Meditation sollte auf der Erfahrung der betreffenden Frau beruhen und ihr Alltagsleben bereichern. Aber ein Großteil dessen, was wir über Meditation wissen, stammt aus strengen, männlich dominierten, hierarchischen Systemen, die äußere Autorität ausüben und verlangen, die Meditierende solle sich einem männlichen Gott unterwerfen, der allein die Wahrheit verkörpere. Diese Lehren neigen dazu, anti-instinktiv, anti-ichbezogen und anti-emotional zu sein. Vielleicht funktionieren sie für Mönche, aber Frauen können durch sie entrechtet und auf subtile Weise geschädigt werden. Wenn Sie aktiv in der Welt leben — einem Beruf nachgehen, eine Beziehung oder eine Familie haben —, brauchen Sie Ihre Instinkte, Ihr Ich und Ihre Leidenschaft. Das sind die Schlüssel zu Ihrem inneren Wissen — ganz zu schweigen von Ihrer Gesundheit. Also lassen Sie Ihre weibliche Kraft nicht von diesen spießigen alten Idealen sabotieren.

Hüten Sie sich vor den folgenden, alles beherrschenden Vorstellungen, die Ihre innere Autorität untergraben sollen: Reinheit, Erleuchtung, Hierarchie, Gehorsam, Stille, Distanzierung, Befreiung von der körperlichen Hülle, Leidenschaftslosigkeit, Kontrolle. Nichts von all dem hat etwas mit der Meditation zu tun. Es han-

delt sich bei allem um Bestandteile einer orthodoxen Religion und
um Mönchstum. Wir stellen Ihnen diese Begriffe hier vor, damit Ihr
psychologisches Immunsystem sie identifizieren und mit ihnen fertig werden kann. Wenn Sie sie in sich hineinlassen, werden sie sich
wie Bakterien vermehren. Es sind besonders kraftvolle Vorstellungen, weil viele mächtige, zölibatäre, männliche Meditierende mit ihnen gekämpft haben und sie seit tausenden von Jahren propagieren.

Die männliche Hierarchie hat stets gelehrt, dass Spiritualität
nicht im Körper zu finden sei, sondern jenseits des Körperlichen.
Gott sei woanders. Der Körper sei eine Falle. Die Meditation sei eine Disziplin, die uns von oben gegeben wurde. Sie erfordere Gehorsam gegenüber einer Tradition oder einem Lehrer. Die Meditation sei flach und eintönig; es gebe nur eine einzige rechte Weise zu
meditieren. Meditation sei Stille, nicht Bewegung. Man sage Nein
und versuche, die inneren Stimmen zum Schweigen zu bringen.
Man müsse sich von seinen Wünschen und Leidenschaften distanzieren und sie ausblenden. Bei der Meditation gehe es um Reinheit,
darum, dem Rad des Schicksals zu entkommen. Es gehe um Tod.

Denken Sie jetzt an das Gegenteil. Die Natur ist heilig. Sie können aus Ihrer weiblichen Natur, aus dem Körper heraus meditieren.
Die Meditation ist keine rigide Disziplin, sondern ein Vorgang, bei
dem Sie einem inneren Ruf antworten. Die Meditation ist eine reiche, innere Erfahrung, bei der Sie zwischen Gelassenheit und Leidenschaft abwechseln. Sie ist eine großartige Möglichkeit, sich
selbst beim Denken zuzuhören und sich auf Ihr inneres Wissen einzustimmen. Die Meditation ist ein Tanz zwischen dem Irdischen
und dem Göttlichen; sie ist Leben auf allen Ebenen. Stellen Sie sich
die Meditation als Vereinigung von Gegensätzen vor: Sie begrüßen
dabei alle Möglichkeiten der Stille und der Bewegung, der Reinheit
und der Unreinheit, des eigenen Willens und der Hingabe. Sie lernen, die Fülle zu leben und wieder loszulassen.

Reinheit

Es ist wichtig, die im Wesentlichen gesunden Ideen von den wahrhaft gefährlichen zu trennen. Eine der tödlichsten und verwirrendsten Gefahren geht von der Reinheit aus – der Vorstellung, der Sinn der Meditation liege darin, Ihren Geist, Ihre Emotionen und Ihren Körper zu reinigen, auf dass Sie spirituell würden.

Merken Sie, wie hier angedeutet wird, dass Ihr natürliches Ich unrein ist, dass Bewusstheit bedeutet, ständig im Krieg mit dem Selbst zu liegen? Hüten Sie sich vor der Vorstellung, Ihr Ego sei korrupt, Ihre Gedanken seien nur Störungen, Ihre Sinne seien reine Illusion und Ihre Gefühle ein großer Fehler – mit der möglichen Ausnahme vergeistigter, distanzierter und körperloser Liebe. Gemäß dieser Überzeugung ist die Natur unrein und die Wahrheit findet sich woanders, darum müssen Sie sich von Ihrem körperlichen Selbst lossagen und es transzendieren. Der Körper sei demzufolge nur eine verderbliche Hülle aus Exkrementen und Eiter (ja, einige Quellen drücken sich da recht plastisch aus) – besonders der weibliche Körper mit all seinen widerlichen Vorgängen. Daher kommen die asketischen Übungen, die gewalttätigen Darmentleerungen, die merkwürdigen Verdauungsvorschriften, das extreme Fasten und die rigiden Ernährungseinschränkungen.

Dieses bulimische Denken verkleidet sich als Spiritualität. Viele Frauen fühlen sich von der verborgenen Selbstverachtung, die in solchen Lehren steckt, angesprochen, denn wenn sie in diesen Spiegel namens Meditation blicken, verachten sie oft, was sie da sehen. Sie hassen ihre Emotionen und ihre Gedanken ebenso sehr wie sie ihren Bauch, ihren Hintern und ihre Brüste hassen. Die innere Autorität, mit der diese reflexartige Reaktion hinterfragt werden könnte, wird in unserer Gesellschaft nicht kultiviert, darum führt ironischerweise etwas, das uns ein tieferes, gesünderes Selbstwertgefühl verschaffen sollte, nur zu mehr Entfremdung und noch mehr Verzweiflung. Die langfristigen Auswirkungen sind heimtückisch: Häufig zeigen sie sich erst, wenn eine Frau schon viele Jahre meditiert.

In Wirklichkeit tritt bei der Meditation automatisch eine Reinigung ein, wie bei jedem Ruhezustand – Sie müssen sie nicht willentlich herbeiführen. Sie müssen Ihren Körper nicht anweisen, sich der Müdigkeit zu entledigen. Gleichermaßen werden Ihre geistigen Prozesse bei der Meditation angegangen: Sie werden mit gewohnheitsmäßigen Reaktionsmustern konfrontiert; Sie zucken angesichts der Selbsterkenntnis, wie unfreundlich Sie waren, zusammen; Sie erkennen, wie dumm Ihre Vermutungen waren. All das geschieht ganz natürlich in der ruhevollen Geräumigkeit Ihrer inneren Welt. Sie müssen sich nicht erst dazu bringen, gut zu sein.

Weit nötiger als eine »Reinigung« ist eine qualitativ hochwertige Stärkung und Regeneration – ein warmes und fruchtbares inneres Klima. Eine solche frauenfreundliche meditative Atmosphäre bietet die beste Umgebung für alles, was integriert, konfrontiert oder losgelassen werden muss. Solch eine Stärkung fördert Ganzheitlichkeit, Mitgefühl für andere und eine tief greifende Verbundenheit mit dem Geheimnis des Lebens. Welches bessere »Ziel« könnte es je geben?

Gegen die Natur arbeiten

Bei den klösterlichen Techniken liegt der Schwerpunkt darauf, Leidenschaft, Emotionen und Sexualität auszulöschen. Das spiegelt nicht nur einen religiösen Idealismus wider, sondern auch einen ausgeprägten Pragmatismus. Da viele Mönche als junge Männer dem Kloster beitreten, haben sie so gut wie keine Erfahrung mit Frauen. Wenn man mit einem Haufen Männer weggeschlossen wird, lernt man alle nur möglichen Tricks, um nicht in Erregung zu geraten oder keine Sehnsüchte zu bekommen, die einen vom Weg abkommen lassen. Schlimmer noch: Wenn ein Mönch es zulässt, von einer Frau aus der Umgebung verführt zu werden, wie es gelegentlich vorkommt, dann werden sich die zornigen Dorfbewohner höchstwahrscheinlich rächen. Während wir dieses Kapitel schrieben, haben wir erfahren, dass ein Mönch in Kambodscha eine

Frau schwängerte und ihre Nachbarn dafür das Kloster nieder-
brannten!

Um die männliche Spiritualität zu verstehen, muss man unbedingt begreifen, wie männliche Sexualorgane funktionieren. Die
Hoden der Männer produzieren über 100 Millionen Spermien pro
Tag. Ein paar Millionen mehr oder weniger. Jede Sekunde reifen
tausende davon, bereit loszuschwimmen, um auf ein Ei zu stoßen.
Die gleiche Anzahl stirbt wieder ab. Man könnte also sagen, dass
Männer tausende Male pro Sekunde ihre Periode haben. Oder man
könnte sagen, dass männliche Drüsen ununterbrochen mit Ab-
sonderungen beschäftigt sind. Hoden schäumen über vor Kreativität.

Die Natur will, dass jeder Mann auf Kommando dazu bereit ist,
alle Frauen auf dem Kontinent zu besamen – oder zumindest ge-
nügend Spermien zu produzieren, um das tun zu können. Und die
Natur lässt sich nicht so leicht verleugnen. Wenn ein Mann bewun-
dernd an eine Frau denkt, produziert sein Körper Spermien und die
Körpersäfte, um diese Spermien in ihren Körper zu transportieren.
Wenn er glaubt, sie sei bei einem anderen Mann, werden noch mehr
Spermien produziert, um den Vorrat des anderen zu übertrumpfen.

Wenn ein Mann also zölibatär leben will, dann erfordert das
schon etwas Mühe. Sobald ein Mann sich von seinem instinktiven
Wesen abtrennen kann, findet er kurze Phasen der Freiheit von den
brodelnden, schöpferischen Säften. Es ist ein heldenhafter Kampf,
und die Natur ist die Gegnerin. Spiritualität ist für Männer daher
traditionellerweise ein innerer Krieg, ein *Opus contra Naturam* (eine
Arbeit gegen die Natur).

Die Mönche brauchen womöglich die Meditation als kühlen,
trockenen Raum, in dem sie ihre Abgeschiedenheit vom Leben auf-
rechterhalten können und in dem keine groben Schnitzer vorkommen. Wenn jedoch Frauen auf gesunde Weise meditieren wollen,
müssen sie die warmen, feuchten Bereiche des Körpers, der Emotionen und der Seele begrüßen. Wenn Sie Ideen und Ideale anneh-

men, die für ein klösterliches Leben entwickelt wurden, dann ist das
so, als ob Sie Medikamente gegen eine Krankheit einnehmen, an der
Sie gar nicht leiden – als ob Sie Antibiotika schlucken, obwohl Sie
keine bakterielle Infektion haben. Viele Frauen fühlen sich ausgetrocknet und deprimiert, nachdem sie jahrelang brav östliche Meditationen praktiziert haben, als ob sie von ihrer weiblichen Natur
weggeführt worden wären.

Menschen haben ein Gespür dafür, wie sie mit dem Fundamen-
talismus in ihrer eigenen Kultur umgehen müssen. Sie können sich
ihm anschließen oder auch nicht. Aber wenn Ihr Lehrer für östliche
Meditation fundamentalistische Ideen verkündet, die eines Neu-
englandpredigers aus dem 17. Jahrhundert würdig wären, lässt sich
die Botschaft manchmal nur schwer entschlüsseln. Der asketische
Ansatz entspricht einer plastischen Operation an der Seele: Die
Nerven und Verbindungen zu den Leidenschaften des sterblichen
Lebens werden beschnitten und abgetrennt.

In diesem Buch stellen wir die Meditation als eine Arbeit mit
der Natur dar, als *Opera cum Natura*. (Der lateinische Begriff »opus«
bezieht sich auf Sklavenarbeit, Arbeit, zu der man gezwungen ist;
»opera« ist dagegen eine Arbeit, die man *freiwillig* verrichtet, sie ist
künstlerischer und verfeinerter.) Wer seine Leidenschaft und Sexualität abtötet, erleidet einen herben Verlust; beim Meditieren ist es
großartig, erotisch aufgeladen zu sein. Die Lebendigkeit und Lebensfreude Ihres erotischen Lebens sorgt für interessantere Reisen
in die Innenwelt und für eine umfassendere Integration der Transzendenz.

Abseits der Landkarte

Wenn Sie sich den Wirbeln des inneren Tanzes öffnen, so erfahren
Sie dieses Wissen ganz direkt, es ist persönlich und berührbar. Während Sie Ihre Fähigkeit entwickeln, subtile Energien zu erspüren,
sollten Sie immer eng an Ihrer unmittelbaren Wahrnehmung bleiben.

Ältere Kulturen haben Energiemappen erstellt: die *Chakren*, die Hindu-Energiezentren im Körper; die Meridiane beziehungsweise Energieströme des *Chi* in der chinesischen Medizin sowie die Akupunkturtechniken; die taoistischen Prinzipien von Gleichgewicht und Fluss. Einige zeitgenössische Lehrer haben diese Systeme in einen größeren Verständnisrahmen integriert. So stellte beispielsweise Carolyn Myss einen Zusammenhang zwischen den sieben christlichen Sakramenten, den sieben Hindu-*Chakren* und den *Sephiroth* der jüdischen Kabbala her. Diese Landkarten bereichern den Geist auf wertvolle Weise. Doch ebenso wie die meisten medizinischen Experimente und die daraus folgenden Erkenntnisse auf männlichen Versuchspersonen basieren, so gründen auch die meisten dieser spirituellen Blaupausen auf einem alten, männlichen, linearen Bezugsrahmen. Sosehr all diese Konzepte auch Ihren Geist öffnen mögen, so sehr können sie auch Ihre Erfahrung vorherbestimmen und begrenzen. Achten Sie darauf, auf welche Weise Sie sich vielleicht von dem unterscheiden, was man Ihnen beigebracht hat. Lassen Sie diese Landkarten nicht zu einer Falle werden.

So besagt beispielsweise das Konzept der *Kundalini,* das wir im Yoga und anderen spirituellen Disziplinen finden, dass sich die Lebenskraft für gewöhnlich am unteren Ende der Wirbelsäule einrollt, jedoch durch verschiedene Praktiken geweckt werden kann und dann durch die *Chakren* nach oben wandert, bis sie am Scheitelpunkt des Kopfes in Erleuchtung erstrahlt. Aber Energie entfaltet sich in höchst eigenartigen Mustern und nicht notwendigerweise Schritt für Schritt nach oben. Entsprechend Ihrer Natur, dem wesentlichen »Stoff«, aus dem Sie bestehen, Ihrer Neugier und Ihren Leidenschaften in diesem Leben, können sich je nach Bedarf unterschiedliche Zentren öffnen. Es gibt keine allein gültige, vorhersehbare Formel.

Lorin spricht vom Strom der Lebensenergie gern als Magnetismus; er ist relational, und wenn ein Mensch das Abenteuer des Lebendigseins erforscht, ergießt sich die Energie immer dort, wo es nötig ist. Bei einer Gruppe von Meditierenden, die alle dieselbe Übung machen, sieht die Erfahrung jeder Einzelnen anders aus, entsprechend den Herausforderungen ihres Lebens und ihrer Liebe. So sollte es auch sein. Der Zustand der Erleuchtung kann sehr wohl einzigartig auf das Individuum zugeschnitten sein. Die Intelligenz in Ihnen ist eifrig bemüht, die Feinheiten des Geistes darzustellen. Wenn Sie nur der Landkarte zu einem vorhergesagten Ziel folgen, verpassen Sie die überraschenden Offenbarungen, die sich nur durch eine aufgeschlossene Forschungsreise einstellen – mehr noch: Wenn Sie versuchen, den Vorgang nach abstrakten Ideen zuzuschneiden, dann unterdrücken Sie damit womöglich die Ihrem eigenen System innewohnende Weisheit und schaden sich unabsichtlich selbst.

Das alte Schema basiert auf einer vertikalen Hierarchie: der Geist ist oben, die Materie unten; der Vater ist oben, die Mutter unten; Erleuchtung und Freiheit oben, Knechtschaft und Täuschung unten. Die Annahme, dass »spirituell« immer eine Bewegung nach oben meint, lässt sich nur schwer ablegen, denn sie durchdringt unser Denken nachhaltig. Diese Vorstellung ist jedoch archaisch und beschränkend; sie stammt von dem frühen, primitiven Glauben, dass die Erde flach ist und die Sonne ein Gott an unserem Himmel. Unsere Beziehung zur Erde, zur Schwerkraft und zur Sonne *ist* geheimnisvoll. Aber die Menschen können den Kosmos mittlerweile von außerhalb des Sonnensystems wahrnehmen, und entsprechend müssen sich unsere inneren Landkarten entwickeln – nicht indem wir das Alte über Bord werfen, sondern indem wir mehr einschließen. Die Schwerkraft versteht man heute beispielsweise nicht nur als eine Beziehung zwischen unseren Körpern und der Erde, sondern zwischen der Erde, der Sonne und dem Mond, zwischen der Sonne und anderen Sternen in der Galaxie und zwischen unserer Galaxie und anderen Galaxien im ganzen Universum. Die Schwerkraft ist nicht nur ein örtliches Phänomen, sondern ein sich ständig in alle Richtungen bewegendes Feld von Verbindung.

Jede neue Ebene des Verstehens hat ihren Platz, ebenso wie die Physik Newtons, die immer noch praktische Anwendung findet. Aber das Unten-Oben-Modell des Bewusstseins ist statisch, unveränderlich und mechanistisch, ohne Sinn für organische Bewegung oder Überraschungen. Aus diesem Grund ist die Erforschung intrinsischer Bewegung, wie es so elegant und organismisch bei CONTINUUM geschieht, ein neuer Meilenstein der Wahrnehmung. Dort vollzieht sich eine Revolution.

Es war ein Schock, als ich bei einem CONTINUUM-Workshop mit Emilie Conrad im Jahr 1983 zum ersten Mal körperlich das Feld der Möglichkeiten jenseits der Landkarte der höheren und niederen Polarität erlebte, jenseits der örtlichen Schwerkraft, jenseits von oben und unten. Im Fließen der subtilen Bewegung lösten sich die alten Lehren auf, und pure Freiheit tauchte auf: eine Schwerelosigkeit, als ob die Schwerkraft mich aus allen Richtungen gleichzeitig liebevoll hielt. Ich wurde in einer Umarmung des Raumes getragen, in einer erotischen 360-Grad-Umarmung durch den Kosmos. In diesem offenen Zustand erlebte ich das *Wissen*, dass das Bewusstsein alles durchdringt, dass es sich ständig entwickelt und dass es keine endgültige Vollkommenheit gibt. Ich nahm dieses Wissen unmittelbar wahr – nicht als abstrakte Theorie, sondern als direkten Eindruck: Energie und Materie sind eine einzige Substanz. In diesem Zustand der Einheit ergab das ganze Konzept von »spirituell« keinen Sinn mehr; es fiel einfach weg, *weil es kein Gegenstück mehr hatte.*

Diese Einsicht erlangte ich zweifelsohne aufgrund meiner leidenschaftlichen Neugier in Sachen Verkörperung und Geist. Und die Ironie der Sache: alle alten Techniken stammen ursprünglich aus der spontanen Erfahrung eines Einzelnen; nur wurden sie später kodifiziert. Die fließende Energie des *Tai Chi* tritt beispielsweise bei einem meditativen Körperbewusstsein völlig natürlich auf. Wenn Sie Ihrer eigenen Neugier nahe bleiben, wie immer sie aussieht, werden Sie von Ihrer Leidenschaft ganz sicher zu der direkten Erfahrung geführt, nach der es Sie verlangt.

Tamaras Garten

Tamara ist 37, allein stehend und lebt im ländlichen Südwesten der USA. »Ich bin eigenwillig und sogar ein wenig militant, eine Kriegerin. Es fällt mir schwer, mir selbst gegenüber nährend zu sein. Darum muss die Meditation für mich unbedingt ein Ort sein, an dem ich lerne, mich selbst zu stärken. Ich habe bei ziemlich vielen verschiedenen Mönchen Unterricht genommen und ich liebe und respektiere sie, aber sie wissen nichts darüber, was eine Frau braucht. Ich liebe sie, weil ich ihnen irgendwie ähnlich bin – nüchtern und diszipliniert. Bei sehr vielen Meditationstechniken geht es darum, Teile des Selbst zu kontrollieren oder zu versuchen, sich nach einem ganz bestimmten Bild auszurichten. Ich meditiere, um mich selbst kennen zu lernen, und dazu gehören alle Teile – auch die schlimmen Erfahrungen, die ich hatte, ebenso wie die wunderbaren Erfahrungen. Wann immer ich das Ideal einer Meditationsschule, bei der ich Unterricht nehme, akzeptiere, werde ich dazu gedrängt, mich von den Teilen meiner selbst zu trennen, die nicht zu dem vorgegebenen Bild passen. Warum sollte ich irgendeinen Teil von mir abtrennen? Wenn ich meditiere, dann will ich mir dabei nicht selbst die Tür vor der Nase zuknallen.«

Tamara erzählt weiter: »Eines habe ich persönlich nach meinem jahrelangen Studium der Meditation gelernt: Stell dich mitten ins Zentrum des Lebens und sage: ›Das ist das Leben, genau hier stehe ich.‹ Ich setze mir gern selbst Grenzen – ich male Kreise, lege Steinkreise in meinem Garten aus oder stelle ein Zelt auf – ich besitze ein kugelförmiges Zelt. Ich lebe innerhalb meiner Grenzen und fühle mich sicher. Es gibt Momente, in denen ich dieses Gefühl der Sicherheit und Eindämmung mehr als alles andere brauche. Wenn ich das bekomme, dann spüre ich meinen Körper intensiver und ich spüre auch mein Becken. Ich beobachte und fühle und höre ein Interferenzmuster, wenn alle Teile von mir vibrieren. Es ist, als ob man die Wellen auf einer Wasseroberfläche beobachtet – die Interaktion aller Aspekte meines Lebens. Ich sehe zu und spüre den zarten Austausch der Wellen, die nach außen und nach innen laufen und mit anderen Wellen tanzen. Meine Lieblingsmeditation besteht darin, in den Garten zu gehen, meine Füße nebeneinander zu stellen, Knöchel an Knöchel, die Hände zum Bauch zu bewegen und wieder wegzustrecken. Wenn ich einatme, bewege ich sie zum Bauch hin, wenn ich ausatme, strecke ich sie von mir. Anschließend mache ich meine eigenen Bewegungen — sie fallen mir ganz spontan ein. Ich richte meine Aufmerksamkeit auf meine Handflächen, und mein Geist löst sich einfach auf, wird Teil meines Fleisches und verwandelt sich in diese weiche, feuchte Substanz. Alles wird eins. Wenn ich in diesem Zustand bin, ähneln meine Gedanken den Wolken, die am Himmel vorüberziehen. Ich identifiziere mich nicht mehr so stark mit meinen Gedanken.«

Auf frühen Seekarten standen am Rand zwischen den bekannten Gebieten und dem Unerforschten die Worte: »Hier leben Drachen.« Sie sollten die Abenteurer vor unbekannten Gefahren warnen. Natürlich symbolisierten Drachen die westliche Vorstellung all dessen, was als Furcht einflößend und böse galt, und sie wurden für gewöhnlich mit dem Weiblichen gleichgesetzt — Natur, Körper, Verlangen, Emotionen! Wagen Sie sich über die Grenze hinaus. Betreten Sie das Unbekannte. Seien Sie das Land — nicht die alte Landkarte.

Spirituelle Lehrer — Was läuft da wirklich?

Moglicherweise ist Ihnen schon aufgefallen, dass Männer in aller Regel eine Art von Berechtigung besitzen, die Frauen fremd ist — das subtile, nicht hinterfragte Recht zu existieren, das Gefühl, im Universum einen Platz zu haben. Tief im Innern streben Frauen auch danach, sich dieses Anspruchsdenken anzueignen. Letztlich ist es eine existenzielle Gralssuche, und niemand kann uns diese Reise abnehmen. Es läuft auf Folgendes hinaus: das Gefühl der Berechtigung kommt aus unserem Innern, wenn wir aus unserem Kern heraus leben.

Spirituelle Lehrer erhalten eine Berechtigung aus dem Jenseits, von ihrem Kumpel »da oben«. Selbst weibliche Gurus bekommen einen esoterischen Blankoscheck unter der Schirmherrschaft der patriarchalen Doktrin. Für Schülerinnen kann das wirklich heikel werden.

Sie brauchen keinen Mittelsmann – und auch keine Mittelsfrau –, um Kontakt zu den tieferen Wirklichkeiten herzustellen oder um bei Gott für Sie ein gutes Wort einzulegen. Daran sollten Sie immer denken, wenn Sie einen Lehrer oder Guru haben wollen. Ein Lehrer bietet einen wertvollen Konzentrationspunkt und ein magnetisches Zentrum, um das herum sich Menschen sammeln und somit ein Kollektiv oder eine Gemeinschaft bilden. Wir sehnen uns nach Gemeinschaft, eine Erfahrung, die im Klima unserer mobilen Gesellschaft allzu selten geworden ist. Eine spirituelle Gemeinschaft kann uns ein Zugehörigkeitsgefühl vermitteln, das Gefühl, umsorgt zu werden. Sie kann uns die Angst nehmen, unseren eigenen Weg zu suchen, und die Sorge, »es nicht richtig zu machen«. Also verstecken wir uns hinter der Autorität eines anderen und hinter kollektiven spirituellen Werten. Diese Unterstützung kann sehr tröstend sein.

Wie ein befreundeter Psychotherapeut einmal anmerkte, stecken Frauen heutzutage in einem interessanten Dilemma. Wir wollen die Kraft, die Dinge selbst zu regeln, aber wir brauchen auch das Gefühl, um Hilfe bitten zu dürfen. Der Druck ist zu hoch, alles selbst tun zu müssen, die Verantwortung zu viel, die uns da aufgeladen wurde. Diese Last kann uns erdrücken und auslaugen. Ein Lehrer nimmt uns das Gefühl, diese Last allein tragen zu müssen, indem er uns das Gefühl vermittelt, es sei noch jemand »da«. Wenn ein Lehrer eine alte Tradition weitergibt, scheint er »liebevoller, sehr alt und weiser als ich«, wie derselbe Freund einmal einräumte. Ein Lehrer kann Ihnen sagen, wo Sie auf der Landkarte der bekannten Erfahrungen stehen und was Sie als Nächstes tun sollten. Der Lehrer scheint die innere Tür für uns aufzuhalten, weil er sie bereits durchschritten hat; er ist schon auf der anderen Seite.

Lehrer können Energie und Weisheit vermitteln, von Körper zu Körper. Aber bleiben Sie wachsam, und geben Sie Ihre Individualität nicht für spirituelle Konformität auf. Lassen Sie Ihr inneres Wissen nicht im Stich, nur weil Sie die Berechtigung durch eine äußere Quelle suchen.

Und hüten Sie sich vor Dogmen. Es herrscht allgemein die Ansicht, dass alles Wissen bereits entdeckt wurde, dass die besten Landkarten bereits erstellt wurden und dass jede individuelle Variation pathologisch ist. Die meisten Traditionen gründen auf dem Furcht einflößenden Befehl, dass Sie einen Lehrer haben und seinem Weg folgen müssen, sonst geraten Sie in tödliche Gefahr. Es ist bemerkenswert, wie oft diese Warnung ausgesprochen wird, und jedes Mal propagiert sie die Angst, dass Sie psychotisch werden könnten oder sich für immer in Selbsttäuschung verlieren. Das mag bei den rigiden Lehren der Fall sein, bei denen die Techniken vorgegeben, manipulativ und konzeptionell sind – weit weg von der tiefen Intelligenz des Körpers. Die Mönche wissen allerdings nicht und wollen auch nicht glauben, dass dieser Prozess organisch ist und nie weiter reicht, als Ihre Psyche es handhaben kann, solange Sie körperbezogen bleiben und lernen, Ihren inneren Hinweisen zu folgen. Da die Mönche diese grundlegenden Fertigkeiten nie gepflegt haben, können sie ihnen auch nicht vertrauen. Anstatt diese Quelle anzuzapfen, verurteilen sie den natürlichen (und weiblicheren) Ansatz als unterentwickelt, fehlgeleitet und eitel. Nehmen Sie sich vor diesem Missverständnis in Acht.

Jedes spirituelle Kollektiv hat einen blinden Fleck, einen Schatten, eine dunkle Seite, die niemand anzusprechen wagt. Solch ein Kollektiv kann ebenso dysfunktional sein wie eine Familie. Es gibt viele Arten von Lehrern, und sie alle haben ihre eigenen wunden Punkte. Häufig wissen sie nicht, wer ihr Publikum ist und inwieweit die Bedürfnisse und Stärken der einzelnen Mitglieder sich von ihren eigenen unterscheiden. Viele Lehrer gehen davon aus, dass das, was sie gelernt haben, für alle Gültigkeit besitzt. Manche verkörpern, was sie lehren; andere leben das genaue Gegenteil dessen, was sie unterrichten.

Meditationslehrer laufen immer Gefahr, sich selbst zu verlieren, weil die Versuchung, die Rolle des Erleuchteten zu spielen, so stark ist. Manche werden süchtig nach dem Bild spiritueller Vollkommenheit. Alle Lehrer – sowohl Männer wie auch Frauen – erleben ständig Momente der Erleuchtung, werden dann von ihrer eigenen Menschlichkeit ins Gesicht geschlagen und erholen sich wieder. Dieser Kreislauf vollzieht sich in Sekunden, Tagen oder Jahren. Vollkommenheitsideale führen zu Disintegration; sie verursachen einen inneren Bürgerkrieg, einen Kampf zwischen den einzelnen Teilen des Selbst. Lösen Sie diese Ideale auf, und spüren Sie die darunter liegende Sehnsucht.

Charisma braucht immer zwei. Es ist eine Beziehung, ein Zusammenspiel zwischen dem Lehrer und dem aufmerksamen und hingebungsvollen Publikum. Lehrer haben keine Macht; das scheint nur so. Das Publikum hat Macht. Zuhören ist machtvoll. Die Aufmerksamkeit der Frauen ist machtvoll. Frauen verleihen dem Lehrer Macht, weil die Frauen mit ihrem unsichtbaren Geben machtvoll sind. Hingabe ist eine stille Macht, eine tiefe Großzügigkeit. Da jedoch der Lehrer glänzt, vergessen alle, dass es die Frauen sind, die Macht haben.

Fast immer gibt es ein heimliches Techtelmechtel in spirituellen Gemeinschaften, von dem niemand wissen soll, das aber alle erahnen. Ein saftiger Skandal wird mit einer »spirituellen« Entschuldigung gerechtfertigt: Der Guru übermittelt einem weiblichen Mitglied der Gemeinschaft eine spezielle »Transmission« (ja klar), oder sie ist die Inspiration für irgendein höchst esoterisches Channeling. Wie muss es für diese Swamis, Lamas und Roshis sein, die einen Großteil ihres Lebens in beschützten männlichen Gruppen lebten, wenn sie mit unserer liberalen westlichen Kultur in Kontakt kommen und spirituell ausgehungerten, sexuell emanzipierten Frauen begegnen? Was für eine elektrifizierende Atmosphäre! Können Sie sich den Kulturschock vorstellen, die Versuchung, die Herausforderung?

Eine Frau, deren Offenheit und eifrige Frömmigkeit sie zu vielen spirituellen Lehren führte, besuchte vor kurzem ein tibetisch-buddhistisches Retreat unter der Leitung eines bekannten und allseits beliebten Lama. Sie berichtete: »Warum haben die Menschen in diesen Gemeinschaften keine stabilen Beziehungen? Sie suchen ihre Erfüllung immer außerhalb ihrer selbst. Warum haben sie ihren Ex-Männern und Ex-Frauen nicht vergeben? Was ist das nur für ein Gehabe? Der Lama ist verheiratet, sagt aber, dass die Leidenschaft in einer Ehe nicht andauern kann. Er hat sich mit einer jungen Amerikanerin eingelassen, aber niemand spricht über den Skandal, der doch allen im Kopf herumgeht. Das macht mich verrückt.«

In einer Umgebung mit so viel Meditation und Entspannung möchte die Energie im Körper natürlich fließen. Die Atmosphäre ist erotisch, und die Menschen werden erregt. Die sublimierte sexuelle Aufladung kann in solchen Gemeinschaften sehr groß sein, und sie sind ein großartiger Umschlagplatz, um Gleichgesinnte zu treffen und sexuelle Kontakte aufzunehmen, obwohl es doppelt so viele Frauen wie Männer gibt. Hüten Sie sich vor dieser bizarren Dynamik.

Was bleibt zu guter Letzt? Nehmen Sie alles an, was Ihnen dienlich ist, und lassen Sie den Rest einfach weg. Frei nach Krishnamurti: Seien Sie Ihre eigene Lehrerin; seien Sie Ihre eigene Schülerin.

Was ist das Ego?

Ego stammt aus dem Lateinischen und bedeutet »ich« oder »selbst«. Es bezieht sich auf das Bewusstsein der persönlichen Identität. Das Ego ist »das Gefühl des Ich, besonders im Gegensatz zum Rest der Welt und zu anderen Ichs« (American Heritage Dictionary). Das

Ego ist der Aspekt Ihrer Psyche, der in Berührung mit Ihren inneren und äußeren Wirklichkeiten steht und Ihre Gedanken und Ihr Verhalten so lenkt, dass es Ihre Bedürfnisse erfüllt.

Mit Ego ist auch ein Gefühl von angemessenem Stolz auf sich selbst beziehungsweise die Selbstachtung gemeint. Das Ego ist die Beziehung zwischen Ihnen und der Welt: Sie kennen Ihre Position, wissen, wie Ihre Fähigkeiten aussehen, welchen Beitrag Sie leisten können und was Sie wert sind. Das Ego ist eigentlich kein Wesen – es ist der Name für den Prozess der aktiven Verbindung Ihrer inneren Geschenke mit den äußeren Schauplätzen, an denen Sie diese Geschenke zum Einsatz bringen.

Wie in allen Beziehungen kann es da ein Ungleichgewicht geben. Viele Frauen sind im Übermaß demütig und verkaufen sich ständig unter Wert. Manchmal bezeichnet man das als geringes Selbstwertgefühl. »Egotismus« (Selbstgefälligkeit) ist ein Selbstwertgefühl, das in der anderen Richtung aus dem Ruder schlägt, ein überhöhtes Gefühl für die eigene Bedeutung.

Der Egotismus der einen ist der natürliche und gesunde Stolz der anderen, und nur auf lange Sicht lässt sich der Unterschied sicher erkennen. Wenn eine intelligente junge Frau die Kleinstadt, in der sie aufwuchs, verlassen will, um in der Großstadt zu studieren, lästern einige der Bürger und ihrer Freunde, die in der Stadt bleiben: »Ach, unser eigenes College ist dir wohl nicht gut genug, was? Du hältst dich für was Besseres, stimmt's? Tja, du wirst von der Uni fliegen und hierher zurückkommen – pleite und gebrochen –, und dann wirst du uns anflehen, dich wieder aufzunehmen. Auf den Tag freuen wir uns schon!« Wenn sie sie jedoch »Egotistin« schimpfen, leiden sie womöglich nur unter Neidgefühlen.

Die Ironie an der Sache ist, dass die meisten Menschen, die scheinbar ein allzu großes Ego haben, in Wirklichkeit ziemlich unsicher sind und ein viel zu kleines Ego besitzen. Sie haben noch keinen tiefen persönlichen Wesenskern entwickelt und nur wenig realistische Selbstachtung. Sie wollen hinaus in die Welt, aber weil sie so schüchtern sind oder sich unzulänglich fühlen, pumpen sie sich auf und legen sich eine großspurige Schutzschicht zu.

Unter bestimmten Umständen hat die abfällige Behandlung des Ego ihren angemessenen Platz. Bei manchen Gruppen gehört es einfach dazu, dass Ihr Ego »verkleinert«, »gebrochen« oder »abgetötet« wird, wenn Sie sich ihnen anschließen wollen. Wenn man dem Militär oder einem Kloster beitritt, dann ist es diesen Organisationen egal, wer man draußen war – dieser Mensch ist so gut wie tot. Sie sind jetzt Rohmaterial, also runter auf die Knie und den Boden geschrubbt. Gehorchen Sie umgehend. Vergessen Sie all Ihre persönlichen Wünsche. Beim Militär geloben Sie, die Gesetze des Landes zu hüten und den vorgesetzten Offizieren blind zu gehorchen. In einem Nonnenkloster legen Sie die Gelübde der Armut, Keuschheit und des Gehorsams ab. Ein fähiger Ausbilder oder spiritueller Vorgesetzter führt Sie durch den Prozess, bei dem Ihr altes Selbst stirbt und in einem neuen Status wiedergeboren wird, als Mitglied des Militärs oder des Klosters. Wenn der Prozess wie geplant verläuft, sind Sie froh, nun jemand anderes zu sein – Sie haben nicht länger Ihr altes Bild von sich selbst vor Augen, sondern sind als Teil der Gruppe ein neuer Mensch in einer neuen Welt voller Möglichkeiten.

Eine das Ego verunglimpfende Sprache wird auch bei Zwölf-Schritte-Programmen wie bei den Anonymen Alkoholikern oder den Anonymen Narkotikern verwendet. Sollten Sie eine Sklavin von Alkohol, Drogen, Essstörungen oder über einem Dutzend anderer Süchte sein, so kann es Ihr Leben retten, wenn Sie diesen Prozess der Ego-Zerstörung durchlaufen. Wenn Sie durch Ihr Selbst sich oder andere gefährden oder das Geld Ihrer Familie statt für Essen und Kleidung lieber für Drogen ausgeben, dann muss dieses Selbst sterben. Die Schritte der Genesung führen zu erstaunlichem Segen. Ein Pate bei einem solchen Zwölf-Schritte-Programm kann Sie durch den Prozess führen, bei dem Sie Ihre alte, kranke Beziehung zur Welt loslassen.

Darum dient es im Ausbildungslager des Militärs, in klösterlichen Einrichtungen sowie bei der Drogen- oder Alkoholrehabilitation und in Zwölf-Schritte-Programmen einem heiligen Zweck, das Ego zu zerstören. Die Amputation ist notwendig, sie ist ein Übergangsritus in ein neues Leben. In den kompetenten Händen eines Ausbilders oder eines Paten der Anonymen Alkoholiker kann die Zerstörung des Ego zu einem heilsamen Unterfangen werden. Sie trennen sich von Ihrem früheren Leben, sagen sich von ihm los und ordnen sich einer neuen Autorität unter, was Sie völlig offen macht für eine neue Programmierung und für die Bindung an Ihre neue Gruppe. Sollten Sie jedoch nicht in einem Zwölf-Schritte-Programm unter Aufsicht eines weisen Paten stehen, schlagen wir vor, dass Sie den Begriff »Ego« nie in abschätziger Weise verwenden. Das führt in die Irre und behindert die Entwicklung eines gesunden Selbstwertgefühls. Wenn Sie arrogant meinen, dann sagen Sie arrogant. Wenn Sie unsicher meinen und versuchen, das zu verbergen, sagen Sie es so.

Beim Zwölf-Schritte-Progamm steht das Ego für »die Angst, die Sie isoliert und davon abhält, sich einer Höheren Macht zu unterwerfen«. Weil die Zwölf-Schritte-Programme so tief gehend sind und so ein wunderbarer Segen für Millionen von Menschen in aller Welt waren, hat sich ihre Definition von »Ego« auch im allgemeinen Sprachgebrauch niedergeschlagen. Doch beim allgemeinen Sprachgebrauch geht es im Grunde nur um Marketing. Marketingspezialisten wissen, dass eine Sprache, die das Ego abschätzig behandelt, ein gutes Verkaufsmittel ist. Sie haben die Terminologie der Anonymen Alkoholiker übernommen, um damit Geld zu scheffeln. Sobald sie das Selbstwertgefühl eines Menschen untergraben können, haben sie den Fuß in der Tür, um dieser Person ihr Produkt zu verkaufen.

Daher auch das häufig wiederholte Spektakel eines Selbsthilfegurus, der in einem fabrikneuen Mercedes vorfährt, um vor hunderten oder tausenden von Menschen einen Vortrag über Meditation zu halten. Der Selbsthilfeguru hat eindeutig ein starkes Selbstwertgefühl – er verdient 30 000 Dollar für ein paar Stunden Arbeit. Wenn er sagt: »Ihr Ego steht zwischen Ihnen und Gott!«, dann deutet er damit auch an, wie unwahrscheinlich es ist, dass Sie sich mit einem solchen Ego für seinen nächsten, extrem kostspieligen Workshop anmelden werden. Viele Autoren von Selbsthilfebüchern sind ehemalige Suchtkranke, und ziemlich viele von ihnen sind Multimillionäre geworden, indem sie Konzepte und Hilfsmittel propagierten, die aus den Zwölf-Schritte-Programmen stammen und die sie aus dem Kontext gerissen zitieren.

Die Techniken der Ego-Zerstörung haben auch eine dunkle Seite: Sie werden bei Sekten und bei allen Arten von Gehirnwäsche eingesetzt – beispielsweise in kommunistischen Umerziehungslagern und bei religiösen Gruppierungen, die sich um einen charismatischen Führer scharen. Wenn jemand erklärt, dass Ihr Ego zu groß ist, dann seien Sie auf der Hut. Allzu häufig will Ihnen dieser Mensch entweder etwas verkaufen oder Sie verwirren und schwächen, damit er Sie manipulieren kann.

Unserer Erfahrung nach haben nur sehr wenige Frauen ein Problem mit einem überhöhten Selbstwertgefühl. Das Gegenteil trifft zu: aufgrund ihrer gemeinschaftsorientierten, gleichberechtigten Instinkte neigen Frauen zu der Ansicht, ihr Ego sei zu groß, auch wenn das gar nicht der Fall ist. Daher sind sie anfällig für eine egoabwertende Sprache und reagieren darauf, indem sie in die falsche Richtung laufen. Wenn eine Frau ihr Ego erfolgreich schwächt, werden andere sie besser zähmen können, sie ist leichtgläubiger und zuvorkommender, aber sie ist keineswegs spiritueller. Im Gegenteil, es wird ihr schwerer fallen, ihre eigenen spirituellen Einsichten zu integrieren.

John Bradshaw schreibt ebenfalls über die Zwölf-Schritte-Programme, und er verwendet den Begriff »Ego« auf eine Weise, die wir nur empfehlen können. In *Das Kind in uns – wie finde ich zu mir selbst* schreibt er, dass unser Ego integriert und funktional sein müsse, wenn wir überleben und mit den Anforderungen des alltäglichen Lebens umgehen wollten; ein gut integriertes Ego verleihe uns Zuversicht und Kontrolle. Unser Ego werde zur Quelle der Kraft, sobald wir es integrieren, und es würde uns erlauben, unser staunendes Kind zu erforschen: unser eigentliches Selbst. So paradox es auch scheinen möge, das Ego müsse stark genug sein, um seine begrenzte Verteidigung und Kontrolle loszulassen; man brauche ein starkes Ego, um das Ego zu transzendieren.

Ihr Ego ist das Mittel des Bewusstseins, das Gefährt der Kommunikation zwischen Ihren inneren und äußeren Welten. Ihr Ego ist die Aufmerksamkeit, die alle Fäden des Netzes hält, das Sie ausmacht. Es ist das Zentrum Ihres Mandalas, der bewusste Mittler zwischen den verschiedenen Teilen und Ebenen Ihres Wesens. Ein gesundes Ego besitzt die Unverwüstlichkeit, um mit ihnen allen umzugehen und zu fließen. Ihr Ego gibt Ihnen die Kraft, um Entscheidungen aus Ihren tiefsten Werten heraus zu fällen und sie mit Integrität umzusetzen.

Arbeiten Sie daran, Ihr Ego zu stärken und es flexibler und zweckdienlicher zu machen. Aber was immer Sie tun, töten Sie es nicht.

Intimität und Macht

Wenn Sie Ihre innere Autorität in Anspruch nehmen, zirkulieren Sie mit der Fülle des Lebens. Die Lebenskraft strömt in Ihnen in einem nahtlosen Kreislauf – ganz hinein, ganz hindurch und wieder hinaus. Sie erhalten in Fülle, und Sie lassen in Fülle los, immer und immer wieder.

Der freie Fluss der Energie innerhalb des Körpers ist ein intimer Tanz mit dem Universum. Wenn Sie meditieren, erfahren Sie die Macht des Lebens, die durch Sie hindurchfließt: die Macht Ihrer Emotionen, die Macht der Sexualität – und Sie geben sich hin. Sie werden auf privateste Weise von den Strömen der Liebe berührt, und das auf jeder Ebene des Lebens. Das kann – und sollte – unbeantwortete Fragen der Intimität und der Macht aufwerfen. Wenn Sie diese Fragen ignorieren, zementiert sich Ihre Gewohnheit, alles zurückzuhalten, und die Energie fließt nicht offen und frei. Aus diesem Grund muss zur Meditation auch ein Bewusstsein für diese persönlichen Fragen gehören, man darf sie nicht unterdrücken oder sich von ihnen distanzieren. Wenn Sie auf gesunde Weise meditieren, entwickeln Sie Ihre Fähigkeit, mit der Intimität und Macht zu fließen und den Tanz auf jeder Ebene deutlicher wahrzunehmen.

Als Frauen sind wir es gewohnt, für die Menschen, an denen uns etwas liegt, Raum zu schaffen und diesen Raum auch zu bewahren – eine Großzügigkeit, die auf dem Wert basiert, den wir Beziehungen im Allgemeinen beimessen. Wir neigen jedoch dazu, unseren eigenen, persönlichen Raum zu verkleinern, um anderen entgegenzukommen, oder entschuldigen uns ausgiebig, wenn wir das nicht tun. Es kommt durchaus vor, dass Frauen ihre Macht weggeben und dann vergessen, dass sie das getan haben. Dieses Selbstvergessen ist schmerzlich, weil der Fluss der Energie blockiert wird.

Die Meditation fördert die Selbsterinnerung. Sie können wieder die ganze Zirkulation der Energie ausüben und Ihre Macht zurückgewinnen. Wenn Sie Ihre Aufmerksamkeit der Fülle Ihrer Energie widmen, nehmen Sie den Raum anders ein und lernen, die Integrität Ihrer eigenen Präsenz wahrzunehmen. Diese Energiewahrnehmung ist ein direkter Weg, wahre Macht zu kultivieren: ein Wissen, das auf dem Körper basiert und nichts mit Herrschen oder Kontrollieren zu tun hat.

Bei männlichen Meditationstechniken geht es um Kontrolle – über die Natur, über den Körper, über Zärtlichkeit und Schmerz. Diese Techniken sind einfach nur eine weitere Möglichkeit, sich von machtvollen Empfindungen und Emotionen abzutrennen – weniger intim zu werden. Weil Männer so geschickt darin sind, sich von ihren Emotionen zu lösen, tobt der klassische Kampf zwischen den Geschlechtern. Wie oft fordern wir mehr Intimität von unserem

Ehemann? Wir kennen den Wert der Intimität, warum also sollten wir auf eine Weise meditieren, die sie schmälert? Dissoziation ist die angelernte Fähigkeit, nichts zu fühlen, sich nicht von Sehnsucht oder Schmerz ablenken zu lassen. Dieses Ausblenden kann von Wert sein, wenn Sie sich im Krieg oder in einem Konzentrationslager befinden oder wenn Sie gefoltert werden. Aber wenn Ihnen Ihr Leben wie eine Folter vorkommt, sollten Sie es dann nicht besser ändern?

Natürlich ist es eine echte Herausforderung, die Intensität des Lebens auszuhalten. Sie können mit Hilfe der Meditation mehr oder weniger Bewusstheit erlangen, die Wahl liegt bei Ihnen. Mit der Freude an der Bewusstheit geht auch das Bewusstsein für Schmerz einher. Sie können Techniken auswählen, die Sie vom Schmerz distanzieren, oder Sie können sich entscheiden, sich dem Schmerz zu stellen und ihn zu transzendieren. Frauen neigen intuitiv dazu, mehr als nur ihren Teil an Gefühlen auf sich zu nehmen, proportional zu dem Maß der Dissoziation der Menschen ihres Umfelds. Frauen sind wie Blitzableiter, die emotionale Energie in den Boden kanalisieren. Hierin liegt die Aufgabe: Lernen Sie jetzt die hohe Kunst der *Assoziation* – die Fähigkeit, das zu fühlen, was Sie fühlen müssen, und alles loszulassen, was nicht zu Ihnen gehört.

Allzu häufig ziehen sich Frauen im gesellschaftlichen Umgang mit Männern, mit männlichen Autoritätspersonen oder in der Dynamik einer Beziehung schweigend zurück. Sie fühlen sich unsichtbar, denken aber insgeheim: *Ach, er spreizt doch nur seine Pfauenfedern, wie es Männer eben tun. Lass ihn doch. Er braucht diese Bestätigung, eigentlich ist er ja unsicher. Herrje, wer will schon um Aufmerksamkeit buhlen? Das ist viel zu mühsam, und im Grunde ist es mir gar nicht wichtig, ihm dagegen schon.* Manchen Frauen gefällt auch die Dominanz von Männern; sie fühlen sich dadurch femininer und sicherer. Wenn Ihnen dieses Szenario bekannt vorkommt, prüfen Sie, wie Sie damit umgehen, und spüren Sie dem Fluss der Energie in Ihrem Körper nach. Vielleicht ziehen Sie sich voller Anmut zurück und haben Ihren Seelenfrieden; Unterwerfung kann auch erholsam sein. Aber wenn Sie routine-

mäßig Ihre Macht einbüßen und sich selbst unterwerfen, dann ver-
kümmern Sie womöglich innerlich, oder es gärt in Ihnen. Sie können aber auch trotzig sein, aufrüsten und drängend fordern, den
Ihnen zustehenden Raum einzunehmen. Selbstsicherheit ist erfrischend, aber wenn Sie schrill und voller Groll sind, dann haben Sie
womöglich vergessen, wie man etwas bekommt.

Jeder hat persönliche Probleme, die die volle Zirkulation der
Energie beeinträchtigen. Das Leben ist eine unablässige Gelegenheit
für mehr Verbindung, Klarheit und Liebe, gleichgültig, auf welcher
Stufe der Entwicklung Sie sich befinden. Es gibt keinen vollkommenen, fertigen Zustand. Intimität hängt von Ihrer Bereitschaft ab,
Ihre emotionale Wirklichkeit zu fühlen und sich ihr auszusetzen.
Macht gehört jenen, die das, was sie für sich selbst als wahr erkannt
haben, annehmen und leben. Beides verlangt Verletzlichkeit, Ehrlichkeit und Mut. Die Angst vor Intimität und die Angst vor Macht
können Sie einengen und Ihren energetischen Fluss hemmen. Wenn
Sie sich verzweifelt an die Intimität klammern oder an der Macht
festhalten, führt das zu ähnlichen Resultaten. Diese Dynamik der
Energie zeigt sich nicht nur in Beziehungen, sondern auch in der
Privatsphäre Ihrer Innenwelt. Je mehr Sie meditieren, desto mehr
spüren Sie diesen kosmischen Tango – und desto mehr wollen Sie
loslassen und mittanzen.

Was ist denn nun weibliche Macht?

Unsere Spezies weiß wahrscheinlich einfach noch nicht, wie man
Macht richtig einsetzt. Viele Männer leiden ebenso sehr wie Frauen
unter der Tyrannei der herkömmlichen Hierarchie. Mit all den persönlichen, gesellschaftlichen und globalen Veränderungen, die sich
heutzutage vollziehen, verändern sich allmählich auch die Vorbilder
männlicher Macht. Gleichzeitig wird die Rolle der Frau angesichts
des gesellschaftlichen Fortschritts und der Globalisierung immer

Immer noch voll Kraft

June ist eine Kraft sprühende 84-Jährige. Sie webt, ist erst vor kurzem als Psychoanalytikerin in den Ruhestand getreten und lebt als Urgroßmutter in den Bergen New Mexicos. Mit ihrem Reichtum an Lebenserfahrung ist June ein Paradebeispiel für weibliche Kraft und Klugheit – eine Frau, die sich nicht unterkriegen lässt und ausspricht, was ihr im Kopf herumgeht und am Herzen liegt.
June erschafft sich ständig neu – Zeugnis für die regenerative Kraft des Weiblichen. Sie ist eine furchtlose Intellektuelle und hingebungsvolle Forscherin der Innenwelt. Erst mit über Sechzig, nach Jahrzehnten als Therapeutin, wurde sie Jungianerin. In den letzten Jahren erlangte sie Anerkennung durch ihre komplizierten und bunten Wandteppiche, die ihren Worten nach intuitiv aus einem meditativen Zustand heraus entstehen. Ein Kritiker meinte sogar, ihre Teppiche spiegelten die geometrischen Muster so genannter Fraktale wider.
»In meinem hohen Alter erlebe ich mit die glücklichste Zeit meines Lebens. Ich fühle mich wie eine Missionarin, die voller Leidenschaft die frohe Botschaft verkündet, weil ich allen erzählen will, dass das Alter fröhlich sein kann, frivol, voller Genüsse ... So vieles von dem, was man uns gesagt hat, ist einfach nicht wahr.«
Als ich June vor kurzem besuchte, fragte ich sie, was der Grund für ihr offensichtliches Wohlgefühl sei. Sie erzählte mir von ihrer Meditation, die sie immer mache, bevor sie nachts einschlafe. »Ich stelle mir vor, dass ich zuerst durch die Zahl Eins schreite, dann durch die Null, die zu dem Eingang eines herrlichen runden Teichs wird. An drei Stellen des Kreises bewachen mich meine Totemtiere: die Schlange, der Bär und der Tiger. Ich gleite in den Teich und spüre, wie sich mein ganzer Körper zutiefst entspannt. Langsam sage ich die Worte: ›Auflösend. Verschmelzend. Durchdringend. Reinigend. Nährend. Heilend. Ruhend. Erneuernd.‹ Ich kann spüren, wie die Energie durch jeden Schaltkreis und jede Zelle läuft. Wenn Menschen bedürftig oder krank sind, nehme ich sie mit in den Teich. Es ist eine Form des Gebets oder der Fernheilung, und sie wissen nicht, dass ich das mache.«

Zum Thema Ermächtigung sagte June: »Fragen Sie nicht lange, tun Sie es einfach! Bitten Sie Autoritätspersonen nicht um Erlaubnis, ziehen Sie los – niemand stellt sich Erfolgreichen in den Weg. Definieren Sie Ihren Erfolg selbst, in Ihrem Innern.«

reicher an Möglichkeiten, und auch unser Verständnis der weiblichen Macht entwickelt sich.

Bislang basierte Macht in dieser Welt darauf, wie sie sich umsetzen ließ. In der Praxis läuft Macht für gewöhnlich auf Macht-Jonglieren hinaus – auf die Fähigkeit, anzunehmen oder abzulehnen oder zu kontrollieren. Männer und Frauen, die als »mächtig« bezeichnet werden, gehen sparsam mit Anerkennung um und großzügig mit Geringschätzung, damit die Menschen ihres Umfelds auf ihr bloßes »Fingerschnippen« reagieren. Eine drohende Zurückweisung hält Menschen unterwürfig. Diese Dynamik zieht sich auch durch die spirituellen Praktiken, häufig als Überbleibsel einer Disziplinierung der frühen Jugend oder eines rigiden religiösen Trainings – die Furcht vor dem Herrn, die Furcht vor der Verdammung, die Furcht vor der Verbannung und der Schande.

Wenn wir uns überlegen, wie sich das Gewebe des Alltagslebens für europäische und amerikanische Frauen seit den Vierziger- und Fünfzigerjahren des vorigen Jahrhunderts verändert hat, können wir erkennen, wie viele Korrekturen an der Sprache der Macht notwendig waren. Manch eine religiöse Terminologie wurde auf den neuesten Stand gebracht und das Gütig-Weibliche hinzugefügt (»Muttergöttin/Vatergott«). Das hilft ein wenig. Aber die meisten erzieherischen Modelle beschränken Frauen immer noch auf die Rolle des Kindes, entweder die gute oder die rebellische Tochter. Obwohl wir alle in Berührung mit unserem kindlichen Ich bleiben sollten, müssen wir auch als Erwachsene geerdet sein – und zwar nicht nur durch die Identifikation mit dem Archetyp der liebevollen Mutter.

Ein weiteres bekanntes Modell ist die Inanspruchnahme der Macht, indem Frauen das »innere Maskuline« entwickeln. Und wieder werden Frauen in einen männlichen Bezugsrahmen gesetzt und müssen den alten Regeln des Spiels folgen. Diese Vorgabe ist unnötig und führt letztendlich in die Irre. Trotz des Wertes, den manche dieser Modelle haben, besteht das Problem darin, dass ihre Suche an der knarzenden Tür dessen, was unser derzeitiges Wissen ausmacht, aufhört. Warum nicht über die Schwelle schreiten und in die Freiheit — und die Verantwortung — auf der anderen Seite treten?

Die Angst vor dem Weiblichen ist seit Beginn der patriarchalen Ära eine gesellschaftliche Kraft. Die rohe und chthonische Macht des weiblichen Körpers und der weiblichen Emotionen, insbesondere der blutige und heftige Prozess der Geburt, ruft seit Jahrtausenden Ehrfurcht und Schrecken in Männern hervor. Die Menschen scheinen das, was sie fürchten, entweder zu verehren, oder sie versuchen, es zu zerstören. Vor langer Zeit wurden die Mysterien des Weiblichen verehrt. In der westlichen Kultur unterdrückte man diese Mysterien jedoch irgendwann und zwang den uralten Glauben in den Untergrund. Die Zivilisation wurde beinahe zum Synonym für Kontrolle. So ist die Inquisition der Inbegriff solcher Dominanz und Intoleranz. Die Geschichtsforschung schätzt, dass in den vielen hundert Jahren der europäischen Hexenjagd zwischen einer und neun Millionen »Häretiker« ermordet wurden. Die Schätzungen variieren stark, und genaue Zahlen gibt es nicht. Aus den Dokumenten der Stadtarchive ist jedoch eine Zahl sicher: Von den offiziell angeklagten, gefolterten und wegen »Hexerei« auf dem Scheiterhaufen verbrannten Menschen waren 80 Prozent Frauen.

Ein fruchtbareres Bild des Weiblichen finden wir, wenn wir auf die Vorläufer der patriarchalen Gesellschaften in Indien, Tibet, China, Japan, Griechenland und dem Nahen Osten schauen, auf die frühen Kulturen. Bildliche Darstellungen aus frühesten hinduistischen und tibetanischen Zeiten sind ohne Zweifel die am höchsten entwickelten überhaupt. Man verehrte verschlungene und vielfältige

Abbildungen weiblicher Gottheiten, von Shakti über Kali bis Tara — häufig üppige Gestalten mit nackten Brüsten, vollen Hüften und offen liegenden Vulven. Viele sind wild und zerzaust und schwingen ihre Schwerter mit funkelnden Blicken. Wenn solche Göttinnen unsere Vorstellung des Weiblichen erweitern, können wir nur *Halleluja!* rufen (oder besser: *Om Shanti!*). Frauen fordern die uralte Weisheit wieder ein. Lassen Sie uns auf dieser Grundlage aufbauen und die wahre Macht der heutigen Frauen erforschen — diesmal von innen nach außen.

Die innere Erforschung, die das weibliche Bewusstsein befreit, kann über kulturell bestimmte Annahmen vom Weiblichen weit hinausreichen. Die Meditation ist unser Labor, und das Leben ist unser Forschungsgebiet. Wenn wir uns sowohl auf die innere als auch auf die äußere Wirklichkeit konzentrieren, blicken wir vielleicht durch die alten Schleier hindurch und entdecken, was dahinter liegt. Für welche neuen weiblichen Archetypen sind wir bereit?

Aufwärmübung: Sich behaupten

Behaupten Sie sich, und nehmen Sie viel Raum ein. Seien Sie gebieterisch; weichen Sie keinen Millimeter. Stellen Sie Ihre Füße weit auseinander, und verbinden Sie sich mit Ihren Wurzeln. Spüren Sie, wie der Körper der Erde Sie trägt. Öffnen Sie Ihre Arme zu einer Haltung, die sich für Sie weit und frei anfühlt. Füllen Sie sich mit Bewusstsein; verbreiten Sie es um sich herum und in sich hinein. Atmen Sie tief, und erlauben Sie Ihrer Energie, ungehemmt nach außen auszustrahlen. Wie weit reicht Ihre Energie?

Diese Haltung drückt Zuversicht, Sichtbarkeit und Bereitschaft für das Leben aus. Sobald Sie an Ihre »Grenze« stoßen, sobald Sie sich preisgegeben fühlen, halten Sie inne, und erforschen Sie diese Gefühle und Empfindungen. Seien Sie geduldig, akzeptieren Sie die Verletzlichkeit, aber ermutigen Sie sich dazu, sich mit der Zeit weiter auszustrecken und mehr Raum einzunehmen.

Forschungsreisen

* In welchen Bereichen spüren Sie Ihre Autorität? Untersuchen Sie dieses Gefühl.
* In welchen Bereichen unterwerfen Sie sich gern einer äußeren Autorität?
* Auf welche Weise fühlen Sie sich »in Besitz genommen«? Gefällt Ihnen das oder nicht?
* Fühlen Sie sich wohl, wenn Sie einem Freund oder einer Freundin zuhören? Fühlen Sie sich wohl, wenn Sie sich selbst zuhören? Können Sie mit sich selbst allein sein?
* Auf welche Weise machen Sie sich klein und verheimlichen, was Sie alles wissen?
* Auf welche Weise plustern Sie sich auf und tun alles, um Ihren Wert zu beweisen?
* In asiatischen Kulturen verbeugt man sich oft. Es gehört zu diesen Kulturen einfach dazu, und alle tun es ständig. Welche Bewegung ist für Sie natürlich?

3. Fertigkeitskreis:
Wie man mit einem 360-Grad-Bewusstsein meditiert

Ein Großteil unserer Aktivitäten im zivilisierten Leben verlangt uns ab, uns nur des Bereiches bewusst zu sein, der direkt vor uns liegt. Aber unser Körper ist so gebaut, dass er sich aller Richtungen bewusst sein kann. Dieser Abschnitt zeigt Ihnen, wie Sie in der Meditation und auch danach ein 360-Grad-Bewusstsein und eine periphere Sicht kultivieren können.

Wenn Sie Ihren Raum bewusst einnehmen, spüren Sie Ihre Macht ganz mühelos. Wenn Sie dieses Bewusstsein mit in die Innenwelt nehmen, eröffnet sich Ihnen ein Universum der subtilen Wahrnehmung.

Das sechsdimensionale Wohnen im Selbst

Positionieren Sie sich als Erstes einfach irgendwo im Raum. Sehen Sie sich um, und schauen Sie, wo sich Ihr Körper im Raum befindet. Machen Sie sich den Raum über, unter und hinter Ihnen bewusst, dann rechts und links und direkt vor Ihnen. Konzentrieren Sie sich dann auf eine dieser Richtungen und umfassen Sie schließlich alle. Forschen Sie mit offenen Augen, erweitern Sie Ihre periphere Sicht zu beiden Seiten und um Sie herum. Spüren Sie, wie diese erweiterte Wahrnehmung des Raumes zu mehr Wachsamkeit führt.

Schließen Sie nun die Augen, und erspüren Sie weiterhin jeden Bereich. Ihre Augen bewegen sich möglicherweise, wenn sich Ihre Aufmerksamkeit verschiebt. Wenn Sie das langsam tun, haben Sie das Gefühl, als ob Sie in die Innenwelt jedes Bereichs schauen. Welche Bereiche bewohnen Sie bereits besonders intensiv? Welcher sind Sie sich am wenigsten bewusst? Bewusstheit ist eine Art von Beleuchtung: Vielleicht sehen Sie tatsächlich mehr Licht oder spüren ein Kitzeln oder ein Gefühl der Verbundenheit. Sie können auch intensiv in jede Richtung lauschen.

Mit dem Bewusstsein für Ihre körperliche Beziehung zum Raum kann auch eine symbolische Bedeutung auftauchen. Wir möchten im Folgenden einige Assoziationen mit Ihnen teilen, die andere Meditierende bei den einzelnen Dimensionen hatten. Beachten Sie dabei aber erneut den Hinweis, die Landkarte nicht zur Falle werden zu lassen. Achten Sie auf Ihre eigenen Assoziationen, lassen Sie Ihre Vorstellungskraft wirken. Wie bei allen Forschungsreisen können Sie auch hier Ihre Entdeckungen in Ihrem Tagebuch notieren. Jeder Bereich offenbart Ihnen eine Quelle, und wenn Sie Kontakt zu allen Bereichen haben, verleiht Ihnen das ein mächtiges Gefühl der Ganzheit. Wenn Sie jeden Raum ganz präsent bewohnen, dann ist das so, als hätten Sie überall an Ihrem Körper Augen.

Über. Der Raum über Ihrem Kopf reicht weiter hinauf, als Sie es sich vorstellen können. Da ist das Reich des Himmels, der Sonne, des Mondes und der Sterne, die für gewöhnlich mit Transzendenz in Verbindung gebracht werden: das Jenseits, der Geist, Himmel, Gott, das Höhere Selbst, Befreiung von der körperlichen Hülle, der Drang zu fliegen. Diese Richtung übermittelt das Gefühl einer erhöhten Perspektive auf das Leben. Spüren Sie die Geräumigkeit und das Gefühl der Freiheit um Ihren Kopf und Ihren Hals. Körperlich und energetisch gesehen steht dieser Bereich in Verbindung mit der Fähigkeit, sich zu behaupten, eine Vision zu haben, die Wahrheit auszusprechen. In welcher Beziehung stehen Sie zu dem, was über Ihnen ist?

Unten: Lassen Sie Ihr Bewusstsein zu dem Bereich unter Ihren Füßen sinken. Der Raum unter uns wird häufig mit der Unterwelt in Verbindung gebracht, mit der Seele, der Tiefe, mit Wurzeln, Fundamenten, dem Körper der Erde. Einige Menschen verbinden damit die Furcht vor der Hölle oder andere verurteilende Einstellungen patriarchaler Religionen. Wenn Sie feststellen, dass dieser Fall eintritt, seien Sie nachsichtig mit sich selbst. Erforschen Sie dieses Gefühl, und entwickeln Sie allmählich eine neue Beziehung zum Boden und dem, was darunter liegt. Verbinden Sie körperlich Ihre Hüften, Beine und Füße; spüren Sie das Gewicht Ihres Körpers in der Schwerkraft. Wenn Sie den Raum unter sich öffnen, werden Sie geerdet, demütig und stark.

Hinten: Wenn Sie sich des Raumes hinter Ihnen bewusst werden, öffnet sich die Energie in Ihrem Rücken. Sie haben vielleicht das Gefühl, Sie hätten am Hinterkopf Augen oder aus Ihrer Wirbelsäule würden sich Flügel ausbreiten. Es gibt verschiedene Assoziationen: Vergangenheit, Ahnen und Ahninnen, alles, was früher war, ein Gefühl der Unterstützung, das Geheimnis dessen, was man nicht sehen kann. Dieser Bereich hat auch mit unserem persönlichen Schatten zu tun – mit unserer Sicherheit beziehungsweise Unsicherheit und der Art und Weise, wie wir uns dem Leben entziehen.

In den meisten von uns ist dieser Bereich der unterschwelligste, aber wenn wir das Gebiet hinter uns bewusst einnehmen, wird es zu einer Quelle von Macht und Vertrauen. Es vermittelt uns das Gefühl, dass wir uns in uns selbst anlehnen können, dass wir in uns verweilen können, anstatt immer nur nach vorn zu drängen. Wir sind einfach präsent und das Leben strömt uns entgegen.

Links und Rechts: Richten Sie Ihre Aufmerksamkeit zuerst auf die Seite, die für Sie am meisten Energie hat. Sehen oder erspüren Sie diese Seite des Raumes mit Ihren inneren Sinnen, und wechseln Sie anschließend zur anderen Seite. Füllen Sie beide Seiten mit Ihrem Bewusstsein. Die linke Seite wird häufig mit der Mutter, dem Weiblichen, der Intuition, mit empfangender Energie und der rechten Gehirnhälfte in Verbindung gebracht, die rechte Seite des Körpers dagegen mit dem Vater, dem Männlichen, mit aktiver Energie, logischem Denken und der linken Gehirnhälfte. Das Bewegungsspektrum auf jeder Seite erzählt uns von unserer Beziehung zu anderen, unserer Fähigkeit, Kontakt herzustellen, zu berühren und eine Verbindung zu schaffen. Die Herzensenergie strömt durch die Arme und hinaus durch die Hände und erlaubt uns, sowohl zu nehmen als auch zu geben. Sie können dieses Bewusstsein auch erhöhen: Strecken Sie die Arme nach beiden Seiten aus, führen Sie sie dann zusammen, und pressen Sie langsam die Hände aneinander. Wenn sich die linke und rechte Seite über Ihre Hände treffen, gibt es ein Gefühl der inneren Begegnung und der Ganzheit. Durch bilaterale Bewegung und Berührung vereinigen sich die beiden Hälften Ihres Gehirns und kommunizieren ebenfalls.

Vorn: Richten Sie Ihr Bewusstsein nun auf den Bereich direkt vor Ihnen, wo die Aufmerksamkeit normalerweise ruht. Dieser Bereich wird mit der Kraft assoziiert, die Sie vorantreibt – Ziele, die Zukunft –, und bestimmt, wie Sie sich der Welt stellen. Wenn Sie nach vorn konzentriert sind, hat das auch etwas mit dem Verleugnen des

Schattens zu tun; Sie sind sich nicht bewusst, was Sie heimlich verfolgt. Diese Richtung verkörpert die Fähigkeit beziehungsweise das Zögern, die Vergangenheit loszulassen, vorzutreten oder uns zurückzuziehen. Die Vorderseite ist die offensichtliche, sichtbare Welt und das Reich der gemeinschaftlich anerkannten Realität. Erspüren Sie Ihre Beziehung zu dem Raum vor Ihnen. Wie viel Energie strömt normalerweise nach vorn in Ihre Aktivitäten?

Lassen Sie nun Ihre Aufmerksamkeit durch alle sechs Dimensionen zirkulieren. Spüren Sie die Macht und Zentriertheit dieser Wahrnehmung. Auf welche Weise nehmen Sie Ihren Raum ein? Wie umfassend und voll kann Ihr Bewusstsein werden?

Verbindung mit dem Feld

Mit diesem 360-Grad-Bewusstsein können Sie auch eine ästhetische Wertschätzung des Raumes kultivieren. »Negativer Raum« ist ein Begriff aus der Kunst. Er bezeichnet die Form des Raumes zwischen den Objekten und um sie herum, im Gegensatz zu den isolierten Formen der Objekte selbst. Eine ausgeglichene Beziehung zwischen einer individuellen Form und ihrem Umfeld führt zu Schönheit und Harmonie. Japanische Zen-Steingärten beispielsweise spiegeln ein außergewöhnliches Gefühl für diese Ästhetik wider.

Wenn Sie Ihren eigenen Körper auf diese Weise in Bezug auf den Raum wahrnehmen, fühlen Sie sich harmonischer mit Ihrer Umgebung vereint. Ihre individuelle Form ruht immer in der Form des Raumes, der Sie umgibt. Sie sind niemals vom Ganzen abgetrennt. Ein solches Raumbewusstsein zu entwickeln ist eine wirksame Möglichkeit, Ihre Individualität auszuleben, ohne Isolation zu erschaffen. Sie können sich klar behaupten, bleiben aber in Kontakt mit dem größeren Kontext, in dem Sie sich befinden. Auf einer sehr grundlegenden Ebene können Sie ganz Sie selbst sein und dennoch mit allen Menschen in Ihrem Leben verbunden bleiben.

Um dieses Gefühl jetzt, in diesem Augenblick, zu entwickeln, halten Sie inne und schauen sich im Zimmer um. Nehmen Sie zuerst die Perspektive in Ihrem Kopf, hinter Ihren Augen, wahr; betrachten Sie einfach den Raum, der Sie umgibt. Übernehmen Sie dann die Sichtweise, wie sie sich außerhalb Ihres Körpers bietet, und schauen Sie, wo Sie sich im größeren Bild befinden. Wenn Sie Ihre visuelle Aufmerksamkeit auf diese Weise verlagern, öffnet das Ihre Beziehung zum Raum.

Richten Sie Ihre Aufmerksamkeit nun wieder in Ihren Körper, und spüren Sie Ihre Gestalt, den Umriss Ihrer Haut und die Schnittstellen Ihres Körpers mit der Luft, dem Boden und der Sitzfläche.

Beugen Sie als Nächstes leicht einen Arm und formen einen Bogen. Betrachten Sie die Form des Raumes zwischen Arm und Oberkörper, die Kurve des leeren Raumes von Ihrer Hand bis zu Ihrem Unterarm. Das ist negativer Raum. Bewegen Sie langsam den Arm, und schauen Sie, wie sich die Form verändert. Schließen Sie dann Ihre Augen, und stimmen Sie sich mit Ihren inneren Sinnen auf die Beziehung zwischen Ihrem Körper und dem offenen Raum ein.

Ruhen Sie nun mit geschlossenen Augen etwas aus, spüren Sie dabei jedoch weiterhin Ihren Körper im Raum. Öffnen Sie zu guter Letzt die Augen, und achten Sie darauf, wie Sie die Beziehung zu Ihrer Umgebung wahrnehmen.

Diese Erweiterung Ihrer räumlichen Wahrnehmung lässt sich auch als Bewusstsein für das »Feld« beziehungsweise für die Umgebungsatmosphäre bezeichnen. Bei dem Feldbewusstsein wird der Raum selbst lebendig und steckt voller Kraft – ein »Feld der Möglichkeiten«. Alles schwingt und steht miteinander in Beziehung; nichts ist fest und getrennt. Im meditativen Zustand können die inneren Sinne diese Realität tatsächlich wahrnehmen.

Wissenschaftlich gesehen wissen wir, dass das Universum, in dem wir leben, ein »potenter Raum« ist, der unsichtbar bevölkert ist mit unendlich vielen Schwingungswellen und -partikeln, aus denen alle Formen geschaffen sind. Das Leben ist ein ständiger energetischer Austausch. Jeder individuelle Körper ist wie eine stehende Wellenform — eine Verknüpfung einander durchdringender Schwingungsfelder, die nur scheinbar getrennt und bewegungslos sind. Aus all diesen Energiebewegungen generiert jeder lebende Körper ein elektromagnetisches Feld, das in Beziehung zu allen anderen Körpern steht, insbesondere zum Körper der Erde. Das biomorphische Feld des Planeten enthält, trägt und durchdringt jede einzelne seiner Kreaturen. Darüber hinaus sprechen viele Biologen vom morphogenetischen Feld, das jede Spezies produziert — eine physikalische Resonanz, die Informationen durch die Körper aller Mitglieder dieser Gruppe schickt.

Wir sind untrennbar mit unserer Spezies verbunden, beeinflussen ständig unsere Umgebung und andere Menschen und werden wiederum von ihnen beeinflusst. Diese unvermeidliche Wahrheit hat auch ihre dunkle Seite. Das Wissen um die Herde kann eine Quelle des Trostes, der Gemeinschaft und der Freude sein, oder es kann Sie zu Ablenkung, Verachtung und Furcht führen. Sie erleben diese energetische Empfindsamkeit ständig, wenn auch unterschwellig. Wenn Sie in einen Raum voller Menschen treten, spüren Sie sofort Struktur und Rhythmus des Feldes, das diese Gruppe erschafft, und Sie fühlen sich darin wohl oder unwohl, glücklich, erregt, friedlich, wachsam oder ruhelos. Vielleicht haben Sie das Gefühl, dass Sie es sich hier gemütlich machen oder dass Sie Spaß haben können, aber vielleicht würden Sie auch am liebsten schreiend aus dem Raum laufen. Ihr Körper entspannt sich entweder in diesem Feld, oder Ihre Eingeweide, Muskeln und Nerven verspannen sich. Emotional fragen Sie sich vielleicht, ob das Gefühl zu den anderen gehört oder Ihr eigenes ist, wenn Sie diese subtilen, schattenhaften Untertöne wahrnehmen, die von den Anwesenden nie bewusst eingeräumt würden. Vertrauen Sie Ihrer Wahrnehmung und bleiben Sie wachsam — Ihre Instinkte und Ihre Intuition sind hier am Werk. Es ist das Zusammenspiel Ihrer eigenen »Schwingung« und der von allen anderen im Raum, und je mehr Sie Ihr Bewusstsein darauf richten, desto weniger sind Sie der Situation auf Gedeih und Verderb ausgeliefert und desto mehr können Sie kreativ an der Situation teilhaben. Bewusstheit schenkt stets Wahlmöglichkeit.

Die Meditation ist ein Atelier für die Kunst der Bewusstheit, ein inneres Studio, in dem Sie Ihre Aufmerksamkeit gegenüber der äußeren Welt ausfeilen können. Entwickeln Sie Ihr inneres Gespür für den 360-Grad-Raum und für Ihr Feldbewusstsein, und Sie werden sehen, dass Sie wachsamer sind und bereit, sich allen Situationen Ihres Lebens zu stellen.

Meditationen

Kernatem

Dieser Atem gibt viel Kraft, wenn Sie sich mit Ihrem inneren Kern verbinden wollen.

Setzen Sie sich so hin, dass Ihre Wirbelsäule gerade ist, aber ohne sich dazu zu zwingen oder sich zu verspannen. Wenn Sie müde sind, legen Sie sich bequem hin, mit angewinkelten Knien und den Füßen auf dem Boden. Beide Stellungen funktionieren, aber sie fühlen sich unterschiedlich an, darum probieren Sie sie für sich aus.

Nehmen Sie sich ein paar Minuten Zeit, um ruhig zu werden und sich einzustimmen. Positionieren Sie sich als Erstes im Raum. Sehen Sie sich um und schauen Sie, wo sich Ihr Körper befindet. Richten Sie Ihre Aufmerksamkeit dann nach innen. Machen Sie sich Ihren Atem und seinen natürlichen Rhythmus bewusst und genießen Sie dieses Bewusstsein für einige Minuten.

Atmen Sie nun tief durch Ihre Nase ein, und halten Sie inne. Spüren Sie, wie Sie sich innerlich geweitet haben. Wo spüren Sie die Dehnung? Während sich Ihre Lungen füllen, gehen die Rippen auseinander und der Brustkorb hebt sich und dehnt sich in alle Richtungen: nach vorn, zu beiden Seiten, unter den Armen und entlang des Rückens. Die Haut über Brustkasten, Taille und Bauch dehnt sich sanft. Achten Sie auf die Empfindungen, die Sie beim Einatmen haben. Atmen Sie nun langsam wieder aus. Wiederholen Sie das ein paar Mal.

Atmen Sie wieder durch die Nase ein und halten Sie inne. Konzentrieren Sie sich nun auf die Ausatmung. Atmen Sie dieses Mal durch den Mund aus, geben Sie dabei ein raues, flüsterndes *Aaaaahh* im hinteren Rachenraum von sich. Lassen Sie es urtümlich klingen. Entspannen Sie Ihre Zunge und lassen Sie sie reglos im Mund liegen. Leeren Sie den Atem völlig, und halten Sie einen Augenblick inne. Spüren Sie, wie die Rippen weich werden und einsinken, wie sich Ihr Solarplexus auf die Wirbelsäule zubewegt und der Bauch hohl wird. Bei jedem Ausatmen verbinden Sie sich mit Ihrem inneren Kern und Ihrer Wirbelsäule.

Atmen Sie weiter, und legen Sie Ihre Hände auf Ihren Bauchnabel. Spüren Sie, wie Ihre Hände sich heben, wenn Sie einatmen, und wie sie absinken, wenn Sie ausatmen. Achten Sie bei jedem Einatmen darauf, wie der Atem Ihren ganzen Torso anfüllt. Jeder Atemzug verlängert, erweitert und vertieft Ihren inneren Raum. Ihr Zwerchfell ist wie eine Trommelhaut zwischen Brustkorb und Bauch und bei jedem Einatmen dehnt es sich in den Bauchraum aus und zieht Luft in Ihre Lungen. Wenn Sie ausatmen, zieht sich das Zwerchfell in den Brustkorb zurück und stößt die Luft aus. Visualisieren Sie diese Bewegung und fühlen Sie sie.

Atmen Sie weiter ein und aus, und erforschen Sie, wie der Atem den zentralen Weg in der Tiefe Ihres Beckens öffnet, durch den unteren Teil der Rippen und den Solarplexus führt, mitten durch den Brustkorb, bis hinauf zu Ihrem Hals und in Ihren Kopf, durch die Nasennebenhöhlen und den Mund. Der Atem ist eine Bewegung, die durch Ihren ganzen Kern läuft. Wenn Sie also den Drang verspüren, sich zu wiegen oder sanft zu schaukeln, dann folgen Sie um Himmels willen diesem Feedback. Ermutigen Sie Kopf und Wirbelsäule, sich zu bewegen.

Jedes Mal, wenn Sie durch den Mund ausatmen, lösen Sie Ihre Zunge ein wenig mehr. Das öffnet die Energie in Ihrem Hals und setzt gleichzeitig alle Restbestände des »braven Mädchens« frei. Ich stelle mir immer gern vor, wie die Wurzel meiner Zunge bis hinunter zu den Muskeln in meinem Becken reichen, sodass mein ganzer innerer Kern sich fleischig, stark und verbunden anfühlt. Das ist natürlich Geschmackssache, also suchen Sie sich Ihre eigene Version von Zungenlösung und Kraft.

Stellen Sie sich bei jedem Ausatmen vor, dass Sie alles Giftige ausstoßen, was sich in Ihrem Körper angesammelt hat. Säubern Sie sich von den unpassenden Gedanken oder Energien anderer und fordern Sie die Integrität Ihres eigenen Wesens wieder ein.

Atmen Sie ein paar Mal nach diesem Muster, dann entspannen Sie sich und genießen Sie die Nachwirkungen. Fangen Sie daraufhin noch einmal von vorn an, und wechseln Sie mehrere Male zwischen der Kernatmung und stiller Aufmerksamkeit ab.

Meditation über Souveränität

1. Schritt: In den zwanzig Minuten, die diese Meditation dauert, nehmen Sie die Souveränität Ihres eigenen Raumes in Besitz. Schaffen Sie sich eine imaginäre Sphäre um sich selbst als heilige und unverletzliche Grenze. Wie weit entfernt beziehungsweise wie nahe soll diese Grenze verlaufen? Sechs Meter? Drei Meter? Direkt an Ihrem Körper? Ist der Raum gewaltig, hallenartig oder gemütlich, eng und sicher? Ist diese äußere Membran durchsichtig oder undurchsichtig? Ähnelt sie Feuer oder Stahl oder Glas oder Haut? Füllen Sie den ganzen 360-Grad-Raum innerhalb dieser Grenze mit Ihrer Energie. Rufen Sie ein Gefühl von Stärke, Zentriertheit und Schutz hervor, und wenn ein Bild kommt, dann lassen Sie sich von ihm durchdringen. Meditieren Sie ungefähr zehn Minuten lang mit diesen Eindrücken. Lassen Sie alle Gedanken und Gefühle zu, die auftauchen, aber kehren Sie immer wieder zum Mittelpunkt dieses souveränen Raumes zurück.

2. Schritt: Sagen Sie innerlich zu sich selbst *Mein Körper, mein Atem, mein Leben.* Wiederholen Sie diese Worte mehrmals, und hören Sie sie mit Ihren inneren Ohren. Verändern Sie dann die Intonation auf irgendeine Weise: Machen Sie nach jedem Wort eine Pause, sprechen Sie langsamer oder schneller. Lassen Sie die Worte am Ende los, und sitzen Sie in der stillen Kraft der Souveränität. Seien Sie für das Selbst präsent.

Macht sammeln

Fangen Sie mit der »Selbstbehauptung« an (siehe »Aufwärmübung«). Richten Sie Ihre Aufmerksamkeit auf die Energie in Ihren Händen. Bewegen Sie Ihre Arme, um Macht aus dem Universum einzusammeln. Ziehen Sie die Hände zum Körper, und packen Sie die Energie in Ihre Aura. Lassen Sie sie dann wieder los, und senden Sie die angesammelte Energie, wohin Sie wollen. Wechseln Sie weiter zwischen dem Ansammeln der Macht und dem Kanalisieren der Macht ab. Wenn Sie Ihrer Bewegung Atem hinzufügen wollen, konzentrieren Sie sich auf das Einatmen, um Macht an sich zu ziehen, und auf das Ausatmen, wenn Sie die Energie weitergeben wollen.

Werden Sie in Ihrer Bewegung immer langsamer, bis Sie letztendlich zu einem scheinbaren Stillstand kommen. Achten Sie darauf, wie die Empfindungen durchaus intensiver werden können, je subtiler die Bewegung wird. Halten Sie inne, und atmen Sie mit den Energieströmen. Sie können sich einige Minuten setzen oder hinlegen, um die Erfahrung in sich aufzunehmen, was Sie weiter in die Meditation führen kann. Sobald Sie sich vollständig fühlen, kehren Sie in einem allmählichen Übergang zurück in Ihr Leben, durchdrungen von diesen Eindrücken.

Aufbauübungen

Das »Ich bin«-Bewusstsein

Diese Mantra-Meditation dreht sich um die Beziehung zwischen Ihrer persönlichen Identität und dem kosmischen Bewusstsein – ein großes Mysterium. Wenn wir das Selbst umfassend bewohnen, wird uns bewusst, dass wir auf vielen Ebenen gleichzeitig existieren. Das Mantra »ich bin« feiert sie alle und schwingt in allen mit.

Setzen Sie sich bequem hin, die Wirbelsäule leicht aufrecht. Nehmen Sie sich einige Minuten Zeit, um sich mit offenen Augen einzustimmen. Seien Sie sich Ihrer selbst in der Umgebung, in der Sie meditieren, bewusst. Sobald Sie bereit sind, bitten Sie Ihre Augen, sich zu schließen, und machen Sie sich einige Minuten lang Ihre innere Umgebung bewusst – wie Sie sich innerlich fühlen.

Nehmen Sie die Worte ICH BIN innerlich wahr, sobald Sie dazu bereit sind. Sagen Sie sie mit Ihrer inneren Stimme und wiederholen Sie diese Deklaration immer wieder. Jedes Mal, wenn Sie ICH BIN hören, bestätigen Sie damit Ihr ganzes Wesen. Lassen Sie sich von dieser Schwingung durchdringen und jeden Teil von sich mitschwingen. Bekräftigen Sie Ihren Körper, Ihre Emotionen und Gedanken, auch all das, was Ihnen nicht gefällt, oder das, was Sie für unwürdig halten. Lassen Sie den Klang des ICH BIN auf jeder Ebene widerhallen.

Gestatten Sie es dem Rhythmus, sich auf irgendeine Weise zu verändern. Manchmal wird der Klang verschwinden und er verwandelt sich in eine reiche und widerhallende Stille. Wechseln Sie, wie es Ihnen beliebt, zwischen Klang und Stille ab.

Wenn der Klang in Ihrer Innenwelt widerhallt, bekommen Sie womöglich den Eindruck, größer zu werden. Die Umgrenzung Ihres persönlichen Raumes kann sich erweitern. Sie fühlen sich möglicherweise stärker, freier, wachsamer. Dieses Mantra kann Ihre Existenz feiern. Ihr Bewusstsein breitet sich aus, als ob Sie in alle Richtungen sehen und die Gewaltigkeit des Kosmos berühren könnten. Möglicherweise haben Sie das Gefühl, als ob Ihr ganzer Körper in alle Richtungen, die ganzen 360 Grad, Licht ausstrahlt. Die üblichen Grenzen der Identität scheinen sich aufzulösen, sodass Ihre individuelle Substanz mit der Substanz des Universums eins wird. Der Klang des ICH BIN kann scheinbar von einer größeren Quelle ausgestoßen werden – der Stimme einer göttlichen Präsenz, der Quelle des Lebens, Ihrem Geist, Ihrer Seele.

Fahren Sie mit dem Wechselspiel aus Mantra und Phasen der Stille zehn bis fünfzehn Minuten lang fort. Richten Sie Ihre Aufmerksamkeit dann langsam auf Ihr »örtlich beschränktes« Selbst und den Ort, an dem Sie meditieren. Achten Sie darauf, wie Ihr Bewusstsein von dem erweiterten und diffusen Gefühl des Selbst zu der dicht gedrängten Individualität wechselt. Verbringen Sie mehrere Minuten damit, Ihre Aufmerksamkeit hin und her fließen zu lassen, zwischen dem größeren Raum und Ihrem persönlichen Körper, zwischen der Universalität und der Individualität. Öffnen Sie dann vorsichtig die Augen, und seien Sie sich Ihrer selbst im Raum bewusst. Lassen Sie sich viel Zeit, um Ihre Wahrnehmung zu integrieren, bevor Sie aufstehen und sich bewegen.

Wie wir uns selbst definieren bestimmt sich dadurch, wie wir unsere Aufmerksamkeit durch die vielen Schichten des Seins lenken. Bewusstheit hat die Fähigkeit, das ganze Spektrum der Existenz zu umfassen. Bewohnen Sie die Fülle des Selbst.

Der Baum des Lebens

Als Menschen sind wir uns unseres Platzes im Universum, in dem ständigen Kontinuum zwischen dem Tierischen und dem Göttlichen, bewusst. Unser Bewusstsein ist eine Brücke, die Energie zwischen dem Kosmos und der Erde übersetzt und austauscht, was weltweit mit dem Baum des Lebens symbolisiert wird. Die Wirbelsäule verkörpert diese Verbindung und kanalisiert die Lebenskraft vom Wurzelzentrum am unteren Ende des Beckens bis hinauf zu unserem Scheitel.

Setzen Sie sich so hin, dass Ihre Wirbelsäule senkrecht verläuft und sich leicht bewegen kann. Richten Sie Ihre Bewusstheit auf den Beckenboden, auf die Schwerkraft und auf Ihre Verbindung zum Boden. Stellen Sie sich Gesäß und Steißbein als Wurzeln vor, die bis hinunter in das feurige Zentrum der Erde reichen und Lebensenergie in Ihre Wirbelsäule hochziehen. Bleiben Sie so lange Sie wollen bei diesem Bild, und erforschen Sie diese Erdverbindung.

Sobald Sie dazu bereit sind, richten Sie Ihre Aufmerksamkeit auf den Scheitelpunkt Ihres Kopfes und auf den Raum über Ihnen. Stellen Sie sich vor, dass Ranken, Zweige oder Fäden sich bis zum Himmel ausstrecken, um nach dem Licht zu greifen. Dieses Licht kann Sie mit dem Universum oder dem Geist verbinden. Ein weiteres klassisches Bild ist der Lotus auf dem Scheitel, dessen tausend Blätter sich öffnen, wenn die Bewusstheit erblüht. Für manche Menschen ist die Bewegung umgekehrt, als ob ihre Wurzeln von oben in den Scheitel kommen. Wie immer Sie diese Verbindung fühlen, lassen Sie die Energie in sich fließen und Ihr ganzes Wesen erfüllen.

Richten Sie Ihre Aufmerksamkeit nun abwechslungsweise nach oben und nach unten. Das Oben und das Unten sind Quellen des Lebens und der Stärkung. Spüren Sie den machtvollen Magnetismus, wenn Sie gleichzeitig in beide Richtungen gezogen werden. Dadurch öffnet sich die Energie in Ihrer Wirbelsäule, und Sie werden sich all der kleinen Stellen bewusst, die Sie noch eingefroren haben. Laden Sie sie ein, aufzutauen und zu strömen, wie der Lebenssaft einer Pflanze. Wenn Sie das tun, spüren Sie eventuell winzige, fließende Bewegungen, ein subtiles Erblühen der Energie. Wenn Sie Ihr Bewusstsein zwischen dem Boden und dem Himmel erweitern, ist das, als ob Sie mit dem Baum des Lebens eins werden. Sie nehmen Ihren Platz in der Schöpfung ein. Denken Sie über dieses Mysterium nach.

Nachdem Sie auf diese Weise ungefähr fünfzehn Minuten meditiert haben, richten Sie Ihre Aufmerksamkeit allmählich wieder auf das Zimmer. Achten Sie darauf, sich genügend Zeit zu geben, um sich zu orientieren. Öffnen Sie langsam die Augen, holen Sie ein paar Mal tief Luft, und räkeln Sie Ihren physischen Körper. Bereiten Sie sich dann darauf vor, sich der Welt mit diesem Bewusstsein des Lebens in Ihnen zu stellen.

Die vielarmige Göttin

Viele Hindu-Gottheiten haben sechs oder acht Arme. Die meisten Frauen sind es gewohnt, mehrere Aufgaben gleichzeitig zu bewältigen – vielleicht spüren Sie eine Verbundenheit mit diesen vielarmigen Göttinnen!

Diese Meditation können Sie in fast jeder Stellung durchführen – sitzend, stehend oder in Bewegung. Achten Sie nur darauf, dass Sie genügend Raum für Ihre Arme haben, um sich frei zu bewegen. Sie können auch Musik auflegen, die für diese Meditation eine leise, unterstützende Atmosphäre schafft.

1. Schritt: Beginnen Sie damit, Ihr 360-Grad-Bewusstsein zu wecken. Meditieren Sie mit dem Gefühl, dass der Kosmos Sie so begrüßt, wie Sie jetzt sind, und Sie ermutigt, alles zu werden, was Sie noch werden können. Rufen Sie das Gefühl wach, dass der Raum selbst Sie liebevoll aus allen Richtungen stützt und Ihnen die Freiheit bietet, sich mühelos zu bewegen, wo immer Sie das wollen. Nehmen Sie sich mehrere Minuten Zeit, um sich für diese Einladung zu öffnen.

2. Schritt: Heben Sie die Hände und lassen Sie sie, auf den Raum gestützt, schweben. Stellen Sie sich vor, dass Sie noch mindestens ein weiteres Paar Arme haben. Fangen Sie langsam an. Berühren Sie jeden Zentimeter Luft mit Ihren körperlichen und Ihren imaginären Armen, um den Raum bewusst einzunehmen. Drehen Sie sich in alle Richtungen, entfalten Sie sich langsam. Tanzen Sie mit Ihren vielen Armen mit dem Kosmos. Strecken Sie sich mit Ihrem ganzen

Selbst in das Universum aus. Wenn Sie den Drang verspüren, auch den Rest Ihres Körpers zu bewegen, dann tun Sie das. Erforschen Sie diese Übung mindestens fünf Minuten lang.

3. Schritt: Lassen Sie zum Schluss Ihre physischen Arme ausruhen, und visualisieren Sie, dass Ihre imaginären Arme sich immer noch um Sie drehen: nach oben, unten, nach hinten, an die Seiten, nach vorn. Bleiben Sie noch einige Minuten bei diesem subtilen Gefühl des Austausches mit dem Raum. Wenn Sie die Meditation beenden wollen, öffnen Sie langsam die Augen und lassen sich etwas Zeit, um noch bei dieser Wahrnehmung zu verweilen. Feiern Sie die Fülle und die Freiheit Ihrer Energie.

Reflexionen

* Wie erleben Sie Souveränität?
* Welche Gefühle stellen sich ein, wenn Sie sich behaupten und Macht sammeln?
* Bemerken Sie irgendwelche Verbote dagegen, Ihre ganze Macht einzunehmen?
* Was von dem, das Sie gelesen und erforscht haben, hilft Ihnen am meisten, Ihre innere Autorität in Besitz zu nehmen und sich selbst zu befreien? Wie können Sie sich bei Ihren Meditationen am wirkungsvollsten an diese Stellen erinnern?
* In welchem Bereich Ihres Lebens würden Sie gern mehr in sich selbst ruhen? An welche Botschaft möchten Sie sich im Laufe dieses Tages erinnern?

4. GEHEIMNIS
Seien Sie sanft zu sich selbst

Endlich zu Hause.

Was für eine Erleichterung. Das war ein verdammt
harter Tag!

Bei der Arbeit waren alle so gereizt.

Und dann dieser Spinner auf der Autobahn, der
mir an der Stoßstange klebte und hupte –

was war nur mit dem los? Die Welt ist echt verrückt
geworden …

Na toll, nur Wurfsendungen und Rechnungen. Um
die kümmere ich mich später.

Ich brauche jetzt eine Dusche! Ich muss meditieren!

Wau, schon besser, ich habe die ganzen schlechten
Schwingungen abgewaschen.

Ich liebe dieses Sofa und den Blick aus diesem
Fenster.

Jetzt werde ich mich entspannen, ruhig werden. Tief
Luft holen …

Gut, gut, gut! Ich versuche immer, so verdammt gut
zu sein.

Wen will ich damit überhaupt beeindrucken?
Mommy? Daddy? Den großen Richter im
Himmel?

Irgendeiner schaut mir ständig über die Schulter.
   Weg da!
Ich will nicht »gut« sein.
Natürlich werde ich niemals gut genug sein. Davor
   fürchte ich mich in Wirklichkeit am meisten.
Wenn die anderen meine geheimsten Gedanken
   kennen würden ...
Verdammt, wo habe ich die Schokolade hingelegt?

Jetzt mal langsam, Mädel. He, das ist mein Leben!
   Und das ist meine Meditation.
Ich nehme hiermit meine Autorität in Besitz.
Okay, was heißt das genau? Ich werde ein Leben der
   Fülle leben und es genießen.
Ich werde mir das gönnen, was ich liebe. Ich werde
   alles lernen, was mir gut tut.
Ich werde die Regeln brechen und frei sein.

Na gut, zurück zu dieser Schokolade.
Was, wenn ich nur eine Ecke abbreche und sie wirk-
   lich, wirklich genieße ...
Passt das in meine Meditation? Ja, das stört nicht
   weiter.
Meine Güte, hoffentlich verhaftet mich die Medita-
   tionspolizei nicht. Nur ein einziger Bissen?
Mein Gott, dieser einzigartige Duft. Ich bekomme
   ganz weiche Knie.
Aaah, und erst der Geschmack – einfach himmlisch.
So könnte es ewig weitergehen!
Ich glaube, ich werde ... noch ein wenig weiter-
   naschen, sie ganz langsam auf meiner Zunge
   zergehen lassen ...
   Tief Luft holen ... mmm, das tut gut ...

Hm, eigentlich komisch. Ich will gar keine zweite
Ecke. Das habe ich ja noch nie erlebt.
Was ist passiert? Es hat mich richtig danach gelüs-
tet, dem habe ich nachgegeben – mit Achtsam-
keit –,
es zutiefst genossen und es war … erfüllend.
Und ich habe es mir nicht versagt oder mich
schuldig gefühlt …
Das muss ein Geheimnis sein. Ich kann dir sagen,
Süße, das ist Power!

Freunden Sie sich mit sich selbst an

Die Meditation ist eine innige Beziehung zu sich selbst, und
große Sensibilität ist der Schlüssel zum Erfolg. Die Fertigkeiten der Meditation sind im Grunde dieselben wie bei jeder anderen
gesunden Beziehung: Aufmerksamkeit, Verständnis und Liebe
schenken. Sie erschaffen einen Raum für ehrliche Kommunikation.
Es geht nicht um Dominanz und Kontrolle.

Die Meditation kann die beste Freundschaft sein, die Sie je hatten. Wenn Sie sich mit einer wirklich guten Freundin unterhalten,
die Sie liebt, erzählen Sie ihr natürlich alles, was in Ihnen vorgeht,
alles, was Sie bedrückt. Vielleicht weinen Sie, werden wütend oder
trauern, oder Sie beichten einen geheimen Gedanken, ein geheimes
Gefühl. Sie schütten Ihr Herz aus. Ihre Freundin hört zu, und am
Ende fühlen Sie sich erleichtert, gereinigt, umgestaltet, geheilt –
vielleicht lachen Sie sogar ein wenig. So kann die Meditation auch
sein. Sie werden Ihre eigene aufmerksame Freundin. Sie schenken
diesem kleinen Stück des Universums, nämlich sich selbst, Ihre
Aufmerksamkeit.

Wenn Sie wie die meisten Frauen sind, laden Sie sich viel zu viele Bürden im Leben auf. Sie arbeiten hart: Sie jonglieren Ihre Arbeit und die Fürsorge für die Menschen, die Sie lieben, dazu pflegen Sie persönliche Beziehungen, gesellschaftliche Verpflichtungen, Ihr Zuhause, Ihren Körper, erledigen Anrufe und Haushaltspflichten. Frauen sind begnadete Jongleurinnen, Expertinnen darin, viele Aufgaben gleichzeitig zu bewältigen. Die meisten von uns ruhen sich nicht genügend aus. Die Meditation kann Ihre wichtigste Zeit für die Selbstfürsorge werden, Ihre einzige Zeit nur für sich selbst.

Entdecken Sie die sanfte Kunst, bei der Meditation sich selbst Mitgefühl entgegenzubringen. Mitgefühl heißt »mit Gefühl« – nähern Sie sich Ihren Leidenschaften und Ihrem Leiden. Wenn Sie meditieren, sind Sie mit all Ihren Geheimnissen präsent, mit Ihren innersten Empfindungen, Ihren intimen Gefühlen und Träumen. Alles, was im Hintergrund des Bewusstseins schlummerte, tritt mit Macht nach vorn: Je geschäftiger Sie waren, desto mehr Gedanken werden Ihnen nun im Kopf herumschwirren. Sie werden all Ihre Bedürfnisse vehement fühlen, all Ihre unerfüllten Sehnsüchte und Wünsche, all die Orte, an denen Sie sich unfertig und roh fühlen. Wenn Sie mit jemandem intim sind, besteht ein großer Teil der Freude in Ihrer Fähigkeit, seine oder ihre Bedürfnisse zu erfüllen. Die Bindung wächst aus diesem Fluss und Austausch. Das ist die Art von Beziehung, die Sie bei der Meditation auch mit sich selbst pflegen können: Sie erfüllen Ihre eigenen Bedürfnisse und akzeptieren alles, was hochkommt. Sie machen sich klar, dass Sie da sind, um größere Intimität mit sich selbst zu erlernen und sich selbst mit all Ihren Schwächen, Falten und Lastern zu lieben.

Während der Meditation geht Ihr Nervensystem Ihre Erfahrungen durch und transformiert das Negative ins Positive. Aus diesem Grund ist es so gesund, bei der Meditation viel zu denken. Die Erfahrung verwandelt sich, wenn Ihr Körper ruht. Das Leben will, dass Sie gedeihen, und schickt Ihre Instinkte los, um Sie zu heilen. Während der Meditation vollzieht sich dieser Prozess ganz natürlich, ohne bewusstes Eingreifen. Falls Sie sehr müde sind, dann machen Sie ruhig ein Nickerchen, so es die Zeit erlaubt. Wenn Sie weinen müssen, lassen Sie den Tränen freien Lauf. Wenn Sie sich Sorgen machen, geben Sie sich genügend Raum, um bei Ihren Sorgen zu verweilen. Sobald Sie lernen, mit diesem Heilungsprozess zu fließen, haben Sie schon sehr viel von der Meditation begriffen.

Es gibt viele Erfahrungen, die während der Meditation passieren können und Sie vielleicht denken lassen, Sie hätten versagt:

- Ihnen schwirren eine Million Gedanken im Kopf herum.
- Ihr Geist geht immer wieder auf Wanderschaft.
- Sie zucken plötzlich zusammen, denn Sie haben ganz vergessen, dass Sie gerade meditieren.
- Sie gehen im Geist Gespräche durch, die sich nicht richtig angefühlt haben.
- Sie fühlen sich durch und durch faul.
- Ihre Haltung sackt ein.
- Sie schlafen für ein paar Sekunden oder Minuten ein.
- All Ihre schlechten Gefühle über sich selbst treten an die Oberfläche.
- Sie spüren, wie Sehnsucht und Verlangen an Ihnen zerren.

Viele Menschen halten das für sichere Anzeichen des Versagens, denn Meditation heißt für sie, sich zu konzentrieren und den Geist zu leeren. Doch das Gegenteil trifft zu. Sie haben nicht versagt, wenn all diese Fälle eingetreten sind. Ihr Gehirn vollzieht den notwendigen Hausputz und führt Ihnen Ihre Bedürfnisse vor Augen, damit Sie sich um sie kümmern können. All diese Erfahrungen sind Symptome einer erfolgreichen Meditation – sie zeigen, dass Sie sich sicher genug fühlen, um loszulassen und ganz Sie selbst zu sein.

Der Schlüssel zum Erfolg ist einfach der: Akzeptieren Sie all Ihre Gedanken und Gefühle als Teil der Meditation, ohne irgendwelche Vorbehalte. Protestieren Sie nicht einmal. Wenn Sie sich diese

Einsicht zu Eigen machen, wird Ihre Meditation viel einfacher werden. Zum einen hat Ihr Gehirn weniger zu tun, denn sobald Sie einen Gedanken haben, müssen Sie nicht gleich mit dem zweiten Gedanken dagegenschießen: *Dieser Gedanke sollte nicht hier sein.*

Gedanken haben Gewicht und Inhalt. Wenn Sie sich für die Inhalte Ihrer Gedanken interessieren, berühren Sie sich selbst innerlich. Viele Frauen haben mehr Mitgefühl mit anderen als mit sich selbst – wenn sie sich beim Meditieren allmählich ihrer Gedanken bewusst werden, wird ihnen klar, wie hart sie gegen sich selbst waren; sie neigen dazu, sehr streng mit sich zu sein und sich innerlich zu schelten: *Was ist nur mit dir los? Kannst du dich nicht zusammenreißen? Immer versagst du! Streng dich mehr an. Setz dich mehr ein!* Irgendwas ist immer falsch, immer gibt es irgendein Ideal, dem wir entsprechen sollten, und immer gibt es noch einen weiteren Grund, sich selbst zu manipulieren und zu kontrollieren. Erinnern Sie sich an die Figur, die Annette Bening in dem Film *American Beauty* spielte? »Hör auf, hör auf!«, befiehlt sie sich, schlägt sich ins Gesicht und hasst ihre Verletzlichkeit. Diese Darstellung der jämmerlichen, inneren Realität vieler Frauen zeigt auch die Schattenseite von Selbstverbesserungsplänen: Sie bieten noch mehr Brennstoff, um sich selbst Vorwürfe zu machen.

Anstatt bei solch stichelnden, bedrückenden Inhalten zu verharren, sollten Sie lieber überlegen, wie Sie sich mit einer Aufmerksamkeit berühren können, die zart ist, akzeptierend und freundlich. Stellen Sie sich vor, wie getröstet Sie sich dann innerlich fühlen würden. Stellen Sie sich die Erleichterung und Entspannung vor. Stellen Sie sich das Gefühl in Ihrem inneren Raum vor, die Freiheit Ihres Atems, die Weichheit in Ihrem Herzen. Das Wort *Aufmerksamkeit* hat denselben Stamm wie *aufmerken,* also Acht geben. Die Meditation ist die Kunst der Aufmerksamkeit; Sie achten auf Ihre innere Welt, wie Sie auf einen Garten oder ein Kleinkind Acht geben würden. Wenn Sie also meditieren, schenken Sie sich selbst voller Sensibilität Aufmerksamkeit. Natürlich kann es eine Weile dauern, so eine sanfte, innere Berührung und so viel Zärtlichkeit zu entwickeln. Doch wenn Sie sich mit diesen Empfindungen vertraut machen, wird Ihnen diese Art der Bewusstheit bald zur zweiten Natur. Mit der Zeit wird es Ihnen leichter fallen, während der Meditation sensibler zu sein und diesen Ansatz auch in Ihrem Alltag dauerhaft zu bewahren.

Wenn Sie normalerweise sehr diszipliniert und zielorientiert sind, dann stellt es für Sie womöglich eine echte Herausforderung dar, locker zu werden und in der Meditation loszulassen. Zärtlich zu sein, mag Ihnen zu warm und verschwommen, zu nachlässig oder gar ketzerisch vorkommen. Vielleicht fürchten Sie sogar, dass Sie ein Blitz niederstrecken könnte. Je fortgeschrittener Sie als Meditierende bereits sind, desto schwieriger kann das sein, besonders wenn Sie in Zen, Yoga oder anderen, hochstilisierten Formen ausgebildet wurden. Und wenn Sie körperliche Betätigung lieben oder wenn Sie beispielsweise ausgebildete Tänzerin oder Yogini sind (ich bin beides, darum weiß ich, wovon ich spreche), dann sind Sie vielleicht daran gewöhnt, jede Minute des Tages an Ihrer Ausrichtung zu arbeiten. Sich zu erlauben, bei der Meditation nicht an sich zu arbeiten, sondern körperlich locker zu bleiben und keine perfekte Haltung zu bewahren, mag Ihnen unmöglich erscheinen. Experimentieren Sie mit den Meditationen in diesem Kapitel und kultivieren Sie ein Bewusstsein der »lockeren Haltung«, wie es im Fertigkeitskreis beschrieben wird. Achten Sie darauf, welche Gedanken hochkommen, wenn Sie sich auffordern, körperlich und mental sanft zu sein. Sie können später immer noch zu Ihrer Arbeitshaltung zurückkehren, aber während der Meditation sollten Sie loslassen. Setzen Sie Ihre Disziplin dazu ein, um sich auf die lockere, innere Berührung zu konzentrieren. Versuchen Sie das probeweise bei drei zwanzigminütigen Sitzungen, und warten Sie ab, was passiert. Nur zu, trauen Sie sich! Sie werden erstaunt sein, wie viel Erleichterung hochkommt, und sobald die Energie freier fließt, kann sich Ihre Ausrichtung auf unerwartete Weise noch weiter öffnen.

Wenn Sie sich selbst voller Lockerheit nähern, verändert sich auch Ihr inneres Klima. Der bittere oder säureartige innere pH-Wert wird neutralisiert. Das ist eine Metapher für eine überaus reale Veränderung. Zärtlichkeit, Mitgefühl und Vergnügen sind nicht nur abstrakte Ideen; sie sind die Quelle körperlicher Stärkung und Heilung. Studien beweisen die Wirkung der Gedanken auf den Körper. Im Zustand des Flusses verlagert sich die Hirnchemie, regenerative Hormone werden freigesetzt und strömen durch Ihr ganzes System. Innerhalb von Sekunden wird Ihre Immunreaktion erhöht. Wenn Sie sich an eine Zeit erinnern, in der Sie geliebt oder von der Freundlichkeit eines Menschen berührt wurden, können Sie diese subtile innere Wirkung wecken und sie neu erschaffen, einfach indem Sie diesem Gedanken nachgehen.

Unsere Zellen befinden sich in einem konstanten Prozess der Regeneration – manche sterben ab und neue werden gebildet. Es heißt, dass der ganze Körper sich alle sieben Jahre völlig erneuert. Zärtlichkeit erzeugt ein transformatives und fruchtbares Klima für das Wachstum gesunder, neuer Zellen, für die Wiedergeburt Ihres Körpers durch die eigentliche Substanz der Liebe.

Ein Augenblick für die Liebe

Lassen Sie uns an dieser Stelle eine kurze Pause einlegen und näher auf diesen Punkt eingehen. Richten Sie Ihr Bewusstsein auf eine Sache oder eine Person, die Ihr Herz bewegt hat – in Liebe, Freude, Trauer oder Inspiration. Was genau hat Sie so berührt? Inwieweit bewegt Sie diese Erfahrung immer noch? Ihre Reaktion spiegelt Ihre Fähigkeit der Achtsamkeit und Würdigung wider – Ihre Bereitschaft, sich dem Leben zu offnen. Wenn Sie sich an diese Erfahrung erinnern, lassen Sie den gegenwärtigen Moment von diesem Gefühl überfluten. Achten Sie auf alle subtilen körperlichen Empfindungen des Loslassens und der Wärme, und begreifen Sie sie als die nährende und heilende Substanz der Liebe. Atmen Sie diese liebevolle Atmosphäre bewusst ein.

Die innere Tyrannei

Ebenso wie äußere Beziehungen von Missbrauch oder mangelndem Respekt geprägt sein können, kann es auch Brutalität in inneren Beziehungen geben. In Ihren inneren Dialogen kann es zu Schuldzuweisungen, Scham oder Nörgelei kommen. Wenn sich Ihr Körper beruhigt, werden Sie früher oder später selbstkritische Gedanken bemerken, die Sie umkreisen. Ihnen wird auffallen, wie schwer es ist, sie in Schach zu halten. Negative Gedanken stellen sich bei der Meditation nicht einfach so ein. Sie sind im Hintergrund bereits da, doch erst wenn Sie zur Ruhe kommen, sehen oder hören Sie sie.

Auch hier scheinen Frauen besonders verwundbar gegenüber der Andeutung, dass etwas mit ihnen nicht stimmt, und diese Tyrannei schlägt sich in ihren inneren Stimmen nieder. Warum? Vielleicht weil seit dreitausend Jahren versucht wird, Frauen zum Schweigen und zu angepasstem Verhalten zu bringen. Oder vielleicht weil wir Frauen so ans Zuhören gewöhnt sind.

Das Herz jeder Frau unterhält sich ununterbrochen mit dem Leben. Weil wir viel Wert auf Beziehungen legen, sind wir offen für die Meinungen anderer Menschen, einschließlich ihrer kritischen Gedanken. Das überträgt sich auch auf unsere Innenwelt: Wir hören negative innere Stimmen und neigen dazu, ihnen zu glauben. Wenn unser Selbstwertgefühl stark ist, können wir es unter Umständen verhindern, in Scham zu versinken, und rücken diese Gedanken wieder in die richtige Perspektive. Aber selbst dann kann es mühsam sein, die giftigen Nachwirkungen einer bösartigen Bemerkung aufzuheben.

Das gilt auch für das Innenleben. Insbesondere wenn Sie müde oder von Hormonschwankungen geplagt sind, kann Ihre Verletzlichkeitsschwelle sinken und Ihre inneren Stimmen werden lauter und überzeugender. Das ist eine Zeit, in der Sie wachsam sein müssen, in der Sie einfach zusehen und zuhören sollten. Lassen Sie sich nicht von der Scham verführen.

Missbrauchsbeziehungen werden unpassenderweise »kontrollierende Beziehungen« genannt. Sie müssen weder sich noch Ihre negativen Gedanken auf irgendeine Weise kontrollieren oder zurechtstutzen, wenn Sie meditieren. Denken Sie daran, bei Ihrer Meditation auf angenehme Weise in Ihrer eigenen Essenz zu baden. Die klassischen Regeln der Meditation ähneln eher den repressiven Stimmen mancher Eltern und Lehrer: »Schmink dir deine Bedürfnisse ab! Pass auf! Sitz still! Halte dich gerade! Nicht schlafen! Denke positiv! Wie kannst du es wagen, das zu denken oder zu fühlen!« Das sind nicht die Regeln der Meditation – es sind die Regeln des Kindergartens, der Klöster und der Kirche. Wenn Sie feststellen, dass Sie sich schuldig, unzulänglich, beschämt oder wie eine Versagerin fühlen, dann machen Sie sich klar, dass Sie einfach auf eine der irrigen Regeln gestoßen sind. Holen Sie tief Luft und machen Sie weiter. Praktizieren Sie »nicht gemein zu sich selbst sein«. Kehren Sie zu Ihrem Aufmerksamkeitspunkt zurück, der etwas Angenehmes sein sollte, ein Aspekt des Lebens selbst.

Es ist verführerisch, die Meditation für ein Mittel zu halten, unliebsame Gedanken zu vertreiben. Viele Bücher und Lehrer fördern dieses Ziel. Man müsse sich mehr anstrengen, keine Gedanken zu haben, heißt es bei ihnen, weil es ein Scheitern darstelle, wenn man während einer Meditation denke. Das zeuge von einem »Affenverstand« (ein häufig gebrauchter Vorwurf im Buddhismus) – also von Gedanken, die spielen und herumspringen. Für unseren kontrollierenden Verstand klingt das durchaus logisch; natürlich soll man aufhören zu denken, wenn man meditiert. Das Modell, das hinter dieser Einstellung steht, ist das des Ego als einer heldenhaften Figur, die sich mächtig anstrengt, um aufsässige Gedanken zu disziplinieren, wie Herkules sich mit seinen starken Armen anstrengte, den Feind abzuwehren. (Was ist eigentlich so schlimm an Affen? Sie sind großartige Überlebenskünstler.)

Wenn Sie meditieren, tun Sie etwas, über das sich die menschliche Kultur seit tausenden von Jahren eine Meinung gebildet hat.

Darum stehen Ihrem inneren Misshandler reichlich Munition und Rechtfertigungen zur Verfügung. Wie sich diese »Selbstgeißelung« zeigt, variiert von einem Augenblick zum anderen. Vielleicht drängt es Sie, im Schneidersitz zu sitzen, obwohl Ihre Knie schmerzen. Verändern Sie Ihre Haltung und sitzen Sie bequem. Vielleicht fühlen Sie sich selbstsüchtig oder beschämt, weil Sie Sehnsüchte und Bedürfnisse haben; möglicherweise fühlen Sie sich aber auch schlecht, weil Sie während der Meditation wütend sind oder an Sex denken. Lassen Sie diese Gefühle zu.

Einige dieser kleinen Stimmen der Scham und Schuldzuweisung versuchen, sich als Ihre innere Führerin zu verkleiden: »Ich bin die Stimme der Autorität, ich bin die Stimme Buddhas, ich bin die Stimme von oben, die dich auf den einzig wahren Weg ruft.« Zum patriarchalen Gedankengut gehört auch die Scham darüber, menschlich zu sein. Diese Scham bringt uns dazu, unsere Menschlichkeit zu »überwinden« oder zu transzendieren, indem wir Vollkommenheit anstreben. Wann immer Sie sich unzulänglich fühlen oder sich Ihrer selbst schämen, einfach weil Sie existieren, ist diese Dynamik am Werk. Hüten Sie sich vor diesen perfektionistischen Idealen. Die Meditationsliteratur ist voll von Perfektionismus: Sitzen Sie absolut gerade, schlafen Sie nicht ein, lassen Sie Ihre Gedanken nicht umherwandern, widmen Sie sich ganz Ihrem Guru, leben Sie vegetarisch, werden Sie niemals wütend, seien Sie stets voller Mitgefühl.

Wenn Sie solche Überlegungen zur Kenntnis nehmen und sich Ihren Meditationsansatz dadurch nicht verkomplizieren lassen, dann haben Sie gewonnen. Jedes Mal, wenn Sie vor diesen »schlechten« inneren Gefühlen nicht die Flucht ergreifen, erobern Sie ein kleines Stück Ihrer Freiheit zurück. Der Ausweg besteht darin, einfach aufmerksam zu sein. Wenn Sie bei Ihren Gedanken verweilen, wird Ihre Aufmerksamkeit die schlechten Gefühle, die Ihre Fähigkeit hemmen, fröhlich Ihren eigenen Wünschen zu folgen, absorbieren und sie schließlich auflösen.

Innere Strenge hat nichts mit Meditation zu tun. Wenn Sie eine rigide Disziplin verfolgen, erschweren Sie sich das Meditieren und werden höchstwahrscheinlich bald damit aufhören. Um erfolgreich zu meditieren, müssen Sie die puritanischen Regeln aufgeben und sie durch die Regeln der Freundschaft ersetzen.

- Verletzen Sie sich nicht selbst.
- Setzen Sie sich nicht selbst ins Unrecht.
- Verbieten Sie sich nicht den Mund.
- Pressen Sie sich nicht in eine ideale Gussform.
- Löschen Sie keine Teile Ihres Selbst aus, und verurteilen Sie sie nicht.
- Seien Sie sanft zu sich selbst.

Wie man zuhört

Die Technik, wie man mit Schamgefühlen umgeht, ist einfach: Hören Sie zu, beobachten Sie, fühlen Sie, aber lassen Sie sich von den kritischen Stimmen nicht zum Narren halten. Es sind einfach nur Endlosschleifen, die Ihr Gehirn abspielt. Der Meditationsprozess nimmt den Stimmen ihre Macht und gibt Ihnen diese Macht zurück.

Die Erkenntnis, wie gewalttätig wir oft gegen uns selbst sind, trifft uns häufig wie ein Schock. Wenn Sie solche Gedanken hören, zucken Sie wahrscheinlich zusammen, aber machen Sie sich klar, dass sich Ihr Gehirn dadurch nur selbst von der Zerstückelung heilen will. Wenn Sie merken, wie die Gedanken Sie scheinbar angreifen und wie müde die mentalen Muskeln sind, mit denen Sie diese Gedanken ständig in Schach halten, dann sind Sie sich Ihrer inneren Situation endlich bewusst. Es kann schmerzlich sein, sich diese Schlacht einzugestehen.

Bei der Meditation geht es allerdings nicht darum, noch mehr zu verdrängen oder – wie Herkules – einen festen Stand zu bekommen, um diese Bewusstheit noch besser auszugrenzen. Es geht vielmehr darum, der Situation Ihre Aufmerksamkeit zu schenken und beiden Seiten des Dialogs Ihr Mitgefühl zukommen zu lassen: dem Ich, das negativ über Sie denkt, und dem Ich, das versucht, diese Gedanken zu verdrängen, damit Sie funktionieren können. Ihre meditative Bewusstheit berührt vorsichtig beide Teile und heilt allmählich den Riss.

• Hören Sie sich aufmerksam zu.
• Achten Sie auf den Tonfall der Stimmen Ihrer Gedanken.
• Achten Sie auf die Etiketten, mit denen Sie Ihr Verhalten beurteilen.
• Beobachten Sie Ihre inneren Bilder.
• Spüren Sie die Empfindungen.

Jetzt zum Heilmittel: Kehren Sie zum Vergnügen zurück, zum Ausgangspunkt, zum Leben – ohne die negativen Stimmen auf irgendeine Weise zu leugnen oder zu versuchen, sie zum Schweigen zu bringen. Stellen Sie sich vor, wie Sie in etwas Positivem baden, etwas Lebensnotwendigem: Atem, Klang, Licht, Liebe.

Wenn Sie auf die negativen Stimmen hören, lindert das die innere Anspannung, die diese in Ihnen geschaffen haben, und es bricht den hypnotischen Zauber. Im Märchen von Rumpelstilzchen muss die schöne Maid den Namen des Männchens erraten, um sich von ihm zu befreien. Auf ähnliche Weise verwandelt Ihre unterbewusste Macht die negativen inneren Stimmen, wenn Sie ihnen zuhören und ihnen einen Namen geben.

Wir haben einige der gemeinsten inneren Drehbücher gesammelt, denen Frauen ausgesetzt sind. Manchmal liegen die Gedanken offen zu Tage, dann wieder sind sie unterbewusst, unterhalb der Schwelle der Bewusstheit. Wie auch immer, sie sind giftig und schaffen ein bitteres, scharfes, kaltes und trockenes Klima in unserem Inneren. Doch wenn wir ihnen einen Namen geben, lockern wir den Griff, mit dem sie uns umklammert halten.

- Mit der/dem habe ich es mir echt verscherzt.
- Ich baue immer Mist.
- Sie hassen mich.
- Ich bring's einfach nicht.
- Ich bin schwach.
- Ich weiß gar nicht, was ich da tue.
- Mir fällt nie ein, was ich sagen soll.
- Ich sage immer das Falsche.
- Ich bin nicht klug genug und deshalb mag mich niemand.
- Ich bin zu klug, deshalb mag mich niemand.
- Ich übertreibe immer.
- Ich schaffe es nie.
- Ich bin hässlich.
- Ich hasse meinen Körper.
- Ich bin zu fett (zu dünn, zu groß, zu klein, zu alt, zu jung.)
- Meine Nase ist zu groß (meine Augen sind verschwollen, meine Haut ist schlecht, meine Haare sitzen nicht).
- Ich bin ekelhaft.
- Ich sollte mich gar nicht in die Öffentlichkeit wagen.

Und dann wird alles verschlimmert durch:

- Ich sollte so etwas nicht denken.
- Ich sollte so etwas nicht fühlen.
- Aufhören, aufhören, aufhören!

Weil uns Frauen so viel an Beziehungen liegt, können wir in Bezug auf diese Stimmen nichts Wirkungsvolleres tun, als eine Beziehung zu ihnen aufzubauen. Die heldenhafte Methode, das heißt sie auszublenden oder zu unterdrücken, scheint bei Frauen nicht zu funktionieren (wenn sie überhaupt bei irgendjemandem funktioniert). Die Stimmen gehen nicht einfach weg; sie bleiben im Schatten des Unterbewusstseins und suchen sich schlaue und diabolische Wege, um dort furchtbare Zerstörungen anzurichten.

Marlas Geschichte

Nur um Ihnen zu zeigen, wie hinterhältig verinnerlichte Schamge-
fühle sein können, folgt hier die Geschichte einer Frau, die seit
dreißig Jahren meditiert. Marla ist wohlgerundet und kompetent,
stellt viele ihrer Kleider selbst her und besitzt mehrere Häuser.
Erst vor kurzem gab sie bei einem Spaziergang mit einer Freundin
zu, dass ihr ein bestimmtes Bestsellerbuch zum Thema Meditation
und Heilung nicht gefiel. Sie hatte das Buch gekauft und ein Jahr
lang versucht, es zu lesen, aber sie musste es nach ein oder zwei
Seiten immer mit einem schlechten Gefühl zur Seite legen.
Im Gespräch mit ihrer Freundin wurde ihr klar: »Die Lehren in
diesem Buch sind autoritäre Meinungsäußerungen. Das Buch ist
keine Einladung zu einer Forschungsreise, es ist despotische Phra-
sendrescherei. Ich fühle mich schlecht, unzulänglich und schuldig,
niedergeredet, als ob ich in der Kirche wäre.« Anstatt Marla aufzubauen, vermittelte ihr das Buch insgeheim die Überzeugung,
mit ihr könne etwas nicht stimmen. Obwohl Marla redegewandt
war und sich in spiritueller Arbeit gut auskannte, wurde ihr klar,
dass dieses Buch ihr ein schlechtes Selbstwertgefühl vermittelte.
»Ich dachte: ›Ach, es liegt an mir. Wenn ich nicht so fehlerhaft wäre, wenn ich höher entwickelt wäre, dann würde ich mich durch
dieses Buch nicht so schlecht fühlen.‹ Also fühlte ich mich unzulänglich, weil ich mich unzulänglich fühlte!«
Seien Sie wachsam, wenn etwas in Ihnen den Gedanken »Das pa-
cke ich nie, ich bin nicht gut genug« hervorruft. Ihr Nervensystem
ist ein Betriebssystem, und manche Programme können es zum
Absturz bringen. Sie können diese Programme allerdings aussor-
tieren, indem Sie lernen, dem zu folgen, was sich gut anfühlt. Stellen Sie sich auf Ihre Seite. Letztlich wird es Ihnen egal sein, ob die
Kritik zutrifft, und Sie werden einfach Sie selbst sein.
Marlas Geschichte zeigt, wie wichtig es ist, Freunde zu haben, die
Ihr Interesse an der Meditation teilen, aber aufgeschlossen und
keine Fanatiker sind. Im Gespräch mit anderen Frauen ist es besonders notwendig, für Ihre Erfahrungen eine eigene Sprache zu
finden. Gemeinsam können Sie die verborgenen Raubtiere der
Scham entdecken und ihnen die Fangzähne ziehen.

Sie sind nicht böse, schwach oder unterentwickelt, nur weil Sie negative Gedanken haben; jeder kennt seine eigene Version davon. Aber es erfordert ein starkes Ego, wenn Sie zu Ihren inneren Stimmen eine Beziehung aufbauen wollen, ohne sie zu unterdrücken oder von ihnen besessen zu sein; diese Fähigkeit wird wie ein Muskel bei Gebrauch stärker und widerstandsfähiger.

Sie können sich mehrerer Strategien bedienen. Jedes Meditationsgeheimnis wirft ein anderes Licht auf die Art und Weise, wie wir unserer Innenwelt mit Bewusstsein begegnen und eine gesündere innere Umgebung erschaffen können. Hier einige Möglichkeiten:

- Hören Sie diesen Gedanken zu, und richten Sie anschließend Ihre Aufmerksamkeit wieder auf Freude und Sensibilität. In diesem Kapitel konzentrieren wir uns auf Methoden, um eine weiche, mitfühlende innere Berührung und ein Gefühl für den Fluss zu kultivieren.

- Machen Sie sich die irrigen Regeln bewusst, mit denen Sie es zu tun haben (siehe auch *3. Geheimnis: Nehmen Sie Ihre innere Autorität in Besitz*).

- Erkennen Sie die Wünsche hinter den Gedanken. Häufig will die kritische Stimme nur, dass wir uns selbst übertreffen und unser Bestes geben. Hinter der grausamen Vorgehensweise verbirgt sich der Wunsch nach etwas sehr Grundlegendem wie Liebe oder Macht. Hinter »ich hasse mich« könnte »ich möchte, dass du mich liebst« stehen. Da solche Gefühle so primitiv sind, fällt es uns leichter, selbstkritisch zu sein, als die wahre Sehnsucht auszuhalten. (Lernen Sie in *6. Geheimnis: Antworten Sie dem Ruf*, wie Sie sich Ihre Sehnsüchte klarmachen können.)

- Machen Sie die Stimmen zu Figuren in Ihrem »Inneren Theater«. Lernen Sie, wie Sie sich ihnen voller Neugier nähern und sich von den Stimmen etwas über sich selbst sagen lassen können. Sie können den Stimmen auch eine neue Richtung geben (siehe *8. Geheimnis: Sagen Sie Ja zu jedem Ihrer Teile*). Das ist eine überaus informative Übung. Sie kann die Stimmen in vitale Energie verwandeln und manchmal sogar in Humor.

• Denken Sie daran, dass Sie auch nur ein Tier sind. Kümmern Sie sich um das instinktive Bedürfnis, auf das die Stimmen Sie aufmerksam machen, und erfüllen Sie es (siehe *2. Geheimnis: Respektieren Sie Ihre Instinkte*).

• Wenn Sie von den negativen Gedanken unerbittlich heruntergezogen werden und Sie sich deprimiert fühlen, dann ist die Zeit gekommen, die verborgene Schatztruhe auszugraben. Lernen Sie, bewusst in die Tiefe zu gehen (siehe *10. Geheimnis: Fürchten Sie sich nicht vor der Tiefe*).

• Wenn sich die Kritik gegen Ihren Körper richtet, dann lesen Sie im *11. Geheimnis: Lieben Sie Ihren Körper*, wie Sie diese gesellschaftliche Trance durchbrechen.

• Verankern Sie sich fest im Vergnügen (siehe *1. Geheimnis: Feiern Sie Ihre Sinne*).

Das Gewebe des Lebens

Es ist unglaublich süß, wenn Sie zu sich selbst zärtlich sind. Doch obwohl Sie sich nach Sanftheit verzehren – wie es jeder Mensch tut –, kann es Ihnen schwer fallen, diese Annehmlichkeit für sich zu akzeptieren. Das süße Gefühl dringt durch Ihre Schutzhülle, bis hinein in Ihren Kern. Ihr ganzes Wesen, einschließlich Ihres Körpers, erwärmt sich angesichts dieser angenehmen Stärkung, und die erfrorenen, unberührten Stellen tief in Ihrem Innern tauen langsam auf. Wundern Sie sich nicht, wenn dabei auch Tränen fließen. Freuen Sie sich über diese Tränen – sie sind das Wasser Ihrer Seele.

Unter der sanften Berührung des inneren Mitgefühls wird auch die Struktur Ihres äußeren Lebens eine andere, und die Welt scheint plötzlich mit mehr Mitgefühl erfüllt. Ihr Bauch und Ihr Brustkasten atmen freier, und Sie schmelzen in Ihren Kern hinein. Weil Sie allmählich von innen nach außen leben, baden Sie in Ihrer eigenen

Atmosphäre, gleichgültig wohin Sie auch gehen. Mit jedem Atemzug nehmen Sie dieses süße Gefühl in sich auf, und Ihr ganzer Körper ist bis zur Neige gefüllt mit zärtlicher Freude. Ohne Anstrengung und ohne sich an abstrakte Regeln zu halten, strahlen Sie auch anderen gegenüber zärtliche Freude aus. Die Menschen spüren das und reagieren entsprechend; selbst zufällige Begegnungen auf dem Markt oder der Straße können herzlich ausfallen. Sie sind durchdringbar, verbunden und stehen dem Leben zur Verfügung. Sie sind eins mit dem Strom der Liebe, der durch jeden Körper pulsiert, in der unveränderlichen Realität hinter den veränderlichen Formen. Wie ein Fluss, der zum Meer gezogen wird, gleiten Sie in immer tiefere Gewässer, in das Ewige jenseits der Abfolge der Zeit. Langsam, leise, zart gleiten Sie nach Hause.

Der innere Tanz

Zirkulation

Nennen Sie es Lebenskraft, Kundalini, Chi, Ki, Geist, Shakti oder Prana – es geht um die ungehinderte Zirkulation jener Energie, die uns Gesundheit und Zufriedenheit schenkt. Wenn wir uns selbst gegenüber weich werden, öffnen sich die inneren Wege, und die Energie strömt umfassender durch uns hindurch.

Das Leben ist großzügig: Es will in Fülle und frei durch uns hindurchfließen. Wenn wir uns den Empfindungen dieser sehr körperlichen und emotionalen Bewegungen hingeben, so ist das eine tolle Sache. Sie werden Zeit brauchen, um Ihre Fähigkeit, Energie zu spüren, zu erhöhen und den zusätzlichen Strom, der durch Sie hindurchfließt, zu tolerieren. Es ist ein nur langsam fortschreitender, alles umfassender Prozess, der auf Übung beruht. Ihr Nervensystem gewöhnt sich allmählich an die »höhere Spannung« – an die zusätzliche elektromagnetische Energie, die durch Sie hindurchtanzt, die Sie sind.

Wie beim Sex, beim Sport und bei der Tiefenatmung fördert die Meditation die volle Zirkulation und wirkt vitalisierend. Das ist einer der Vorteile der Meditation: Sie sind nach außen ruhig, sodass Sie innerlich die Energieströme verfolgen und sie noch mehr genießen können. Dieses innere Gefühl ist die Basis vieler Heilungstechniken.

Der Körper in seiner Weisheit öffnet sich auf natürliche Weise und gleicht die Energie aus, wenn wir uns dem nicht in den Weg stellen. Das Geheimnis besteht darin, mit dem Prozess zusammenzuarbeiten und das richtige Umfeld zu schaffen. Der Schlüssel ist, körperlich und emotional im Fluss zu bleiben, und Bewusstheit ist das magische Ingredienzium. Wir müssen nichts einfädeln oder kontrollieren; es geht vielmehr fast ausschließlich darum, die Kontrolle loszulassen. Dieses Prinzip ist eine der wichtigsten Grundlagen unseres Meditationsansatzes. Wenn Sie diese einfache Wahrheit begreifen, werden Sie sich viel Angst ersparen.

Alles ist im Fluss

Wenn Sie meditieren, hat das oft gar nichts mit Stille zu tun. Die Erfahrung ähnelt eher einem Tanz, einem inneren Wirbel an Bewegung. Das Leben ist im Fluss, es steht nicht still. Der Atem fließt, das Blut fließt, Emotionen fließen, Gedanken fließen, Flüsse fließen, die Musik fließt. Selbst Atome und Moleküle vibrieren ununterbrochen. Die Menschen bringen Meditation mit Stille in Verbindung, doch die Techniken wollen viel eher bewirken, dass man in den Fluss eintritt: in den Fluss eines Mantras, in den Fluss des Atems, den Fluss der Gedanken, den Fluss der Energieströme. Es ist eine Illusion, dass es irgendwo Stille gäbe und dass wir aufhören sollten, uns zu bewegen.

Während der Meditation erleben wir bisweilen eine völlige Stille, und das ist so angenehm, dass wir es fälschlicherweise für etwas Festes halten. Aber diese Empfindung ist wie ein Auto, das sich auf glattem Asphalt bewegt, oder wie der Propeller eines Ventilators,

Das Recht auf Verzückung

Theresa meditiert seit fast dreißig Jahren und hat viele verschiedene Techniken ausprobiert. Vor einigen Jahren besuchte sie ein Retreat mit einer berühmten indianischen Lehrerin. Alle meditierten zu einem sinnlichen Lied, zu dem die Lehrerin tanzte und verzückt stöhnte. Theresa ließ sich von der Verzückung anstecken und wiegte sich ebenfalls im Rhythmus.

Als sie die Augen öffnete, bemerkte sie die missbilligenden Blicke der anderen. Später nahm jemand Theresa zur Seite und sagte: »Das tun wir hier nicht. Sie lenken die Leute damit nur ab.« Offenbar durfte nur die Lehrerin sich ihrer Leidenschaft hingeben.

Das Traurige daran ist, dass für Theresa diese Art der andächtigen Hingabe und des Tanzes eine vollkommene Verschmelzung von Körper und Geist ist und es für sie zutiefst heilend gewesen wäre. Es war eine herzzerreißende Entscheidung, aber Theresa beschloss, die Gruppe zu verlassen. Das ist ein Beispiel dafür, aus welchem Grund Meditationsgruppen Frauen verlieren und damit auch deren Beitrag an natürlicher Weisheit. Frauen haben ständig wunderbare Ideen, aber viel zu wenige davon werden akzeptiert.

Spontane Bewegungen treten häufig auf, wenn man sich zur Meditation hinsetzt. Begrüßen und genießen Sie sie. Behaupten Sie ebenso wie Theresa (und die indianische Lehrerin) Ihr Recht auf Verzückung.

der perfekt justiert ist: Die Eigenschaft, nach der wir uns in der Stille sehnen, wird vom Fluss, von Harmonie und von Anmut in Bewegung ausgeglichen.

Die verblüffende Wahrheit lautet: Wir *sind* der Fluss. »Wir vollziehen keine Bewegung, wir sind Bewegung.« Die Erkenntnis hinter dieser prägnanten Erklärung von Emilie Conrad hat das Feld der somatischen Forschung und Heilung revolutioniert. Sie sind der Fluss – auf einer spirituellen, körperlichen, emotionalen und subatomaren Ebene. Das ist nicht nur eine Metapher, sondern eine

greifbare Realität, und Sie können lernen, diese Realität wahrzunehmen. Wenn Sie diesen Fluss erleben, ist das ekstatisch (buchstäblich »aus der Stauung«).

Natürlich verkrampft sich jeder einmal, und jeder Körper verspannt sich gewohnheitsmäßig. Wenn Sie meditieren, können Sie
erkennen, wo Sie sich anspannen, und dann in den Rhythmus und
den Fluss hinter der Anspannung hinein locker werden. Sobald Sie
sich entspannen, erweitern sich Ihre Blutgefäße, die Blutzirkulation
erhöht sich, der Blutdruck nimmt ab, und Ihr Nervensystem bringt
sich selbst ins Gleichgewicht. Es erfolgt eine spürbare Lockerung,
wenn sich die Wege der subtilen Energie öffnen – ein richtiger
Rausch des Vergnügens. Sie spüren den Tanz, der stattfindet – und
immer stattgefunden hat –, als unglaublich süßes Pulsieren des Lebens, als fließende Wellen, als sanftes Pumpen von Lymphe und
Blut durch die Venen. Schließen Sie sich dieser Bewegung an, und
lassen Sie sich zum Kern der Stille führen.

Das große Geheimnis in Sachen Emotionen

Der emotionale Körper einer Frau ist erstaunlich fließend. Wenn
Sie sich in den Fluss hinein entspannen, kann Ihre Meditation
manchmal auch zu einem wilden inneren Ritt auf vielen verschiedenen emotionalen Nuancen werden. Die Kunst besteht darin, sie
alle an dem Fluss teilhaben zu lassen. Integration entsteht aus der
vollen Bewegung und Zugänglichkeit aller emotionalen Eigenschaften, nicht aus gleichgültiger und statischer Ruhe. Nur durch die
gleichmäßige Akzeptanz aller Teile Ihrer Seele finden Sie Gleichmut.

Stellen Sie sich »E-motion« als »Energie in Bewegung« vor.
Wenn es dem Nervensystem, der Psyche, dem Geist, dem Körper –
wählen Sie selbst den passenden Begriff – freisteht, sich zu entfalten, wird sich das fruchtbare Spektrum der Energie, das wir Emotion nennen, in all seinen Farben, seiner ganzen Glorie und seiner
bisweilen Furcht einflößenden Größe offenbaren. Wenn wir lernen,

den Fluss nicht zu unterdrücken, wechselt die Energie spontan und schnell von einer Nuance zur nächsten. Jeder Schwall ist emotional, muss aber nicht unbedingt einen speziellen Inhalt haben und braucht auch nicht notwendigerweise ein Etikett wie Wut, Trauer oder Furcht. Der Wirbel aus Energie dreht sich möglicherweise nicht einmal um einen bestimmten Punkt, nicht um eine Erinnerung oder einen persönlichen Kommentar, sondern ist eher wie das Wetter: Ausdruck einer Lebenskraft, die einfach Raum braucht, um sich zu bewegen.

Da der Zugang von Frauen zu dieser sich ständig verändernden Elementarenergie sowohl erschreckend als auch Ehrfurcht gebietend sein kann, ist sein Geheimnis ein weibliches Mysterium. Es ist die Flüchtigkeit und Unvorhersehbarkeit urtümlicher Energie, die alle nicht Initiierten erschreckt. Die meisten Männer erleben diese Energie nie, und viele Frauen fürchten sich aus verständlichen Gründen davor: Allzu häufig wurde die Elementarenergie schon widerrechtlich in Besitz genommen, falsch eingesetzt oder voller Schuld oder Wut ausgelebt. Aber sie kann auch reinigen, befreien und inspirieren. Das ist ihr eigentlicher Zweck.

Am deutlichsten zeigt sich das, wenn wir die Meditation zu einer spontanen Bewegung werden lassen. Wenn wir uns dem Fluss der Energie hingeben und bewusst auf den Energieströmen dahingleiten, stürzen wir in den kreativen Strudel des Lebens. Wir werden von dem zeitlosen Strom getragen und tatsächlich von seiner urtümlichen Kraft geformt. Eine archetypische Kraft jenseits unserer Persönlichkeit bewegt unseren Körper, unsere Stimme, unseren Atem. Die unzähligen Gesichter der Göttin erscheinen durch uns: manchmal zärtlich, manchmal roh und wild. In dieser Sekunde, Minute oder Stunde werden wir zu ihr — wir sind alle ihre Gesichter und keines ihrer Gesichter. Wir können uns an diese vergänglichen Offenbarungen nicht klammern, aber wir können sie bezeugen und an ihnen Teil haben. Wir fließen und wir werden rein gewaschen.

Forschungsreisen

- *Seien Sie Ihre eigene Freundin.* Wie viel Aufmerksamkeit erwarten Sie von einer guten Freundin? Machen Sie sich klar, wie sie Ihnen zuhören sollte, und dann praktizieren Sie diese Art der Aufmerksamkeit selbst. Sie können es bei Ihren Freundinnen einüben: Hören Sie mit absoluter Aufmerksamkeit und bedingungsloser Liebe zwanzig Minuten lang jemandem zu, der Ihnen wichtig ist. Sie können es mit Fremden praktizieren, mit denen Sie ins Gespräch kommen. Hören Sie sich selbst während der Meditation auf dieselbe Weise zu. Lernen Sie von sich selbst alles über Intimität.

- *Legen Sie Ihre übliche Selbstkritik bloß.* Welche negativen Gedanken über sich selbst haben Sie am häufigsten? Wann kommen diese Gedanken für gewöhnlich hoch? Wie gehen Sie üblicherweise mit ihnen um?

- *Denken Sie an eine Zeit, in der Sie sich weich und zart fühlten.* Vielleicht war das, nachdem Sie sich einmal richtig ausgeweint hatten, nachdem Sie eine Massage erhalten oder nachdem Sie Sex hatten. Hat die Erfahrung die Art und Weise verändert, wie Sie sich selbst oder die Welt wahrgenommen haben?

Aufwärmübung: Die weiche Berührung

Experimentieren Sie jetzt sofort mit der weichen Aufmerksamkeit. Halten Sie kurz inne und holen Sie bewusst Luft. Wie zart und liebevoll kann sich das anfühlen? Berühren Sie mit den Fingerspitzen Ihr Gesicht, streichen Sie sanft über Ihre Haut. Spüren Sie, wie feinfühlig und süß diese Berührung sein kann. Merken Sie, wie sich das innere Klima zu verändern beginnt?

---

4. Fertigkeitskreis:
Wie man mit dem Fluss des Lebens meditiert

Energie entfaltet sich durch Mitgefühl, nicht durch Disziplin. Wir neigen dazu, uns selbst gegenüber grausam zu sein und alle negativen Stimmen, auf die wir in der äußeren Welt gestoßen sind, zu verinnerlichen. Meditierende müssen sich vor dieser Neigung hüten und dürfen sich von den kritischen Stimmen nicht die Meditationstechnik vorschreiben lassen (sie werden uns kritisieren, weil wir ihrer Meinung nach nicht richtig meditieren). Die meiste Unruhe bei der Meditation entsteht, wenn wir vor unserem inneren Auge noch einmal durchgehen, auf wie viele Arten wir im Laufe des Tages gemein zu uns selbst waren – uns schikaniert oder betrogen haben.

Entwickeln Sie eine sanfte Berührung bei der Meditation, und gewöhnen Sie sich an ständige Bewegung auf allen Ebenen. Versuchen Sie nicht, sich Festigkeit aufzuzwingen – geben Sie allem etwas Lycra hinzu. Kreativität hängt vom Fluss ab; sie kann in einer Atmosphäre der Beschränkung nicht erblühen. Die Teile von Ihnen, die wissen, wie man spielt, können mehr Freiheit in Ihre Meditation bringen – die zarten Teile von Ihnen wissen, wie man bewegt wird. Die Bereitschaft, sich bewegen zu lassen, ist ein Geheimnis des Herzens und führt zu Inspiration und Freude. Kultivieren Sie diese Bereitschaft. Lassen Sie sich von der Liebe bewegen, von Ihrer Seele, vom Geist des Lebens.

Die Körperbewusstheit der »weichen Haltung«
Viele Menschen nehmen bei der Meditation eine militärische Haltung ein – mental und körperlich. Doch selbst beim Militär heißt es bisweilen »Rühren!«. Wann immer wir eine starre Position einnehmen, schneiden wir uns von der tieferen Bewegung ab. Wir sollten uns vielmehr in die Offenheit hinein entspannen.

Die meisten Meditierenden denken, sie müssten stocksteif und aufrecht dasitzen. Sie haben gehört, dass die Meditation die Ener-

gie in der Wirbelsäule öffnen soll, also versuchen sie tapfer, aufrecht
zu sitzen. Ihre Steifheit behindert jedoch den Fluss, der es der Energie erlauben würde, sich zu öffnen. Die *Kundalini*-Energie heißt
auch »Schlangenkraft«, weil sie in schlangenähnlichen Wellen durch
Ihren innersten Kern läuft. Die Wellenbewegung ist für Menschen
aus Indien offenbar zur zweiten Natur geworden sein (haben Sie
schon einmal die herrlichen Kopfbewegungen gesehen, die einige
Inder beim Sprechen vollführen?), darum ist den Yogis wohl nie der
Gedanke gekommen, extra zur Beweglichkeit der Wirbelsäule auf-
zufordern.

Sitzen Sie unverkrampft aufrecht, damit Ihre Wirbelsäule fließend und frei sein kann, um sich mühelos zu bewegen. Ihr Kopf
schwebt einfach am oberen Ende. Stellen Sie Ihre Füße auf den Boden oder sitzen Sie im Schneidersitz, wenn das für Sie bequem ist.
Manche Menschen sitzen gern im Fersensitz, auf einem *Zafu* (Me-
ditationsbank) oder mit einem Kissen unter ihrem Gesäß. Finden
Sie heraus, was sich für Sie am natürlichsten anfühlt. Bringen Sie
Bewusstheit in Ihr Gesicht; lockern Sie die Augen, die Lippen und
die Zunge; öffnen Sie leicht den Mund, damit sich Ihr Kiefer entspannt. Ihre Hände können einfach im Schoß oder auf den Schen-
keln ruhen, die Handflächen entspannt nach oben oder unten.

Während der Meditation bemerken Sie wahrscheinlich kleine
Stellen der Anspannung. Berühren Sie sie mit Bewusstheit; stellen
Sie sich vor, wie Ihr Atem sie streichelt und beruhigt. Der Fluss des
Atems ist wie eine innere Botschaft, die Sie sanft öffnet, darum lassen Sie sich ruhig auf seine wellenartige Bewegung ein. Sobald Ihr
Körper die Anspannung loslässt, gibt es winzige Verlagerungen: Die
Schultern fallen ab, die Rippen werden weich, die Wirbelsäule bewegt sich leicht, der Kopf schwankt. Erlauben Sie sich einfach, weiter locker zu sein. Fordern Sie sich auf, innerlich aufzutauen, sich in
jede Richtung auszubreiten. Sobald man sich auf diese Weise öffnet,
ist es kein »vertikaler« Willensakt mehr, sondern fühlt sich an wie
die konzentrischen Kreise, die ein Kieselstein hinterlässt, wenn man

ihn in einen Teich wirft, oder wie das zarte Aufgehen der Blütenblätter einer Rose. Mit jedem Öffnen gibt es einen kleinen Rausch
des Vergnügens, ein »ja« oder »mmm« von Ihrem Körper. Alte Muster entfalten sich langsam und sanft, und Sie erblühen in die Fülle.

Eine hilfreiche Umgebung trägt dazu bei, dass sich Ihr Körper
entspannt. In einer Gruppe hat man ein größeres und stärkeres
Energiefeld, insbesondere dann, wenn einige der anderen Körper
bereits das fließende innere Reich kennen. Die Meditation bei
CONTINUUM ist beispielsweise ein wunderbarer Gruppenkontext,
und wenn Sie je die Chance zu einem Workshop bei CONTINUUM
haben, wagen Sie den Sprung.

Spontane Bewegung

Wenn Sie sich an die Körperbewusstheit der »weichen Haltung«
gewöhnt haben, werden Sie sich körperlich selbst als im Fluss be-
findlich erleben. Achten Sie auf die Impulse, sich zu bewegen, und
respektieren Sie sie. Wenn Sie sich nicht festklammern, ist die spontane Bewegung stets vorhanden, wie subtil auch immer. Sobald Sie
diesem Gefühl der fließenden Bewegung nachgeben, ist es, als ob
Sie in einem warmen und freundlichen Ozean schwimmen. In der
Tiefenmeditation kann Ihr Körper sich beispielsweise anlehnen
oder wiegen, Ihre Finger können kleine Gesten vollführen, Ihre
Hände können sich sogar heben und durch den Raum gleiten. Ihr
Atemrhythmus verändert sich womöglich, und Augen oder Mund
nehmen einen leicht veränderten Ausdruck an. Vielleicht vollziehen
Sie sogar ein improvisiertes *Tai Chi*, weil das der ursprüngliche,
empfängliche Zustand ist, aus dem heraus diese Bewegungen cho-
reografiert wurden. Wenn Sie sich dem Fluss überlassen, gleicht Ihr
Körper auf intuitive Weise die Energie aus, Ihr ganz persönliches
Chi Gung. Es kann sich mystisch, aber absolut natürlich anfühlen.
Wenn die Bewegung Sie auf diese Weise trägt, dann wissen Sie, dass
es keine Trennung zwischen Ihnen und dem göttlichen Tanz des
Kosmos gibt.

Schwebende Hände

Wann immer Sie Lust auf eine spontane Bewegung bekommen, können Sie bewusst nachhelfen. Verwenden Sie leise Hintergrundmusik als Meer des Klanges; das stärkt das Gefühl, vom Raum getragen zu werden und bietet die Inspiration zur Bewegung. Experimentieren Sie darüber hinaus mit den »schwebenden Händen«. Heben Sie die Hände an irgendeinem Punkt während der Meditation langsam in den Raum hoch, als ob sie von Wasser getragen würden. Heben Sie sie einfach vorsichtig von Ihrem Schoß hoch, damit das Gewicht Ihrer Arme frei schwebt. Auf diese Weise signalisieren Sie Ihrem Körper, dass Sie bereit und willens sind zu schwimmen.

Heilige Gesten

Bei der Bewegungsmeditation stellt man manchmal fest, dass man eine der heiligen Gesten vollzieht, auch *Mudra* genannt. Sie kennen diese mythischen Handbewegungen aus dem klassischen indischen Tanz und von den Skulpturen der Götter und Göttinnen. Wenn Ihnen das bei der Meditation passiert, dann ist das so, als ob Sie spontan das biomorphische Feld eines zeitlosen archetypischen Balletts angezapft hätten.

Wenn Sie die Hände zum Gebet falten, ist das ein *Mudra*. Die Hände mit offenen Handflächen auszustrecken ist ein *Mudra*, ebenso die Berührung Ihres eigenen Herzens. Probieren Sie verschiedene Handhaltungen aus, und achten Sie darauf, welche sich für Sie befriedigend anfühlen. Pressen Sie beispielsweise den Daumen und eine andere Fingerspitze aufeinander, spreizen Sie die Finger und knicken Sie die Handgelenke oder Ellbogen in verschiedenen Winkeln ab. Spielen Sie mit der rechten und der linken Hand verschiedene Bewegungsabläufe durch, aber auch symmetrische Formen. Wenn Sie eine Geste entdecken, die Sie anspricht, setzen Sie sie bewusst bei Ihrer Meditation ein. Atmen Sie mit dem Gefühl, das durch diese plastische Form hervorgerufen wird, mit dem Energiefluss in Ihnen, mit dem Ausdruck und der Poesie dieser Haltung.

Sie können auch mit zwei bis drei choreografierten Gesten anfangen und fließend von einer zur anderen übergehen. Lassen Sie sich überraschen, was dazwischen geschieht.

Stabil und fließend

Jede Frau hat ihr eigenes Gleichgewicht zwischen stabil und fließend, zwischen Struktur und Freiheit, Planung und Spontaneität. Machen Sie sich Ihr bevorzugtes Gleichgewicht klar und akzeptieren Sie es. Wenn Sie Ihrer innewohnenden Vorliebe folgen, werden Sie möglicherweise allmählich zum Gegenteil gezogen. Eine Analogie ist die sich ergänzende Beziehung zwischen Yoga und Tanz. Beide schaffen Kraft, Zentriertheit und Flexibilität, aber Yoga konzentriert sich auf Struktur, Stille und innere Ruhe, Tanz dagegen auf Spontaneität, Bewegung und Ausdruck. Letztlich werden Sie Ihre eigene Synthese zwischen den beiden Möglichkeiten finden. Wie unser Freund Shiva Rea, ein bekannter Yoga-Lehrer in Los Angeles, der regelmäßig Beiträge für das *Yoga Journal* veröffentlicht, einmal feststellte: »Wenn ich nicht die Wildheit des afrikanischen Tanzes hätte, wäre ich niemals in der Lage, die Disziplin des Yoga aufrechtzuerhalten.«

Meditationen

Die folgenden Meditationen lassen sich alle hervorragend durch leise und sanfte Musik ergänzen. Eine der effizientesten Möglichkeiten, Ihr Nervensystem zum Loslassen anzuregen, besteht darin, der weichen Beschaffenheit des Klanges zu lauschen.

Der Atem des Mitgefühls

Diese Forschungsreise in die herrliche Zartheit des Atems ist wunderbar schlicht und zutiefst regenerativ. Nehmen Sie sich erst ein paar Minuten Zeit, um sich einzustimmen, und schließen Sie die Augen, wenn Sie dazu bereit sind. Lassen Sie nicht zu, dass der Sie umgebende Raum Forderungen an Sie stellt. Machen Sie sich Ihren Atem bewusst, einfach so, wie er ist. Achten Sie darauf, wie er ohne Willensanstrengung Ihrerseits einfach fließt, wie er in Sie hineinströmt und wieder hinaus. Lassen Sie zu, dass sich der Rhythmus von allein findet – es besteht keine Notwendigkeit, ihn auf irgendeine Weise zu ändern. Ihr Atem kann flach oder tief sein, extrem langsam oder schnell; vielleicht legt er beim Ausatmen auch eine scheinbar endlose Pause ein.

Richten Sie nun Ihre Aufmerksamkeit auf die Beschaffenheit des Atems, darauf, wie weich er ist. Spüren Sie, wie die Zartheit durch Ihre Nase und Ihren Hals streicht, das leichte Anschwellen in Ihnen und die akzeptierende Berührung. Wie weich kann Ihr Atem sein? Geben Sie sich willentlich dieser Zartheit hin; lösen Sie alle Urteile und allen Schmerz auf. Erkennen Sie die verweilende Bewegung des Atems als den Geist der Akzeptanz in Ihnen. Nehmen Sie den Segen an. Atmen Sie voller Mitgefühl für sich selbst.

Ein sanftes Erwachen

Diese kurze Meditation durchsetzt Ihre ersten wachen Momente mit Selbsterinnerung und verschafft Ihnen für den Rest des Tages eine schöne Stimmung. Führen Sie sie fünf oder zehn Minuten lang im Bett durch, nachdem Sie morgens aufgewacht sind. Massieren Sie anschließend Ihre Kopfhaut, und machen Sie einige einfache Streckübungen, bevor Sie richtig aufstehen. (Siehe auch die Streckübungen im Kapitel *Leben Sie!*)

Liegen Sie bequem auf dem Rücken. Legen Sie die rechte Hand auf den oberen Brustkasten und die linke Hand auf den unteren Bauchbereich. Sie werden spüren, welche Stellen nach Kontakt verlangen.

Die sanfte Berührung des Atems in Ihnen trifft auf die sanfte Berührung Ihrer Hände. Atmen Sie in diesen Kontakt hinein und lassen Sie sich von dieser Energie beruhigen und Ihren Bauch und Ihr Herz stärken. Achten Sie auf die subtilen Gefühle der Wärme, der Befreiung und des Trostes, und ermahnen Sie sich, sensibel mit sich selbst umzugehen. Tränken Sie alle ängstlichen Gedanken mit Mitgefühl, und stellen Sie sich vor, wie Sie mit dieser Akzeptanz und Fürsorge durch Ihren Tag gehen. Während Sie sich auf die Empfindungen fürsorglicher Aufmerksamkeit konzentrieren, wachen Sie sanft in die Atmosphäre der Liebe auf.

Mit dem Herzen in der Hand

Setzen Sie sich bequem hin, und nehmen Sie sich für die Einstimmung jede Menge Zeit. Legen Sie dann sanft die Hand auf Ihr Herz. Atmen Sie in diesen Kontakt zwischen Ihrer Hand und Ihrem Brustkasten hinein. Spüren Sie die Wärme und Energie, als ob eine subtile Botschaft zwischen Ihrer Handfläche und Ihrem Herzen hin und her strömt.

Nehmen Sie Ihre Hand langsam weg, und legen Sie sie anschließend noch langsamer wieder an dieselbe Stelle, als ob Ihre Hand durch Magnetismus zu Ihrer Brust gezogen würde. Tauchen Sie wieder in die Berührung ein. Spüren Sie erneut die Kommunikation von Energie. Was kommuniziert sie?

Wiederholen Sie diese Bewegungsabfolge mehrmals, ziehen Sie die Hand langsam weg und legen sie wieder zurück. Lassen Sie die Empfindungen und Emotionen zu, mit denen Sie zu Ihrem Herzen nach Hause finden.

Aufbauübungen

Im Rhythmus wiegen

Diese Übung ist sehr entspannend und kann, wenn Sie wollen, bei leiser Musik durchgeführt werden. Setzen Sie sich bequem hin und nehmen Sie sich etwas Zeit, um sich Ihrer Beine und Ihres Beckens bewusst zu werden. Würdigen Sie, wie Ihr Oberkörper von dieser Basis aus sanft nach oben steigt. Wiegen Sie langsam den Torso, bewegen Sie Ihr Gewicht vorsichtig von einer Seite zur anderen. Ihre Wirbelsäule wird fließender, Sie bewegen sich wellenartig, wie Seetang oder eine Weide im Wind. Lassen Sie Rippen, Schultern und Kopf mit dieser herrlichen Bewegung mitgehen. Genießen Sie das einige Minuten lang.

Gestalten Sie die Bewegung dann immer kleiner. Am Schluss wiegen Sie nur noch den Kopf, je näher Sie der Mitte kommen. Welcher Sinn lässt Sie wissen, wo die Mitte ist? Achten Sie darauf, wie subtil die Wellenbewegung sein kann — fast so zart wie ein Gedanke. Verschmelzen Sie innerlich mit diesen köstlichen Empfindungen.

Die Süße des Raumes

Diese Bewegungsmeditation ist eine natürliche Fortsetzung aller anderen Meditationen, die in diesem Kapitel beschrieben wurden. Erforschen Sie diese Übung zuerst in entspannter Sitzhaltung; später können Sie sie im Stehen ausprobieren. Denken Sie daran, dass es keinen falschen Weg gibt zu meditieren.

Kommen Sie zur Ruhe, und nehmen Sie sich dazu so viel Zeit, wie Sie brauchen. Machen Sie sich dann bewusst, wie der Raum Ihren ganzen Körper in liebevoller Umarmung hält. Spüren Sie die sanfte Berührung der Luft auf Ihrer Haut — auf Ihren Wangen, Armen, Lidern, auf Ihrem Hals. Genießen Sie die süße Berührung.

Sobald Sie bereit sind, beginnen Sie mit den »schwebenden Händen«. Halten Sie Finger und Ellbogen sanft entspannt, erlauben Sie den Händen, sich in den Raum zu erheben, als ob sie magnetisch nach oben gezogen würden, bis sie vor Ihnen schweben. Stellen Sie sich vor, dass die Beschaffenheit des Raumes zähflüssig und tragend ist, wie ein Meer aus Honig.

Bewegen Sie Hände und Finger langsam und einfühlsam. Erforschen Sie die Empfindungen des Auftriebs und die üppige Beschaffenheit der Luft. Spüren Sie diese imaginäre Dicke beziehungsweise Leichtigkeit, die Eigenschaft der Berührung. Richten Sie Ihre Aufmerksamkeit abwechselnd auf die Aktivität und das Empfangen, während Sie sich bewegen. Streicheln und kitzeln Sie die Luft. Legen Sie dann eine Pause ein, und empfangen Sie die Berührung der Luft. Stellen Sie sich vor, dass der Raum Sie sanft kitzelt, streichelt und anstößt.

Geben Sie sich eine Ewigkeit, um die Süße dieses Kontakts in sich aufzunehmen. Ihre Hände können darauf so reagieren, dass sie langsam einer eigenen Bewegung folgen, als ob sie liebevoll von unsichtbaren Strömen getragen würden, die Sie umgeben. Geben Sie sich ganz diesem Tanz hin.

Reflexionen

- Was passiert in Ihrem Körper, wenn Sie das Mitgefühl zulassen? Welche Empfindungen fallen Ihnen auf? Welche Emotionen? Welche Einsichten über sich selbst?
- Wie hat sich Ihr Bewusstsein für den Raum verändert? Ihr Gefühl für den Fluss?
- Man muss sich erst an diese neuen Gedanken, Emotionen und Empfindungen gewöhnen; darum heißt es ja auch Meditations-*praxis*. Sie entwickeln »innere Muskeln« für das Mitgefühl, das für Ihre Gesundheit und Ihr Glück entscheidend ist.

5. Geheimnis
Verweilen Sie in Ihrem inneren Heiligtum

Etwas stimmt nicht. Ich fühle mich merkwürdig.
Wie ich mich auf diese Meditation freue. Endlich
kann ich herausfinden, was da läuft.
Wenn ich nur irgendwo eine Höhle hätte, in die
ich mich zurückziehen könnte …
Um meine Wunden zu lecken, auch wenn ich gar
nicht weiß, welche Wunden das sind!
Ich werde mir eine innere Höhle erschaffen und
einfach … atmen …

Meine Brust ist so … eng, als ob etwas an meinem
Herzen zerrt.
Hmm, nicht direkt Trauer …
Mutlos … ach herrje, ich bin … mutlos.
Was für eine Anstrengung … ich versuche wirk-
lich, alles zu geben.
Ich gebe und gebe, aber manchmal scheint das
einfach nicht genug.
Ich weiß, das ist nur eine Stimmung, aber ich
könnte … weinen.
Mein Herz, mein Herz ist … hungrig! Vielleicht
bin ich einfach erschöpft.
Okay, hungriges Herz, ich werde dich mit Atem
füttern.

Ich werde mich auf die Einatmung konzentrieren,
    wirklich tief einatmen. Ich könnte etwas Inspi-
    ration brauchen ...

»Ich empfange Atem.«
Ah, die sanfte Bewegung des Atems, der herein-
    strömt. Das ist es.
Ein wenig flach, aber mühelos, nicht erzwungen.
    Ausatmen.
Noch einmal einatmen, hmm, ein wenig tiefer.
»Ich empfange Leben.« Ja, dann einfach die Luft
    wieder hinauslassen.
Einatmen: »Ich empfange Liebe.«
Ah, meine Brust wird schon etwas weicher.
Etwas Liebe kullert herein ... Ein paar Tränen
    kullern hinaus.

»Ich empfange Atem ... ich empfange Leben ...
    ich empfange Liebe.«
Ja, ja. Ich kann es spüren. Das Leben fließt in
    mich hinein, erfüllt mich, stärkt mich.
Die sanfte Berührung des Atems, ein und aus –
    schmelzend, weich ...
Ich empfange und lasse los, immer wieder.
Wie großzügig diese Bewegung des Atems ist ...
    wie sanft ...
Ich muss gar nichts tun – einfach nur da sein, bei
    mir selbst.
»Ich empfange Leben, ich empfange Liebe ...«
Ah, wenn ich doch für immer in dieser Höhle
    des Herzens verweilen könnte!

Gestatten Sie sich Freiraum

Frauen sind einfühlsame Wesen. Wir reagieren sensibel auf Anspannung, Schmerz und alles, was in der Welt noch nicht gelöst wurde. Wir tragen diese kollektive Spannung in unseren Körpern und in unserer Psyche.

Wenn Sie keine Zuflucht vor der Welt haben, dann können Sie all die subtilen Gefühle, die Sie anderen Menschen gegenüber hegen, und die ganze Last der Emotionen, die Sie für andere tragen, auch nicht verarbeiten. Durch den Stressabbau während der Meditation wird es Ihnen leichter ums Herz. Das setzt eine ungeheure Menge an psychischer Energie frei und verwandelt Anspannung in Kreativität und Liebe.

In der äußeren Welt ist eine Zuflucht oder ein Sanktuarium ein heiliger Ort, beispielsweise ein Tempel, eine Moschee oder eine Kirche. Zufluchten werden auch geschaffen, um ein Stück Natur zu schützen, beispielsweise in Vogelschutzgebieten, wo die Jagd verboten ist. Das Wort *Sanktuarium* hat eine lateinische Wurzel, die »heilig machen« oder »weihen« bedeutet. Ein magischer Kreis wird um den Ort gezogen, und alles darin steht daraufhin unter dem Schutz Gottes.

Im Alltagsleben ist ein Sanktuarium oder eine Zuflucht ein Ort, an dem Sie ausruhen und ganz Sie selbst sein können. Sie sind sicher vor Angriffen und werden nicht verfolgt. Sie können sich völlig entspannen, abschalten, loslassen und aus der Deckung kommen. Eine solche Ruhepause kann sich heilig anfühlen und zutiefst nährend und heilend sein. Die Zeit, die Sie in Ihrer Zuflucht verbringen, erneuert Sie, und Sie können mit neuer Kraft wieder in die Welt hinaus.

Für eine tiefe Meditation müssen Sie in der Lage sein, eine Zuflucht für sich selbst zu schaffen. Das bedeutet, sich einen Raum zu suchen, der ganz Ihnen gehört, und sei es auch nur vorübergehend, und eine Zeit, die Sie ganz für sich haben, und sei es nur ein Augenblick. Ihre Zuflucht kann Ihr Garten sein oder die Badewanne, Ihr Schlafzimmer oder das Sofa im Wohnzimmer. Dieser Ort wird zu Ihrer Zuflucht, weil Sie es so bestimmen.

Wenn Sie sich Raum zum Meditieren schaffen, kann sich das sehr anmaßend anfühlen – vielleicht müssen Sie andere Dinge beiseite räumen, die Tür schließen oder zu bestimmten Forderungen »Nein« sagen. Hängen Sie ein Schild mit der Aufschrift »Bitte nicht stören« oder »Zutritt verboten« an die Tür, stöpseln Sie das Telefon aus oder schalten Sie den Rufton leiser. Dadurch errichten Sie eine schützende Grenze, damit Sie nicht darüber nachdenken müssen, ob Sie womöglich gestört werden.

Sich Raum zu schaffen ist darüber hinaus intim, wagemutig und tollkühn. Sie geben sich die Privatsphäre, um mit den Tiefen Ihres Ichs zu kommunizieren. Sie schaffen eine Situation, in der Sie sich mit Ihrem stillen inneren Selbst neu verbinden können. Wenn es eine Zuflucht für Sie gibt, können Sie in den Raum zwischen den Dingen gleiten. Die Meditation ist ein »Schwellen«-Zustand: Er tritt auf der Schwelle zwischen der inneren und der äußeren Welt ein. In der Meditation berühren Sie die Membran zwischen dem Bewussten und dem Unbewussten, zwischen Traum und Realität, und Sie durchdringen die Oberfläche, um die kreativen Knospen Ihrer Seele zu erspüren.

Ihre Zuflucht kann so schlicht oder so aufwändig sein, wie Sie es wünschen. Vielleicht möchten Sie einfach eine besondere Stelle in Ihrer Wohnung, an der Sie meditieren können. Manche Frauen bauen sich einen schönen Altar mit symbolischen Gegenständen, Fotos ihrer Familie und einer Vase mit Blumen. Auch ein Gebet kann eine Zuflucht schaffen, und für manche Menschen ist das Gebet immer der Einstieg. Rufen Sie etwas, das größer ist als Sie selbst: eine heilende Präsenz, eine Höhere Macht, das Göttliche. Sie können eine Kerze entzünden oder ein Räucherstäbchen, dessen Duft Sie mögen. Einige Frauen reinigen den Meditationsplatz zu Beginn, andere tanzen darum herum und schaffen sich so ein Heiligtum. Und

dann gibt es Frauen, die sich einfach ohne Brimborium hinsetzen –
das Instant-Heiligtum.

Wenn es für Sie aus irgendeinem Grund unpraktisch ist, sich zu
Hause eine Zuflucht zu schaffen, dann suchen Sie sich eine Kirche,
einen Garten oder einen Ort im Freien, den Sie dazu verwenden
können.

Lassen Sie sich Zeit

Sie brauchen nur eine halbe Stunde, aber die sollte ohne Störungen,
ohne Hetze und ohne Druck verlaufen. Nehmen Sie sich am Ende
noch fünf Minuten, in denen Sie einfach nur dasitzen. Planen Sie
genügend Zeit ein, damit Sie nichts übereilen müssen. Eine gute
Praxis besteht am Morgen aus zwanzig Minuten vor dem Frühstück
und einer weiteren Sitzung am Nachmittag oder abends vor dem
Abendessen. Es dauert eine Weile, bis man sich eingestimmt hat
und präsent ist und eine Technik anfangen kann. Für gewöhnlich
sitze ich fünf Minuten nur da und trinke meinen Tee. Der Grund,
warum man für den Meditationsteil feste Zeitvorgaben benötigt, ist
der, dass ein so tiefer Ruhezustand nur in angemessener Dosis zu
sich genommen werden sollte. Gewöhnen Sie sich langsam an diesen Zustand, über einen Zeitraum von Monaten. Es ist ziemlich intensiv, die Straße mit weit geöffneten Sinnen hinunterzugehen,
innerlich total entspannt. Wenn Sie zu früh zu viel meditieren, können Sie übersensibel oder während Ihrer Aktivitäten träge werden.

Die Durchschnittsbevölkerung klagt am meisten darüber, dass
sie nicht genug Zeit im Alltag habe. Wer hat schon die Zeit zu meditieren? Aber das ist eines dieser paradoxen Phänomene: Die Meditation kann Ihnen in Wirklichkeit Zeit schenken. Wenn Sie bei
der Meditation lernen, in Ihrem eigenen Rhythmus zu bleiben, gewinnen Sie die Klarheit und Geistespräsenz, die nötig ist, um Ihren
Tag zu organisieren. Ihre Prioritäten ordnen sich von selbst, und
mit einer entspannteren Einstellung gewinnen Sie das Gefühl, noch
mehr Zeit und Raum für das zu haben, was wirklich wichtig ist.

Frauen und Stress

Wir sehnen uns alle nach einem gesunden Gleichgewicht in unserem Leben. Stress ist ein Hauptfaktor zahlreicher Krankheiten und zu viel Stress raubt uns alle Freude. Manchmal tut Stress auch gut, ist sogar angenehm; ein optimales Maß an Stress liefert uns die nötige Stimulation, und die Erregung eines erfüllten und sinnvollen Lebens kann das Immunsystem sogar noch stärken. Nur der übermäßige und lang anhaltende Stress führt zu Problemen.

Auf der biologischen Ebene ist es der Parasympathikus, der uns in den Ruhemodus fallen lässt und unser Herz und unsere Blutgefäße offen hält, während der Sympathikus für die Kampf-oder-Flucht-Reaktion sorgt und Herz und Blutgefäße verengt. Jedes Blutgefäß im Körper ist mit beiden Nervensystemen verbunden, weil wir beide Zustände brauchen, um ein ausgeglichenes Leben zu führen. Das Gleichgewicht zwischen Ruhe und Aktivität, zwischen Loslassen und Losziehen, ist heutzutage eine große Herausforderung. Im Allgemeinen ist das mentale und körperliche Gewebe des Alltagslebens zu schnell, zu dicht und zu gedrängt, darum müssen wir uns bewusst anstrengen, um den gegensätzlichen Zustand zu kultivieren.

Die medizinische Forschung hat einige wichtige Erkenntnisse gewonnen, inwieweit sich die weibliche Biologie von der männlichen unterscheidet. Die meisten Studien wurden an männlichen Versuchspersonen durchgeführt und die Schlussfolgerungen daraus vom männlichen Körper ausgehend verallgemeinert (genau wie im Bereich der Meditation!). Glücklicherweise ändert sich diese Situation allmählich. Vor kurzem wurde gemeldet, dass Frauen auf Stress seltener mit Kampf oder Flucht reagieren, wie es für Männer typisch ist; Frauen neigen eher dazu, »sich Gutes zu tun und sich anzufreunden« – das heißt, sie suchen Wege, sich zu stärken und die Unterstützung anderer zu finden. Die Studie stellte fest, dass diese Reaktion sowohl bei Menschen als auch bei Tieren zu finden ist und auf hormonellen Unterschieden zwischen den Geschlechtern basiert. Aggression ist eine wichtige Energie für Frauen, zu der sie bei Bedarf Zugang brauchen. Aber angesichts der alltäglichen Stressmenge können wir uns und anderen auch einfach Kraft geben und ein Netzwerk stärkender Beziehungen aufbauen.

Viele der mentalen Stressfaktoren, die jede von uns betreffen, werden nicht so einfach verschwinden. Wir sind eine kopflastige Gesellschaft. Die Verarbeitung einer Unmenge von Informationen, das Schritthalten mit der Technologie, lange Stunden jeden Tag vor dem Computer, ständig Strategien entwerfen, um den Status quo zu wahren oder weiter voranzukommen — das sind die Notwendigkeiten des modernen Lebens. Das elektronische Bombardement selbst spielt mit unserem Nervensystem.

Auch wenn wir Sport treiben, sind wir oft gar nicht in unserem Körper zu Hause, weil wir zur selben Zeit lesen, fernsehen oder über Kopfhörer Musik hören. Aber »im Kopf zu leben« fordert einen hohen Tribut und der daraus folgende Mangel an Entspannung und tiefem Vergnügen ist für Frauen besonders gefährlich. Chronischer, dauerhafter Stress schwächt das Immunsystem und trägt zur Entwicklung von Herzkrankheiten bei. Stress beeinträchtigt auch nachhaltig unser mentales Wohlbefinden. Der Körper der Frau ist wunderbar sensibel, doch unser Nervensystem kann leicht überfordert werden. Darüber hinaus gibt es Beweise, dass übermäßige Kopflastigkeit das weibliche Drüsensystem und den Hormonhaushalt stören kann, mit weit reichenden Folgen für die Allgemeingesundheit.

Jede Frau muss auf ihre Weise mit diesem Dilemma zurechtkommen. Die moderne Gesellschaft wird sich wahrscheinlich nicht verändern, aber es gibt viele wirksame Maßnahmen, die wir zu unserem eigenen Schutz ergreifen können. Wissenschaftler empfehlen bestimmte Gegenmittel für Frauen: Sport, Entspannung, Selbsterforschung und das Ausdrücken der eigenen Gefühle. Wir stimmen dem vorbehaltlos zu.

Sie brauchen einen Sport, den Sie genießen und auf den Sie sich freuen können, keine Aktivität, die nur eine weitere lästige Pflicht ist. Suchen Sie etwas, das Sie ruft: Walken, Tanz, Yoga, Schwimmen, Kampfkünste. Wehren Sie sich gegen die Versuchung, Sie müssten ein Objekt aus Ihrem Körper machen; betrachten Sie ihn nicht als Stück Fleisch, das Sie gewaltsam in Form bringen müssen. Das Element des Vergnügens ist überaus wichtig, und wenn Sie einen Sport finden, der auch noch Ihre Seele anspricht, umso besser. Tanz hat den zusätzlichen Vorzug von poetischer und emotionaler Ausdruckskraft. Manche Sportarten erleichtern diesen Ausdruck. Frauen, die aggressive Sportarten wie Kick-Boxen betreiben, sind weniger depressiv und haben ein stärkeres Immunsystem. Die Kick-Einstellung verleiht ihnen ein Gefühl der Macht und der Kontrolle über ihr Leben. Neben dynamischen Sportarten, die den Blutkreislauf ankurbeln, empfehlen wir (nein, wir bestehen darauf!), dass Sie auch Stretching machen, um Ihre Flexibilität und Gelenkigkeit zu bewahren. Gerade mit zunehmendem Alter ist es wichtig, flexibel zu bleiben; der Alterungsprozess trocknet uns aus und macht uns steif – geistig und körperlich. Das lässt sich verhindern, also vergessen Sie nicht, Ihre Muskeln zu strecken und locker werden zu lassen.

Was die Entspannung, die Selbsterforschung und den Gefühlsausdruck angeht, so deckt der Ansatz der Meditation, den wir vorschlagen, alle drei Bereiche ab. Wenn Sie eine Meditationstechnik wählen, die für Sie funktioniert, ist es das Beste, was Sie in Sachen Selbstfürsorge und -bewusstheit tun können. Nichts entspannt so sehr wie die Freuden der Meditation, die Sie in Berührung mit Ihrer inneren Welt bringen. In der Sicherheit der Meditation können Sie alles entdecken und unterstützen, was in Ihrem Leben ausgedrückt und verkörpert werden will.

Geben und Nehmen

Die Bewegung aus Geben und Nehmen ist die grundlegende Zirkulation der Lebensenergie, und diese Bewegung ist für jedes menschliche Wesen von entscheidender Bedeutung. Mit jedem Atemzug trainieren wir unsere Fähigkeit, das Leben in Empfang zu nehmen, die Liebe, die wir brauchen, in uns aufzunehmen, aber auch die Fähigkeit loszulassen, uns auszudrücken, etwas zu geben. Der volle Fluss aus Einatmung und Ausatmung ist Zeichen einer gesunden, intimen und unmittelbaren Verbundenheit mit der Quelle des Lebens.

Die meisten von uns sind in dieser vollen Zirkulation gehemmt, für gewöhnlich aufgrund von Konditionierungen der frühen Kindheit, als der Ausdruck unserer Gefühle, welcher Art auch immer, nicht erwünscht war. Oder vielleicht war es einfach nicht sicher, zu entspannen und zu empfangen. Irgendwie wurde unser Fluss so nachhaltig unterbrochen, dass wir lernten, uns anzupassen, die Energie zurückzuhalten, um uns sicher und angenommen zu fühlen – und das wurde uns zur Gewohnheit.

Möglicherweise halten Sie buchstäblich Ihren Atem zurück. Diese Angewohnheit beeinträchtigt den Umgang mit Ihrer Umwelt – vielleicht durch das insgeheime Gefühl der Furcht oder das der Isolation. Sobald Sie sich dieses Musters bewusst sind, können Sie lockerer werden. Die Blockierung kann sich körperlich in Unwohlsein oder Anspannung zeigen. Betrachten Sie das als Signal, loszulassen, zu empfangen oder sich auszudrücken.

Den Fluss der Liebe anzunehmen ist eine so grundlegende Anforderung, dass große Trauer aufkommt, wenn Ihnen klar wird, dass Sie ihn nicht empfangen haben. Liebe zu geben ist gleichermaßen grundlegend, und manchmal ist die Trauer noch größer, wenn wir sehen, dass wir den Fluss unserer Liebe an andere zurückgehalten haben. Die Ehrlichkeit, mit der wir diese zu Grunde liegenden Muster offenbaren, bringt ungeheure Erleichterung, aber es kann anfänglich so unangenehm sein, dass Sie vielleicht darüber nachdenken, mit der Meditation wieder aufzuhören. Versagen Sie sich dieses transformierende Geschenk nicht.

Erforschen Sie bei Ihrer Meditation die geräumige Bewegung des Gebens und Nehmens. Lassen Sie los, und entspannen Sie sich in der Liebe, die Sie geben wollen, und in allem, was Sie empfangen können. Sie werden innerlich eine sanfte Streckung verspüren, einen volleren Atem, wenn Sie sich dem Leben öffnen. Diese einfache Meditation – eine dauerhafte Lehre über Intimität und Zufriedenheit – kann Sie ein Leben lang tragen.

Schaffen Sie sich Sicherheit

Sicherheit ist eine Grundvoraussetzung bei jeder Art von innerer Arbeit. Die Prozesse der Heilung vollziehen sich auf natürliche Weise, aber am besten immer dann, wenn wir uns sicher fühlen. Wenn wir uns nicht sicher fühlen, wird die Heilung so lange höflich warten, bis wir sicher sind. Meditationen, die ein Gefühl der Sicherheit hervorrufen, bereiten den Boden für die Heilung.

Der instinktive Wunsch nach einer Zuflucht lässt sich im ganzen Tierreich beobachten, bei wilden und bei domestizierten Tieren. Die meisten Tiere suchen einen sicheren Unterschlupf, um sich zu verstecken, zu pflegen und auszuruhen – in einer Höhle, unter einem Busch, in einer Ecke hinter der Couch. Unsere tierischen Freunde sind große Befürworter der Entspannung, der Sicherheit und des Rückzugs. Sie wissen, wie man sich gut um sich kümmert.

Eines der Elemente dieses Sicherheitsgefühls ist das Wissen, dass man nicht zwingend nach dem handeln muss, was man denkt. Erinnern Sie sich von Zeit zu Zeit daran, all Ihre Gedanken zu akzeptieren.

♦ Ich werde nicht für das verurteilt, was ich bei der Meditation denke.

Eine Meditation über das Geben und das Nehmen

Der Atem ist immer ein müheloser Akt des Gebens und Nehmens. Wenn wir diese Bewegung bewusst vollziehen, weben wir uns in eine größere Verbundenheit mit der Quelle des Lebens, mit den Menschen, die wir lieben, und mit der ganzen Menschheit.

1. Schritt: Lassen Sie sich Zeit, um präsent zu werden. Sobald Sie sich eingestimmt haben, richten Sie Ihre Aufmerksamkeit auf Ihren Atem. Konzentrieren Sie sich nach ungefähr einer Minute auf das Einatmen. Einatmung ist buchstäblich »Inspiration«. Meditieren Sie über diese Sätze: *Ich empfange Atem. Ich empfange Leben. Ich empfange Liebe.* Sprechen Sie diese Sätze jedes Mal, wenn Sie einatmen, mit Ihrer inneren Stimme aus. Sprechen Sie direkt zu sich selbst, und atmen Sie in die Eigenschaft hinein, die diese Worte in Ihnen wachrufen. Nehmen Sie sich so viel Zeit, wie Sie wollen, um diesen empfänglichen Zustand zu erforschen.

2. Schritt: Richten Sie Ihre Aufmerksamkeit auf die Ausatmung. Sie können das in derselben Meditation tun oder an einem anderen Tag, wann immer Sie das Gefühl des Hinausfließens in die Welt vergrößern wollen. Konzentrieren Sie sich wieder zuerst auf das Ausatmen. Wiederholen Sie innerlich die Worte: *Ich gebe Atem. Ich gebe Leben. Ich gebe Liebe.* Lassen Sie mit jedem Satz Atem ausströmen, und durchtränken Sie das Ausatmen mit der Bedeutung, die es für Sie hat. Schicken Sie diese Eigenschaft mit jedem Ausatmen hinaus: an Gott, an die Welt, an jemanden, der Ihnen wichtig ist.

3. Schritt: Probieren Sie aus, wie es ist, wenn Sie Ihre Gefühle in Bewegung münden lassen. Beginnen Sie mit den »schwebenden Händen«. Bewegen Sie die Hände auf Ihr Gesicht, auf Ihr Herz oder auf Ihren Bauch zu, während Sie sagen: »Ich empfange Atem. Ich empfange Leben. Ich empfange Liebe.« Bewegen Sie die Hände von sich weg, während Sie sagen: »Ich gebe Atem. Ich gebe Leben. Ich gebe Liebe.« Das ist Ihr spontaner Tanz des Gebens und Nehmens.

Diese Meditation kann ein großes Spektrum an Emotionen aus-
lösen, während Sie sich Ihrer Sehnsüchte immer bewusster werden:
was Sie alles in sich haben und weitergeben wollen, aber auch was
Sie brauchen. Öffnen Sie dadurch Ihr Herz für die Intimität, die
Sie sich wünschen.

- Ich bin für den Inhalt meiner Gedanken nicht rechenschafts-
  pflichtig.
- Ich muss meine Gedanken nicht redigieren oder zensieren.
- Mein Gehirn geht einfach seiner Arbeit nach.
- Ich muss nicht eingreifen.
- So etwas geht im Schlaf und beim Träumen, wenn ich nicht
  wach bin (und auch nicht eingreifen kann), ständig vor sich.

Sicherheit führt immer zu einem Abbau von Stress

Eine Atmosphäre der Sicherheit bringt Sie dazu, die Anspannung
loszulassen, die Sie mit sich herumtragen. Das ist das Paradoxe an
der Meditation: Sie sind sicher und können dadurch feststellen, wie
unsicher Sie sich fühlen. Die Entspannung führt zu einer Lockerung der Muskelspannung, die Sie wiederum erkennen lässt, wie
angespannt Sie waren. Dieser Vorgang mag oberflächlich betrachtet Besorgnis erregend wirken, aber in Wirklichkeit befreit sich Ihr
Gehirn von der Tyrannei der Vergangenheit und bereitet sich darauf vor, etwas zu tun. Wenn Sie sich das nicht klarmachen, verurteilen Sie sich möglicherweise, sobald solche Erfahrungen hochkommen.

Das Vergnügen und die Ausdehnung bei der Meditation schaffen mehr Raum, in dem Sie Ihre Gedanken und Impulse beobachten können. Es ist wichtig, alles zu akzeptieren, was hochkommt,
selbst die unangenehmen Gefühle. Vielleicht haben Sie das Gefühl
zu fallen, wenn Sie loslassen, oder es wird buchstäblich dunkel um

Die Redwood-Zuflucht

Diese Meditation zeigt, wie individuell und fantasievoll das Bild einer Zuflucht sein kann. Lillian entdeckte es bei einer Sitzung, während sie eine quälende Trennung von dem Mann durchmachte, den sie liebte. Leidend an Körper und Herz sehnte sie sich nach einem Platz jenseits des Schmerzes, wo sie ausruhen, Frieden finden und Kraft tanken konnte. Es begann damit, dass sie sich auf den Rücken legte und sich vom Boden getragen fühlte.

»Ich schwebe auf meinem Rücken in das Innere eines Redwoodbaumes. In diesem Baum bin ich sicher, allein und für mich. Meine Arme und Beine sind ausgebreitet, so dass ich wie ein fünfzackiger Stern schwebe, warm in der Geborgenheit des Baumes.«
Lillian erzählte: »Diese Meditation war erstaunlich heilsam, sehr visuell und instinktiv. Ich suchte diesen Ort ständig auf und fühlte mich dort sofort gut. All der Schmerz war verschwunden; er konnte mich nicht mehr berühren. Ich ruhte in meiner inneren Zuflucht und gewann dadurch die Klarheit, die ich brauchte, um meinen Weg durch die äußere Situation zu finden.«

Sie, wenn Sie sich entspannen. Diese Empfindungen können für manche Menschen so Furcht einflößend sein, dass sie sich dagegen wehren. Denken Sie daran, dass verbotene, ängstliche, wollüstige oder gewalttätige Gedanken Teil Ihres inneren Haushalts sind. Wir können einen Gedanken im Bruchteil einer Sekunde verurteilen und unterdrücken, also sorgen Sie dafür, dass Sie genug Sicherheit schaffen, um diesen Prozess zu tolerieren.

Solange Sie leben, gibt es keine Möglichkeit, Spannung zu vermeiden: Das ist eine normale Folge der Interaktion mit der Welt. Im Laufe eines Tages reagieren wir ständig auf unsere Umwelt, sowohl bewusst als auch unbewusst. Einen Großteil der Zeit müssen wir uns zusammenreißen und können es uns nicht erlauben, diese Unmenge an Reaktionen anzuerkennen, geschweige denn, ihnen nachzugehen: Ärger, Müdigkeit, Enttäuschung, Angst, Sorge, Scham. Diese vielen tausend winzigen Reaktionen wirbeln in unserem Nervensystem herum, ohne zu wissen, wohin sie sollen. Wenn wir keine Zeit haben, sie irgendwo zu verstauen oder zu verarbeiten, dann verwandeln sie sich in gewohnheitsmäßige Reaktionen auf die Welt. Wir verwechseln unsere Reaktion auf Stress möglicherweise sogar mit unserem wahren Wesen. Für unsere geistige und körperliche Gesundheit brauchen wir daher unbedingt Pausen.

All diese unbewussten Reaktionen sind eine Pawlow'sche Konditionierung: Allein der Gedanke an den Abgabetermin, an Ihren Chef oder an eine schwierige Situation versetzt Sie in Stress. Schon ein bestimmter Tonfall kann wie ein Angriff wirken (was bei Partnerschaften häufig vorkommt!). Der Körper arbeitet nicht gern unter Stress, weil Anspannung seiner optimalen Funktionsweise im Weg steht. Die Meditation ist eine Entkonditionierung: Das äußere Ereignis und die Reaktion darauf werden voneinander getrennt. Sie reagieren nicht länger mechanisch, und nach der Meditation können Sie mit einer neuen Reaktion aufwarten.

Was in Ihnen instinktiv vorgeht, wenn Sie mit Ihren Sinnen meditieren, ähnelt einer Impfung gegen Stress. Wird Ihr Körper mit einer geschwächten Form des Virus immunisiert, erkennt er künftig den Eindringling und lernt, angemessene Maßnahmen zu ergreifen. Die Meditation baut Ihre Fähigkeit auf, mit Stress umzugehen, ohne sich von ihm infizieren zu lassen. Sie schenkt Ihnen Augenblicke heilender Seelenruhe und bringt Sie dann dazu, all jene Situationen neu zu überdenken, die Sie in Anspannung versetzten, die an Ihren Nerven zerrten, die Ihnen Unwohlsein verursachten oder Sie zu einer Überreaktion trieben. Sie sehen alles wie in Zeitlupe. Ihr Körper spielt alle Geräusche und Bilder ab: wie Sie in den Notfallmodus eintraten, wie Sie in Panik gerieten. Während Sie die Fragmente der Stressfaktoren erneut durchleben, übt Ihr Körper, entspannt und locker zu bleiben. Auf diese Weise lernt er, wie er seine Integrität wahren kann, sobald der Stress zurückkehrt.

Furcht

Nicht verarbeitete Furcht ist ein häufiges Muster im Körper, das an die Oberfläche kommt, sobald man mit der Meditation beginnt. Chronische Angst ist physiologisch gesehen unnatürlich. Wenn Sie während der Meditation sicher und entspannt sind, können Sie sich Ihren Ängsten stellen, indem Sie sie hochkommen lassen und sie dann einer Prüfung unterziehen.

Dadurch, dass wir uns dem Prozess des Stressabbaus anheim geben, so unangenehm er auch sein mag, nehmen wir die Welt und auch unsere Intuition wieder in Besitz. Furcht ist nur für den Augenblick gedacht, für Notfälle. In Notsituationen setzt die instinktive »Kampf oder Flucht«-Reaktion ein und versorgt den Körper mit Adrenalin und anderen Stresshormonen, damit wir uns verteidigen können. Aber wenn wir gewohnheitsmäßig so handeln, als ob ein Notfall vorliegt, obwohl das gar nicht so ist, dauert der Stress an. Die Hormone werden nicht verarbeitet und vergiften am Ende unseren Körper – und unsere Wahrnehmung der Welt. Wenn Sie bei der Meditation ein Gefühl der Sicherheit kultivieren, haben Sie einen Brennpunkt, zu dem Sie immer wieder zurückkehren können, damit die Furcht aus Ihrem System herausgewaschen wird.

Ängstlichkeit

Frauen klagen häufig über ängstliche Beklommenheit, was durch unsere Hormone noch verstärkt wird – ganz zu schweigen von unserer Geschäftigkeit. Beides kann uns das Gefühl vermitteln, völlig ausgelaugt zu sein, keine Ressourcen mehr zu haben. »Ich werde damit nicht fertig!«, rufen wir. Uns plagen Sorgen: »Was wäre, wenn ...?« Ängste und Befürchtungen stammen aus der mentalen Einschätzung einer Situation. Wenn wir einer Herausforderung gegenüberstehen, bestimmen wir unbewusst deren Größe (ist sie größer als ich?), ob sie für uns eine Bedrohung darstellt und ob wir mit ihr umgehen können. Besorgnis ist kein Problem, solange wir Zugang zu unserer Freude und einem Gefühl von Macht haben.

Aber manchmal scheinen all unsere Ressourcen völlig außer Reichweite.

Obwohl die Meditation zum großen Teil aus Denken besteht und viele Gedanken aus der ängstlichen Besorgnis herrühren, unterscheidet sich die Meditation grundlegend von Besessenheit. Sie laden Ihr Nervensystem ein, dieses Muster durch die Interaktion zwischen Ihrem Aufmerksamkeitsschwerpunkt und der spontanen Bewegung der Aufmerksamkeit aufzubrechen. Dabei unterziehen Sie nicht nur Ihr Leben einer Prüfung, sondern Sie befinden sich auch in einem anderen Zustand, der Ihnen Ressourcen und neue Optio-

---

Tipps zur Linderung der Ängstlichkeit

Versuchen Sie es mit den »erhobenen Daumen« aus dem *Jin Shin Jyutsu*. Diese Übung hilft, Sorgen und Ängste zu mindern. Halten Sie einen Ihrer Daumen einige Minuten lang mit der anderen Hand fest. Wechseln Sie die Hände, sobald Ihnen danach ist. Das war's. Sie können diese Übung fast überall durchführen. Ein wenig erinnert sie an das Daumenlutschen, sehr tröstlich und beruhigend. Es hilft auch, wenn Sie:

* ein heißes Bad nehmen
* einen Beruhigungstee trinken
* mehr schlafen
* sich Trost suchen
* mehr Orgasmen haben
* sich massieren lassen
* es mit Akupunktur versuchen
* Koffein und Zucker reduzieren oder ganz darauf verzichten
* Ihrer Ernährung Vitamin B, Kalzium und andere Ergänzungsstoffe hinzufügen
* »Calms Forte« (ein homöopathisches Heilmittel) einnehmen
* Ihr Leben vereinfachen, vereinfachen, vereinfachen – auf jede nur denkbare Weise.

nen vermittelt. Indem Sie sich die Zeit nehmen und alle Gedanken hochkommen lassen, die Kontrolle aufgeben und dem Gehirn freien Lauf lassen, geben Sie sich das, was Sie brauchen. Nach der Meditation fühlt sich Ihr Geist klar an, und Sie sind bereit für das Leben. Manche Frauen berichten, dass sie sich nicht einmal daran erinnern können, worüber sie sich Sorgen machten!

Was die Energie betrifft, ist die Ängstlichkeit ein Geisteszustand mit einer körperlichen Korrelation: Verstopfung im Kopf. Die Energie muss aus dem Kopf in den unteren Körperbereich strömen und durch den Bauch in die Beine und Füße. Ängstlichkeit ist ein Hinweis, dass die Erdenergie Sie ruft und dass Sie Ihren Sinn für das Geerdetsein wieder erneuern müssen (siehe *9. Geheimnis: Ruhen Sie in der Einfachheit*). Sie müssen anfangs die abgehackten, zittrigen Empfindungen bei Ihren Bewegungen vielleicht übertreiben und Ihre Muskeln anspannen und lockern, bis sie entspannter sind. Meditieren Sie anschließend, und lockern Sie Ihre Gedanken, Ihr Gesicht, Ihren Brustkasten und Ihren Bauch. Stellen Sie sich vor, wie ein Fluss der Energie von Ihrer Stirn bis hinunter zu Ihren Füßen strömt.

Krankheit als Zuflucht

Sich von seinen Verpflichtungen eine Auszeit zu gönnen, ist eine Notwendigkeit, auch wenn das oft nicht erkannt und das Bedürfnis nach Rückzug, Privatsphäre und Ruhe dann ersatzweise durch eine Krankheit genommen wird. Der Nachteil, in einer solch »fortschrittlichen« Gesellschaft zu leben, ist der, dass wir uns hauptsächlich über Arbeit, Produktivität und Aktivität definieren. Manche Menschen weigern sich, eine Auszeit zu nehmen und unterdrücken ihr sehr reales Bedürfnis nach Ruhe, bis die Situation eskaliert und sie ausgebremst werden. Krank zu werden ist eine gesellschaftlich legitime Entschuldigung, um zu den Erwartungen anderer »Nein« zu sagen. Wer kann in einer solchen Situation schon anzweifeln, dass

Sie jetzt allein sein müssen? Die Krankheit bietet uns die einzige Gelegenheit, bei der es in Ordnung ist, sich gehen zu lassen, sich völlig loszulassen, einfach nur im Bett zu liegen oder alles zu tun, was nötig ist, um sich zu erholen und wieder gesund zu werden. Sollten Sie krank sein, dann machen Sie das Beste aus dieser Situation: Übertreiben Sie es – und wie. Verwöhnen Sie sich – oder bringen Sie jemand anderen dazu, Sie zu verwöhnen.

In manchen Familien (und einigen New-Age-Kreisen) ist Krankheit jedoch eine Quelle der Scham: »Du hast die falschen Gedanken gedacht.« Für andere ist Krankheit ein Weg, sich die eigene Bedürftigkeit anerkennen zu lassen, um nicht länger die Betreuerin, die harte Arbeiterin oder die Draufgängerin sein zu müssen. Krankheit mag für manche Frauen als der einzige Ausweg aus unangenehmen Umständen scheinen. Bevor Sie wirklich krank werden, sollten Sie sich fragen: »Welche Erfüllung gewinne ich insgeheim durch diese Krankheit?« Warum schenken Sie sich diese Erfüllung nicht ohne den Umweg über die Krankheit?

Es ist eine Herausforderung, ehrlich zu sagen, was Sie wirklich wollen und brauchen. Viel verführerischer ist es, zu sagen: »Du weißt doch, mir geht es nicht gut«, anstatt die Wahrheit einzuräumen, dass Sie etwas Bestimmtes einfach nicht tun wollen, mit jemand Bestimmtem einfach nicht zusammen sein wollen oder aus irgendeinem Grund lieber allein wären.

Die Meditation ist eine Präventivmaßnahme. Sie unternehmen den radikalen Schritt, sich selbst all die Zeit und die Freiheit zu geben, die Sie brauchen.

Stille

Viele Menschen verspüren eine intensive Sehnsucht nach Stille, wenn sie sich zur Meditation hinsetzen. Unser Leben ist sehr komplex: reichlich Stimulation, so viele Informationen, so viele Ansprüche an uns, so viel Lärm! Dieser Angriff auf die Sinne fordert uns

einiges ab. Wir brauchen wirklich eine Erholung von dieser Über-
lastung, aber das lässt sich nicht immer leicht bewerkstelligen. Die
Meditation bietet uns den Ort und die Zeit, um uns von dem Ansturm loszumachen, und sie kann uns in eine herrlich heitere Stille
und Einsamkeit führen.

Wenn Sie still werden, fällt Ihnen vielleicht auf, wie leid Sie es
sind, ständig zu reden. Wir verwenden eine ungeheure Menge an
Energie auf das Reden — unser Mund hat förmlich ein Leck!
Manchmal sehne ich mich ebenso sehr nach meiner eigenen Stille
wie nach Essen oder Schlaf; ich kann einfach kein weiteres Wort
mehr äußern. Dieser Sehnsucht nachzugehen ist unglaublich erholsam und extrem befriedigend. Gönnen Sie sich ein paar Stunden
oder sogar einen ganzen Tag der Stille. Fangen Sie mit so viel Zeit
an, wie viel Sie dafür aufbringen können; still zu sein ist besonders
regenerierend zu Beginn oder am Ende des Tages. Warnen Sie
Freunde und Familienangehörige, dass Sie nicht zur Verfügung stehen (eines dieser Tabus, die Sie vielleicht brechen müssen). Finden
Sie jemanden, der sich um die Kinder kümmert. Sprechen Sie, wenn
möglich, vom Aufstehen bis zum Sonnenuntergang kein Wort.
Schalten Sie das Telefon aus. Meditieren Sie ein paar Mal. Es ist
Alchemie, wenn Sie Ihre Energie für sich behalten. Schon allein die
Entscheidung, eine Zeit lang zu schweigen, ruft Macht hervor, und
eine Decke aus funkelnder Stille wird sich über Sie senken wie ein
Seidenkleid, das Sie den ganzen Tag über tragen.

Stille ist nicht nur das Fehlen von Geräuschen, sondern eine reiche und vibrierende Harmonie, die allen anderen Schwingungen zu
Grunde zu liegen und sie zu unterstützen scheint. Musiker sind sich
der Macht der Stille bewusst, dieses Raumes zwischen den Noten,
als dem fruchtbaren Boden, aus dem sich alle Musik erhebt und zu
dem sie zurückkehrt. Wenn Sie meditieren, sind Sie wie ein edles
Instrument in den Händen des kosmischen Arrangeurs: Ihr Nervensystem wird sanft und kenntnisreich in Harmonie mit der heilenden Musik des Universums gebracht.

Mantras und innere Töne funktionieren wie eine Stimmgabel. Sie denken an einen Klang, lassen ihn verhallen, und während Ihre Sinne ihm in die Stille folgen, werden Sie eingestimmt und harmonisiert.

Innere Stille und äußerer Lärm

Häufig dringt Lärm von außen in unsere Zuflucht ein. Vögel können unglaublich laut sein, Motorengeräusche in der Ferne oder auch ganz nah, Flugzeuge über uns, plappernde Menschen, Türen, die sich öffnen und schließen, Wellen, die an den Strand branden.

Es gibt eine sehr unkomplizierte Art, mit Lärm fertig zu werden: Versagen Sie sich jede Meinung dazu. Lassen Sie es sich egal sein, ob die Geräusche da sind oder nicht – wie Sie es tun würden, wenn Sie in einem Café oder am Flughafen einen Unterhaltungsroman lesen. Tun Sie alles, was Sie können, um sich vor dem Lärm zu schützen, aber ärgern Sie sich darüber hinaus nicht.

Wenn ein neues Geräusch Ihre Aufmerksamkeit erregt, was ist dann am einfachsten? Hören Sie ohne Gegenwehr zu, ohne zu denken, dass Sie sich darauf konzentrieren sollten, dieses Geräusch auszublenden. Ihre Aufmerksamkeit wird dem Geräusch erst folgen, aber schon bald das Interesse verlieren. Das ist die grundlegende Einstellung, die man Lärm gegenüber kultivieren sollte, und dieser Vorschlag wird Ihren Weg in die Meditation sehr viel leichter machen.

Nachdem Sie in Sachen Lärm eine einfachere Haltung eingenommen haben, können Sie das Spiel erweitern:

- *Transparenz:* Sie dulden die Erfahrung von Geräuschen, die durch Sie hindurchlaufen, die Ihre Nerven für einen Augenblick beleben. Geräusch ist schließlich wie eine Welle.
- *Schock:* Das Geräusch weckt und erschreckt Sie. Begrüßen Sie dieses Erwachen. Der Schock kann eine echte Überraschung sein, weil man bei der Meditation manchmal in sehr tiefe Stille fällt.

• *Rückfall in die Stille:* Manchmal kann Ihnen ein Geräusch bewusst machen, wie still der Raum um Sie herum war – und wie still er ist, sobald das Geräusch vorbei ist. Das Geräusch trägt Sie in die Stille.

• *Sich dem Geräusch anpassen:* Wenn von außen ein ärgerliches Geräusch kommt, das Sie normalerweise in den Wahnsinn treiben würde, dann hilft es manchmal, ihm mit einer ähnlichen Vibration im Innern zu begegnen. Bedienen Sie sich derselben Fähigkeit, mit der Sie innerlich ein Lied abspielen können, um das Geräusch, das Sie von außen hören, in Ihrem Kopf zu reproduzieren.

Ich möchte das an einem Beispiel illustrieren: Eines Morgens saß ich auf meinem Sofa und meditierte. Die Schiebetür zum Garten stand offen. Da kam der Gärtner mit seinem Laubsauger und blies die Blätter von einer Seite der Veranda auf die andere und wieder zurück. Als dieses laute, dröhnende Geräusch mein Nervensystem erreichte, fühlte ich einen Schock der Verärgerung (verabscheuungswürdige Maschinen; eines der Themen, über die ich mich am liebsten aufrege). Aber dann wurde mir klar, dass es nur ein Geräusch war, eine Art seltsamer Musik, also fing ich an, innerlich denselben Ton zu summen, wie ein Mantra: *jzzzjjzzz.* Sofort fühlte ich mich erleichtert und merkwürdig ermächtigt, und ich fing sogar an zu lachen. Das Laubsaugergeräusch konnte mich nicht mehr erreichen; ich stellte mich dem Lärm mit einer ähnlichen Frequenz entgegen und schickte diese als schwingendes Lied aus meinem Körper heraus. Es war ein »Laubsaugerduett«. Meine Nerven waren ohnehin ein wenig angespannt – das Ganze passierte am Ende einer schweren Woche –, darum entsprach das Summen, das ich erfand, meinem inneren Dröhnen und bot mir letztlich eine unerwartete Wohltat. Trotzdem freute ich mich, als der Gärtner dann ging.

All diese Möglichkeiten, äußere Lärmquellen zu tolerieren, können auch Ihnen Wege eröffnen, die Welt zu begrüßen und sich in Ihrer Zuflucht behaglich zu fühlen.

Die Göttin in meinem Wohnzimmer

Diese Meditation stammt von Cherise. Sie ist Sängerin und Mutter einer vierjährigen Tochter. Manchmal findet sie nur fünf Minuten für sich allein, aber diese kostbaren Momente erfüllen ihren Tag.

»Morgens setze ich mich auf das Sofa in meinem Wohnzimmer und arrangiere die Kissen so um mich herum, dass ich gleichzeitig in ihnen kuscheln und auf ihnen thronen kann. Ich bin die Göttin im Wohnzimmer.

Ich weiß, dass meine Tochter in wenigen Augenblicken aufwachen wird, aber bis dahin muss ich mich um nichts kümmern, und das Licht ist auch perfekt.

In diesen wenigen Minuten werde ich gestärkt. Ich bade in dem Elixier der Schöpfung. Ich trinke die Muttermilch dieser gewaltigen Weite, die sich in alle Richtungen ausstreckt, und lasse mich vom Geheimnis des Atems massieren und umsorgen. Ich bin bis zum Überfließen gefüllt mit der Essenz des Weiblichen, darum muss ich etwas abgeben und etwas für mich behalten.

Wenn dann meine Tochter kommt und wie ein kleiner Käfer um mich herumschwirrt und ich mich mit ihr beschäftige, dann fühle ich mich wundersamerweise gar nicht chaotisch. Ich bin zentriert und in einer Art mobiler Friedlichkeit, durch die ich mit ihr Schritt halten kann. Das ist ein alltägliches Wunder. Ich bin ruhig und entspannt und kann mit ihr spielen und dann zur Arbeit gehen und heimkommen und mich wieder mit ihr beschäftigen.«

Manche Meditierende gewöhnen sich an, Lärm von außen zu verabscheuen, aber diese Einstellung kann für Ihre Meditation tödlich sein. Rupfen Sie dieses Unkraut sofort aus; sonst nimmt es Besitz von Ihrem Garten. Wenn Sie Lärm von außen verabscheuen, verdammen Sie die Welt dafür, dass sie existiert und sich bewegt. Sie stellen sich gegen die Bewegung des Lebens. Diese Ablehnung basiert wahrscheinlich auf Schmerz, dem Schmerz des Geräusches, das auf Ihre blanken Nerven trifft. Die Heilung besteht darin, Ihre Nerven durch die Lockerheit und die Ruhe Ihrer Zuflucht heilen zu lassen.

Ein Lob der Faulheit

Wenn Menschen in die innere Stille eintreten, nach der sie sich gesehnt haben, verurteilen sie es häufig als Faulheit, Schläfrigkeit, Trägheit, Schwäche oder Depression. Oft verbringen diese Menschen viele Jahre in dieser gedanklichen Falle und sabotieren ihren eigenen Seelenfrieden.

Viele andere Kulturen wissen, wie man sich entspannt und in einem langsameren Tempo weitermacht; sie leben in einem fließenden Gefühl für Zeit, in dem ewigen Jetzt. Amerikaner sind ziemlich nassforsch, mit sehr viel kreativer Energie und Begeisterung. Hinter unserer manischen Energie steckt das puritanische Erbe und eine Arbeitsethik, die niemals zur Ruhe kommt. Wir neigen dazu, Stille und Leere zu verabscheuen; Zeit und Raum müssen immer angefüllt sein. Unsere Kultur ist so offensichtlich durchdrungen von einer Übersättigung an Tun und einer Armut an Sein, dass es sogar auf eine jämmerliche Art und Weise niedlich ist. Doch schon zu wissen, dass das, womit Sie es hier zu tun haben, kulturell überall auf der Welt unterschiedlich gehandhabt wird, gibt Ihnen die Freiheit zu wählen.

Wissenschaftlich gesehen ist die Entspannung bei der Meditation tiefer als beim Schlaf. Das Gefühl ist das einer verschwenderischen Faulheit. Wenn Sie sich gegen eine solche Entspannung wehren, dann sorgen Sie dafür, dass Sie sich durch diese Reaktion buchstäblich hindurchfühlen und sich Ihrer Angst vor der Faulheit stellen. Manchmal kommt Unsicherheit auf, wenn man sich einfach nur erlaubt, so zu sein, wie man ist.

Viele Frauen geben zu, wie schwer es ihnen fällt, sich eine Ruhepause zu erlauben – und die Supermütter stehen ganz oben auf dieser Liste. Männern scheint es leichter zu fallen, schwer zu arbeiten und dann loszulassen und sich zu vergnügen. Weil Frauen an Selbstaufopferung gewöhnt sind und dazu gedrillt wurden, sich um die Bedürfnisse anderer Menschen zu kümmern, neigen sie dazu, sich schuldig zu fühlen, wenn sie sich einfach nur Zeit für sich selbst nehmen. Wie viel davon ist vernünftig und wo fängt die Konditionierung an? Versuchen Sie es mit dem folgenden Experiment: Was passiert, wenn Sie über diese Sätze nachdenken?

Ich habe keine Zeit für mich.

Ich habe Zeit für mich.

Wie wäre es, wenn ich mehr Zeit für mich hätte?

Die Verurteilung des Müßiggangs ist auch ein Familienmuster. Die meisten Kinder meditieren ganz natürlich, wenn man es nicht unterbindet – sie starren die Decke an oder folgen mit den Augen den Linien auf der Tapete. Wenn es für Sie in der Kindheit nicht sicher war, auf diese Weise abzuschalten, dann erwarten Sie auch heute noch einen Angriff oder hören die erwachsenen Stimmen von damals, die Ihnen befehlen, sich an die Arbeit zu machen, mit anderen Kindern zu spielen oder im Haus zu helfen. »Was machst du da? Steh auf. Sei produktiv. Du verschwendest deine Zeit!« Wenn Eltern so auf ihre Kinder einreden, wird Furcht geschaffen. Eine Mutter spürt oft intuitiv, was ihr Kind im Nebenraum macht. Wenn sie voller Anspannung ist, wird auch ihr Nervenkostüm hypersensibel sein. Sobald es im Kind eine Aufmerksamkeitsverlagerung gibt, und es sich konzentriert oder entspannt (Masturbation ist hierfür ein Paradebeispiel), dann spürt die Mutter das. Das ist die dunkle Seite der Intuition – ein Eindringen in die Privatsphäre.

Wenn in einer Familie Depressionen grassieren, dann kann es schon zur Angst vor Geisteskrankheit führen, sobald man nur still dasitzt. Ständiges Geschnatter und dauernde Aktivitäten können eine stumme Furcht verdecken: dass ein Geheimnis ausgeplaudert werden könnte oder jemand durchdreht – irgendeine Leiche im Keller, die niemand wahrnehmen will.

Die Geschichte von Nora, einer Therapeutin über sechzig, zeigt, wie tief das Tabu gegen Ruhepausen sein kann. Noras Familie wurde von Depressionen und Verdrängung heimgesucht: eine manische Mutter und der Selbstmord eines ihrer Geschwister. Nach Jahrzehnten innerer Arbeit und trotz großer Fortschritte wird sie immer noch von Angst verfolgt, wenn sie die Chance hat, sich auszuruhen. Solche Muster sind tief eingegraben, und Nora muss vielleicht für den Rest ihres Lebens diesem Muster mit der bewussten Körperweisheit entgegentreten, eine Einsicht, die sie nun an ihre Patienten weitergibt. Wir kennen alle diese Herausforderungen des Lebens, Orte in uns, die besonderer Fürsorge bedürfen. Es sind unsere Wunden, die uns zu Lehrern und zu Geschenken werden können.

Wenn Sie genügend Raum haben, um sich auszuruhen, wird sich Ihre Aufmerksamkeit auf das richten, wonach Sie sich sehnen. Das bringt den Status quo ins Wanken; davon sollten Sie ausgehen. Viele der Sehnsüchte, die wir in der Meditation wecken, sind uns nicht neu. Die Meditation gibt uns jedoch die Ressourcen, um uns ihnen zu stellen. Erlauben Sie sich, Ihre Sehnsüchte zu erforschen — beispielsweise die Gefühle, die Sie als Zehnjährige verdrängen mussten, weil die Umstände damals nicht sicher waren. Sie haben sie auf später verschoben, damit Sie mit Ihrem Leben fortfahren konnten. Doch die Sehnsüchte sind Ihnen geblieben, in Ihrem Hinterkopf, auf der Bühne, unter einem Teppich oder in einem Schrank. Wenn Sie den Sehnsüchten nachgeben, kommen parallel dazu auch Gefühle auf, vielleicht sogar gleichzeitig auf mehreren Ebenen. Sie spüren die Folgen der Tatsache, dass Sie Ihre Bedürfnisse und Sehnsüchte so lange geleugnet haben. Sie spüren auch die Furcht, dass sie endlich erfüllt werden könnten.

Lernen Sie, bewusst faul zu sein. Die Meditation ist oft »viel Lärm um nichts« und kommt dem Nichts so nahe, wie man ihm nahe kommen kann. Diese Ruhe ist gewöhnungsbedürftig, aber Sie tun sich damit selbst einen Gefallen, den Sie nie bereuen werden. Die berühmtesten Meditierenden der Jahrhunderte waren in Wirklichkeit fleißige Faulpelze, die ihren inneren Bildschirm beobachteten und den Kanal von der Astralfrequenz zu transzendentem Segen umschalteten. Nennen Sie es ruhig »heiligen Müßiggang«. Je fauler Sie in konzentrierten Zeitphasen sind, desto besser können Sie sich neu aufladen und Ihr Leben dann kreativ mit frischer Ausgeglichenheit und Vitalität angehen.

Die Bedeutung von Übergängen

Die Übergänge vor und nach bedeutenden Ereignissen verdienen bewusste Aufmerksamkeit. Es sind Gelegenheiten, die es Ihnen erlauben, hinsichtlich Ihres Lebens eine neue Wahl zu treffen.

Wenn man diese Übergangszeiten nicht respektiert, kann dadurch das Nervensystem gestört werden. Vielleicht haben Sie schon einmal erlebt, wie störend es ist, wenn beispielsweise nach einem bewegenden Theaterstück oder Kinofilm das Licht zu schnell angeht. Das Publikum applaudiert nur kurz oder steht sogar gleich auf. Die Menschen schalten auf Automatik, und der Moment geht vorüber, als sei nichts geschehen. Die reiche Atmosphäre löst sich auf, und es bleibt keine Zeit, um die emotionale Wirkung dieses Ereignisses zu verdauen.

Am Ende des Yoga-Unterrichts praktiziert man meistens fünf Minuten lang die Übung *Savasana* oder »Leichenstellung«, bei der man auf dem Rücken liegt und völlig loslässt. Das ist nicht nur eine tief greifende Mini-Meditation, sondern es gibt Ihrem ganzen System die Chance, die Veränderungen zu integrieren, die sich in Ihrem Körper vollzogen haben. Wenn Sie Ihren Körper anschließend wieder ganz langsam bewegen, erleben Sie eine Wiedergeburt in der Welt. Schenken Sie sich diese Übergangszeit nach jeder Meditation.

Gehen Sie langsam und bewusst vor, wenn Sie aus Ihrer Zuflucht auftauchen. Das ist besonders nach einer langen Meditation, einem langen Retreat oder einem langen Urlaub wichtig, wenn Ihr Nervensystem die Chance hatte, ins Gleichgewicht zu kommen. Sobald Sie wieder in die Welt im Allgemeinen eintreten, werden Sie die zwanghafte Geschwindigkeit und Zerstückelung um sich herum noch deutlicher wahrnehmen. Sie spüren die Verlockungen, die Ihre alten Reaktionsmuster auf Sie ausüben. Aber das ist eine besondere Gelegenheit, diese Muster zu durchschauen und neue Entscheidungen darüber zu treffen, wie Sie leben wollen. Geben Sie sich Zeit, um die Anpassung vorzunehmen und das Gewebe des Lebens, nach dem Sie sich sehen, zu erschaffen.

Forschungsreisen

- Wann und auf welche Weise geben Sie sich selbst mehr Raum? (Beispiele: ein Buch lesen, allein sein, einen Spaziergang machen, ein Bad nehmen.)
- Wann nehmen Sie sich Raum? Mit anderen Worten: Wann füllen Sie den Raum mit Ihrer eigenen Energie? (Beispiele: putzen, ein Zimmer neu dekorieren oder die Möbel umstellen, singen, beten.)
- Auf welche Weise haben Sie abgeschaltet, als Sie noch klein waren? Welche natürlichen Meditationsformen kannten Sie? Haben Sie beispielsweise das Muster der Tapete, der Vorhänge oder des Fußbodens angestarrt? Haben Sie auf einem Felsen gesessen und dem Gurgeln eines Baches gelauscht? Sind Sie auf dem Rücken gelegen und haben zu den Sternen hochgeschaut? Hatten Sie einen geheimen Garten oder einen Lieblingsbaum? Wie haben Ihre Eltern reagiert, als sie herausfanden, dass Sie »faul« waren?
- Kultivieren Sie das Gefühl der Sicherheit. Finden Sie heraus, an welchen Orten Sie sich sicher fühlen: am Strand, im Kino, in einer Kirche oder Synagoge, auf dem Sofa, im Lieblingssessel, un-

ter der Bettdecke, in der Wanne. Achten Sie auf die kaum wahrnehmbare Entspannung in Bauch, Brustkasten, Hals oder Kiefer,
wenn Sie sich in dieser Sicherheit niederlassen.

• Sprechen Sie ein einfaches Gebet. Schreiben Sie es in Ihr Tagebuch und lernen Sie es auswendig.

Aufwärmübung:
Schaffen Sie sich Ihre innere Zuflucht

Eine Zuflucht schenkt Ihnen ein Gefühl für Ihre Grenzen, für Geborgenheit, Sicherheit und Abgeschiedenheit. Ihre innere Zuflucht
kann ein Garten sein, ein Tempel, eine Insel, ein Berg, eine Fes-
tung, eine Höhle oder eine Kathedrale. Gelegentlich begebe ich
mich auch in eine ferne Galaxie.
Wie sieht Ihre Zuflucht aus? Lassen Sie Ihrer Fantasie freien Lauf.
Konstruieren Sie Ihre innere Zuflucht ganz so, wie Sie sie sich vorstellen. Dekorieren Sie diesen imaginären Ort mit Ihren Lieblings-
farben, Blumen oder Gegenständen. Statten Sie Ihre innere Welt
genau so aus, wie Sie es möchten.
Sehen Sie sich nun selbst in diesem Bild. Entspannen Sie sich in
dessen Sicherheit, und empfangen Sie die besondere Lebensqua-
lität, die dieser heilige Ort Ihnen bietet. Bleiben Sie dort so lange,
wie Sie Zeit haben. Seien Sie einfach anwesend. Sie können jede
Meditation damit beginnen, dass Sie Ihre Zuflucht auf diese
Weise erschaffen. Im Laufe der Zeit wird sich das Bild Ihrer Zuflucht wahrscheinlich verändern, je nachdem, was Sie gerade brauchen. Machen Sie dies zu einem fortwährenden Prozess der Entdeckung.

5. Fertigkeitskreis:
Wie man mit einem Mantra meditiert

Ein Geräusch ist als Konzentrationspunkt in der Meditation sehr praktisch, denn wir nützen Töne sowohl bei der gesprochenen Sprache als auch beim Denken. Mit Hilfe eines Mantras können Sie sich in die auditive Art des Denkens einstimmen. Das Murmeln des Mantras erschafft eine feine Vibration in Ihren Nerven, eine überaus hoch entwickelte Schwingungsbotschaft. Wenn wir uns bei der Meditation auf ein Geräusch konzentrieren, können wir ihm bis in die Stille hinein folgen.

Wenn Sie meditieren, werden Sie sich immer mehr bewusst, wie sehr der Lärm, dem Sie Tag für Tag ausgesetzt sind, Sie erschöpft. Sie bemerken, dass Ihre Nerven schmerzen, wenn Sie die Gänge wechseln. Sogar Ihre eigenen Gedanken können Ihnen zu lärmig vorkommen. Aber Achtung: die Sehnsucht nach mentaler Stille kann in dem Versuch münden, Gedanken abzublocken. Das ist nicht besonders hilfreich. Eine solche Barriere ist nicht nur ein Ding der Unmöglichkeit, sie hat auch nur dann Erfolg, wenn Sie quasi gegen sich selbst in den Krieg ziehen. Lernen Sie stattdessen, bei den besonders merkwürdigen Empfindungen zu verweilen, während Ihre Nerven heilen. Am Ende werden Sie von der Verteidigungshaltung zur Entspannung übergehen und die Stille wie einen lieben, alten Freund begrüßen können.

Elementare Klänge

Die Klänge der Sprache sind nicht nur nützlich, um uns in der äußeren Welt zu artikulieren; sie führen uns auch in die innere Welt. Beginnen Sie damit, Ihre Beziehung zu den Vokalen Ihrer Muttersprache zu erforschen. Im Deutschen wären das a, e, i, o und u. Jeder Landstrich auf der Welt hat seine eigene Weise, einen Vokal auszusprechen, und diese Unterschiede sind interessant und charmant. Bei dieser Übung sollen Sie sich von dem Ton selbst faszinieren lassen und von der Art, wie er in Ihrem Körper widerhallt. Das klingt nach einem Kinderspiel – und so ist es auch. Es gibt eine große Ähnlichkeit zwischen der Meditation und einem Kinderspiel.

Fangen Sie damit an, dass Sie die Vokale so singen oder summen, wie es Ihnen gerade einfällt, in jeder beliebigen Lautstärke, Geschwindigkeit oder Tonlage. Forschen Sie einfach spielerisch. Ändern Sie die Reihenfolge nach einer Weile – beispielsweise in u-e-a. Wechseln Sie die Betonung, wenn Sie möchten, denn jeder Vokal lässt sich auf über ein Dutzend unterschiedliche Arten aussprechen. Ihre Vorlieben sind hier wichtig und können sich mit der Tageszeit ändern, je nachdem, wie müde oder energiegeladen Sie sind und ob Sie die Töne äußerlich und hörbar aussprechen oder nur innerlich und vor den inneren Ohren.

Wählen Sie sich zwei Vokale aus, zum Beispiel a-u oder e-o oder irgendeine andere Kombination, die Ihnen in diesem Moment gefällt. Sprechen Sie diese Töne immer wieder leise aus, wie bei einem Chanting. Lassen Sie die Töne für ein paar Minuten leiser werden, und genießen Sie einfach den Rhythmus des Klanges, die Schwingungen in Kopf und Hals, die feinen Bewegungen der Zunge und den Fluss des Atems. Ihre Augen können offen oder geschlossen sein; Sie können sie auch abwechselnd öffnen und schließen.

Lassen Sie in den nächsten Minuten das nur leise hörbare Chanting zu einem inneren Gesang werden. Erlauben Sie diesem Übergang, langsam vonstatten zu gehen.

Sobald das Chanting innerlich geworden ist, kann es sich auf vielfältige Weise verändern. Manchmal geht es wie zuvor weiter, wobei Sie die Töne nur noch innerlich hören. Das Chanting kann seine Lautstärke verändern, von laut und ausgeprägt bis zu einem inneren Hören, leise und schwach. Oder es kann verhallen und Sie hören nur noch die Stille oder die Abwesenheit von Klang. Begrüßen Sie dieses Nichts, den leeren Raum oder das »Vergessen« und üben Sie, nicht in Panik zu geraten oder zu denken, Sie hätten versagt, nur weil Ihr Geist schweigt. Irgendwann wird es wahrscheinlich kleine Zwischenspiele geben, winzige ruhige Räume zwischen den Klängen, in denen Sie spüren, wie Ihr Körper vibriert. Manchmal ertönen die Klänge synchron zu Ihrem Atem, dann wieder nicht. Oder einer der Vokale zieht sich unendlich hin, so kann aus einem o beispielsweise ein ooooooooooooooooo werden.

Wenn Sie dem Ton oder den Tönen auf ruhige Weise innerlich lauschen, fällt Ihnen möglicherweise auf, wie Sie ein Gefühl der Entspannung überkommt, das sich mit den Gedanken abwechselt, wie spät es gerade ist, was Sie als Nächstes tun müssen und was Ihnen Sorgen bereitet. Gewöhnen Sie sich an, diesen Prozess zu begrüßen und einfach immer wieder vorsichtig zu den Vokalen zurückzukehren. Konzentrieren Sie sich nicht, nicht einmal ein wenig. Wenn die Vokale für Sie interessant sind, wird es Ihnen gefallen, mit ihnen zu spielen. Wenn Sie diese Töne nicht genießen, dann machen Sie die Übung jetzt nicht. Die Menge an Anstrengung, die Sie darauf verwenden, sich auf die Vokale zu konzentrieren, sollte etwas geringer sein als die, die Sie zum Lesen brauchen – ungefähr dieselbe Anstrengung, die Ihre Augen aufwenden, wenn Sie über ein Blatt Papier gleiten.

Kultivieren Sie mit dieser schlichten Übung Ihre Liebe zu Klängen und erhöhen Sie insbesondere Ihre Wertschätzung für die Schönheit der Vokale. Entdecken Sie, was Sie an bestimmten Tönen lieben, sowohl an inneren Klängen und Gedanken wie auch an Tönen, die wir beim Sprechen verwenden. Vielleicht stellen Sie fest, dass Sie den Raum vor der Sprache lieben, während Sie nach dem richtigen Wort oder Klang suchen, um das auszudrücken, was Sie fühlen. Oder vielleicht die Stille nach dem Reden, wenn Sie etwas gesagt haben. Die Essenz der Meditation ist Entdeckung, nicht Zwang.

Nachdem Sie sich mit den Grundvokalen vertraut gemacht haben und damit, welche Wirkung sie auf Ihren Körper haben, sollten Sie die Töne erforschen, die Sie mit Entzücken, Vergnügen, Überraschung, Staunen, Ehrfurcht und Erleichterung in Verbindung bringen. Das können Ausrufe wie *ahhh, ohhh* oder *huch* sein. Diese Übung hilft Ihnen, Ihre eigenen Klänge zu konstruieren, die Sie bei der Meditation einsetzen können, und sie sensibilisiert Sie, damit Sie sich eines der vielen großartigen Mantras aus den Religionen der Welt aussuchen können, beispielsweise Halleluja, Amen, OM oder AUM.

Diese elementare Klangübung ist eine gute Vorbereitung auf den Gebrauch eines Mantras bei der Meditation, weil Sie dabei ein Gefühl der Verspieltheit und Ruhe entwickeln, was wiederum zu einem tieferen Gefühl der Sicherheit und Muße führt. Verspieltheit ist ein perfektes Gegenmittel gegen allzu große Anstrengung – dem größten Hindernis für eine richtige Meditation.

Zuflucht bei den heiligen Namen

Die heiligen Namen »gehören« keiner Gruppierung; niemand besitzt Gott. Gleichzeitig besteht absolut kein Grund, warum Sie Ihre Religion wechseln oder sich eine bestimmte Theologie auferlegen sollten, nur um zu meditieren.

Sie können sich Ihr Mantra aus den Namen der Göttinnen und Götter aller heiligen Traditionen dieser Welt aussuchen. Wählen Sie ein Mantra, das auf den Klängen basiert, die Sie gern hören. Ein Ton kann beruhigend, harmonisierend und elektrifizierend sein. Hier einige Vorschläge, mit denen Sie experimentieren und die Sie auswendig lernen sollten:

* Um sich mit Mitgefühl und Gnade zu umgeben, sollten Sie das chinesische Kwan-Yin-Mantra chanten: *Na mo kwan shih yin pu sa.*
* Um die Große Mutter zu feiern, chanten Sie das hinduistische Mantra: *Shri ma nahmah.*
* Um die intensive Energie der Kali zu wecken, chanten Sie das hinduistische Mantra: *Hrim krim.*
* Um Ihre Hingabe an Gott Shiva, dem männlichen Prinzip der Schöpfung, zum Ausdruck zu bringen, chanten Sie: *Om namah shivaya.*

- Um Ihre Hingabe an die Göttin Shakti, dem weiblichen Prinzip der Schöpfung, zum Ausdruck zu bringen, chanten Sie: *Shrim shaktim.*
- Um ein transzendentes Bewusstsein zu wecken, chanten Sie ein Mantra aus dem tibetischen Buddhismus, das übersetzt »das Juwel im Lotus« bedeutet: *Om mane padme hum.*
- Machen Sie einen der Namen Gottes zu Ihrem Mantra: *Elohim. Allah. Yahweh.*

Wie schon an anderer Stelle beschrieben, sollten Sie das Mantra äußerlich oder innerlich wiederholen und sich in seiner Schwingung baden. Lassen Sie sich dann von diesem Klang mühelos in die Stille tragen. Kehren Sie regelmäßig zu dem Mantra zurück.

Es ist eine überaus intime Angelegenheit, sich einen Namen Gottes als Mantra auszusuchen. Vielleicht erscheint es Ihnen Ehrfurcht gebietend, was es ja auch ist. Doch wir konnten feststellen, dass die Menschen instinktiv wissen, was sie in der Meditation brauchen, darum sollten Sie den Namen aussuchen, den Sie lieben oder der Sie auf irgendeine Weise anspricht.

Vielleicht möchten Sie ganz konkret Zuflucht in dem Heiligtum einer Kathedrale, eines Tempels, einer Moschee, einer Kirche oder eines Meditationszentrums suchen, um Ihre Beziehung zu einem Namen Gottes als Mantra zu erspüren. Sie können auch beten und darum bitten, zu dem für Sie in diesem Augenblick richtigen Mantra geführt zu werden. Ein Mantra ist Privatsache, und Sie müssen niemandem erzählen, welches Sie verwenden.

Denken Sie daran, dass sich Ihr Mantra im Laufe der Jahre auch verändern kann. Sie brauchen jedoch Monate, um sich richtig an ein Mantra zu gewöhnen. Experimentieren Sie spielerisch, und halten Sie sich an die Mantras, die Ihnen gefallen.

Chanten

Ein weiterer Vorteil von Klängen als Konzentrationspunkt besteht darin, dass Ihre Stimme zum Einsatz kommt. Lauschen Sie Ihrer Stimme, indem Sie Ihre Lieblingsklänge chanten.

Suchen Sie sich einen Klang aus, den Sie mögen, und chanten Sie ihn immer wieder. Verwenden Sie eine Hymne, ein Gedicht, ein Gebet oder ein Lied, und singen Sie es laut, leise, ehrfürchtig oder wild. Machen Sie sich dem Universum bemerkbar! Wenn das Chanting langsam abebbt, baden Sie in dem Widerhall in Ihrem Körper und der reichen Stille, die am Schluss übrig bleibt.

Zuflucht im Gebet

GRUSS AN DIE GÖTTLICHE MUTTER

Die Göttliche Mutter wohnt in mir.
Sie strahlt durch all meine Sinne.
Ohne Sie könnte nichts gesehen werden,
nichts könnte gehört, nichts ausgesprochen
    werden.
Obwohl Sie durch alle Sinne strahlt,
wird Sie von den Sinnen nicht begrenzt.
Obwohl Sie alle natürlichen Eigenschaften besitzt,
ist Sie weit mehr als das –
Sie steht auch jenseits aller Eigenschaften.
Die Göttliche Mutter wohnt in mir.
Shri ma naham.

Die Gebete der Weltreligionen bieten eine ungeheure Quelle an Trost, Schutz und Frieden. Denken Sie nur an den 91. Psalm von David. Ein solches Gebet ist fast schon ein lebendiges Wesen. Der Psalm wird seit tausenden von Jahren von so vielen Menschen geschätzt, dass es sich beinahe anfühlt, als seien Sie in einer Kathedrale, wenn auch Sie ihn sprechen.

PSALM 91

Wer unter dem Schirm des Höchsten sitzt
und unter dem Schatten des Allmächtigen bleibt,
der spricht zu dem Herrn: Meine Zuversicht und
    meine Burg, mein Gott, auf den ich hoffe.
Denn er errettet dich vom Strick des Jägers, und
    von der verderblichen Pest.
Er wird dich mit seinen Fittichen decken, und
    Zuflucht wirst du haben unter seinen Flügeln.
Seine Wahrheit ist Schirm und Schild,
dass du dich nicht erschrecken musst vor dem
    Grauen der Nacht,
vor den Pfeilen, die des Tages fliegen ...

Lernen Sie diese Gebete auswendig, damit die Worte mühelos durch Ihr Bewusstsein gleiten können. Das wird ungefähr einen Monat dauern. Freunden Sie sich mit jedem einzelnen Wort an und mit allen Bildern, die dadurch wachgerufen werden. Verbringen Sie jeden Tag ein paar Minuten mit diesem Gebet. Nachdem Sie das Gebet in- und auswendig kennen, werden Sie schon nach dem ersten Wort in seiner Energie ruhen. Das Gefühl, das diesem Gebet innewohnt, zeigt sich dann in jedem Wort. Sie können zu Beginn Ihrer Meditation in diesem Gebet ruhen, um dadurch das Gefühl der Zuflucht in sich wachzurufen.

Musik als Gebet. Eine weitere Möglichkeit, Zuflucht in einem Gebet zu finden, besteht darin, Bach zu hören oder einen anderen großen Komponisten, der Gebete in Musik verwandelt hat. Mit religiöser Musik verdienten diese Komponisten ihren Lebensunterhalt. Auch wenn Sie nicht religiös sind, lassen Sie sich vielleicht überzeugen, sobald Sie den Halleluja-Chor, die Matthäuspassion oder ein Requiem hören. Wenn Sie dieser Musik richtig zuhören, wird ihre unglaubliche Schönheit Sie berühren und verändern. Außerdem zaubern die Sänger und Sängerinnen wunderbare Vokale, gleichgültig, in welcher Sprache sie singen – Italienisch, Deutsch, Englisch, Latein, Französisch oder Spanisch.

Die Jagd nach der Musik, die Ihr innerstes Herz anspricht, ist ein lohnendes Abenteuer. Wenn Sie sich umhören, werden Sie Verbündete an überraschenden Orten finden. Musik ist eine universelle Sprache, und Menschen, mit denen Sie ansonsten nichts zu reden hätten, können Ihnen von den großartigen Aufführungen erzählen, die sie live oder in einer Aufzeichnung gehört haben.

Es gibt viele Arten von Gebeten, und jeder Sänger oder Komponist verleiht einem gesungenen Gebet eine völlig neue Qualität. Die »Farbe«, die ein bestimmter Sänger einem Gebet oder einer Hymne einhaucht, kann in Ihrem inneren Wesenskern widerhallen, wie sonst keine zweite Aufführung. Diese Erfahrung öffnet eine Tür zu Ihrem Herzen. Wenn Sie sich daran erinnern, wie Sie dem Lied zuhörten, wird Ihnen die Resonanz aus Ihrem Gedächtnis Zugang zu dieser Gefühlsebene schenken.

Wenn ich meditiere, höre ich manchmal die ganze Zeit über innerlich einem Musikstück zu, genieße das unglaubliche Crescendo von Gefühlen, die in einer Symphonie enthalten sind. Eine Symphonie, eine der großen Leistungen der Menschheit, kann jeder Meditierenden eine Fülle von Segnungen schenken.

Meditationen

Das Heiligtum Ihres persönlichen Raumes

Setzen Sie sich bequem hin, legen Sie die Hände in den Schoß, die Handflächen zueinander gewandt. Atmen Sie ein paar Mal durch, und richten Sie Ihre Neugierde dann langsam auf die Empfindungen in Ihren Handflächen. Finden Sie heraus, was passiert, wenn Sie die Handflächen nach oben oder nach unten bewegen, sie voneinander weg und aufeinander zu bewegen, auf den Körper zu und von ihm weg. Halten Sie die Hände ganz entspannt und locker und immer noch zueinander gewandt. Vielleicht spüren Sie winzige Empfindungen in den Händen, angenehme Gefühle der Wärme oder ein Kribbeln. Erforschen Sie Ihre Hände auf diese Weise zwei bis drei Minuten lang.

Winzige Bewegungen der Hände in Zeitlupe können sich gleichzeitig intensiv und ungewöhnlich beruhigend anfühlen. Wahrscheinlich hatten Sie in Ihrem bisherigen Leben wenig Gelegenheit, Zeitlupenbewegungen zu erforschen, seien Sie also geduldig mit sich.

Bewegen Sie Ihre Hände nach außen, und erforschen Sie innerhalb der Reichweite Ihrer Arme den Raum um Ihren Körper. Es existiert eine eiförmige Zone um Ihren Körper – Ihr persönlicher Raum. Als menschliches Tier können Sie diese Zone spüren. Das ist der Raum, in den Sie Menschen einladen, wenn Sie sie mögen, und aus dem sich Menschen heraushalten müssen, die Sie nicht mögen. Möglicherweise kribbeln Ihre Hände, oder Sie spüren ein magnetisches Feld oder eine andere Empfindung. Viele Menschen können – auch ohne dass man sie dafür geschult hätte – ihre eigene Aura wahrnehmen, jene magnetische Energie, die um den Körper rotiert. Ihre Sinne sind dazu in der Lage, aber Sie haben sie nie auf diese stille Weise genutzt.

Erfinden Sie Ihren eigenen Tanz der Hände, fließende Gesten der Arme und Hände, die die Innenseite Ihrer Aura beziehungsweise des Eies streicheln. Folgen Sie Ihrem Gefühl für Vergnügen und Staunen. Als Grundvokabular für Ihre Bewegungen schlagen wir Ihnen die folgenden Übungen vor:

- Ziehen Sie die Hände auf Ihr Herz zu und lassen Sie sie dort einen oder zwei Herzschläge lang liegen. Gleiten Sie anschließend mit den Händen nach außen, so weit, wie es noch angenehm ist, dann lenken Sie sie zu beiden Seiten ab. »Aus dem Kern meines Wesens, aus meinem Herzen, fließt ein Strom der Liebe und umgibt mich.«

- Legen Sie die Hände einen Augenblick lang auf den Scheitel, dann richten Sie die Handflächen nach außen, in Richtung Himmel. Strecken Sie sie so hoch, wie Sie können. »Von der Krone meines Wesens aus stehe ich in Verbindung mit dem Himmel.« Es gibt mehrere Chakren beziehungsweise Energiezentren über dem Kopf, die Sie als Sterne oder strahlende Lichtpunkte erspüren können.

- Legen Sie die Hände auf den unteren Teil des Bauches und lassen Sie sie langsam zur Seite gleiten. »Aus meinem Bauch, meinem Schoß heraus stehe ich in Verbindung mit den Zeugungskräften der Erde, mit allem Grünen, das wächst, und mit der ganzen Kreativität der Natur.«

- Lassen Sie die Hände zwischen den Beinen ruhen, mit den Handflächen nach unten zum Mittelpunkt der Erde. Achten Sie darauf, wie die Schwerkraft Ihren ganzen Körper, Ihre Arme und Hände nach unten zieht – und dass die Richtung der Schwerkraft immer zur Mitte führt. Ihr Körper weiß stets genau, wo der Kern der Erde ist. Während Ihre Hände dort ruhen, seien Sie sich einfach der Beziehung zwischen Ihrem Körper und der Erde bewusst. Eine halbe Minute dieser Übung wird Ihnen sehr lange vorkommen. Lassen Sie die Hände langsam um die Beine gleiten, als ob Sie einen Kreis um den Boden ziehen wollten.

Nachdem Sie sich mit dem Raum, der Sie umgibt, und mit Ihrer Aura angefreundet haben, stellen Sie möglicherweise fest, dass schon der *Beginn* einer dieser Bewegungen Ihnen in Sekundenbruchteilen das Gefühl vermittelt, Ihre Zuflucht gefunden zu haben – wo immer Sie sind.

Summen Sie in Ihr Herz

Lassen Sie sich Zeit, um sich einzustimmen. Legen Sie dann Ihre Hand auf den Brustkasten in der Nähe Ihres Herzens, und spüren Sie einfach mehrere Atemzüge lang den Kontakt.

Fangen Sie mit einem leisen Summen an. *Mmm.* Spüren Sie, wie die Vibration des Tones in Ihre Brust eintritt und Ihr Herz mit seiner liebevollen Berührung durchdringt. Wenn Sie wollen, können Sie diesem *Mmm* noch einen Vokal hinzufügen, was immer für Sie angenehm klingt: *ahmmmm, eeemmmm, uuummm* oder *oooommmm.* OM ist natürlich das bekannteste Mantra (aus dem Sanskrit) und wird im Hinduismus bei der Meditation eingesetzt. Es heißt, dieser Klang würde vom Universum hervorgebracht, ein Lied, das alle Formen der Schöpfung vereint. Sie können der Silbe noch einen Buchstaben anhängen, sie zu *Dom* formen und spüren, wie Ihr Herz seinen Platz in diesem gewaltigen Dom des Kosmos einnimmt.

Wenn Sie in die Stille kommen, verharren Sie in den nachschwingenden inneren Vibrationen, dem Widerhall in Ihrem Herzen. Lassen Sie sich Zeit, und baden Sie in der Nachwirkung der Klänge; das ist genauso wichtig wie die Töne selbst. Wechseln Sie mehrmals zwischen Klang und Stille ab.

Aufbauübungen

Im Licht baden

Meditierende haben manchmal spontan das Gefühl, von Licht überflutet zu werden, als ob sich ein Wasserfall aus Licht auf sie hinab und in sie hinein ergießt. Diese Erfahrung lässt sich bewusst hervorrufen und kultivieren.

Sie können diese Übung im Sitzen oder im Liegen durchführen, in einem geschlossenen Raum oder im Freien. Fangen Sie damit an, dass Sie sich an eine Zeit erinnern, als Sie es liebten, im Licht zu baden – am Strand, an einem Fluß oder See, auf einem Berg, möglicherweise bei Sonnenaufgang, am späten Vormittag oder am frühen Nachmittag. Das Licht besaß vielleicht das feine Strahlen des Mondes und der Sterne. Suchen Sie dieses Gefühl des Entzückens, als ob die Zellen Ihres Körpers das Licht kennen und es schätzen.

Nehmen Sie sich eine Minute, um sich an diese Freude zu erinnern, das wird Ihnen ins Gedächtnis rufen, was für ein natürliches Vergnügen Licht sein kann. Jede hat eine andere Art, sich dieser Erfahrung zu nähern. Wenn Sie in diesen herrlichen Erinnerungen schwelgen, werden die Nuancen Ihres eigenen sensorischen Weges hervorgehoben.

Welche Qualität hat das Licht, das Sie lieben? Welche Empfindungen spüren Sie auf der Haut? Was spüren Sie in den Augen? Wie fühlt sich der Atem an, wenn man in Sonnenlicht badet? Wie tief soll das Licht Ihren Körper durchdringen?

Richten Sie nun Ihre Aufmerksamkeit auf den Raum über Ihnen, und achten Sie darauf, was dort ist. Falls Sie sitzen, erforschen Sie die Empfindungen auf Ihrem Scheitel. Falls Sie auf dem Rücken liegen, erspüren Sie den Bereich über Bauch, Brust und Gesicht. Stellen Sie sich vor, wie eine Lichtquelle irgendwo über Ihnen auf eine Weise erstrahlt, die Sie durch und durch genießen. Lassen Sie das Licht so nahe oder so weit entfernt sein, so hell oder so sanft, so natürlich oder so übernatürlich, wie Sie wollen. Verleihen Sie ihm die Farbe, nach der Sie sich sehnen.

Baden Sie in der Qualität des Lichts: Lassen Sie das Licht durch Sie hindurch und um Sie herum strömen. Öffnen Sie diesem Licht Ihre Sinne, spüren Sie die besondere Beziehung zu diesem Licht, das sie stärkt, reinigt und erleuchtet. Bitten Sie das Licht zu sich und empfangen Sie seine Geschenke. Durch diese Verbindung werden Sie Ihr strahlendes Wesen erkennen.

Ihr geheimes Gebet

Erfinden Sie ein Gebet, oder wählen Sie Ihr Lieblingsgebet aus und lernen Sie es auswendig. Lassen Sie es sich in der Energie des Gebets gut gehen. Niemand kann Sie hören, darum können Sie es so gefühlsduselig oder machtvoll gestalten, wie Sie es sich zutrauen.

Zünden Sie zur Einstimmung eine Kerze an, wenn Sie möchten. Sie können auch einen Altar errichten, das Zimmer umdekorieren oder Bilder des Universums, der Natur oder einer Göttin wie Kwan Yin, der Jungfrau Maria oder Kali verwenden.

Setzen Sie sich bequem hin, und betreten Sie Ihre innere Zuflucht (wie zuvor beschrieben). Sobald Sie bereit für die Meditation sind, erfüllen Sie Ihren Geist mit Ihrem Gebet. Sprechen Sie die Worte laut aus, singen Sie sie oder stimmen Sie sie innerlich an. Sagen Sie das Gebet immer wieder; dabei durchdringt die Bedeutung Ihre Seele. Gleiten Sie anschließend in die Stille, und fühlen Sie das Gebet dennoch weiter.

Jederzeit könnte der Impuls aufkommen, sich zu bewegen; lassen Sie es einfach geschehen. Vielleicht möchten Sie sich im Klang der Worte wiegen oder dazu tanzen. Oder Ihre Hände finden zu einem Gebetsmudra zusammen oder vollführen andere bedeutungsvolle Gesten. Ihr Geist bewegt Sie.

Reflexionen

* Achten Sie darauf, welche Wirkung sich zeigt, wenn Sie sich eine innere Zuflucht erschaffen. Findet mehr Entspannung in Ihrem Körper statt? Gibt es mehr Raum? Vielleicht fühlen Sie sich emotional erleichtert, verspüren Dankbarkeit, Schadenfreude oder trotzige Befriedigung.

* Konnten Sie feststellen, dass Sie sich dafür entschuldigen, wenn Sie Zeit und Raum für sich selbst in Anspruch nehmen? Hegen Sie verstohlene Schuldgefühle? Wenn ja, dann fühlen Sie sich deswegen nicht schuldig! Fragen Sie sich einfach: »Welche alten Regeln breche ich hier? Welche Regeln kann ich jetzt loslassen?«

* Denken Sie an eine Zeit, in der Sie sich in einer beunruhigenden Situation befanden und Sie damit irgendwie fertig wurden; als Sie anschließend wieder sicher zu Hause waren, bekamen Sie bestimmt weiche Knie und ließen sich gehen. Ihnen wurden all die furchtbaren Dinge klar, die hätten passieren können, und Sie zit-

terten und weinten. Instinktiv soll es genau so sein: in einer Notlage funktionieren wir reibungslos, doch später lassen wir den Stress los. Es ist wichtig, sich die Zeit zu nehmen, um zu heilen; ansonsten erschöpfen sich unsere Energiereserven. Ehren Sie diesen Heilungsinstinkt.

- Sie können ein Mantra oder ein Gebet den ganzen Tag über stumm wiederholen. In Zeiten eines schwierigen Übergangs ist das eine machtvolle Art und Weise, die neue Schwingung aufzubauen, in die Sie sich hineinbewegen.

6. Geheimnis
Dem Ruf folgen

Was brauche ich heute?
Ich muss mich strecken, bevor ich meditiere –
    so viel ist schon mal klar.
Organische Bewegung, nichts Spezielles –
    einfach aus dem Innern heraus.
Das Letzte, was ich jetzt gebrauchen kann, ist
    Kontrolle.
Na gut, ich mache ein paar »Schlangenfrau«-
    Streckübungen mit etwas rhythmischer
    Musik.

Ich lege mich auf den Boden, werde schwere-
    los, strecke und rolle mich …
Ich spüre, wie mein ganzer Körper erwacht,
    meine Muskeln entspannen sich voller
    Vergnügen,
langsam und vorsichtig finde ich in den
    Fluss.
Ach, ich seufze und stöhne fröhlich auf –
    hmm, das fühlt sich so gut an.
Ich rolle mich zusammen und strecke
    mich wieder aus, entfalte mich wie eine
    exotische Pflanze,
öffne mich der Dschungelhitze.

Ja, der Ruf der Wildnis ... Grrrrr ...
Ich will frei sein, ich brauche Raum, um zu
    atmen!
Ich kämpfe mich aus meinen falschen
    Beschränkungen heraus – ziehe meine
    Arme an mich und strecke sie dann weit
    aus.
Erst ziehe ich die Beine an, dann presse ich
    sie mit primitiver Kraft von mir.
Mein Atem geht wild ... ich keuche wie ein
    Tier, pulsiere wie eine Flamme.
Ich bin eine Naturgewalt – wild, roh,
    ungezähmt!

Wau ... jetzt mache ich etwas langsamer,
    um den Tanz in mir zu spüren.
Die Luft knistert vor Elektrizität ... mein
    Körper steht in Flammen.
In jedem Finger, in jeder Zehe, in jedem
    einzelnen Haar strömt die Lebenskraft.
Mein Bauch und mein Herz pochen vor
    Verlangen ...
dem Verlangen nach Freiheit und ... na ja, ich
    gebe es zu – nach Macht.
Ha! Das ist jetzt ein Tabubruch. All-macht!

Was bedeutet das wohl? Was wünsche ich mir
    wirklich?
Die Freiheit, mich ganz und gar ausdrücken
    zu können, die Macht, mich ausdehnen zu
    können,
dass alle mich sehen – alles von mir sehen –
    und mich so feiern, wie ich bin.

Ach, ich kapiere es. Es liegt zuerst an mir: Ich
kann mich feiern, ich kann mich in Liebe
ausdehnen …
Ich will nicht kontrolliert werden, und ich
kann die Gedanken anderer über mich
nicht kontrollieren.
Aber ich kann mich selbst bestätigen. Ich
kann meine Energie fließen lassen …
Das ist Macht. Das ist Freiheit. Damit atme
ich jetzt …

Die Flamme der Leidenschaft pulsiert in mei-
nem Kern, das weiß ich.
Ich bin jetzt erfüllt und frei – erfüllt mit der
Kraft des Lebens.

Freuen Sie sich an Ihrem Verlangen

Körper und Psyche wollen unsere Ganzheitlichkeit und schicken
uns ständig heilende Botschaften. Es ist sowohl eine Fertigkeit
als auch eine Kunst, auf ihre Weisheit zu hören.

Mit unseren Sehnsüchten oder unserem Verlangen ruft uns das
Leben zu dem, was uns erfüllen und neu aufladen wird. Alle Lebewesen richten sich zu ihrer Quelle von Energie und Stärkung aus,
wie sich eine Pflanze zur Sonne wendet und ihre Wurzeln zum Wasser ausstreckt. Die Meditation ist eine instinktive Hinwendung zu
den Nährstoffen für unsere Seele. Wenn wir uns der Meditation auf
diese Weise nähern, ist sie kraftvoll und dynamisch.

Normalerweise denkt man bei Meditation an eine eher trockene,
klinische Geistesdisziplin. Eine Meditation in einer solch dissozia-

tiven Einstellung kann zu einer friedlichen, aber leicht depressiven und devitalisierten Existenz führen. Ihre Sehnsüchte sind Ihr Kompass; sie weisen Sie in die Richtung, in die Sie gehen müssen. Das englische Wort für Verlangen, *desire,* bedeutet »von einem Stern«. Sie folgen Ihrem Stern. Aus diesem Grund verlieren Menschen, die sich von ihren Sehnsüchten distanzieren, die Orientierung – eine Gefahr, die vor allem jene befällt, die auf »spirituelle« Weise meditieren. In jeder Sehnsucht steckt das Verlangen nach einer spirituellen Erfahrung. Deshalb geht es bei der Meditation nicht um Distanzierung, sondern darum, in unsere Sehnsüchte einzutreten, uns von ihnen zum Selbst, aber auch zur Welt hinführen zu lassen.

Bei einem gesunden Ansatz an die Meditation folgen Sie einem inneren Ruf. Manchmal bittet ein innerer Teil von Ihnen um mehr Aufmerksamkeit, dann wieder werden Sie von Ihrem Selbst gerufen. Der Teil von Ihnen, der dieses Buch liest, befindet sich auf einer Suche. Bleiben Sie bei Ihren Fragen. Lassen Sie sich bei Ihrer Neugierde nieder. Sie werden dadurch zu den Antworten geführt, erfüllt nicht nur mit Worten und Gedanken, sondern mit einer Neuordnung Ihres ganzen Seins.

Ein Kessel aus Feuer

Wenn wir uns bei der Meditation Zeit für uns selbst nehmen, kommen wir in Kontakt mit der tiefsten Sehnsucht unseres Herzens – dem »Herzenswunsch«, der brennenden Freude über etwas, das erst noch offenbart werden will. Diese brennende Sehnsucht ist schwer zu verdauen, aber nur für sie ist die Meditation gedacht: um uns die Gelassenheit zu geben, mit einem erfüllten Herzen zu leben.

Die menschliche Leidenschaft spiegelt die göttliche Leidenschaft wider, jene Kraft, die das Bewusstsein dazu bringt, sich zu entfalten. Ihre Sehnsüchte und Leidenschaften führen Sie zum Herzen Ihres Lebens. Sie bringen Sie ins Gespräch mit dem Universum. In Ihrer Sehnsucht liegt eine psychische und körperliche Energie, und Ihre Leidenschaft macht die Meditation lebendig und bedeutungsvoll. Sie arbeiten mit der Schöpfung zusammen, um alles zu geben, was Sie geben können, und um alles zu empfangen.

Das Herz ist nicht nur Lieblichkeit und Licht, Geigen und Valentinsgrüße. Es ist ein erhitzter Kessel, ein alchemistisches Gefäß der Verwandlung. In seinem feurigen Innern treffen sich die Gegensätze und paaren sich. Es ist ein Tanz der Leidenschaft zwischen Leben und Tod, Liebe und Hass, Trauer und Freude, Stolz und Scham, Hoffnung und Verzweiflung. Es erfordert Mut, um das zuzugeben, was sich in Ihrem Herzen befindet: Es gibt so vieles, was gefühlt werden will. Aber diese Paarungen, mit all ihrer Intensität, gebären Ihre Visionen und Träume. Stellen Sie sich dieser Herausforderung. Tanzen Sie mit dem Feuer der Schöpfung und atmen Sie dessen Intensität ein. Treten Sie bereitwillig auf den Scheiterhaufen, knistern und krachen Sie mit den Flammen.

Leidenschaftliche Frauen (und wer von uns wäre nicht leidenschaftlich?) ähneln sich auf gewisse Weise. Sie sorgen sich sehr um andere, sie sind neugierig, sie sind bereit, Liebe zu schenken, sich bewegen zu lassen, sich auf das Leben einzulassen und an seiner Realität zu leiden. Sie sind Reisende in dem geheimnisvollen Abenteuer, ein Mensch zu sein, offen und tapfer trotz ihrer Furcht.

Als Jennifer (der Sie schon im *1. Geheimnis: Feiern Sie Ihre Sinne* begegnet sind) zum ersten Mal Privatunterricht bei mir nahm, sagte sie, sie fühle sich wie betäubt, obwohl sie wusste, dass es viele Gefühle unter der Oberfläche gab. Sie hatte mit mir zusammen an einem »Bewegungstheater«-Workshop teilgenommen, und einige Monate später beschloss sie, die Sache zu vertiefen. Trotz einer wöchentlichen Gesprächstherapie fühlte sich ihre Energie blockiert an. Jennifer ist eine 35-jährige Alleinerziehende mit einem 5-jährigen Sohn und einem neuen und schwierigen Job im Verkauf von Computertechnologien. Sie ist blond und auf klassische Weise schön. Jennifer beschrieb ein Muster in ihren Beziehungen zu Männern, die bindungsscheu waren. Wir fingen damit an, dass wir uns setzten, und sie sich auf ihre inneren Empfindungen konzentrieren sollte.

Nach einer Weile berichtete Jennifer von einem Gefühl des Ange-
fülltseins, als ob sie gleich explodieren müsste. Ich schlug vor, sie
solle sich mit diesem Gefühl bewegen, also sprang sie auf und fing
an zu tanzen. Sie machte große, kehrende Gesten mit den Armen
und schritt dabei durch den Raum. Wenn sie ausatmete, klang es
katzenartig. Sie schien den Raum zu leeren und mehr Platz zum Atmen für sich zu schaffen.

Während die Energie durch ihren Körper schoss, wurde ihr klar,
dass sie sich schämte, weil sie so viel Raum einnahm, sie schämte
sich für ihre Wut und für ihre Sehnsüchte. Ich bat sie, eine Pause einzulegen und die Ströme des Lebens in sich zu spüren. Jennifer brei-
tete ihre Arme aus und atmete, zitternd vor Emotionen. Ich meinte
ganz leise: »Sie haben so viel Liebe in sich, Jennifer, so viel Leidenschaft.« Damit brach der Damm und die Tränen strömten ihr nur so
über das Gesicht. »Ja!«, rief sie. »Ich fühle mich so stark, ich habe so
viel Liebe zu geben. Ich bete meinen Sohn an. Ich freue mich an meinem Beruf. Ich möchte das Leben der Menschen, die ich kenne, verändern. Ich möchte eines Tages meine Liebe mit einem Mann teilen,
aber mir ist wichtig, dass ich jetzt in meinem eigenen Leben die Leidenschaft meines Herzens spüren kann!« Jennifer begrüßte ihre Leidenschaft und setzte das in ihren Meditationen fort – jeden Morgen
meditierte sie fünfzehn Minuten im Sitzen oder Stehen und atmete
mit dieser Fülle. Was sich wie Betäubung angefühlt hatte, war in
Wirklichkeit eine Intensität, die sie nur schwer akzeptieren konnte.
Es ist nicht immer leicht, die Macht unserer Liebe auszuhalten.

Machen Sie sich mit den Nuancen Ihrer Leidenschaft vertraut.
Was lieben Sie? Woran leiden Sie? Diese Erfahrung ist überaus persönlich und verhilft Ihnen zu der Erkenntnis, dass sich Ihre Version
der Leidenschaft total von der anderer unterscheiden kann. Leidenschaft kann wild, nach außen gerichtet und wortreich sein, aber
auch subtil, nach innen gerichtet und vergeistigt – oder eine Mischung aus beidem. Für einige Frauen ist ihre Leidenschaft kein bestimmtes Thema und auch keine Aktivität, sondern besteht in einer

inneren Verbundenheit, die wie eine ruhige und stetige Flamme brennt. Für andere ist die Leidenschaft ein loderndes Feuer – die Hingabe an einen guten Zweck, ein alles verschlingender Ehrgeiz oder der Wunsch, ohne Bremse mit Höchstgeschwindigkeit durch das Leben zu rauschen. Wieder andere erkennen ihre Leidenschaft am besten durch persönliche Intimität oder Hingabe an die Familie oder kanalisieren sie in Begeisterung für die Künste, ob als Mäzenin oder Künstlerin.

Verwandeln Sie Ihre Meditation in ein Freudenfeuer des Herzens, und akzeptieren Sie die Art und Weise, wie sich diese Leidenschaft in Ihnen ausdrückt. Shakti, Aphrodite, Artemis, Kali, Kwan Yin – wem dient Ihre Leidenschaft?

Tiefes Begehren

Jede von uns hat ein heftiges Begehren. Es ist ein Hungergefühl, mit dem unsere Instinkte uns sagen, was wir brauchen. Wenn Sie sich darauf einstimmen, werden Sie zweifelsohne eine tiefe Sehnsucht verspüren: nach Ruhe, nach Stärkung, Liebe, Spiel, Aufregung, Stille, Einsamkeit, Gesellschaft, Berührung oder irgendeinem Luxus.

Wenn Sie sich bei der Meditation entspannen, wird Ihnen das, was Sie begehren, mitten ins Gesicht springen. Also stellen Sie sich ihm. Gleichgültig, was sich Ihnen zeigt, schieben Sie es nicht zur Seite. Sie sind kein schlechter Mensch, nur weil Sie sich nach etwas sehnen; Sie sind weder schwach noch kindisch. Ihr Instinkt für Ausgeglichenheit setzt sich durch. Seien Sie neugierig; lernen Sie etwas von diesem Begehren. Lassen Sie sich von Ihrem Begehren mitten in Ihr Herz führen.

Wenn eine Sehnsucht lange unerfüllt bleibt – wenn sie beispielsweise in der Kindheit nicht ausgelebt werden durfte –, kann es schmerzlich sein, sich ihr zu guter Letzt zu stellen. Wir haben gelernt, uns von unserer Sehnsucht abzuwenden, darum vertrauen wir ihr nicht. Wir umhüllen unsere Sehnsucht mit einem Panzer. Der Körper wendet sich gegen sie, kapselt sie ein. Die Sehnsucht selbst kann uns wie ein Feind erscheinen. Wir haben uns angepasst — wer braucht sie schon? Aber tief in uns schlummert der Mangel an Erfüllung wie eine Wunde, ein lahmer Fuß oder ein gebrochener Flügel, der einfach nicht heilen darf. Wir sind aus dem Gleichgewicht geraten. Wenn wir nicht wissen, wie wir unser tatsächliches Begehren erfüllen sollen, ersetzen wir es oft durch etwas anderes, das nicht ganz funktioniert und vielleicht sogar schadet. Hier liegt die Wurzel

Vondas Liebreiz

Vonda kann wunderbar Geschichten erzählen, und sie kennt sich in den uralten weiblichen Mythen hervorragend aus. Sie ist eine voluminöse Frau mit einer umwerfenden Aura und großen Gefühlen. Im Laufe der Jahre hat sie eine Möglichkeit gefunden, energiegeladen zu bleiben, auch wenn es immer noch eine Herausforderung ist, die Intensität ihrer Energie aufrechtzuerhalten. Trotz ihres verzweifelten Wunsches abzunehmen, hat sie umso mehr zugenommen, je mehr sie dagegen ankämpfte. Das war für sie natürlich unglaublich leidvoll.

Vor kurzem tanzten wir im Unterricht alle mit dem, wonach wir uns sehnten. Wir hatten uns in der Bewegung geöffnet und wurden dann langsamer, um uns einzustimmen. Allmählich entfaltete jede der Frauen ihre innere Sehnsucht. Irgendwann sah ich zu Vonda hinüber und bemerkte ihre Tränen. Doch bald schon tanzte sie mit einem strahlenden Lächeln und stellte verspielt Augenkontakt zu den anderen her, während ihre Bewegung floss. Nach dem Unterricht rief sie: »Heute ist mir endlich klar geworden, wonach ich mich all die Zeit gesehnt habe — nach meinem eigenen Liebreiz. Ich kann ihn jetzt fühlen. Camille, er ist so gewaltig!«

Vonda ist in Kontakt mit ihrem Liebreiz geblieben und meditierte auch weiterhin darüber. Sie war erstaunt, dass ein derart natürlicher Zustand so radikal erscheinen konnte, und sie spürte, dass sie ein machtvolles Tabu gebrochen hatte. Vonda ist nicht allein; es ist ein revolutionärer und zutiefst kreativer Akt, wenn Frauen in ihrer Essenz bleiben.

der Sucht. Wenn wir eigentlich Ruhe bräuchten, arbeiten wir noch härter oder wenden uns dem Alkohol und Drogen zu; wenn wir eigentlich Liebe bräuchten, essen wir zu viel; wenn wir eigentlich Berührung bräuchten, werden wir sexsüchtig; wenn wir uns benachteiligt fühlen, kaufen wir mehr Dinge. Unsere Persönlichkeit baut sich auf unseren unerfüllten Bedürfnissen und Sehnsüchten auf.

Wenn wir zugeben, dass wir uns im tiefsten Innern verzehren, fordert das den Menschen heraus, der wir zu sein glauben. Wir schämen uns womöglich. Die Persönlichkeit mag heldenhaft mit unerfüllten Sehnsüchten leben, aber dabei identifiziert sie sich mit einer falschen Kraft. Ganzheitlicher zu werden ist der Tod des alten Selbst und kann Furcht einflößend sein. Erst die Befreiung von dieser heldenhaften Haltung, das Einschmelzen des Schutzschildes um das Herz und die Erfüllung unserer tiefen Sehnsucht bringen eine umfassende Zufriedenheit mit sich, die den Kampf mehr als wert ist.

Die Sehnsucht nach dem Göttlichen

Es gibt Sehnsüchte und Wünsche, die allzu spirituell erscheinen – die Sehnsucht nach dem Heiligen, dem Göttlichen, dem Ewigen, dem Unendlichen. Diese Sehnsucht entsteht aus einem tiefen Hunger der Seele, einem Verlangen, das so groß ist, dass es durch nichts in unserem gewöhnlichen Leben erfüllt werden kann, und doch ruft es danach, beachtet zu werden. Viele Entzugspatienten erzählen, dass ihre Drogen- oder Alkoholsucht auf einem nicht anerkannten Begehren nach spiritueller Erfahrung basierte. Bei der Meditation kann Ihre Sehnsucht nach dem Göttlichen Ihr Herz weit öffnen, wenn Sie es nur zulassen.

Die Sehnsucht kann einer intimen Bindung zu dem inneren geliebten Menschen gelten. Das Verlangen nach mystischer Vereinigung oder alchemistischer *conjunctio* ist ein archetypisches Begehren – das in unserer Psyche selbst verankert ist. Es kann seine Erfüllung durch einen menschlichen Partner finden oder durch die innere Ehe-schließung mit dem göttlichen Selbst, mit Krishna oder Christus.

1982 war ich versunken in heiliger Einsamkeit, es war die Zeit, als ich mein Selbst ehelichte. In jenen tiefen Winternächten in Santa Fe legte ich mein zeremonielles schwarzes Gewand an und kontemplierte vor dem Kamin, nippte Sake und verzehrte mich innerlich nach einer Vereinigung mit Gott. Ich tanzte in wilder Leidenschaft, jammerte und klagte über mein Versagen in menschlichen Beziehungen und gab mich ganz der göttlichen Liebe hin. Langsam wurde mein Herz offen, aufgerissen vor Kummer und bereit, durchdrungen zu werden. Der innere Liebhaber wurde zu einer ekstatischen Realität, nicht nur spirituell, sondern zutiefst erotisch. Ich suchte nicht länger nach einer äußeren Quelle; ich war mir selbst genug. Ich spazierte durch die vom Mond geküssten, verschneiten Straßen, sang für den Geliebten und passte meine Schritte dem Rhythmus meines einfachen Liedes an. Ich meditierte viele Stunden mit diesem Chanting, das mich wie ein Mantra durchströmte. Die Hingabe ist ein machtvoller Magnet und ihre Ergebnisse sind überraschend. Lorin trat an jenem Vollmond im Januar 1983 in mein Leben. Bei ihm war ich endlich in der Lage, mich aus dieser Ganzheitlichkeit heraus einzubringen. Natürlich wird eine solche Zweisamkeit von ihren eigenen heftigen Herausforderungen begleitet, aber diese Geschichten erzählen wir ein anderes Mal!

Es heißt, dass die Natur der Frau für die Hingabe angelegt ist. Das trifft für viele Frauen zu oder zumindest für bestimmte Phasen ihres Lebens. Sie opfern sich von ganzem Herzen für ihre Kinder auf, für ihren Partner, für ihre Freunde, für Gott oder für spirituelle Lehrer als Ersatz für Gott. Die Hingabe an eine Sache, an Ihre Kreativität oder Ihren Beruf ist ebenfalls eine Art von Ergebenheit. Meditieren Sie mit der Leidenschaft Ihrer Hingabe, während Sie die Tiefe und den Sinn dessen erhellen, wonach Sie sich sehnen. Lassen Sie sich von Ihrer Flamme wärmen und Ihr ganzes Wesen stärken, und strahlen Sie diese Wärme dann in die Welt hinaus.

Wenn Sie uns ruft

In unserem Leben gibt es immer wieder eine Zeit, in der wir das weibliche Gesicht Gottes erkennen müssen. Obwohl sich das Göttliche jeder Definition entzieht, wirken rein männliche Konzepte der Gottheit auf Frauen entfremdend. Ein weibliches Gefühl für das Göttliche macht es uns ungleich einfacher, uns mit dem Heiligen in uns selbst zu identifizieren – ein wesentlicher Aspekt unserer spirituellen Gesundheit. Viele Frauen fanden Genesung, Trost, Inspiration und Ermutigung, als sie sich der Göttin öffneten.

Wenn wir uns dem *Seinszustand* öffnen, den wir die Göttin nennen, erleben wir, dass alles um uns herum heilig ist. Die gesamte Schöpfung ist ihr Körper, und wir werden von ihm umschlossen. Wer in Kontakt mit der Göttin tritt, befindet sich in einem Zustand der Gnade, inmitten eines Körpers der Liebe. Von ihr gehalten, verstehen wir den Vorgang von Geburt und Tod als Teil des ewigen, transformativen Schöpfungskreislaufs. Emotionen, von Ekstase bis Trauer, sind ihr Tanz: sich ständig entfaltende, sich selbst erneuernde Bewegungen der Liebe.

Es ist beruhigend, dass wir in allen Kulturen rund um den Globus und zu allen Zeiten weibliche Bilder der Göttin in Hülle und Fülle finden können. In der Frühzeit, als die Menschen der Natur noch näher standen und von ihr vielleicht deutlicher abhingen, war die Vorstellung des Göttlichen weiblich. Weibliche Darstellungen und Statuetten von Göttinnen, die 25 000 Jahre vor Christi Geburt entstanden sind, wurden an archäologischen Ausgrabungsstätten gefunden. Zu dieser einfacheren, erdverbundenen Zeit war das Gefühl des Heiligen allem innewohnend und unmittelbar – nicht körperlos, transzendiert und nur »an einem anderen Ort« zu finden. Eingeborenenkulturen kennen diese Weisheit auch heute noch. Im Laufe der westlichen Kulturgeschichte wurde die weibliche Gottheit im wahrsten Sinne des Wortes begraben, aber heute finden Ausgrabungen dieses Wissens statt.

Die klassischen Göttinnen und andere weibliche Archetypen verkörpern verschiedene Aspekte des Weiblichen, und sie sind machtvolle Lehrerinnen. Jede dieser heiligen Figuren stellt eine eigene Botschaft dar. Wenn Sie sich danach sehnen, eine bestimmte Energie zu verkörpern, meditieren Sie über die entsprechende Göttin; das wird Sie für die Eigenschaften öffnen, die ihr zugesprochen werden. Manchmal kann es auch vorkommen, dass eine Göttin *Sie* ruft – vor allem in Zeiten der Veränderung! Wenn Sie eine neue Sichtweise der Dinge benötigen oder in allem den Sinn erkennen wollen, dann kann eine Göttin (eine göttliche Eigenschaft oder Energie) durchaus darauf *bestehen*, dass Sie sich ihre Weisheit anhören.

Im Folgenden benennen wir einige der weiblichen Gottheiten, auf die Frauen bei der Meditation häufig Bezug nehmen und die für sie nützlich sind. (Siehe auch die Buchempfehlungen im Anhang.) Wenn Sie die Attribute der Göttinnen durchlesen, horchen Sie in sich hinein, ob Sie von einer von ihnen gerufen werden:

- Kwan Yin (chinesisch) oder Tara (tibetisch) – Mitleid, Mitgefühl, Heilung
- Shakti (indisch) – Kreativität, Lebenskraft, »fähig sein, zu …«
- Kali (indisch) – Göttin des Feuers, großer Schutz, Tod der Illusion
- Sophia (altgriechisch) – Weisheit, inneres Wissen
- Aphrodite (altgriechisch) – Schönheit, Sinnlichkeit, erotische Liebe
- Artemis (altgriechisch) und Diana (römisch) – Unabhängigkeit, Abenteuer, das Leben in der Wildnis
- Hekate (altgriechisch) – Einsamkeit, Wahrheit, alles Falsche abtrennend
- Lilith (hebräisch) – Autonomie, Trotz (Adams erste Partnerin)
- Shekinah (hebräisch) – Sie, die im Innern wohnt
- Changing Woman (Navajo) – Sie, die in Schönheit wandelt; Transformation

Der Ruf der Wildnis

Es existiert ein ungezähmter Teil in Ihnen, der niemandem gehört. In Ihnen finden sich Berge, Flüsse, Vulkane, Gewitter, Aussichten bis zum Horizont und Wiesen voller Blumen. Es gibt dort Vögel und Bären, Wildkatzen, Büffel und Rotwild. Dies ist das Schutzgebiet Ihrer inneren Natur. Bleiben Sie ihm nahe, denn die Verbindung zu dieser Wildnis ist absolut notwendig. Wenn Sie sich ausgenutzt oder überarbeitet fühlen, wenn Sie zu viel gegeben und zu viel kontrolliert haben, kann Ihre innere Wildnis Sie rufen.

Sie sind eine Naturgewalt – akzeptieren Sie das. Wenn Sie Ihre Wildheit leugnen, tun Sie das auf eigene Gefahr – sie ist ein lebenswichtiger Schlüssel für Ihre Vitalität. Die Meditation will Sie nicht zähmen, sondern Sie befreien! Lernen Sie von der griechischen Göttin Artemis – dem Archetypus der Jägerin – eingestimmt auf die Natur, schrankenlos und stark. Nehmen Sie Ihre Freiheit und Ihre Macht in Besitz. Freuen Sie sich an der urtümlichen Energie fröhlicher Erregung, an Ihrer Sexualität, Aggression und Leidenschaft. Schaffen Sie in Ihrer Meditation Raum für diese wilden Eigenschaften. Tanzen Sie zu primitiver Trommelmusik und meditieren Sie anschließend. Rufen Sie Ihren wilden Geist herauf, und atmen Sie während der Meditation mit ihm. Hören Sie den Ruf der Wildnis und antworten Sie ihm.

Forschungsreisen

• Schreiben Sie jedes heiße Begehren auf, das Sie gelegentlich überfällt. Gibt es Ähnlichkeiten zwischen diesen Sehnsüchten?
• Wenn Sie sich auf magische Weise in irgendeine natürliche Umgebung versetzen könnten, wohin würden Sie gehen? Welche Eigenschaften würden Sie dort vorfinden? (Zum Beispiel Stärkung, Abenteuer, Freiheit, Einsamkeit, Inspiration.)

- Welche natürliche Umgebung entspricht Ihrem Gefühl, wild und frei zu sein? (Beispielsweise donnernde Wellen, ein Wasserfall, der Wind, der in den Bäumen tanzt, ein hoher Berggipfel, ein Vulkan.)

- Bei welchen Aktivitäten fühlen Sie sich am freiesten? Wann sind Sie am ungezähmtesten? Nehmen Sie die Erinnerung an diese Zeit mit in Ihre Meditation.

- Wie erleben Sie Leidenschaft? Wann sind Sie aufgewühlt? Wann sind Sie verliebt? Wütend? Sexuell erregt? Inspiriert? Für welche Sache hegen Sie tiefe Gefühle? Wie sehen die Nuancen Ihrer Leidenschaft aus, das innere Gewebe, die Eigenschaft der Bewegung, das Gefühlserlebnis?

- Die dunklen Leidenschaften sind so schmerzlich, dass wir uns am liebsten abwenden, uns von ihnen distanzieren oder sie abwaschen würden, aber sie bieten wichtige Hinweise auf unsere wahren Sehnsüchte. Neid, Eifersucht und Zorn sind Signale aus einem Bereich Ihres Lebens, der mehr Aufmerksamkeit benötigt. Wann fühlen Sie sich neidisch? Welche Eigenschaft sehen Sie in diesem Menschen, die Sie in sich selbst auch entwickeln wollen? Auf welche Weise können Sie sich in den Zustand versetzen, den diese Menschen für Sie einnehmen? Wie können Sie Ihre eigene Version dieser Eigenschaft erkennen? Vielleicht lautet die Botschaft, sich selbst zu schätzen, die Entscheidungen anzuerkennen, die Sie getroffen, und das Leben, das Sie für sich erschaffen haben.

- Welche Sehnsucht, die Ihr ganzes Herz erfüllte, wandte sich zum Guten? Vielleicht sind Sie weit gereist, um eine Freundin oder ein Familienmitglied zu besuchen, und der Reichtum dieser Begegnung wärmt immer noch Ihr Herz. Vielleicht sind Sie ein Risiko eingegangen und haben Ihr eigenes Geschäft eröffnet oder ein Kunstwerk geschaffen.

- Wann haben Sie ein Verlangen verfolgt und erfüllt, nur um dann festzustellen, dass Sie eigentlich etwas anderes wollten?

- Haben Sie jemals erfolgreich ein Verlangen abtöten können?
- Notieren Sie in Ihrem Tagebuch fünfzig Sehnsüchte, deren Erfüllung Spaß machen würde – sowohl realistische als auch abgehobene Sehnsüchte. Seien Sie extravagant, überschäumend und einfallsreich: *Ich möchte ein neues Nachthemd mit Spitzenbesatz. Ich möchte dieses blaue Seidenkleid. Ich möchte ein Abendessen im teuersten Restaurant der Stadt. Ich möchte einen neuen persischen Teppich, in den man bis zu den Knöcheln einsinkt. Ich möchte befördert werden. Ich möchte meine eigene Firma. Ich möchte mein eigenes, schuldenfreies Haus. Ich möchte eine versteckte Hütte seitlich des Berges, wo ich auch mal allein sein kann. Ich möchte den perfekten Partner. Ich möchte einen Monat auf Tahiti verbringen. Ich möchte den Oscar, den Grammy, den Nobelpreis gewinnen. Ich möchte viele Koffer voller Hundert-Dollar-Noten. Ich möchte Präsidentin werden . . .*

Aufwärmübung:
Ein Mandala der Sehnsüchte

Erstellen Sie eine Karte oder ein Gemälde Ihrer wichtigsten Sehnsüchte: Liebe, Frieden, kosmische Verbindung, Macht, Vermögen, Beziehungen, Freiheit. Suchen Sie in Zeitschriften entsprechende Abbildungen, malen oder zeichnen Sie passende Bilder oder schreiben Sie die Begriffe einfach auf. Ordnen Sie die Bilder und Worte wie Kuchenstücke innerhalb eines Kreises an. Dieses visuelle Schaubild soll zeigen, wie all diese Wünsche nebeneinander existieren und Ihr ganzes Selbst widerspiegeln. Ein Mandala ist eine Darstellung der Psyche; das Selbst wohnt in der Mitte, umgeben von anderen Ebenen des Seins. Im tibetischen Buddhismus stellt man sich diese Teile beispielsweise als zornige oder gütige Gottheiten vor. Die Eingeweihten meditieren über diese Bilder, um deren Energie in sich aufzunehmen. Machen Sie dasselbe mit Ihren Sehnsüchten.

6. *Fertigkeitskreis:*
Wie man mit den eigenen
Sehnsüchten meditiert

In jeder Sehnsucht steckt Bewegung auf ein Ziel zu, ein *Ausstrecken*, um das zu ergreifen, was Sie wollen, oder das von sich zu stoßen, was Sie nicht wollen. Es ist auch eine *Bewegung nach innen*, um das aufzunehmen und festzuhalten, was man sich wünscht. Bei der Meditation können wir die Bewegung der Sehnsucht anerkennen, während wir gleichzeitig in einem luxuriösen Zustand der Ruhe verharren. Diese Kombination aus Ruhe und Elektrizität ist gesund und sollte kultiviert werden. Das Wissen um Ihre Sehnsucht – gleichgültig wie intensiv, unrealistisch, fantastisch, unerreichbar oder politisch unkorrekt – gibt Ihnen wichtige Informationen an die Hand; es kann sogar mehr Spaß machen, das Begehren zu erforschen, als es erfüllt zu sehen. Geben Sie sich bei Ihrer Meditation die Erlaubnis, in diese Intensität einzutauchen. Treten Sie ganz in sie ein, damit Sie von ihr lernen können, wie man erfüllt ist.

Wenn Sie bei Ihrer Meditation auch nur eine Minute am Tag an eine Eigenschaft denken, bauen Sie sie in Ihr Bewusstsein ein: Ausgeglichenheit, Gelassenheit, innere Stärke, Liebe, Entzücken, Lebensfreude, sexuelle Anziehungskraft oder sogar die Aufmerksamkeit selbst – welche Eigenschaft auch immer Sie brauchen, sich wünschen oder ausprobieren möchten. Sobald Sie Ihre Aufmerksamkeit auf den Begriff richten, der für die Eigenschaft steht, die Sie verkörpern wollen, versetzen Sie Ihren Körper und Ihr Nervensystem in einen Zustand der Wachsamkeit, durch den Sie mehr über die Eigenschaft lernen und von ihr überrascht werden. Sie wird sich ganz spontan in Ihrem Leben zeigen. Der Prozess der Konzentration auf die gewünschte Eigenschaft ist instinktiv: Baden Sie in dem Gefühl, singen Sie es heraus, nähren Sie es oder lassen Sie sich davon massieren.

Ins Innere einer Sehnsucht gelangen

• Wonach sehnen Sie sich? Wie sieht das Bild dieser Sehnsucht aus?

• Welche Energie bietet diese Sehnsucht?

• Wie würden Sie sich erleben, wenn diese Sehnsucht Erfüllung findet? Wie würde sich Ihr Körper anfühlen? Wie würden Sie atmen? Nehmen Sie sich etwas Zeit, um über diese Punkte nachzudenken.

• Welchen Tonus hat die Energie: dicht oder hauchzart, dunkel oder hell? Sehen Sie irgendwelche Farben? Ist die Bewegung schnell oder langsam, direkt oder indirekt? Geht die Energie nach oben, nach unten, nach vorn, nach hinten, nach außen oder nach innen? Ist sie wild und leidenschaftlich? Oder leuchtet sie warm in Ihnen wie eine ruhige Flamme? Ist es eine quälende, gefühlvolle, weiche Sehnsucht? Ist der Tonus beruhigend und nährend? Oder ist die Kraft wütend, explosiv und läuternd?

• Lassen Sie sich von den Eindrücken der Energie durchdringen. Nehmen Sie mit jeder Zelle und jeder Faser diese Eigenschaften in sich auf. Genießen Sie diese neuen Empfindungen.

Tanzen Sie die Bewegung der Sehnsucht

Sie können diese Übung als eigentliche Meditation durchführen oder vor beziehungsweise nach Ihrer Meditation. Fangen Sie damit an, dass Sie im Sitzen, Stehen oder Liegen Ihre Hände auf den Brustkasten oder den Bauch legen. Erkennen Sie Ihre Sehnsucht an, mit allen dazugehörigen Eindrücken. Sobald Sie bereit sind, breiten Sie langsam Ihre Arme aus, strecken Sie sie weit von sich, in welche Richtung Ihre Sehnsucht Sie auch immer führt. Strecken Sie sich nach dem aus, was Sie wollen, beziehungsweise stoßen Sie das von sich, was Sie nicht wollen. Ziehen Sie die Arme wieder zu sich, sammeln Sie ein, was Sie für sich selbst wünschen. Berühren Sie mit Ihren Händen den Bauch, das Herz oder eine andere Stelle, die sich nach Berührung sehnt. Halten Sie einen Moment inne, damit Ihr Körper die Eigenschaft aufnehmen kann, nach der Sie sich sehnen:

Nehmen Sie sie ganz in sich auf. Wenn Sie Ihrem Verlangen mittels Bewegung »Gestalt verleihen«, erleben Sie mehr von seiner Intensität. Falls Emotionen hochkommen, akzeptieren Sie sie. Lachen Sie, weinen Sie, heulen, singen oder brüllen Sie, wenn Ihnen danach ist. Strecken Sie die Arme abwechselnd aus, und ziehen Sie sie wieder an sich. Sie können mit der Bewegung nach außen ausatmen und mit der Bewegung nach innen einatmen. Einatmen heißt, Leben zu empfangen. Sie können Ihren Atem mit der Eigenschaft versehen, nach der Sie sich sehnen. Machen Sie sich keine Sorgen, wie Sie Bewegung und Atem koordinieren sollen, wenn Ihnen das zu kompliziert erscheint.

Die Sehnsucht treibt Sie möglicherweise dazu, den Raum zu erkunden, gönnen Sie Ihren Füßen also Bewegungsfreiheit. Experimentieren Sie mit verschiedenen Geschwindigkeiten, langsamer oder schneller. Gehen Sie dann allmählich in einer bestimmten Position (ausbreitend oder sammelnd) in den Stillstand – in einer Bildhauerpose, die die Intensität einfängt. Atmen Sie in diese Form hinein, mit allem, was sie hervorruft. Spüren Sie die Bewegung der Energie, die in dieser scheinbaren Stille weitergeht. Sobald Sie zufrieden sind, entspannen Sie sich vorsichtig. Atmen Sie noch einmal tief ein, und atmen Sie dann in die entspannte Position aus. Sie können im Stehen, Sitzen oder Liegen mit einer weiteren Meditation fortfahren oder einen sanften Übergang zu Ihren normalen Aktivitäten vollziehen. Geben Sie sich noch einige Minuten, um sich bildlich vorzustellen, wie Sie Ihren Alltag durchdrungen von Ihrer Sehnsucht angehen.

Meditationen

Die Sehnsucht nach dem Göttlichen

Atem ist Inspiration. Mit jedem Einatmen werden Sie von Geist, Pneuma, Prana, dem Leben selbst durchdrungen. Wenn Sie in diese ständige Bewegung Bewusstsein einbringen, werden Sie buchstäblich inspiriert. Schon ein einziger bewusster Atemzug kann Ihr ganzes Wesen mit der Eigenschaft des Heiligen erfüllen, nach der Sie sich sehnen. Wenn Sie die ganze Meditation über in diesem empfangsbereiten Zustand verharren, ist das wahrhaft göttlich.

Suchen Sie sich eine Position, die es Ihnen erlaubt, offen und entspannt zu bleiben. Erfinden Sie ruhig neue Positionen. Meditieren Sie mit offenen oder geschlossenen Augen, wie es Ihnen gerade zu Mute ist. Sobald Sie sich eingestimmt haben, rufen Sie den Aspekt des Göttlichen, nach dem Sie sich sehnen. Ist es die bedingungslose Liebe, ein Gefühl für das Ewige, Frieden für Ihre müde Seele? Ist es kreative Inspiration, mystische Vereinigung oder kosmisches Bewusstsein? Erforschen Sie das Gefühl. Haben Sie das Bild einer Gottheit vor sich – des Geliebten, des Universums, von Christus, der Natur, der Großen Mutter, einer Göttin oder einem Gott? Gibt es etwas, das Sie unbedingt hören möchten? Etwas, das Sie gern zum Ausdruck bringen möchten – ein Gebet beispielsweise? Lassen Sie sich von Ihrer Reaktion überraschen.

Während Sie sich auf die Eigenschaft konzentrieren, nach der Sie sich sehnen, wird deren Energie Sie durchdringen. Machen Sie sich bewusst, dass das Göttliche per definitionem immer präsent ist – es ist so unmittelbar und innewohnend wie Ihr Atem. Es schenkt das Leben. Stellen Sie sich vor, wie diese heilige Präsenz Sie umgibt und den ganzen Raum, die Luft, den Boden erfüllt.

Heiligen Sie jeden Atemzug mit diesem Bewusstsein. Wenn Sie einatmen, versetzen Sie den Atem mit der göttlichen Essenz; empfangen Sie sie in Ihrem Körper und Ihrem Herzen. Wenn Sie ausatmen, lassen Sie Ihre eigene Essenz ausströmen, um sich mit dieser Quelle zu vereinen. Fahren Sie mit dem bewussten Atmen fort, einer immer tiefer werdenden Schleife der Verbindung. Spüren Sie, wie der Göttliche Atem mit jedem Einatmen und Ausatmen in Sie dringt, Ihre Essenz in sich sammelt und Sie mit dem Gewebe des Lebens vernetzt.

Der Ruf der Wildnis

Die folgenden Übungen können Sie im Sitzen, im Stehen oder im Liegen durchführen.

Die innere Wildnis. Suchen Sie sich einen inneren Ort der Natur, der Sie ruft, wie wir es unter »Forschungsreisen« schon erklärt haben. Nach welchen Eigenschaften sehnen Sie sich? Stellen Sie sich selbst in dieser Umgebung vor; tauchen Sie ein in das innere Bild. Öffnen Sie Ihre inneren Sinne, während Sie die Geräusche, die Bilder, Gerüche und die Inhalte der Bilder in sich aufnehmen.

Welche Qualität hat das Licht? Sonnig, schattig, gesprenkelt oder dunkel wie der Nachthimmel? Welche Farben sehen Sie in dieser Umgebung? Welche Geräusche hören Sie – den Wind, Vögel oder Insekten, das Rauschen von Wasser? Wie fühlt sich die Luft an – kühl und windig, heiß und trocken, warm und lockend? Wie riecht es dort – harzig, blumig, erdig? Ist es eine weite, offene Fläche, dicht wie ein Wald oder kuschelig und eng wie eine Höhle? Möchten Sie in diesem Bild stehen, rennen, fliegen, sich hinlegen, niederknien oder sitzen? Was empfinden Sie bei dieser inneren Aktivität? Wie atmen Sie? Welches Vergnügen empfinden Sie, wenn Sie sich an diesem Ort vorstellen?

Nehmen Sie all diese Eindrücke in sich auf; empfangen Sie die Stärkung, die Ruhe oder die Macht. Tauchen Sie mit Ihrem ganzen Körper in diesen Kurzurlaub in Ihrer inneren Wildnis ein.

Wild und frei. Suchen Sie sich ein natürliches Phänomen, das zu Ihrem Gefühl, wild und frei zu sein, passt – oder ein Phänomen, das die Energie erschafft, nach der Sie sich sehnen. Meditieren Sie darüber, wie Sie selbst zu dieser Naturgewalt werden. Vielleicht ist es die wilde Freiheit eines rauschenden Flusses oder eines alles hinweg fegenden Windes, die gewaltige Hitze eines lodernden Feuers oder die explosive Energie eines Vulkans.

Erkennen Sie die Macht und die Dynamik dieses natürlichen

Phänomens an. Wie sehen die Eigenschaften seiner Energie und seiner Bewegung aus? Welche innere Struktur erschafft seine Bewegung? Macht es Geräusche? Wenn Sie dieses Bild sehen, hören oder fühlen, verschmelzen Sie mit dessen Eindrücken.

Geben Sie sich völlig den inneren Eigenschaften hin, wie immer sie aussehen mögen. Lassen Sie die vitale Energie Ihres Bildes direkt in Ihren Körper treten. Sie mögen ja still sitzen, aber innerlich toben das Rauschen, Sprudeln oder Wirbeln zügelloser Naturkraft. (Wenn Sie den Drang verspüren, zu dieser wilden Energie zu tanzen, lesen Sie unter »Forschungsreisen« noch einmal »Tanzen Sie die Bewegung der Sehnsucht« nach.) Öffnen Sie sich den Empfindungen der natürlichen Lebenskraft, die Sie durchströmt, und lassen Sie jede Zelle von ihr reinigen und revitalisieren.

Aufbauübungen

Begrüßen Sie all Ihre Sehnsüchte

Die folgende Technik eignet sich gut für Gruppen, wenn alle den Mut haben, ihre Sehnsüchte offen einzuräumen und frei darüber zu sprechen.

Unter »Forschungsreisen« haben Sie eine ausführliche Liste Ihrer Sehnsüchte erstellt. Jetzt setzen Sie sich bitte mit dieser Liste auf meditative Weise hin. Nehmen Sie sich einen Begriff nach dem anderen oder einen Satz nach dem anderen vor, und sprechen Sie die Worte laut aus. Achten Sie darauf, was Sie dabei in Ihrem Körper spüren – im Bauch, im Herzen und auf der Haut. Möglicherweise überrascht es Sie, wie intensiv es ist, Ihre Sehnsüchte willkommen zu heißen. Sie sollten all Ihre Sehnsüchte begrüßen, gleichgültig, wie unrealistisch oder verboten sie sein mögen. Respektieren Sie sie, und lassen Sie sie mit Ihrem Körper eins werden.

Führen Sie diese Übung ungefähr fünf Minuten lang durch. Machen Sie dann eine Pause, und lassen Sie sich davontragen. Dabei passiert es häufig, dass der Verstand spontan in Stille verfällt und sich von dieser Intensität ausruht. An manchen Tagen werden Sie feststellen, dass Sie sich fürchten, Ihre Sehnsüchte in Worte zu fassen, oder dass Sie traurig werden, weil Ihre Sehnsüchte unerfüllt bleiben. Möglicherweise fühlen Sie sich von Ihrer Sehnsucht ungeheuer erregt und interpretieren diese Erregung als Ruhelosigkeit und Unfähigkeit zur Meditation.

Diese Übung bewirkt drei Dinge:

1. Sie macht die Meditation zu einer Heimstatt für Ihre Sehnsüchte und für alles Neue, was sich in Ihnen entwickeln will.
2. Sie trainiert Sie darin, die Empfindungen und Energien hinter der Sehnsucht wahrzunehmen. Häufig sehen wir nur das Bild oder das Endergebnis der Sehnsucht, aber ihre Energien sind flüssiger und können geformt werden.
3. Sie verbindet Ihre Innen- und Ihre Außenwelt.

Die Herzenswunschmeditation

Um Ihren Herzenswunsch auszuhalten, brauchen Sie Mut, Sicherheit, Mitgefühl und Ausdauer – im Grunde alle Ressourcen, die Sie haben. Wie nahe stehen Sie Ihrem Herzenswunsch? Wonach sehnen Sie sich? Sobald Sie bereit sind, seinen Ruf zu hören, treten Sie in das Feuer des Herzens ein.

Tauchen Sie in Ihre Sehnsucht ein, wie es im *Fertigkeitskreis* beschrieben wurde. Was fällt Ihnen auf, wenn Sie sich erlauben, dieses Verlangen zu spüren? Richten Sie Ihre Aufmerksamkeit auf den Brustkasten, begeben Sie sich in Ihr Herz. Welche Empfindungen spüren Sie dort? Gibt es ein Bild oder eine Vorstellung von Ihrem Herzenswunsch? Achten Sie auf die sensorischen Einzelheiten. Wie bewegt sich die Energie dieses Bildes? Wie würden Sie sich fühlen, wenn sich Ihr Herzenswunsch erfüllen sollte?

Meditieren Sie mit dem Bild und den Empfindungen der Energie. Tanzen Sie die Bewegung. Öffnen Sie Ihr Herz für diese Sehnsucht, und lernen Sie von ihr, wie Sie sich ausdrücken können.

Tanzen Sie Ihre Leidenschaft. Sie können Ihre Leidenschaft mit den Vorschlägen aufspüren, die im *Fertigkeitskreis* für den Tanz mit der Sehnsucht beschrieben wurden. Aber manchmal möchte eine ganz allgemeine Sehnsucht ohne bestimmten Inhalt in Ihrem Körper tanzen. Erst mit der Bewegung wird die Sehnsucht konkreter. Geben Sie Ihrer Leidenschaft die Carte blanche, um sich auszudrücken.

Legen Sie Musik auf, die zu Ihrer Stimmung passt, und atmen Sie mit dem Rhythmus und mit den Gefühlen, die diese Musik hervorruft. Übereignen Sie Ihren ganzen Körper diesem Drang zu tanzen. Fangen Sie damit an, jenen Teil Ihres Körpers zu bewegen, der den Drang am heftigsten verspürt: Hände, Füße, Hüften, Wirbelsäule. Vielleicht ist es der Mund, der einen urtümlichen Atemzug oder ein Geräusch ausstoßen will. Bauen Sie die Energie allmählich auf. Wie frei können Sie sein? Werden Sie wild: Stampfen Sie auf dem Boden auf, wackeln Sie mit dem Hintern, vollführen Sie mit den Armen große, dramatische Gesten. Geben Sie sich ganz der quälenden Sehnsucht hin, während Sie ausholende und einholende Bewegungen vollziehen. Unterwerfen Sie sich Ihrer Leidenschaft!

Nach ungefähr zehn Minuten sollten Sie langsam zu einer Pause übergehen und Ihr Bewusstsein nach innen richten. Atmen Sie bewusst, während Sie zu einem scheinbaren Stillstand kommen. Genießen Sie die ekstatischen Empfindungen, während die Energie durch Ihren ganzen Körper zirkuliert.

Reflexionen

- Was ist für Sie besonders befriedigend, wenn Sie Ihre Sehnsüchte willkommen heißen?
- Waren Sie während der Übungen im Abschnitt »Forschungsreisen« von Ihren Reaktionen überrascht?
- Welche neuen Erkenntnisse haben Sie über sich gewonnen?
- Auf welche Weise können Sie Ihre Herzenswünsche kultivieren?

Machen Sie sich Ihren Rhythmus zu Nutze

Ich kenne dieses Gefühl.
Schwere und volle Brüste,
Mein Bauch bläht sich auf, als ob er gleich
    platzen würde.
Jede Sekunde wird das Blut zwischen meinen
    Schenkeln herunterrinnen.
Stoßt mich nicht an, ich könnte leckschlagen.
Schwer, ungelenk, klobig …
Als ob ich gerade aus einer dunklen Lagune
    gekrochen wäre.

Das ist es! Meine frühesten Ahninnen: die
    Ursuppe der Schöpfung.
Blubb, blubb, blubb … o ja.
Der unwahrscheinliche Ursprung des Lebens,
    als wir uns aus dieser Brühe erhoben –
gurgelnde, spritzende Zellen wurden zu Kör-
    pern, Körper wurden zu Partnern …
Äonen kleiner Todesfälle und Geburten, all die
    zufälligen Begegnungen,
die uns hier, jetzt, in diesem Augenblick,
    geschaffen haben.
Spritz, sprudel, ström … der Fluss durch
    jedes weibliche Wesen –

Meine Mutter, ihre Mutter vor ihr, bis in die
    Vorzeit …
eine ununterbrochene Kette aus Blut,
seit dem Anfang aller Zeit …

Veränderung, Veränderung … Weib, dein Name
    ist Veränderung.
Mann, was wir alles durchgemacht haben!
O schwerer Körper, du trägst diese Geschichte
    in dir.
Sie pocht in deinem Herzen.
Sie schwappt in deinem Becken.

Ich werde mich nicht widersetzen … ich gebe
    der Schwere nach.
Ich setze mich auf die Erde, als Erde – Lehm
    auf Lehm.
Aha, ich verstehe … ich bin ein Gefäß, ein
    Hilfsmittel des Geheimnisvollen:
Blut fließt, das Leben fließt, die Zeit fließt
    hindurch …
Dieser Körper kennt den uralten Verwandlungs-
    rhythmus.

Und wenn ich mich jetzt an dieses heilige
    Geheimnis erinnere,
breitet sich auf meinem Schoß ein Lächeln
    aus …

Weibliche Mysterien

Unser Körper weiß um Veränderung, Rhythmus und Kreislauf. Das ist das ewige, universelle Geheimnis der Frauen. Die Natur ist Rhythmus und unser Körper ist Teil der Natur – nicht nur der unmittelbaren irdischen Umgebung, sondern der herrlichen, gewaltigen Bewegung des Kosmos. Kosmische Verbundenheit und gegenseitige Abhängigkeit sind für uns Frauen keine abstrakten Ideen; wir finden das auch in unserem Körper, ganz nah und persönlich. Aufgrund unseres regelmäßigen Blutens und der Empfänglichkeit für Jahreszeiten und Mondphasen leben Frauen mitten in diesen Wandlungskreisläufen des Lebens.

Die weibliche Biologie bringt uns in Berührung mit den tiefsten Rhythmen des Lebens – dem Tanz aus Geburt, Tod und Erneuerung. Durch die Metamorphosen von Menstruation, Mutterschaft und Menopause erleben Frauen unmittelbar die zyklische Fruchtbarkeit der Natur. Männer teilen dieses Körperwissen nicht mit uns; es sind weibliche Mysterien. Jede Phase im Leben einer Frau – Jugend, die fruchtbaren Jahre, die Mitte des Lebens, der Lebensabend – hat ihre besonderen Geschenke und ist eine Initiation in einen bestimmten Aspekt des Mysteriums. So bezeichnen Mütter Schwangerschaft und Geburt häufig als eine spirituelle Transformation, eine Hingabe von Körper und Seele an den Fluss der Schöpfung und ihren Platz darin. Zwischen Mutter und Kind herrscht nachweislich eine besondere Beziehung. Beim Stillen geben die Brustwarzen in stummer Synchronisation mit dem Hunger des Babys Milch ab – selbst wenn die Mutter hunderte von Meilen entfernt ist. Für uns Frauen sind Intuition und Gemeinschaft keine abstrakten Ziele oder Ideale, sondern erreichbare, unbestreitbare und häufig selbst erlebte Tatsachen des Lebens.

Die Gestaltwerdung des weiblichen Körpers innerhalb dieser Fruchtbarkeitszyklen ist eine Art von Formwandlung. Denken Sie einmal darüber nach: jahrzehntelang schwellen wir jeden Monat an und bluten aus unserem Schoß. Bei der Schwangerschaft verändern wir uns auf dramatische Weise, während unser Körper und unsere Psyche sich auf die Bedürfnisse dieser merkwürdigen, magischen Kreatur einstellen, die in uns wohnt. In den Wechseljahren lösen wir uns auf und setzen uns zu einer völlig neuen Form wieder zusammen – zumindest fühlt es sich so an. Frauen sind Gestaltwandlerinnen. Das ist eine Frage des Kurses – des Kurses, den die Natur vorgibt. Kein Wunder, dass Frauen als Hexen beschimpft und gefürchtet wurden. Wie sollten die Männer auch verstehen, was der Körper einer Frau alles durchmacht? Sie haben keine Ahnung!

Georgianne Cowan, Mutter und Künstlerin, schreibt in ihrem Essay *The Sacred Womb* (Der heilige Schoß) über die Schwangerschaft:

»Die ungestüme Saat der Schöpfung kommt nicht gerade auf zarten Katzenpfoten daher. Vielmehr nistet sie sich ohne nachzudenken ein. Der Schoß einer Frau, einst jungfräulich, abgesehen von den reinigenden Flüssen des Menstruationsblutes, die durch ihn hindurchströmten, wird von dieser erstaunlichen Lebenskraft in Besitz genommen. Eine neue Empfindung flattert herein, etwas Fremdes nimmt seinen Wohnsitz im Bauch der Mutter. Die Königin hat eines von zwei Millionen beharrlicher Spermien in ihr Reich gelassen, und es gibt keine Umkehr, wenn sich die Zellen teilen und sich das königliche Ei von einer Zygote zur einem Keimbläschen wandelt. Die Kraft des Lebens ist aggressiv und unerschütterlich, während der Embryo die Phasen der Evolution durchläuft. Aus den Qualen dieser Alchemie erwächst eine sensible, meeresähnliche Kreatur, die einen Schwanz, Flossen und letztlich Tentakel aus Armen und Beinen entwickelt. In den 266 Tagen im Schoß werden die Mysterien des Lebenskreislaufs durchlebt, während das ursprüngliche Protoplasma sich ausdehnt, Gestalt annimmt und erblüht. Wer ist dieser neue Besucher? Was ist dieses vibrierende, flüssige Geheimnis, das nun im Körper der Mutter wohnt? Ist es ein

Mensch oder ein Gemüse, ein Monster oder etwas, das unserer kollektiven Psyche völlig unbekannt ist? Dieses *Fremde* nimmt eine irgendwie unheilvolle Aura an, allein schon durch seine Unsichtbarkeit. Wer weiß denn schon, was sich dort im Innern heranbildet? Die Antwort mag unser kollektives Wissen geben, und sie mag auf dem Glauben beruhen, dass unsere Spezies Nachwuchs der eigenen Art wirft und letztlich ein menschliches Wesen zur Welt kommt. Ähnelt das nicht unserem Glauben an die Rückkehr des Frühlings nach der Dunkelheit des Winters? In dem samtigen Schoß der Erde, in dem dunklen Schoß unserer Seele haben wir die dunkle Leere des Unbekannten erspäht und darauf vertraut, dass aus den brachliegenden, schlafenden Feldern neues Lebens keimen wird.«

Körper und Psyche der Frau sind bestens auf die zunehmenden und abnehmenden Zyklen der Natur eingestimmt, auf die Mondphasen und die Abfolge der Jahreszeiten. Die Zugkraft des Mondes auf die Ozeane und Gezeiten wirkt auch in uns, in den inneren Gezeiten der Emotionen und Körperflüssigkeiten. Es erstaunt daher nicht, dass das Wort *Menses* mit *Mond* und *Monat* verwandt ist. Die vier irdischen Jahreszeiten aus Wachstum, Ernte, Zerfall und Wiedergeburt spiegeln ebenfalls innere psychische Rhythmen wider. Wachstum ist ein Prozess mit einem eigenen, unerklärlichen Ablauf, wie Ebbe und Flut, die sich nicht erzwingen lassen, die man jedoch pflegen und auf deren Entfaltung man vertrauen kann. Frauen wissen das in ihrem Innern. Die Zyklen des Lebens sind schonungslos und kraftvoll. Sobald wir Menschen versuchen, sie zu kontrollieren, leiden wir; doch wenn wir mit den Zyklen zusammenarbeiten, gedeihen wir. So ist die Natur angelegt, und dem sollten wir uns fügen. Diese natürlichen Zyklen sind allesamt voneinander abhängig und beeinflussen uns, ob wir diese Verbindung nun anerkennen oder nicht. Ihre Rhythmen beseelen uns buchstäblich, und die weibliche Weisheit gebietet uns, mit ihnen zusammenzuarbeiten.

Frauen sind überaus anpassungsfähig; wir haben uns mit dem knallharten Tempo des modernen Lebens arrangiert und gelernt, wie wir uns über unsere natürlichen Rhythmen hinwegsetzen können, um unsere Aufgaben zu erledigen. Wir besitzen die erstaunliche Fähigkeit, eine Million Dinge gleichzeitig zu tun, und viele Frauen »schaffen einfach alles«. Wir mischen mit! Es ist erfrischend, und ich persönlich liebe die Welle der Erregung, die entsteht, wenn ich bis an meine Grenzen vorstoße. Aber wenn diese Grenzvorstöße zu einem chronischen Druck werden, vernachlässigt man leicht die inneren Bedürfnisse, laugt sich aus und gerät aus dem Gleichgewicht. Wenn unsere Wurzeln zu sehr an der Oberfläche liegen und sich zu weit ausstrecken, verlieren wir die Bodenhaftung – zu der Tiefe unseres Seins, die unsere Kraft und unsere Erneuerung absichert. Lassen Sie uns losziehen – keine Schuldgefühle – und den Becher des Lebens fühlen. Aber lassen Sie uns auch entscheiden, wann es »genug« ist.

Die tägliche Meditation hält uns in Berührung mit diesen tieferen Rhythmen. Der Zugang zu den weiblichen Mysterien ist uns so nahe wie der Schoß, so nahe wie unser Atem, so nahe wie die Abfolge von Tag und Nacht. Wenn wir die Botschaft erhalten, können wir uns bereitwillig unterwerfen und uns selbst die Erlaubnis geben, uns verändern zu lassen. Wir können uns dieser Entfaltung hingeben, die eine Neuorganisation unseres Wesens zulässt. Wenn wir uns gegen diesen Ruf zur Wehr setzen, werden sich Körper und Psyche unvermeidbar aufbäumen und unsere Aufmerksamkeit durch allerhand körperliche und psychologische Symptome auf sich lenken. Hormone sind gewitzte Boten. »Frauenprobleme« wie PMS werden oft gemindert, wenn wir auf den Ruf hören und ihm nachgehen: »Langsamer, lass los, lass dich treiben!« Wenn wir unsere Kopflastigkeit aufgeben, das »Tun« beenden und in das »Sein« eintauchen, ist das eine Offenbarung und eine große Erleichterung.

In alter Zeit wurden die Verbindungen der Frauen zu den natürlichen Zyklen mit Ritualen begleitet und gefeiert. Heutzutage können wir unsere eigenen Rituale erschaffen, um die verschiedenen Zyklen zu ehren, die sich in unserem Körper und unserer Psyche vollziehen. In diesem Kapitel finden Sie Übungen, die Ihnen helfen, sich auf Ihre ständig wechselnden Bedürfnisse einzustimmen. Sie können Meditationen erfinden, die Sie in der Phase, in der Sie sich gerade befinden, befriedigen. In Ihnen finden sich bereits alle Voraussetzungen, um sich diese Rhythmen zu Nutze zu machen. Nun werden Sie lernen, wie Sie Ihre natürliche Weisheit maximieren können.

Das Auge des Sturms

Es folgen einige weise Anmerkungen einer gemeinsamen Freundin, die wir Darlene nennen wollen. Sie arbeitet als Chiropraktikerin und wendet auch alternative Heilmethoden an. Darlene ist eine lebhafte und forsche Rothaarige, die vor kurzem den Meilenstein ihres sechzigsten Geburtstags passiert hat.

»Ich meditiere, wenn ich müde bin oder mich schlecht fühle. Ich begebe mich hinein mit der Absicht, zum Auge des Sturms vorzudringen. Und dann lasse ich mich einsinken. Einmal war ich so erschöpft, dass ich kaum mit den Zehen wackeln konnte. Was immer in mir hochkommt, ich lasse mich darauf ein. Was immer das Problem ist, ich lasse mir sagen, worin es liegt. Ich verwende die Worte *weich werden, schmelzen*. Ich gebe mich völlig hin, und das ist so, als ob man seinen Tod übt. Wenn ich dann zurückkehre, bin ich bemerkenswert ausgeruht und habe das Gefühl, dass unglaublich viel Energie freigesetzt wurde. Der ganze Prozess ist rein taktil: Ich lege dem keine Geschichte zu Grunde. Es ist einfach eine Möglichkeit, Unterwerfung zu üben.

Auf einer Reise durch Afrika war ich einmal so erschöpft und schlecht gelaunt, dass ich drei Stunden lang meditierte. Ich blieb einfach dabei, tauchte in das Herz des Gefühls ein – unterwarf mich, blieb dort, schmolz. Hinterher fühlte ich mich wie ein neuer Mensch. Es gibt kein Medikament, kein Vitamin, das mich so gut zu mir selbst zurückbringen kann.«

Die Zyklen des Lebens

Die Zyklen des Lebens sind natürliche Phasen, die sich in unserer Umwelt und in uns selbst vollziehen. Es gibt die kleineren, ziemlich vorhersehbaren Rhythmen von Sonne und Mond – täglich, monatlich, jährlich – und die größeren, nur ansatzweise vorhersehbaren Rhythmen der Bewegungen unseres Lebens zwischen Geburt und Tod. Es gibt die ewigen Zyklen des Universums, unbegreiflich für unseren schwachen menschlichen Verstand, und es gibt die winzigen, oft auftretenden, scheinbar zufälligen und manchmal gleichermaßen unbegreiflichen Zyklen, die sich in jeder Frau vollziehen.

Es folgt eine Liste mit den grundlegenden Zyklen eines Lebens. Joan Boryshenko verwendet in ihrem wunderbaren Buch *A Woman's Book of Life* das Bild von zwölf siebenjährigen Zyklen, wie es die amerikanischen Ureinwohner kennen. Für unseren Zweck reichen die vier wichtigsten Rhythmen als einfache Landkarte aus. Wir borgen uns jedoch Joan Boryshenkos heilsamen Begriff der »Wächterin« für die Phase des mittleren Lebens. Es existiert eine raffinierte Korrelation zwischen den vier Phasen des Wachstums, mit den Jahreszeiten, dem Mond und bestimmten Emotionen. Viele von uns stammen aus der Generation der Babyboomer, und wir werden bald schon in »den Herbst unseres Lebens« eintreten, ein Klischee, das wegen seiner einfachen Wahrheit umso kraftvoller ist. Lassen Sie sich von den Klischees in Landkarten wie dieser zu Ihrer eigenen kreativen Wahrnehmung stimulieren.

- *Jugend:* Mädchen – Frühling – Geburt, neues Wachstum, Anfänge – zunehmender Mond – Wut
- *Fruchtbarkeit:* Mutter, Künstlerin – Sommer – volle Blüte, Sexualität, Fülle – Vollmond – Freude
- *Mitte des Lebens:* Wächterin – Herbst – Ernte, Reifung – abnehmender Mond – Trauer

- *Alter:* Weise Frau, Wohltäterin – Winter – Auflösung, Verfall, Loslassen – Neumond – Angst, Kontraktion, Rückzug
- *Wiedergeburt:* Neubeginn des Kreislaufs

Die Jahreszeiten bieten eine hervorragende Lektion über unsere eigenen Rhythmen und darüber, wie jede Phase die nächste nährt. Wir alle kennen die überschäumende Wiedergeburt des Frühlings, die Fülle und Aktivität des Sommers, die bittersüße Verlangsamung des Herbstes, die stille Nachdenklichkeit und den Verfall im Winter. Für all diese jahreszeitlichen Prozesse gibt es eine psychische Realität; wir brauchen sie, und ich glaube nicht, dass sich darüber verhandeln lässt. Viele Menschen werden beim Wechsel der Jahreszeiten krank, eine Zeit des erzwungenen Rückzugs, in der sich der Körper anpassen muss. Die Meditation ist ein bewusster Rückzug. Hier in Südkalifornien, wo die jahreszeitlichen Ausprägungen recht bescheiden sind, vermisse ich die kompromisslose Zurschaustellung der Natur, darum mache ich das Beste aus jeder noch so kleinen Veränderung beim Wetter und Licht. Ich betrachte den schwächsten Regen oder die winzigste Andeutung von Kälte als richtigen Winter: zur Entschuldigung, um mich zurückzuziehen, mich zu regenerieren, mich aufzulösen und in meine Wurzeln einzutauchen.

In der asiatischen Medizin werden mit den einzelnen Jahreszeiten unterschiedliche Emotionen in Zusammenhang gebracht: Wut im Frühling, Freude im Sommer, Trauer im Herbst, Angst oder Rückzug im Winter. In jeder Jahreszeit neigen wir bei den entsprechenden Emotionen zu einem Ungleichgewicht, haben entweder zu viel davon oder stagnieren. Wenn wir in Berührung mit dem Fluss der emotionalen und jahreszeitlichen Energie bleiben, hilft uns das, unser Gleichgewicht zu wahren.

Die natürlichen Rhythmen zwischen Aktivität und Loslassen wohnen uns allen inne und sind instinktiv, aber wie wir zu ihnen stehen, ist angelerntes Verhalten. Unsere Mütter und Großmütter waren unsere Vorbilder, haben unbewusst unsere Einstellung zu unserem Körper und seinen Zyklen beeinflusst. Wie wir mit Jugend, Reife, Alterung und Tod umgehen, ist ein Produkt unserer Kultur. Angeles Arrien, eine baskische Lehrerin und Schriftstellerin, die sich viel mit dem Thema angeborene Spiritualität befasst, spricht von den vier Gesichtern des Alters in uns allen. Weisheit taucht auf, so ihre Beobachtung, wenn alle vier Gesichter gleichzeitig in unserem Bewusstsein präsent sind. Das lässt sich an den zeitlosen Gesichtern einiger Menschen ablesen – dem Kind und der weisen Alten, der Mutter und dem naiven Mädchen – alle vier in friedlichem Zusammenleben in unserem Innern.

Die Verlagerung von einer Phase (einem Gesicht) zur anderen, kann eine echte Herausforderung darstellen. Es ist – vorsichtig ausgedrückt – beunruhigend, wenn wir mit immer neuen Augen in den inneren Spiegel schauen. Die Energiepsychologie bezeichnet solche Übergangsphasen als »Perturbationen« und leiht sich diesen Begriff aus der Physik. Es sind Zerrüttungen innerhalb eines Systems, die einer möglichen Verlagerung zu einer höheren, einfacheren Ordnung vorangehen. Wir Menschen besitzen die Fähigkeit, bewusst mit der Verwandlung zusammenzuarbeiten.

Die Wechseljahre sind ein solcher Übergang, berühmt für ihre Perturbationen. Einige Frauen tanzen leichtfüßig durch die Wechseljahre, für andere ist es ein stürmischer Ritt. Der Ablauf ist so einzigartig wie wir selbst. In den Wechseljahren werden die üblichen Rhythmen der Menstruation – und der Persönlichkeit – so sprunghaft wie das ganze Wesen der Frau, die in diese Metamorphose eingetreten ist. Hormone, Emotionen und das Selbstbild verfallen in einem wilden, kreativen Wandel. Die Identität der Frau bekommt Risse, häutet sich und zerfällt – wie eine Haut, aus der man herausgewachsen ist –, während ihre neue Form nach Luft ringt. Müdigkeit und Erschöpfung sind ihr dann nicht fremd. Die Wechseljahre sind Schwerstarbeit! Die Frau bekommt Hitzewallungen – Aufwallungen der Kraft, die alle Schlacken wegbrennt und die Frau auf jeder Ebene reinigt und läutert. Vielleicht wird sie verstört – und störend –, während sie versucht, mit so viel Veränderung zurechtzukommen. Aber aus diesem scheinbaren Chaos taucht letztlich eine verborgene Ordnung auf: ein geläuterter, vereinfachter Zustand. Der verrückte Tanz der Gegensätze löst sich in einem dritten Zustand, dem der Integration, auf. Die Werte der Frau ordnen sich neu, legen sich wie ein neues Fundament zu ihren Füßen ab. Mit dem Ende der monatlichen Periode bleibt ihr weises Blut in ihr selbst und verwandelt sich in eine neue Beziehung zum Leben. Die betroffene Frau sammelt ihre körperlichen und psychischen Kräfte für das, was ihr wichtig ist, und lässt schonungslos alles fallen, was ihr nicht wichtig ist. Sie behauptet sich angesichts ihrer Vision, wird zur bewussten Wächterin lebensspendender Werte für ihre Gemeinschaft.

Dieser Weg durch die Perturbationen zu dem neuen Zustand der Freiheit und Klarheit muss das Geheimnis sein, das Margaret Mead die »postklimakterielle Lebensfreude« nannte. Wenn wir den Kreislauf des Wachstums namens Alterung ehren, dann »finden wir uns selbst«, wie es Mark Gerzon in seinem lesenswerten Buch *Coming into Our Own* genannt hat. Versteckt in unserer Sprache finden wir Hinweise auf die Weisheit des Alters. Das Wort *Alter* stammt vom althochdeutschen Begriff für »wachsen«. Wir sind an Erfahrung gewachsen, sind wie teurer Wein gereift. Wir sind erfüllt mit sensorischem Wissen und reich an Einsichten. Diese Geschenke wollen geteilt werden. Marta, Schriftstellerin, Designerin und Mutter zweier erwachsener Kinder, ist ein Beispiel für postklimakterielle Klarheit: »Meine Aufgabe ist es, Beobachterin zu sein, meine Wahrnehmung zu verfeinern und sie in Worte zu fassen.«

Die Macht des Alters in Besitz zu nehmen, fällt schwer und ist schockierend. Sie nicht in Besitz zu nehmen, führt zu Isolation und Bitterkeit. Weil der Jugendlichkeit – gerade für uns Frauen – von der Gesellschaft ein so hoher Wert beigemessen wird, ist das Altwerden ein besonders schwieriger Übergang. Frauen – und ihre Partner – stehen vor der Herausforderung eines nicht kartografierten Landes. Es gibt keine Landkarten für diese Reise.

Wir wissen noch viel zu wenig über die späte Phase des Lebens – und wir schätzen sie auch nicht genug. Als Gesellschaft müssten wir uns anhören, was alte Frauen zu sagen haben, die diesen Übergang bewusst durchreisten: Wir sind eine in vielerlei Hinsicht pubertäre Kultur, sehr unerfahren in allem, was die Welt betrifft. Je mehr Frauen sich im Alter emanzipieren und ihre Weisheit und Erfahrung teilen, desto reicher werden wir alle.

Emilies Geschichte: »Kraft aus einer Quelle jenseits der Gesellschaft«

Emilie Conrad, die Schöpferin der CONTINUUM-Bewegungsmeditation, stellt mit ihren 66 Jahren eine vibrierende, sinnliche und inspirierende Verkörperung anmutigen Alterns dar. Vor kurzem sagte Emilie in einem Gespräch: »Das ist die beste Zeit meines Lebens, die volle Blüte meiner Existenz. Erfahrung und Reifung sind die Mahlsteine, die mir geholfen haben zu wachsen. Die spirituelle Quelle, die mich genährt und erhalten hat, ist mir am wichtigsten, und ohne diese Quelle hätte ich nie die Kraft besessen, von den Widrigkeiten meines Lebens zu lernen. Im Moment bin ich nicht verheiratet, und ich liebe meine Freiheit. Meine fundamentale Sinnlichkeit dreht sich nicht um einen anderen Menschen, sondern ist eine Saftigkeit in meinem eigenen Organismus und blüht jetzt üppiger als in meinen jungen Jahren – reicher und bedeutungsvoller. Im Alter gibt es eine »faltige« Schönheit, Weisheit und Mitgefühl. Die Bürde des Alters ist in unserer Gesellschaft groß: Frauen fühlen sich unsichtbar. Die Verleugnung der Sexualität entzieht den Frauen Kraft und ist verheerend. Es erfordert eine ungeheure Anstrengung, sich nicht in die Knie zwingen zu lassen. Frauen müssen Kraft aus etwas ziehen, das nicht in der Kultur verankert ist, aus Werten jenseits dessen, was uns die Gesellschaft anbietet. Seelenstärke ist keine körperliche Kraft, sondern eine existenzielle Quelle. Die spirituelle Verbindung hält sie am Lodern. Sexualität und Spiritualität sind eng miteinander verwoben. Sich von dieser Quelle erotischer Vitalität speisen zu lassen, ist ein großes Geheimnis.«

Es folgt eine Zusammenstellung aus den Kommentaren und Träumen von dutzenden von Frauen, die sich ihren Weg durch die Perturbationen gebahnt haben:

»Ich fühle, wer ich bin, unabhängig von den Bedürfnissen anderer. Ich habe mich der Kälte und der Leere gestellt. Ich habe mich mit der Dunkelheit und den Sternen angefreundet. Innerhalb dieser Dunkelheit spürte ich manchmal, wie eine wilde Freiheit über mich kam. Ich kann ins Freie gehen und nachts unter den Sternen tanzen; ich habe von der Dunkelheit der Wälder nichts zu befürchten. Ich stehe jenseits von Leben und Tod; ich bin frei. Ich habe so viel Tod gesehen, dass ich mich nicht länger vor ihm fürchte; wenn meine Zeit kommt, dann kommt sie. Es ist mir egal, was andere von mir denken. Ich, die ich Sex und Vergnügen schon lange aufgegeben hatte, entdecke eine neue Erotik, eine geheime Intimität mit den Sternen und dem Nachthimmel. Übermut und Elektrizität knistern auf meiner Haut. Wenn ich könnte, würde ich mich auf einen Besen schwingen, unter den Sternen dahinfliegen und lachen. Ich bin frei von dem Bedürfnis, alle anderen zu nähren. Das Blut, das im Leiden für die Welt hinauszuströmen pflegte, halte ich nun in mir selbst fest. Ich bewahre meine Macht. Ich kann mit meinen Kräutern oder meinen Worten der Weisheit heilen, wenn ich das möchte, aber in mir selbst bin ich frei.«

Hekates Messer

Zu bestimmen Phasen ihres Lebens muss eine Frau ein Messer zur Hand nehmen und die alten Fesseln durchtrennen. Frauen besitzen einen Instinkt, der sie auffordert, die Stricke durchzuschneiden, die ihre Weiblichkeit gefangen halten. Dieser Instinkt sucht das Gleichgewicht und ergänzt unsere Beziehungsfähigkeit und unser Einfühlungsvermögen. Alle Frauen brauchen Phasen der Einsamkeit, um sich in sich selbst zurückzuziehen. Diese Energie, die bis in unseren Kern reicht, ist der Archetypus der Hekate, der weisen Alten, Vorbotin der Nacht. Hekate ist die klassische Verbündete aller Frauen in den Wechseljahren und zeigt sich auf deren Weg, ungeachtet ihres Alters. Sie ist Furcht einflößend.

Hekate steht an den Kreuzungen des Lebens und weist uns den Weg zur Wahrheit. Mit schonungsloser Klarheit zerreißt sie den Schleier der Illusion, um zum Kern der Dinge zu gelangen. Sie befreit uns von der Sentimentalität, von unpassenden Beziehungen, falschen Freunden und Verbündeten – und veralteten Lebensweisen. Eine solch unsentimentale Klarheit steht dem Mythos der süßen Weiblichkeit diametral gegenüber. Wenn Sie diese dunkle Energie in sich entdecken, ist das beunruhigend, aber auch zutiefst befreiend.

Sobald Sie sich in einer radikalen Verwandlung befinden, könnte Hekates Messer genau das Hilfsmittel sein, das Sie brauchen. Lassen Sie Hekate alle Falschheit wegschneiden. Lassen Sie sich von ihr ermutigen, die Wahrheit, die aus Ihrem Innern stammt, auch auszusprechen. Lernen Sie von Ihr die Kraft der Einsamkeit und des Rückzugs. Im Alleinsein finden sich Freude, Freiheit und Macht. Sie erhalten dadurch mehr Wahlmöglichkeiten und Freiheiten in Ihren Beziehungen.

Lorin meinte einmal: »Es ist merkwürdig, dass sich Männer so sehr vor weiblicher Freiheit fürchten. Warum nur? Es gibt dazu viele Theorien, aber letztlich liegt es wohl daran, dass Männer nicht genug in ihrer eigenen Macht verankert sind, um die weibliche Macht auszuhalten.«

Unterstützen Sie die Veränderung

In welchem Kreislauf der Veränderung Sie sich auch befinden, suchen Sie alles, was diese Transformation unterstützen könnte. Transformation ist nicht nur ein sinnentleertes New-Age-Schlagwort; es ist eine radikale Herausforderung an unseren Status quo und steckt voller Unbehagen, vor allem, wenn wir dagegen ankämpfen. Werden wir uns mutig hinter den Drang zur Veränderung stellen oder werden wir uns zu der vermeintlichen Sicherheit unseres alten Selbst flüchten?

Wahre Veränderung ist ein Schöpfungsakt. Wir durchstoßen die Mauer alter Tabus und treten in einen neuen Seinszustand ein. Wenn wir die Schwelle überschreiten, begegnen wir all unseren Engeln und Dämonen. Manchmal fällt es schwer, zwischen beiden zu unterscheiden. Der Zweifel ringt mit der Inspiration in einem sprunghaften Kampf um Leben und Tod. Unsere Mitmenschen spielen ihre Rolle und sprechen unsere schlimmsten Ängste und Selbstverurteilungen oft aus. Die Zeit der Transformation von einem Zustand zum nächsten ist ein extrem verletzlicher, heikler Übergang. Geben Sie gut auf sich Acht.

Machen Sie sich den neuen Zustand, den Sie anstreben, klar — auch wenn das anfangs unangenehm sein mag. Erleben Sie den Übergang bewusst; meditieren Sie darüber. Gewöhnen Sie sich an die neuen Empfindungen und Eindrücke, und widerstehen Sie der Versuchung, das »Normale« erneut zu erschaffen. Wer weiß schon, was kommt? Vielleicht werden Sie sich in etwas Wunderbares, Magisches verwandeln, das noch niemand zuvor gesehen hat.

Ausdehnen und Zusammenziehen

Der organische Rhythmus von Ausdehnung und Zusammenziehung spiegelt sich in allen natürlichen Bewegungen wider. Sämtliche Lebensvorgänge erfordern einen pulsierenden Austausch zwischen gegensätzlichen Zuständen. Das sehen wir auch an unserem eigenen Körper: das Ausdehnen und Zusammenziehen von Uterus und Vaginalkanal bei der Geburt und beim Orgasmus; das Öffnen und Schließen eines pochenden Herzens, das Ein- und Ausatmen; die Peristaltik des Darms, der sich leert und reinigt. Jede Bewegung erfordert ein Spiel der Muskeln. Nicht nur körperlich, sondern auch psychologisch.

Ausdehnung und Zusammenziehung spiegeln den urtümlichen Rhythmus zwischen Geburt und Tod wider. Überall in der Natur, in unserem Körper und in unserer Psyche, vollziehen sich unablässig Geburt und Tod. Als Frauen kennen wir diesen Rhythmus nur zu gut. Wir sind die Hebammen von Geburt und Tod; wir halten die Hände derer, die unter Schmerzen neues Leben in diese Welt bringen, und die Hände derer, die diese Welt verlassen. Wir begleiten beide durch die Freuden und die Schmerzen der Liebe. Wir kennen das Paradox, dass in jeder Geburt bereits der Tod schlummert und dass jeder Tod auch eine Erneuerung ist. Wir alle befinden uns in jedem Augenblick unseres Lebens im Griff dieser Bewegung und es gibt kein Entkommen. Das ist schwer zu verdauen, aber wenn wir es akzeptieren, begeben wir uns damit in die Arme dieser Realität und befinden uns näher am Herzen des Geheimnisses.

Unsere Fähigkeit, uns auf dieses Ausdehnen und Zusammenziehen, auf Geburt und Tod einzulassen, zeigt sich innerlich als existenzielles Gefühl der Fülle beziehungsweise der Leere. Sie kennen ja die Analogie mit dem halb vollen beziehungsweise halb leeren Glas. Wie bei allen Gegensätzen ist die Saat des einen bereits im anderen verborgen. Wenn wir nicht dagegen angehen, werden sich die Gegensätze ständig bewegen und verändern, die Leere wird voll und die Fülle leert sich, bis sie ein und dasselbe sind. Das Ausdehnen wird zum Zusammenziehen und umgekehrt. Das ist der Puls des Lebens. Das Ausdehnen – die Fähigkeit zu entspannen, zu empfangen und sich füllen zu lassen – öffnet uns. Das Zusammenziehen – die Fähigkeit, teilzunehmen und sich auszudrücken – leert uns. Um wirklich lebendig zu sein, müssen wir den gesunden Rhythmus zwischen diesen Bewegungen finden. Eine Hand muss sich öffnen, bevor sie das greifen kann, was sie braucht; um etwas zu halten, muss sie die Muskeln zusammenziehen, nur um sie dann wieder zu strecken. Können wir uns ausdehnen und erfüllt sein, können wir aufnehmen, was das Leben und die Welt zu geben haben? Können wir unser Leben festhalten und es formen? Können wir es leeren und loslassen?

Jede von uns besitzt ihre persönliche Bequemlichkeitszone. Einige Frauen haben sich daran gewöhnt, energetisch klein zu sein und sich damit wohl zu fühlen; der zusammengezogene Zustand fühlt sich für sie sicher an. Sie fürchten sich vor der Ausdehnung, davor, Raum einzunehmen, ohne sich dafür zu entschuldigen. Rückzug ist ihnen zur Gewohnheit geworden, sie verlieren den Schwung, der nötig ist, um ihren Sehnsüchten zu folgen und sich selbst in der Welt zu gebären. Andere Frauen kämpfen darum, groß zu sein; sie können sich zwar ausdehnen, fürchten sich jedoch, sich wenn nötig zurückzuziehen, sich dem kleinen Tod des Loslassens anheimzugeben. Sie sind erfüllt, manifestieren Macht und materiellen Luxus, vergessen jedoch, weich zu werden und loszulassen. Wieder andere sind in einer schmerzlichen Lähmung zwischen beiden gefangen, unfähig, sich in eine der beiden Richtungen zu bewegen. Jede dieser Formen ist ein Ungleichgewicht, das zu Stress und letztlich zu Qualen führt.

Mit jedem Atemzug sterben wir und werden neu geboren. Bei der Meditation bemerken Sie allmählich Ihre eigene subtile Beziehung zu diesem urtümlichen Rhythmus. Was immer Ihr Leben von Ihnen verlangt, es hat zweifellos etwas mit Ausdehnen und Zusammenziehen zu tun. Machen Sie sich Ihre Rhythmen zu Nutze und suchen Sie das Gleichgewicht, das heißt, die volle Bewegung von beidem. Strecken Sie sich ein wenig mehr in die Fülle; lassen Sie ein wenig mehr in die Leere los. Werfen Sie die Sorgen des Lebens ab, sterben Sie für das Alte und lassen Sie los. Beschäftigen Sie sich mit den Leidenschaften des Lebens, und gebären Sie sich selbst neu in die Welt. Wagen Sie es, leer zu sein. Wagen Sie es, voll zu sein.

Forschungsreisen

- Wie gehen Sie mit sich selbst um, wenn Sie emotional werden? Drücken Sie Ihre Gefühle aus? Tun Sie das zu wenig? Zu viel? Fühlen Sie sich hinterher gereinigt?
- Wie sieht Ihr Energieniveau im Allgemeinen aus? Gönnen Sie sich eine Ruhepause, wenn Sie müde sind?

- Erlauben Sie sich während Ihrer Periode Pausen in der »Menstruationshütte«, um nachzudenken und zu träumen? Fällt Ihnen auf, dass Sie intuitiver sind, während Sie bluten? Nehmen Sie sich einen Vormittag frei, um zu fühlen und einfach zu *sein*. Sie werden sehen, dass sich Spannung in Fluss verwandelt.

- Leiden Sie unter PMS? Wenn Ihre Symptome sprechen könnten, was würden sie sagen?

- In welcher Lebensphase befinden Sie sich? Was scheint diese Zeit von Ihnen zu fordern? Wie sehen Ihre Sehnsüchte aus? Wie sehen Ihre besonderen Bedürfnisse aus?

- Falls Sie kurz vor den Wechseljahren stehen, können Sie dann akzeptieren, dass Sie sich dem Klimakterium nähern? Falls Sie bereits in den Wechseljahren sind, wie stehen Sie zum Altern? Wie stehen Sie zum Ende der Blutungen? Dem Verlust der Fruchtbarkeit?

- Welche Bilder und Einstellungen haben Sie bezüglich dem Alter? Wer hat die Macht?

- Geburt, Krankheit und Tod sind transformative Ereignisse. Häufig sind wir bei diesen Übergängen für andere da: Wir nehmen an einer Geburt teil, kümmern uns um die Babys und versorgen die Kranken und Sterbenden. Welche Erfahrungen haben Sie mit Geburt, schwerer Krankheit und Tod gesammelt? Auf welche Weise hat Sie das verändert?

7. Fertigkeitskreis:
Wie man mit dem inneren Rhythmus meditiert

Die Meditation bringt Sie in Berührung mit den tieferen Rhythmen Ihres Wesens. Es geht nicht darum, den Rhythmus zu stoppen.

Bei jeder Meditation tauchen Sie in die Welt der Veränderung ein. Ihr Körper durchläuft einen Ausgleichsprozess, spielt alles, was Sie am Tag erlebt haben, noch einmal durch und überprüft es. Nie-

Aufwärmübung: Tanzen Sie Ihre Rhythmen

1. Schritt: Machen Sie sich alle Rhythmen klar, die sich gerade in Ihrem Körper abspielen: schnell, langsam, lyrisch, staccato. Gibt es ein Verlangen nach Ruhe, nach einer Pause in der Stille? Oder drängt es Sie danach, sich mit Begeisterung zu bewegen? Wollen Sie zu Boden gehen, in die Luft springen, fortlaufen, sich klein machen oder sich weit ausstrecken? Können Sie den Trommelrhythmus Ihres Herzens spüren? Den natürlichen Rhythmus Ihres Atems? Gehen Sie auf diese Bewegung ein. Spielen Sie innerlich oder auf einer Stereoanlage Musik ab, und lassen Sie die Energie tanzen. Folgen Sie dem Rhythmus, und lassen Sie zu, dass er in seinem Tempo auch wechselt.

2. Schritt: Richten Sie Ihre Aufmerksamkeit nun auf die Bewegungsabfolge von Ausdehnen und Zusammenziehen. Fangen Sie mit einer oder mit beiden Händen an. Ziehen Sie die Finger ein, ballen Sie eine Faust. Entspannen Sie dann die Finger. Anschließend die Finger strecken und wieder entspannen. Spielen Sie mit diesem Rhythmus. Setzen Sie ihn bei anderen Teilen Ihres Körpers fort, spannen Sie die Muskeln an und entspannen Sie sie, strecken Sie sie und lassen Sie los. Spüren Sie, dass die Entspannung noch umfassender ist, wenn Sie sich erst angespannt haben und dann loslassen.

3. Schritt: Nehmen Sie Ihren ganzen Körper als eine einzige Bewegung wahr. Strecken Sie Arme und Beine aus, und rollen Sie sich dann um Ihre Mitte herum ein. Strecken Sie sich abwechselnd aus und rollen Sie sich wieder ein. Wenn Sie dabei Musik hören, lassen Sie sich von deren Rhythmus verlangsamen oder anfeuern. Atmen Sie schneller oder langsamer. Legen Sie hin und wieder eine Pause ein, entweder in der ausgedehnten oder in der eingerollten Position, und atmen Sie in diese hinein. Lockern Sie dann die Pose, und fahren Sie mit Ihrem Tanz fort.

Wenn Sie das Gefühl haben, fertig zu sein, oder wenn Sie ermüden, beenden Sie die äußere Bewegung und entspannen Sie sich – im Sitzen, Stehen oder Liegen. Geben Sie sich diesem Ausdehnungszustand hin, mit völlig entspannten Muskeln. Meditieren Sie mit der Entspannung und den Nachwirkungen der Bewegung.

mals passiert dieselbe Sache zweimal. Je aufmerksamer Sie sind, desto deutlicher wird Ihnen das bewusst, und Ihr Ziel muss es sein, diese ganze Veränderung zu tolerieren. Kultivieren Sie eine fließende Aufmerksamkeit, die mit dieser Bewegung mitgeht und nicht versucht, sie zu kontrollieren.

Die Meditationserfahrung verändert sich für gewöhnlich ständig; nichts bleibt, wie es war. Es gibt ein stilles Strömen, ähnlich dem Rhythmus des Atems, alle sechs oder sieben Sekunden ein und aus. Im Laufe von fünfzehn Sekunden können Sie viele Gedanken durchlaufen und viele körperliche Empfindungen gespürt haben, nur um dann plötzlich festzustellen, dass Sie wieder in der Stille sind und nachdenken. Häufig fließt auch die Meditation auf diese Weise und Ihre Erfahrung ist von einem Augenblick zum nächsten niemals genau dieselbe. Sie können nicht zweimal in denselben Fluss steigen, denn Sie sind nicht dieselbe Person und es ist auch nicht derselbe Fluss. Mit anderen Worten: Die Wirklichkeit ist immer wieder neu und überraschend, solange Sie nicht versuchen, Ihren Rhythmen Festigkeit aufzuzwingen.

Respektieren Sie Ihre Rhythmen. Sie unterscheiden sich von denen anderer Menschen auf vielfältige und bedeutungsvolle Weise. Wenn Sie Ihren natürlichen Rhythmus verletzen, entgehen Ihnen einige der Belohnungen der Meditation. Wir werden Ihnen Vorschläge unterbreiten, wie Sie mit dem größeren Rhythmus des Lebens zusammenarbeiten können, der stets in Ihnen pulsiert. Darüber hinaus wird Ihnen jede Meditation den inneren Rhythmus des Augenblicks vor Augen führen.

Wenn Sie sich zur Meditation hinsetzen, schließen Sie die Augen und prüfen Sie Ihren inneren Rhythmus. Ist er langsam, ein wenig schwerfällig oder glatt und fließend? Sind Sie aufgekratzt, hektisch, bewegen Sie sich schnell wie ein Blitz? Überprüfen Sie Ihre Gewohnheiten. Jede von uns besitzt eine ganze Bandbreite von Rhythmen. Einige Menschen fangen den Tag schnell an und werden später langsamer, andere sind genau das Gegenteil. Manche sind im

Grunde schnell, manche im Grunde langsam, andere total gleich-
förmig. Der Gebrauch süchtig machender Substanzen wie Alkohol,
Tabak, Marihuana oder Kokain ist der Versuch, für das eigene Leben einen anderen Rhythmus zu finden. Bei allen Meditationstechniken geht es um Rhythmus – des Atems, der Aufmerksamkeit. Der
Atem selbst ist ein machtvolles Heilmittel. Wenn Sie länger einatmen als ausatmen, verleiht das Energie, wohingegen langes Ausatmen beruhigt.

Manche Menschen sind aus Angst so schnell. Viele profitieren
zwar von der Meditation, aber ihre Ängste gehen sie nie an. Sie has-
ten durch die Meditation, aus Angst, sie könnten bestraft werden,
wenn Sie sich Zeit lassen. Bei vielen Meditationslehren müssen Sie
sich selbst den Rhythmus eines anderen überstülpen. Wenn Sie aufmerksam sind, werden Sie feststellen, dass viele Rhythmen gleichzeitig ablaufen und auf unterschiedliche Weise nach Ihnen rufen,
wie bestimmte rhythmische Notwendigkeiten. Während Sie hier
sitzen und lesen, spüren Sie vielleicht den Drang, das Abendessen
herzurichten oder jemanden anzurufen oder mit sich selbst in Berührung zu kommen. Ihre Aufmerksamkeit bewegt sich in einem
Rhythmus von vielleicht vier oder fünf Sekunden, berührt erst eine
Facette Ihres Lebens und geht dann zu einer anderen über. Das
trifft nicht nur auf Gedanken zu, die auf Wanderschaft gehen. Wir
müssen uns an das Leben anpassen, und diese Anpassung bedeutet
häufig, unseren eigenen Rhythmus aufzugeben und zu lernen, mit
der Herde zu laufen. Wenn unsere Herde (unsere Schule oder unsere Arbeitsstelle) um acht Uhr morgens anfängt, dann müssen wir
um fünf oder sechs aus dem Bett, um auch wirklich um acht durch
die Tür zu gehen. Diese Notwendigkeit formt den Rhythmus unseres Tages.

Es gibt viele Dinge, über die Sie keine Kontrolle haben. Sie können sich nur selbst besser organisieren und sich darauf vorbereiten,
den äußeren Anforderungen gerecht zu werden. Viele Menschen
verletzen ständig ihre eigenen Rhythmen. Wenn Sie die Meditation

in einen weiteren Ort verwandeln wollen, an dem Sie Ihren Rhythmus verletzen, warum machen Sie sich dann überhaupt erst die Mühe zu meditieren?

Der Zyklus von Wachen, Schlafen und Träumen

Es ist wirklich absolut notwendig, den Rhythmus des Körpers zwischen Aktivität und Ruhe, zwischen Stimulation und Reflexion zu respektieren. Die Meditation hilft Ihnen, Kraft zu tanken und sich auf die Aktivität vorzubereiten, auf das Leben, auf die Liebe. Das geschieht durch den Wechsel von Ruhephasen während der Meditation. Im Laufe der Meditation durchleben Sie verschiedene Zustände der Wachsamkeit, des Halbschlafes, des Tiefschlafes sowie kurze Augenblicke der Ehrfurcht oder traumähnlicher Gedanken. Wenn Sie unter einem Schlafdefizit leiden, dann werden Sie wahrscheinlich einnicken. (Irgendwann müssen Sie die Schuld begleichen.) Sie können sicher sein, dass Ihre Meditation funktioniert, wenn der Rhythmus Ihrer Energie stärker wird und Ihre Achtsamkeit für den Fluss des Alltagslebens zunimmt. Ihre Aufmerksamkeit wird erfrischt, und Sie können Ihren Rhythmus aus Ruhe und Aktivität mit größerer Mühelosigkeit reiten.

Blutgeheimnisse

Blutrhythmen verleihen dem Begriff »mit dem Strom fließen« eine völlig neue Bedeutung. Hormone besitzen eine Art verrückter Weisheit, der Sie vertrauen können. Wenn Hormone »toben«, dann übertreiben sie nur, was sich in uns bereits vollzieht, und signalisieren uns damit, worauf wir achten und woraus wir lernen sollen.

Eisprung. Viele Frauen können ihren Eisprung erahnen. Häufig tritt ein kurzer, scharfer Schmerz ein, wenn das Ei sich den Eileiter hinunterbewegt. Mitten im Zyklus können Sie Ihre Fruchtbarkeit feiern; freuen Sie sich an Ihrer Weiblichkeit und an Ihrer Kreativität. Baden Sie in Ihren Säften, Ihrer Reife, Ihrer sinnlichen Macht. Öffnen Sie Ihren Körper, um zu empfangen, um sich vom Leben, vom Geist und von der Liebe befruchten zu lassen. Öffnen Sie Ihr Herz und Ihre Seele für Ihren Partner beim Liebesspiel, besonders dann, wenn Sie schwanger werden wollen. Begrüßen Sie das kleine, neue Wesen in seinem Gebärmutterzuhause. Und falls Sie nicht schwanger werden wollen, setzen Sie Ihre Urteilskraft ein, und ehren Sie Ihre Fruchtbarkeit auf andere Weise.

Prämenstruelle Meditation. Woher wissen Sie, dass Ihre Periode bevorsteht? Welche Empfindungen haben Sie? Wenn Sie unter PMS leiden, wie sehen Ihre Symptome aus? Es gibt viele Tipps, wie man dem Unbehagen des prämenstruellen Syndroms begegnen kann (beispielsweise auf Zucker oder Koffein zu verzichten). Diese Informationen sind überall zu haben. Aber wenn Sie unter PMS-Symptomen leiden, fragen Sie diese Symptome, was sie von Ihnen wollen.

Welche Empfindungen auch hochkommen mögen, begrüßen Sie sie in Ihrer Meditation, so merkwürdig das auch scheinen mag. Wenn Sie aufgebläht sind, geben Sie sich dem aufgedunsenen, aufgequollenen Gefühl hin. Anstatt dagegen anzukämpfen, seien Sie einfach ein riesiger Ballon und geben Sie ihm Raum, um sich auszubreiten. Wenn Sie »depressiv« sind, dann seien Sie niedergeschlagen und verletzlich. Weinen Sie grundlos, sehen Sie sich einen traurigen Film an und meditieren Sie anschließend. Falls Sie aber gereizt sind, machen Sie sich diese gereizte Energie zu Nutze. Was verlangt sie von Ihnen? Verhandeln Sie mit ihr, um eine sichere und moralisch einwandfrei Methode zu finden, mit der Sie der Energie freien Lauf lassen können. Vielleicht sind Sie die Sklavin irgendeines äußeren Bildes, und die Symptome erinnern Sie daran, zu sich selbst heimzufinden. Möglicherweise müssen Sie wie eine Löwin brüllen oder wild tanzen, bis Sie schweißgebadet sind. Oder vielleicht brauchen Sie einfach mehr Raum, etwas mehr Stille und Frieden oder einfach mehr Schlaf!

Einige Tipps gegen Menstruationsbeschwerden

• Nehmen Sie ein Bad, oder legen Sie sich eine Wärmflasche auf den Bauch, und entspannen Sie sich in die Wärme. Massieren Sie Knöchel und Fersen. (Dort sitzen alle möglichen Akupressurpunkte für die weiblichen Organe – und die sind wund!)

• Versuchen Sie, in der Position »Doppelter Diamant« zu meditieren: Legen Sie sich auf den Rücken, die Knie zu beiden Seiten angewinkelt, die Fußsohlen berühren sich zur Diamantform. Knicken Sie die Ellbogen ab, und legen Sie die Hände neben den Kopf. Mit einem Kissen unter den Knien oder dem Rücken haben Sie es bequemer. Meditieren Sie in dieser Doppelten-Diamant-Position, und atmen Sie fünf bis zehn Minuten lang in Ihr Becken. Diese Position entlastet das Becken und gestattet es der überschüssigen Hitze in den Bauchorganen, sich aufzulösen. Außerdem unterstützt diese Position die Verdauung.

Menstruationsmeditation. Wenn Ihre Periode einsetzt, schaffen Sie sich Zeit für sich in Ihrer eigenen Menstruationshütte, um ganz Sie selbst zu sein. Welche Empfindungen haben Sie? Sind Sie überhitzt? Lethargisch? Leiden Sie unter Krämpfen? Welche Empfindungen Sie auch haben mögen, Sie brauchen auf jeden Fall Entspannung. Richten Sie es so ein, dass Sie so viel Zeit wie möglich damit verbringen, aller Pflichten ledig zu sein und mindestens eine halbe Stunde lang zu meditieren.

Bei alten Stämmen war es üblich, menstruierende Frauen tagelang allein oder mit anderen Frauen in der »Mondhütte« abzusondern. Die Männer mögen sich von dem blutigen Chaos fern gehalten und seine urtümliche Macht gefürchtet haben, aber ich bin sicher, die Frauen haben das Beste daraus gemacht. Sie haben mit der Erde kommuniziert, gelacht, getrommelt und gesungen. Sie ließen ihr Blut ungehindert auf den Boden tropfen – eine Opfergabe an ihren natürlichen Ursprung. Wenn wir bluten, zieht es uns zur Erde, und die Energie muss tatsächlich aus dem Becken zu den Füßen strömen. Das Unbehagen während der Meditation stammt für gewöhnlich aus einer Verstopfung des *Chi*. Meditieren Sie darüber, wie Sie herabsteigen und zu sich selbst finden. Erinnern Sie sich daran, dass die Erde Ihr Heim ist, und lassen Sie sich von ihr tragen. Spüren Sie, wie die Energie durch Ihren Körper hinabströmt, weg von Ihrem Kopf – oder stellen Sie es sich zumindest vor. Entleeren Sie die Rundheit Ihres Bauches und Ihrer Schenkel durch die Kanäle Ihrer Beine, lassen Sie sie in Ihren Knöcheln wirbeln und aus Ihren

Tipps bei Klimakteriumssymptomen

Viele der unangenehmen Symptome, die mit den dramatischen hormonellen Veränderungen in Verbindung gebracht werden, lassen sich darauf zurückführen, dass die Leber zu sehr beansprucht und überhitzt wird, weil sie die Hormone verarbeiten muss. Lassen Sie die Energie Ihrer Leber (Leben!) fließen. Meditieren Sie (entweder im Liegen oder im Sitzen), konzentrieren Sie sich dabei auf Ihre rechte Körperseite unter den Rippen. Geben Sie diesem Bereich mit Ihrem Atem mehr Raum, oder strecken Sie sich leicht, um sich zu heben und zu öffnen. Stellen Sie sich vor, dass die Leber sich entspannt und ausdehnt und ihr hitziges Energiegeschenk hinunter in den rechten großen Zeh schickt und hinauf zum Scheitel. Sagen Sie ja zu der Macht, die durch Ihre rechte Körperhälfte strömt; lassen Sie sie über Ihren Körper hinaus expandieren und groß werden. Wiederholen Sie das bei Ihrer linken Körperhälfte, bis hinunter zum linken großen Zeh.
Andererseits sehnen Sie sich vielleicht nach Beruhigung, Abkühlung und Ruhe. Wenn ja, dann meditieren Sie auf eine Weise, die Sie an Ihre innere Kraft und Gelassenheit erinnert – wählen Sie Meditationen über Einfachheit oder Heiligkeit, die Sie von den äußeren Anforderungen fortführen. Wählen Sie eine Meditation, die zu Ihrem inneren Rhythmus passt und sich in diesem Augenblick richtig anfühlt – und genießen Sie sie.

Füßen austreten. Wenn Sie sich in diesem Fluss nach unten entspannen, verändern sich die Empfindungen oft zu einer milden, sinnlichen Verbundenheit.

Meditation für die Zeit vor den Wechseljahren und für die Wechseljahre selbst.
Wenn Sie noch menstruieren, bleiben all unsere PMS- und Menstruationsvorschläge wertvolle Hilfsmittel. Untersuchungen zeigen, dass Ihre Wechseljahre umso leichter verlaufen werden, je positiver Ihre Einstellung zu dieser Übergangszeit ist. Setzen Sie die Veränderungen, die sich in Ihrem Körper und Ihrer Psyche vollziehen, in den neuen Bezugsrahmen der alchemistischen Transformation. Lassen Sie das Feuer brennen und schmieden Sie Gold aus Blei! Stellen Sie sich die Hitzewallungen als Kraftquellen vor, und reiten Sie auf der hitzigen Energie, sobald eine Hitzewallung auftritt. Brennen Sie alte Muster der Zurückhaltung aus, und brandroden Sie neue Wege, um Ihre persönliche Wahrheit zum Ausdruck zu bringen. Sie können auch ein aufmüpfiges Jaulen oder, aus dem Bauch heraus, ein tiefes Bellen der Macht ausstoßen! Achten Sie einmal darauf, wie die Hitzewallungen bestimmte brennende Gedanken zu begleiten scheinen – Dinge, über die Sie wütend sind oder für die Sie sich schämen. Das sind innere Hinweise darauf, was geändert werden will.

Mondmysterien

Das Mondbewusstsein ist traditionellerweise das Reich des Weiblichen, die Welt der Träume und der Intuition, der dunklen und wässrigen Tiefen des Unterbewusstseins. Zu allen Zeiten galt die leuchtende Präsenz des Mondes am Nachthimmel als Archetypus für Erneuerung und Regeneration, und jede Mondphase ist angefüllt mit Bedeutung.

Neumond symbolisiert Neugeburt und Anfang, zunehmender Mond Wachstum und Kreativität, Vollmond Intensität und Erleuchtung und abnehmender Mond Heilung und Rückzug. Sie können in jeder Phase bewusst meditieren. Meditieren Sie bei Neu-

mond über die Saat zu Beginn eines Projekts, oder setzen Sie eine
Sehnsucht in Bewegung. Werfen Sie die Sehnsucht wie einen Kieselstein in das Wasser Ihrer Psyche, und lassen Sie das Ergebnis dann
vertrauensvoll los.

Der Vollmond wird bei allen spirituellen Traditionen verehrt —
von den ältesten heidnischen Mysterien bis hin zur verfeinerten
esoterischen Spiritualität der Moderne. Er gilt als die beste Zeit für
innere Arbeit. Während des Vollmonds steht die Erde zwischen der
Sonne und dem Mond, eine günstige Ausrichtung für innere Kontakte. Der Mond ist nicht nur das visuelle Sinnbild von Fülle und
Geheimnis, sondern bewegt auch unsere psychischen und emotionalen Gewässer und ruft Bilder von Sexualität, Begehren und Furcht
hervor. An den drei Tagen um den Vollmond steht die Pforte zwischen den Welten offen und alles, was bereits aus dem Unbewussten
auftauchen will, wird aktiviert. Frauen sind für diese Kraft besonders sensibel.

Die Mondrhythmen beeinflussen unmittelbar den Eisprung und
die Menstruation; die wechselnden Eigenschaften des Mondlichts
signalisieren die Ausschüttung entsprechender Hormone. Schauen
Sie zu den verschiedenen Mondphasen zum Nachthimmel auf, und
nehmen Sie mit den Augen das Licht beziehungsweise die Dunkelheit auf. Reden Sie mit dem Mond, singen Sie für ihn, dann meditieren Sie und hören Sie zu. Achten Sie auf die Qualität Ihrer inneren Erfahrung. Schlafen Sie im Mondlicht, wann immer Sie die Gelegenheit dazu haben. Wenn Sie sich dem Mond öffnen, kann das
dazu beitragen, Ihre Periode zu regulieren — und Spaß macht es auf
jeden Fall.

Jahreszeitliche Mysterien

Die Tagundnachtgleichen und die Sonnwenden markieren jeweils
den Beginn einer neuen jahreszeitlichen Energie. Heidnische Religionen ehrten diesen Wendepunkt als heilig. Die meisten zeitgenössischen Religionen bewahren diese natürliche Weisheit, wenn auch

versteckt hinter neuen Namen. Meditieren Sie über diese besonderen Tage, und setzen Sie das die ganze Jahreszeit hindurch fort.

Frühlingsäquinoktium. Die Tagundnachtgleiche im Frühling tritt um den 21. März herum auf (das Datum ändert sich; sehen Sie im Kalender nach, und denken Sie daran, dass sich auf der anderen Seite des Äquators die Jahreszeiten umdrehen). Sie markiert eine Zeit, in der man die Wiedergeburt nach dem kalten Einzug des Winters feiert. Das Frühlingsäquinoktium, an dem Tag und Nacht gleich lang sind, an dem es ebenso viel Licht wie Dunkelheit gibt, spiegelt das Gleichgewicht der Gegensätze wider, ein vorübergehender Ruhepunkt vor der Woge sommerlichen Wachstums. Die Saat hat gekeimt, und wir fangen mit neuer Begeisterung an. Meditieren Sie bewusst über die Neuanfänge in Ihrem Leben. Pflanzen Sie etwas, als Ritual für sich selbst, oder kaufen Sie einen Setzling, um den Sie sich kümmern können. Wie können Sie Ihre tiefsten Sehnsüchte düngen und wässern?

Sommersonnwende. Der 21. Juni ist der längste Tag des Jahres, eine Zeit, in der wir die glühende Sonnenenergie des Sommers begrüßen. Feiern Sie das Licht, die Macht und die Üppigkeit der Natur. Meditieren Sie, und empfangen Sie die Fülle der Sonne in Ihrem Herzen. Lassen Sie sich von ihrer fröhlichen Energie inspirieren. Stärken Sie Ihr Vertrauen in Ihre eigene Kreativität, und lassen Sie sie in die Welt erstrahlen. Während des Sommers sollten Sie regelmäßig in die Sonne gehen (empfohlen werden fünfzehn Minuten täglich ungeschützter Kontakt, am frühen Morgen oder am späten Nachmittag). Absorbieren Sie die Sonnenenergie bis in Ihre Knochen; packen Sie sie für den kommenden Winter in Ihre Psyche.

Herbstäquinoktium. Die Tagundnachtgleiche im Herbst findet um den 21. September herum statt – ein weiterer Augenblick der Gleichheit von Licht und Dunkelheit. Diesmal nimmt das Licht der Sonne ab.

Es wird Herbst, die Blätter fallen, und auch wir bekommen wieder mehr Bodenkontakt. Feiern Sie den Herbst; erkennen Sie Ihre Geschenke und Leistungen an, wie *Sie* sie definieren. Wenn wir beschäftigt sind, nehmen wir uns nur selten die Zeit, das zu schätzen, was wir geschaffen haben, die Schöpfung unseres Lebens. Meditieren Sie zur Tagundnachtgleiche voller Dankbarkeit über das, was Sie empfangen haben und auch weiterhin empfangen werden. Der Winter flüstert Ihnen nun schon ins Ohr, und Sie sollten sich auf die innere Ruhephase vorbereiten. Nehmen Sie sich Zeit für eine Selbsteinschätzung. Was haben Sie gelernt? Wonach sehnen Sie sich?

Wintersonnwende. Die Nacht des 21. Dezember ist die längste Nacht der nördlichen Hemisphäre. Zur Wintersonnwende betreten wir die Mysterien der Dunkelheit, machen uns auf die Reise zu den Wurzeln und der Quelle des Seins. Wochenlang haben uns die Vorboten des Winters gedrängt, innerlich nach Ruhe, Stille und Selbstreflexion zu suchen. Dieser Ruf kann inmitten des Durcheinanders der Feiertage, der Kommerzialisierung und der Einkaufspanik, der hektischen Feierlichkeiten und der gesellschaftlichen Einladungen unpassend erscheinen. Wenn wir jedoch nicht langsamer machen, um den tieferen Rhythmus dieser Zeit zu ehren, kann uns diese ganze Aktivität in den Wahnsinn treiben – eine manische Verdrängung der Dunkelheit. Trotzdem findet sich Weisheit in den gemeinschaftlichen Konventionen: Wir kommen zusammen, geben uns in den langen dunklen Monaten moralischen Halt und ehren die Geburt des göttlichen Kindes, des inneren Lichts, mit der versprochenen Wiederkehr der Sonne. Es besteht tatsächlich die Gefahr, unter SAD (saisonal abhängige Depressionen – jahreszeitlich bedingte Befindlichkeitsstörungen) zu leiden; wir brauchen buchstäblich mehr Licht. Sonnenlicht ist ein natürliches Antidepressivum; sorgen Sie dafür, dass Sie genug davon bekommen (mindestens fünfzehn Minuten am Tag). Nehmen Sie die Sonnenstrahlen mit der dünnen Haut der Augenlider, der Kniekehlen oder der Innenseite Ihrer Arme auf — wahre Nahrung für Gehirn und Knochen. Folgen Sie darüber hinaus dem heiligen Ruf des Winters.

Treten Sie mit einer Meditation zur Wintersonnwendnacht buchstäblich in die Dunkelheit ein. Legen oder setzen Sie sich mit geschlossenen Augen hin, damit Sie sich völlig entspannen können, und breiten Sie eine Decke über sich aus. Lassen Sie alles, was Sie kannten, wegfallen; lassen Sie sich sterben. Ruhen Sie in dieser Leere und *seien* Sie einfach. In dieser Stille vernehmen Sie möglicherweise das Murmeln Ihrer Seele — Ihre quälenden, ungeformten, kaum hörbaren Sehnsüchte. Ein Lied der Sehnsucht kann Ihr Herz erfüllen: *Erinnere dich, erinnere dich.* Falls Bilder vor Ihrem geistigen Auge auftauchen, akzeptieren Sie sie. Hören Sie gut zu, und fühlen Sie es. Lassen Sie sich vor allem viel Zeit. Es können Stunden vergehen.

Sobald Sie bereit sind, vollziehen Sie den sanften Übergang zurück zum Leben. Entzünden Sie eine Kerze, um die Wiederkehr des Lichtes zu bestätigen, den ewigen Zyklus des Lebens. Die Wintersonnwende ist das Neujahr der Natur. Begrüßen Sie die Welt mit neugeborenen Augen, mit neuen Fenstern zur Seele.

Meditationen

Der Atem als Geburt und Tod

Jeder Atemzug rekapituliert die Bewegung von Geburt und Tod. Mit jedem Einatmen werden wir neu geboren. Mit jedem Ausatmen lockern wir für einen Augenblick den Griff, mit dem wir uns hartnäckig an das Leben und an unsere Identität klammern. Fangen Sie damit an, sich auf eine der beiden Phasen zu konzentrieren, welche auch immer Sie zuerst ruft. Versuchen Sie es im Liegen, damit Sie umfassender loslassen können. Machen Sie es sich absolut bequem.

Das Einatmen. Richten Sie Ihre Aufmerksamkeit auf den eintretenden Atem. Stellen Sie sich jedes Mal, wenn Sie einatmen, vor, dass dieser Atemzug der erste ist, den Sie jemals taten. Ziehen Sie die Lebenskraft in sich hinein, spüren Sie ihre kreative Stärkung. Das kann Erinnerungen an den ersten Atemzug Ihres Lebens hochbringen, ein Gefühl dafür, wie Sie als Neugeborenes in diese Welt kamen. Für manche Menschen ist das eine traumatische Erinnerung; wenn das auch auf Sie zutrifft, dann nutzen Sie diese Meditation als Möglichkeit, sich selbst mit liebevoller Bewusstheit neu zu gebären. Welche Eigenschaften des Lebens möchten Sie in sich vereinen?

Dehnen Sie die Dauer des Einatmens allmählich aus, und lassen Sie sich eine Ewigkeit Zeit, um sich von dem Atem auf jede erdenkliche Weise erfüllen zu lassen.

Das Ausatmen. Richten Sie Ihr Bewusstsein auf den ausströmenden Atem. Stellen Sie sich vor, dass jedes Ausatmen der letzte Atemzug ist, den Sie jemals machen. Lassen Sie Ihre Lebenskraft mit dem Atem ausströmen; geben Sie sich ihm ganz hin. Lösen Sie sich völlig von den Besonderheiten Ihres Lebens, verabschieden Sie sich von jedem und allem. Machen Sie sich dabei all das bewusst, was Sie bedauern, wonach Sie sich sehnen, alle unerledigten Angelegenheiten. Oder rufen Sie sich ins Gedächtnis, wen und was Sie wirklich lieben. Lassen Sie diese Erkenntnisse Ihr jetziges Leben durchdringen.

Dehnen Sie allmählich die Dauer des Ausatmens aus und nehmen Sie sich eine Ewigkeit Zeit, damit Ihr Atem Sie auf jede erdenkliche Weise leeren kann.

Die Vollatmung. Richten Sie nun Ihre Aufmerksamkeit sowohl auf das Einatmen wie auf das Ausatmen. Stellen Sie sich bei jedem Atemzug vor, dass Sie neu geboren werden. Sie lassen das alte Leben los und begrüßen das neue. Atmen Sie weiter, und spüren Sie jene Aspekte, die sterben müssen, sowie die Eigenschaften, die leben müssen. Bekräftigen Sie mit jedem Atemzug Ihr Bewusstsein, das in den tiefsten Werten Ihrer Seele verwurzelt ist.

Wenn Sie das Gefühl haben, dass diese Meditation – oder zumindest diese Sitzung – abgeschlossen ist, kehren Sie besonders vorsichtig in Ihr äußeres Leben zurück.

Öffnen Sie langsam die Augen, und liegen Sie wie neu geboren einfach einige Minuten mit diesem frischen Bewusstsein da. Strecken Sie sich dann genüsslich.

Machen Sie sich klar, dass Sie regelmäßig zu dieser Kontemplation zurückkehren können, um den inneren Kompass für Ihr Leben abzulesen.

Blutlinien

Meditieren Sie über die Abfolge der Generationen, über Ihre Verwandtschaft mütterlicherseits bis zurück zur Ersten Mutter. Alle Ihre Ahninnen leben in Ihrer DNA fort: Ihre Mutter, Großmutter und deren Mutter vor ihr – eine ununterbrochene Kette vom Anfang aller Zeiten. Spüren Sie deren Kraft in Ihrem Blut.

Fangen Sie damit an, dass Sie Ihre Weiblichkeit anerkennen, Ihren »Schoß«. Als Frau haben Sie einen Körper, der mit allen Frauen mitschwingt, durch alle Zeiten. Diese Gemeinsamkeit liegt in Ihren Chromosomen und in dem biomorphischen Feld der weiblichen Gestalt.

Denken Sie darüber nach, wie Sie durch die weibliche Form Ihrer Mutter ins Leben traten, geformt von ihrem Körper und ihrem Blut. Sie wiederum wurde durch den Schoß ihrer Mutter geboren. Folgen Sie dieser Spur zurück durch den ganzen Ihnen bekannten Stammbaum und dann in Ihrer Vorstellung weiter, bis zurück zur archetypischen Ersten Mutter. Stellen Sie sich auf Ihre Weise die erste Frau vor; nennen Sie sie Eva oder Lilith, oder geben Sie ihr einen Namen, der Ihnen gefällt. Dieser Fluss der Verbundenheit ist Ihre Blutlinie: die Frauen, die überlebten und ihr Wissen und ihre Kraft in ihren Genen weitergaben. Das ist die Übermittlung weiblicher Weisheit, eine Verbindung zwischen Ihnen und all Ihren Ahninnen.

In Ihrer DNA liegt die gesamte Geschichte der Evolution, vielleicht sogar die Blaupause für die Zukunft der Menschheit. Denken Sie über die Intelligenz und die Weisheit nach, die durch Ihr Blut pulsiert.

Aufbauübungen

Umbilicus Mundi

Diese Meditation handelt von unserer Verbindung mit »der Nabelschnur der Welt«. Denken Sie über Ihren Nabel in Bezug auf den mythischen *omphalos* nach, den heiligen Nabel der Schöpfung. Bewusst und tief im eigenen Beckenbereich zu ruhen ist unglaublich zentrierend und heilend. Obwohl mentaler Druck Sie aus dieser Verbindung reißen kann, wird das Gleichgewicht sofort wiederhergestellt, sobald Sie zurückkehren.

Lösen Sie Ihre Aufmerksamkeit von Ihrem Kopf und lassen Sie sie tief in Ihren Bauch sinken. Folgen Sie Ihrem Nabel wie durch eine geschwungene Pforte hinein in den Bereich Ihres Schoßes. Atmen Sie dort mehrere Minuten lang. Legen Sie die Hände auf den Unterbauch, um Ihr Bewusstsein dort zu verstärken, und werden Sie innerlich weich. (Sollte Ihre Gebärmutter entfernt worden sein, verbleibt dennoch die Grundenergieschablone im Schoß. Wenn Sie Ihre Aufmerksamkeit auf diesen Bereich richten, werden Sie die Lebenskraft dort spüren – eine sehr heilsame Übung.)

Stellen Sie sich vor, dass eine unsichtbare Nabelschnur Sie mit der Kosmischen Mutter verbindet, aus deren Schoß alles Leben hervorkam. Atmen Sie in der Quelle des Lebens, und nehmen Sie deren urtümliche Stärkung durch die Nabelschnur in den Bereich Ihres Schoßes in sich auf. Sie können die umgekehrte Birnenform der Gebärmutter visualisieren. Welche Farben sehen Sie? Welche Farbe hat die Nabelschnur? Spüren Sie, wie die Energie durch Ihr Becken zirkuliert – oder stellen Sie es sich zumindest vor. Wenn Sie ausatmen, schicken Sie die Energie durch Ihren Nabel wieder hinaus.

Erkennen Sie sich selbst als Gefäß des Lebens an, nicht nur durch den buchstäblichen Akt des Kindergebärens, sondern durch Ihre Verbindung zur Fruchtbarkeit der Natur. Atmen Sie mit der Fülle und der Macht der Bauchmitte. Achten Sie auf die Empfindungen im Becken, und falls Emotionen hochkommen, lassen Sie sie zu. Der Bauch enthält tiefe Gefühle und tiefe Weisheit: Irgendwie sind die beiden unentwirrbar miteinander verwoben. Fühlen Sie alles, ruhen Sie in allem.

Nehmen Sie sich anschließend einige Minuten Zeit für den Übergang, und kehren Sie zu einem einfachen Bewusstsein der Freude zurück. Öffnen Sie dann die Augen, und stellen Sie sich allmählich wieder auf Ihre Umgebung und auf den Rest Ihres Tages ein.

Die Schmetterlingspuppe

Wenn Sie sich in Ihrem Leben gerade in einer Phase großer Veränderungen befinden, meditieren Sie mit den Eigenschaften dieser Transformation. Stellen Sie sich vor, Sie wären eine Schmetterlingspuppe: Wickeln Sie eine seidige, schillernde Membran um sich herum, spüren Sie deren weiche, aber schützende Schicht. (Vielleicht wickeln Sie sich für diese Meditation wirklich in Seide ein.) In diesem Kokon ist alles Material für die Verwandlung der Raupe innerhalb des eigenen Körpers bereits enthalten; von außen ist nichts notwendig. Ziehen Sie sich auf dieselbe Weise in die Verpuppung zurück, und erlauben Sie Ihrer innewohnenden Weisheit, Ihr Wesen neu zu ordnen. Lassen Sie die alte Form ziehen. Geben Sie sich der merkwürdigen Gestaltwandlung Ihrer Metamorphose hin. Welcher neue Körper formt sich, welche neue Flügel, welche neue Wahrnehmungen bilden sich?

Haben Sie Geduld mit sich selbst: Das ist ein organischer Prozess, der seiner eigenen Zeit folgt. Seien Sie nicht zu eifrig bestrebt, aus der Verpuppung aufzutauchen, sondern folgen Sie einfach Ihrem inneren Bewusstsein und allen begleitenden Bilderwelten. Vielleicht bleiben Sie metaphorisch gesehen monatelang in der Verpuppung, kehren regelmäßig zu dieser Meditation zurück und erlauben es den Bildern, Sie dabei zu verwandeln. Wenn Sie sich dieser inneren Metamorphose hingeben, seien Sie im Alltagsleben besonders zärtlich und liebevoll zu sich. Ehren Sie die kostbare Zartheit dieses Übergangs.

Reflexionen

- Welche Einsichten haben Sie gewonnen, als Sie Ihre Rhythmen erforschten?

- Die meisten Frauen, mit denen wir gearbeitet haben, sagen, dass sie sich nach Ausgeglichenheit sehnen. Was bedeutet Ausgeglichenheit für Sie?

- Nehmen Sie sich Zeit, um die Eigenschaften zu erkennen, die an diesem Punkt Ihres Lebens verkörpert werden wollen. Es mag einen vorherrschenden Ton geben oder zwei einander ergänzende Rhythmen. Schreiben Sie darüber, zeichnen oder malen Sie es. Suchen Sie Abbildungen in Zeitschriften, die Ihrer inneren Bewegung gleichkommen, und erschaffen Sie eine Collage oder kleben Sie sie in Ihr *Tagebuch der Geheimnisse*.

8. Geheimnis

Sagen Sie Ja zu jedem Ihrer Teile

Ach herrje, ich habe schon wieder dieses Gefühl.
  Was ist das bloß? Hormone?
Schon Kleinigkeiten regen mich auf. Und alle
  wirken hässlich, ich selbst besonders.
Am besten meditiere ich jetzt – ich brauche es!

Aber entspannen kann ich mich unmöglich. Bin
  viel zu nervös ...
Verdammt wackeliges Nervenkostüm, als ob die
  ganze Welt unter meiner Haut krabbelt.
Bäh. Holt mich bloß raus hier! Ich muss hier weg!
Okay, okay, nicht dagegen ankämpfen, auf die
  Empfindungen einlassen. Atme ...
Hmm, eigentlich kursiert da eine Menge Energie ...
Hallo! Was ist denn das für eine verrückte Stimme?
  Eine neue innere Persönlichkeit?

»Grrr ... viel zu viele Leute ...
Sechs Milliarden Körper, die sich überall winden
  und schlängeln,
Autos und Fabrikschlote, Atomkraftwerke, riesige
  Industriekomplexe,
die aus jeder Öffnung Rauchschwaden
  ausstoßen ... Überall Müll und Plastik –

auf den Straßen, an den Stränden, in den Bäuchen
    der Wale!
Rrrr, Menschen sind widerlich! Schädlinge und
    Parasiten, die diesen Planeten verseuchen …
Die Zivilisation? Einfach jämmerlich!«

Merkwürdig. Woher kommt nur diese neue Persön-
    lichkeit? Also, ich *liebe* die Menschheit!
Zugegeben, diese ganze Überbevölkerung, Umwelt-
    verschmutzung und der Lärm frustrieren mich,
    aber diese Energie ist seltsam verlockend …
Eine Art wilder Göttin, wie Kali, die die Erde
    schützen will.
Hmm, vielleicht ist es an der Zeit, dass ich für
    ein oder zwei Umweltorganisationen etwas
    spende.
Was würde diese wilde Persönlichkeit zufrieden
    stellen? Wie sieht *ihre* Meditation aus?

Komisch … ich höre innerlich laute Klänge, als ob
    jemand ein Becken und einen Gong schlägt.
Ja-a, ja-a! Was für ein Mantra – das gefällt mir. Das
    passt wirklich zu der Energie.
Schnelle, abgehackte Empfindungen – wie Cartoon-
    Blitze, die mich im Zickzack durchlaufen.
Ich werde diese Ströme einfach durch mich hin-
    durchfließen lassen, auf ihrer Intensität reiten.
Ja-a, ja-a, ja-a.

Wau. Interessant. Jetzt strömt alles …
Dynamisch. Voller Energie. Reinigend.
Mal sehen, kann ich in diesen Empfindungen
    bleiben, wenn ich die Augen öffne?

Ja ... Ha! Ich muss lächeln ... ein etwas ungezoge-
nes Lächeln, das irgendwie Spaß macht.
Ah, jetzt fühle ich mich zentriert, stark und bereit,
wieder an die Arbeit zu gehen.
Ich mag jetzt sogar die Menschen wieder. Wer
hätte das gedacht?

Das Theater der Seele

Die Vorstellungskraft ist eine wundersame Fähigkeit des Menschseins. Körper und Psyche sprechen durch Bilder, in Träumen,
Fantasien und Gedanken. Ihre Lyrik befreit uns von der Tyrannei
des Buchstäblichen, den Einschränkungen unserer alltäglichen Wahrnehmung.

Frauen sind höchst komplex. Hinter der Persona, dem Gesicht,
das wir der Welt zeigen, leben viele andere Persönlichkeiten. Wenn
wir mit diesen anderen Aspekten in Kontakt stehen, fühlen wir uns
ganzheitlicher, und das Leben wird weitaus interessanter.

C. G. Jung spricht bei diesen Teilen des Selbst von Archetypen –
immer während Motive, die allen Menschen gemeinsam sind. Der
tibetische Buddhismus kennt ein Pantheon an gütigen und zornigen
Gottheiten und visualisiert sie in Mandalas. Künstlerinnen aus allen
Bereichen suchen Bilder, um ihre Innenwelt darzustellen. Bei der
Gestalt- und der Traumtherapie schlüpft man in seinen inneren
Charakter und lässt ihn sprechen. Am Theater kann eine gute
Schauspielerin die ganze Besetzung ihrer inneren Figuren anzapfen
und so die Bandbreite ihres emotionalen Ausdrucks erweitern. In
allen Fällen existiert in diesen inneren Persönlichkeiten eine psychi-
sche Energie, die ins Bewusstsein gerufen und befreit werden kann,
um zu mehr Kreativität und Vitalität zu führen.

Bei der Meditation erleben Sie ein Theater der Seele. Alle kommen auf die Bühne. Die Bewegung zwischen den verschiedenen Aspekten Ihrer Persönlichkeit ist natürlich und notwendig. Sie zeugt von psychischer Gesundheit. Solange wir uns nur mit einem Aspekt identifizieren, hemmen wir unseren Fluss. Wenn Sie für Ihre Meditation nur eine einzige Technik haben, wird das Meditieren langweilig. Wenn Sie im Leben nur einen einzigen Aspekt ausleben, werden Ihre Beziehungen flach und Sie fühlen sich unaufrichtig. Meditation und Selbstausdruck ergänzen sich. Sie müssen einen Ort haben, an dem Sie alles zum Ausdruck bringen können, was in Ihnen steckt, also suchen Sie sich einen Kontext, in dem Sie alles entfalten können, was Sie fühlen.

Eine Party für all Ihre Persönlichkeitsaspekte

Die Meditation ist ein Ort der Begegnung für all Ihre Persönlichkeitsaspekte. Im Laufe eines Tages spielt jede Frau viele Rollen: Mutter, Geliebte, Angestellte oder Chefin, Chauffeurin, Köchin, Zimmermädchen, Managerin, Freundin, Gastgeberin, Schülerin, Buchhalterin und Mittelpunkt der Party. Jede Rolle repräsentiert eine andere Seinsweise in der Welt, einen anderen inneren Charakter in ihrem eigenen Spektrum an Instinkten und Emotionen. Frauen balancieren mit all diesen Rollen geschickt in der äußeren Welt. Bei der Meditation zeigen sie sich auch in Ihrer Innenwelt. Öffnen Sie die Tür, und begrüßen Sie alle mit einem Kuss!

Wenn Sie sich Zeit nehmen und meditieren, wird einer oder werden alle dieser Teile abwechselnd Ihre Aufmerksamkeit erregen. Bei der Meditation ist es, als ob Sie nach Hause kommen und alle – die Kinder, die Hunde, die Katzen, die Nachbarn, der Ehemann oder der Geliebte – erzählen Ihnen von ihrem Tag. Häufig erleben Sie, dass sie alle um Ihre Aufmerksamkeit buhlen, sobald Sie die Augen schließen, um zu meditieren. Fordern Sie sie nicht auf, zu gehen, richten Sie einfach Ihre Aufmerksamkeit auf das, was Sie ruft. Unter Umständen besteht der schwierigste Teil der Meditation darin, sich all Ihren inneren Stimmen zu widmen, obwohl Sie sich nach Ruhe und Stille sehnen. Aber verzweifeln Sie nicht – Sie sind auf dem Weg zur Entspannung.

Ihre inneren Figuren zeigen sich als Stimmungen, Emotionen, innere Dialoge, Körperempfindungen oder visuelle Bilder. Lassen Sie sie sprechen. Die Kommunikation erfolgt vielleicht nicht in Worten; manche Teile »sprechen« durch Bewegungen oder indem sie Sie mit wunderbarer Energie, Gefühlen oder Farben erfüllen. Ihre Aufgabe besteht darin, zuzuhören, alles zu respektieren und zu lernen. Wenn Sie sich schließlich ein wenig beruhigt haben, kehren Sie zu dem alles vereinenden Konzentrationspunkt zurück – das kann Ihr Atem sein, ein Klang oder eine Bewegung. Indem Sie Ihrer Aufmerksamkeit erlauben, zwischen dem Konzentrationspunkt und Ihren inneren Stimmen hin und her zu wechseln, weben Sie diese entgegengesetzten Elemente zusammen.

Im Sanskrit heißt *Yoga* so viel wie »zusammenfügen«. Wir Menschen sind so kompliziert, dass wir uns anstrengen müssen, um all unsere Einzelteile zusammenzuführen. Das gehört zu unserer üblichen Wartung, und wir leiden, wenn wir diese Arbeit vernachlässigen. Dieses Zusammenführen wird auch mit *Tantra* bezeichnet, was »Webstuhl« bedeutet. Sie weben alle Elemente des Lebens – Verstand, Körper, Emotionen, Atem, Seele, Individualität und Unendlichkeit – zu einem einzigen großartigen Wandteppich zusammen.

Wehren Sie sich nicht gegen Ihre Stimmungen

Akzeptieren Sie Ihre Widersprüche und Ihre ständig wechselnden Stimmungen und lassen Sie sie zu. Denken Sie nicht, dass Sie sie abändern müssten. Die Meditation ist nicht nur eine Stimmung, sondern die offene Umarmung all Ihrer Stimmungen. Sie ist ein

Tanz zwischen Vertrauen und Misstrauen, Verletzlichkeit und Selbstschutz, Grenzen und Grenzenlosigkeit. Sie können sowohl ehrerbietig als auch ehrfurchtslos sein, abwechselnd aufsässig und hingebungsvoll. Ihr Nervensystem vollführt eine Art »Stimmungs-Yoga«, es fließt von einer Position zur anderen.

Sie können mit jeder Stimmung unter der Sonne – oder dem Mond – meditieren. Respektlosigkeit ist eine wichtige Stimmung, die Sie vor und während der Meditation pflegen sollten. Stoßen Sie die Idole vom Podest, reißen Sie Witze, lockern Sie die Stimmung auf. Respektlosigkeit hilft Ihnen, Ihren inneren Raum zu befreien, damit Sie Ihre inneren Stimmen hören können. Nur zu: Reden Sie mit Ihnen, wenn Sie wollen! Frömmigkeit und Reinheit können tödlich sein – nicht an sich, aber wenn man sie dazu verwendet, andere Stimmungen zu blockieren. Setzen Sie Ihre Fantasie ein. Improvisieren Sie!

Der Fluss der Gegensätze

Das Leben ist ein Spiel der Gegensätze, und um in die eine Richtung zu gehen, müssen Sie oft erst die andere Richtung einschlagen. Wir müssen einschlafen, um wach werden zu können; wir müssen weinen, damit uns leichter ums Herz wird; wir müssen uns der Heilung fügen, um stark zu werden. Stabilität entsteht nicht dadurch, dass man starr bleibt, sondern indem man sich ständig anpasst. Während der Meditation beobachten wir, dass das Pendel zwischen den Gegensätzen sehr schnell ausschlägt: Bewusstsein für die innere Welt und Bewusstsein für die äußere Welt, Ausdehnen und Zusammenziehen, Vergnügen und Schmerz, Sicherheit und Furcht, Ruhe und Wachsamkeit, Spannung und Entspannung, stete innere Ruhe und das Gefühl von Druck.

Zwischen den Gegensätzen herrscht ein Kontinuum, und genau dort führen Sie Ihr Leben. Zwischen den beiden Polen von Einatmen und Ausatmen findet das Kontinuum des Atems statt. Zwi-

schen den Polen von Tag und Nacht liegt Ihr Leben der Arbeit und
der Ruhe. Das sollten Sie feiern und nicht als Problem betrachten.
Lassen Sie den Gegensätzen genügend Raum, damit sie sich artikulieren können. Wenn die Meditation langweilig oder flach wird,
dann haben Sie ein Ende des Kontinuums vernachlässigt. Vielleicht
wurden Sie süchtig nach Ruhe und haben darüber Ihre emotionale
Ausdrucksfähigkeit vernachlässigt. Hin und wieder sollten Sie über
die folgenden Punkte nachdenken:

* Wenn man in die Fantasiewelt eintaucht, bekommt man die Re-
  alität besser in den Griff.
* Wenn Sie die Kontrolle verlieren, entwickeln Sie mehr Kontrolle.
* Entspannung kann Gefühle der Angst und Anspannung hervor-
  rufen, die freigesetzt werden wollen.
* Wenn Sie Ihre Ängste und Spannungen akzeptieren, kann das zu
  tieferer Entspannung führen.
* Wenn Sie Ihre Wut und Ihre Verletzungen ausdrücken, wird Ver-
  gebung möglich.
* Das Ausleben der Gefühle und der Tränen führt zu Heilung und
  neuen Anfängen.
* Wer sich auf die Trauer einlässt, erfährt Heilung und kommt
  über seinen Schmerz hinweg.
* Wenn Sie das Chaos bewusst zulassen, führt das zu Ordnung.
* Unterwerfung ist Macht.
* Starrheit ist Schwäche.

Gegensätzliche Bewegungen scheinen oft im Konflikt zu liegen
oder widersprüchlich zu sein, aber in Wahrheit ergänzen sie sich.
Die Meditation ist der Vorgang, bei dem aus jedem Kampf ein Tanz
wird. Gegensätze ziehen sich an und strömen zueinander: Yin und
Yang, das Empfangen und das Geben, leer und voll, ständig in Bewegung zueinander und sich in das eigene Gegenteil verwandelnd.
Ein Großteil der Meditationstechniken beschäftigt sich mit diesem

Fluss der Gegensätze und ihrer Anziehungskraft. Inneres Gleichgewicht ist keine statische Pose, sondern Empfänglichkeit. Wenn Sie sich nicht gegen den Ausschlag des Pendels zwischen den Gegensätzen wehren, wird die Pendelbewegung zu einem dritten Zustand führen: der Integration der Polaritäten.

Die Gegensätze lieben einander; sie brauchen sich und können sich ohne den anderen nicht vollständig ausdrücken. Sie sind unentwirrbar miteinander verwoben, wie die Doppelhelix unserer DNA. Wenn wir in einer Polarität feststecken oder zwischen den beiden Polaritäten stranden, gibt es keine Bewegung mehr, wir geraten in eine Sackgasse. Lassen Sie also den Fluss zwischen den Partnern zu! Hier eine Liste einiger dieser Partner:

- Individualität/Kosmisches Bewusstsein
- Wille/Unterwerfung
- Einsamkeit/Verbundenheit
- Privatsphäre/Kontakt
- Weichheit/Kraft
- Selbstsucht/Selbstlosigkeit
- Ja-sagen/Nein-sagen
- Abhängigkeit/Unabhängigkeit
- Anziehung/Abstoßung
- Weisheit/Unschuld
- Leidenschaft/Frieden

Einander ergänzende Gegensätze können in Ihrem Leben die wichtigste Rolle spielen. Suchen Sie sich Meditationen, bei denen Ihre dominante Stimmung, aber auch deren Gegenteil gestärkt wird. Hier ein paar Beispiele:

- Wenn Sie Kriegerin sind, pflegen Sie sowohl das Starkwerden wie auch das Weichwerden.
- Wenn Sie Pflegerin sind, pflegen Sie sowohl das Mitgefühl für andere als auch die Selbststärkung.

- Wenn Sie Künstlerin sind, pflegen Sie sowohl Intensität als auch Gleichmut.
- Wenn Sie Mutter sind, pflegen Sie sowohl das Festhalten als auch das Loslassen.

Der Tango aus Licht und Dunkelheit

Marina, Heilerin und Geschäftsfrau, sehnte sich nach Verbundenheit, fühlte sich jedoch häufig auf schmerzliche Weise isoliert. Als sie sich auf mehr Intimität zubewegte, kamen machtvolle Gefühle an die Oberfläche: mythischer Zorn und Scham, die von ihren griechischen Vorfahren mit Gestalten wie der Medea charakterisiert wurden. In unserem Unterricht drehte sich Marina oft um diesen Kernpunkt, und allmählich wurde ihr klar, dass sie durch zu viel Friedlichkeit und »Gutsein« ihre Wildheit verschüttet hatte. Mit Hilfe von Bewegung fand sie eine kreative Möglichkeit, die gewaltige Energie freizusetzen, und ihr innerer Kampf zwischen Licht und Dunkelheit wurde zu einem leidenschaftlichen Tango.

»Ich habe mich verliebt ... in den Hass. Zorn taucht aus meinen Eingeweiden auf, wann immer ich mich dem Leben zuwende. So ein schmaler Grat zwischen Liebe und Hass — wenn ich nur nicht das Gleichgewicht verliere ...« Ihre Herausforderung lag darin, »loszulassen, aber mich dabei nicht zu verlieren — auf diesem schmalen Grad zu wandeln. Das war meine Initiation. Ich veränderte den Lauf meines Schicksals. Ich war nicht länger halb lebendig, halb tot — ich wählte das ganze Leben.«

Marina strahlt heute eine weibliche Kraft und Klarheit aus. Die Bewegung mit den inneren Strömen der Leidenschaft ist zwar ein fortwährender Prozess, aber »etwas hat sich in mir geöffnet. Ich fühle mich nicht mehr wie früher. Mein Herz ist offen, und ich betrachte die Menschen verständnisvoller.« Als sie ihren Hass umfing, hat sie dadurch ihre Liebe befreit.

Innere Verbündete

Wenn Sie herausfinden, welcher Ihrer inneren Aspekte Sie ruft, dann schenken Sie ihm Ihre Aufmerksamkeit, denn das vertieft Ihre Meditation. Es kann sehr wohl sein, dass ein Persönlichkeitsaspekt, den Sie noch nicht kennen, auftaucht und dann einen Tag, einen Monat oder gar jahrelang gewissermaßen zur Göttin Ihrer Meditation wird. Lassen Sie sich von Ihrem magischen Kind führen oder der weisen Frau in Ihnen oder von der Tänzerin, die Sie aufgaben, als Sie Kinder bekamen, oder von der ungebundenen Wildkatze, die Sie an der Universität waren. Sie wissen nie, welcher Archetypus bei der Meditation zu Ihrem Verbündeten wird. Die »Killerzicke« könnte die Einzige sein, die Sie von den Bedürfnissen anderer wegzerrt und erklärt: »Ich werde jetzt meditieren. Soll sich die Welt doch eine Weile ohne mich drehen.«

Begrüßen Sie all Ihre inneren Aspekte – und zwar so, wie sie sind. Lassen Sie auch die unanständigen, schelmischen, eigensinnigen Teile zu Wort kommen. Selbst die so genannten negativen Stimmen können sich als segensreich erweisen, wenn Sie ihnen zuhören.

Die Regeln der Meditation unterscheiden sich von den üblichen gesellschaftlichen Konventionen: Sie akzeptieren und erforschen alles. Wenn Sie sich an die Meditation gewöhnt haben, werden Sie der Entspannung und der Sicherheit vertrauen: Alles, was auftaucht, kann auch ausgedrückt werden. Schwierige Emotionen oder Charakterzüge können zu Ihren stärksten Verbündeten werden. Hören Sie sich Ihre Sehnsüchte und Ängste an und deren Art, die Welt zu sehen. Das kann eine Botschaft sein, die Ihnen vermittelt, was in Ihrem Leben fehlt.

Das höchst einfache Prinzip

Fließen Sie mit dem, was ist, aber nehmen Sie bewusst daran teil. Fragen Sie sich bei jeder Meditation: Was will die Energie? Suchen Sie dann eine Möglichkeit, um darauf zu reagieren. Wenn eine schwierige Stimmung, ein schwieriger Charakterzug oder eine schwierige Emotion Sie im Griff hat, dann haben Sie die Wahl, eine ästhetische Wahl, je nachdem, welche Struktur und Qualität Sie in diesem Augenblick kultivieren wollen. Sie können voller Vergnügen meditieren, um sich selbst zu beruhigen und zu stärken und die emotionale Spannung zu mildern. Manchmal befriedigt das den inneren Ruf, solange Sie das, was sich in Ihnen abspielt, nicht verurteilen oder leugnen.

Sie können aber auch stärker in die Energie eintreten und sie zulassen. Manchmal ist der innere Charakterzug oder die Stimmung so hartnäckig, dass unser einziger Ausweg der Weg hinein ist. Schließen Sie sich dieser Stimmung an, werden Sie eins mit ihr, lernen Sie von ihr. Das ist ein tollkühner Pfad und nicht für jede jederzeit geeignet, aber es befreit enorm und ist integrativ.

Die weise Alte, das wilde Kind

In jeder Frau befindet sich eine heilige Triade: das kindliche Selbst, das Alltagsselbst und die Weise Frau. Diese drei Ebenen existieren gleichzeitig als konzentrische Bewusstseinssphären, die einander umschließen und durchdringen. Die Frau, die Sie heute sind, hat die Fähigkeit, die Arme Ihres Bewusstseins um ihr junges und zartes inneres Selbst zu schließen. Sie können die Bedürfnisse und Wünsche Ihres inneren Kindes hören und das Kleine aufbauen. Gleichermaßen ist die Weise Frau auch stets in Ihrer Psyche präsent, sie trägt Sie und sorgt für Sie. Ob Sie sich dabei eine ältere Ausgabe von sich selbst vorstellen, die archetypische Großmutter oder die Große Mutter – diese Weise Frau ist immer bei Ihnen und wartet geduldig darauf, dass Sie ihre Weisheit anzapfen.

Bei jeder Meditation können Sie sich auf diese inneren Verbündeten einstimmen. Jede besitzt einen Schlüssel zu Ihrer Freude, Ihrem Wissen und Ihrem Frieden. Es wird Zeiten geben, in denen Sie sich innerlich wie eine Fünfjährige fühlen – verheult, zerbrechlich, abhängig, aufsässig oder wild. Das ist dann die Zeit, in der Ihr er-

wachsenes Selbst das innere Kind halten, trösten und ihm Beachtung
schenken sollte. Wenn Sie das nicht tun, wird die Kleine weinen,
brüllen oder so lange lauthals jammern, bis Sie darauf reagieren.
Nehmen Sie die Kleine in Ihrer inneren Welt in die Arme, falls sie
es zulässt. Wenn die Kleine allerdings vernachlässigt wurde (wenn
Sie vernachlässigt wurden), kann sie sich hinter einem Felsen verstecken, ganz mit Schlamm bedeckt, oder in einem Baum sitzen und
Sie mit wachsamen Augen und Zweigen im Haar anstarren. Wenn
dem so ist, seien Sie einfach präsent, und lassen Sie sie wissen, dass
Sie sie nicht wieder vernachlässigen werden. Letztendlich wird sie
Vertrauen fassen und Sie in ihre magische Welt lassen. Das ist nichts
anderes als eine Hingabe an sich selbst, seien Sie also bereit, es bis
zum Ende durchzuziehen. Gleichgültig, wie alt Sie sind, Sie müssen
sich den Rest Ihres Lebens noch oft um die Kleine kümmern.

Dann wieder wird es Zeiten geben, in denen Ihr Alltagsselbst
von einem älteren, weiseren und liebevollen Bewusstsein getragen
werden muss. Sie sind es müde, sich ständig nur um andere zu kümmern, so hart zu arbeiten und Ihre Welt zusammenzuhalten. Sie
bringen nicht länger die körperliche oder geistige Kraft auf, auch
nur die geringste Kleinigkeit zu tun. Sie sind deprimiert oder verwirrt oder einfach ausgelaugt. Das ist der Augenblick, in dem Sie
die Weise Alte rufen sollten. Bitten Sie sie mit Ihrer inneren Stimme, zu Ihnen zu kommen und sich zu zeigen. Lassen Sie sich von
ihr ihre Höhle im Mittelpunkt der Erde zeigen, oder folgen Sie ihr
den Pfad durch den Wald zu ihrer Hutte. Sie kann mit Worten oder
mit Visionen sprechen, Ihnen einen heiligen Talisman überreichen
oder einfach durch ihre stumme Präsenz mit Ihnen kommunizieren.
Vielleicht drückt sie Sie an ihren Busen, wiegt Sie auf ihrem Schoß
und singt. Lassen Sie sich in ihre offene Umarmung fallen, atmen
Sie, lassen Sie los und empfangen Sie.

In der Formulierung, man solle mit den Teilen des Selbst »in
Berührung bleiben«, liegt eine mystische Wahrheit. Bleiben Sie
innerlich in Kontakt, visualisieren Sie, wie Ihr kindliches Selbst von

Ihnen gehalten wird und wie Sie wiederum von dem Selbst der Weisen Alten gehalten werden – Sie alle drei in harmonischer Beziehung. Die Erfahrung der Einheit dieser inneren Trinität ist eine tiefe Offenbarung und Nahrung für die Seele.

Das Schattenselbst

Denken Sie einmal hierüber nach: Wenn man sie umarmt und mit Bewusstsein durchdringt, werden Faulheit, Gefräßigkeit, Habgier, Zorn, Neid, Wollust und Stolz lebendig – die Sieben Lebendigen Todsünden.

Je bewusster Sie sich Ihres Schattens sind, desto seltener wird er unbewusst ausgelebt und desto weniger schadet er Ihren Beziehungen. Verschließt man die Schattenenergie im Inneren, wird sie zu einer ungeheuren Libido oder Lebenskraft, die nur darauf wartet, kanalisiert zu werden. Wenn man die dunkleren Impulse leugnet und in den Untergrund zwingt, kann der innere Krieg zu allen möglichen Verwüstungen führen. Da die Psyche immer nach einem Gleichgewicht strebt, wird sie versuchen, die Kluft zu überbrücken, indem sie genau das ins Bewusstsein bringt, was unterdrückt wurde – auf die eine oder andere Weise.

Hier ein Hinweis, wie Sie Ihren Schatten erkennen können: Gerade die Eigenschaften, die Sie an anderen hassen, existieren in Ihnen selbst – in Hülle und Fülle. Wenn Sie sich absolut im Recht fühlen, ist das immer ein deutlicher Hinweis, und wenn Sie dem nicht nachgehen, wird es sich unbewusst als Grausamkeit anderen gegenüber manifestieren – häufig bei den Menschen, die Ihnen am nächsten stehen – oder auch als verinnerlichte Grausamkeit sich selbst gegenüber. Je mehr Sie Ihrem Schatten den Rücken zukehren, desto größer wird er, schlurft direkt hinter Ihnen, immer übel riechender und dumpfer. Sie können ihn nicht loswerden, und je näher Ihnen jemand kommt, desto offensichtlicher wird das Schattenmuster. Die Schattenenergie ist ziemlich magnetisch und sucht sich untrüglich die perfekten Beziehungen, um sich in dramatischer

Weise zu zeigen und so zu befreien. Früher oder später müssen Sie sich umdrehen, sich selbst in die Augen schauen und lernen, mit der Dunkelheit zu tanzen.

Eine der großen Herausforderungen der Meditation besteht darin, die Selbsterkenntnis sowie die unvermeidlichen Einsichten des Gewissens zu tolerieren. Wenn Sie meditieren, bekommen Sie eine Ahnung, welche Bedürfnisse angegangen werden müssen, bevor diese sich irgendwo unangemessen in Ihrem Leben zeigen. Falls diese Bedürfnisse bereits Schaden angerichtet haben, können Sie bei der Meditation den ursprünglichen Sinn hinter den Impulsen aufspüren. Begrüßen Sie die Botin; töten Sie sie nicht.

Die Hälfte Ihrer Meditation kann sich darum drehen, wie Sie in Ihrer Fantasie jemanden zu Boden schlagen. Kate, eine schwarze Anwältin, Professorin und Kämpferin für die Gleichberechtigung der Geschlechter und der Rassen, war schockiert, als ihr das passierte, nachdem sie viele Wochen lang Vergnügen und Frieden in der Meditation gefunden hatte. Da sie eine sanfte und gewissenhafte Persönlichkeit besaß, zu der »die Zicke« nicht gehörte, waren Aggression und Rache Schatteneigenschaften für sie. Kate ist eine schöne und kluge Frau, darum sind andere Menschen oft neidisch auf sie. Als sie herausfand, dass sie von einer Kollegin hintergangen worden war, wurde sie von Bildern überflutet, wie sie dieser Frau die Meinung sagte. In ihrer Fantasie schlug und trat sie die Kollegin und spürte, wie eine Welle der Macht durch ihren Körper lief. Auf diese Weise übte ihr Nervensystem die Integration der unterdrückten Energie. Zu ihrer Meditation gehört nun die folgende Aussage: »Ich bin dankbar, dass es einen Teil in mir gibt, einen Instinkt in mir, der bereit ist, für mich einzutreten und zu kämpfen und mich zu schützen. Ich danke für diese Energie, die in mir aufsteigt.«

Wenn Sie Ihre Schattenkraft spüren, kann das zu einer Kombination aus Freude und Trauer führen. Fürchten Sie sich nicht vor der Trauer. Dadurch fallen die alten Gefühle von Ihnen ab. Und enthalten Sie sich die Freude nicht vor: Sie haben sie verdient.

Der Kriegerinnengeist

Die Kriegerin ist ein Archetypus, der für Frauen von heute ein besonders machtvoller Verbündeter ist: aggressiv, körperlich und geistig stark und in der Lage, sich jeder Herausforderung zu stellen.

Aggressionen können gesund und notwendig sein. Falls nötig, können Sie sich aggressiv zeigen, auch wenn Sie innerlich friedlich und harmonisch sind. Der Sinn der Friedfertigkeit und des Mitgefühls, die durch die Meditation hervorgerufen werden, besteht nicht darin, Sie zu domestizieren oder passiv zu machen. In jeder Frau steckt ein instinktiver Teil, dessen Rolle es ist, das Selbst und andere zu schützen. Wir brauchen diesen Teil.

Gelegentlich tauchen Kriegerinnen in der Unterhaltungsindustrie auf. Momentan gibt es Serien im Fernsehen mit Frauen, die körperlich und geistig fit sind, ein wenig wild, mit wohlgerundeten Körpern, schlau und wenn nötig auch tödlich. Aber diese Fantasiefrauen verkörpern auch die Seele; sie treffen ihre Entscheidungen aus dem Herzen. Darum lieben wir sie so.

Als Frau müssen Sie mit Ihrer urtümlichen, rohen Energie in Verbindung bleiben – mit Ihrer natürlichen Aggression. Sie ist der Schlüssel zu Ihrer Lebenskraft, zu Ihrer Gesundheit und zu Ihrer Macht. Ohne Zugang zu dieser Energie werden Sie zu leicht zum Opfer, sind viel zu unterwürfig. Ohne diese Energie schrumpft etwas in Ihnen und stirbt. Wut ist ein Signal dafür, dass diese gesunde Aggression versucht, Sie zu beschützen; hinter der Wut steht eine vitale Energie, die Sie freimachen kann. Bei der Aggression handelt es sich um dieselbe Lebenskraft, die einen jungen Grashalm dazu bringt, Erde und selbst Zement zu durchstoßen, um zum Licht zu gelangen. Wenn Sie diese Aggression unterdrücken, unterdrücken Sie die natürliche Raumnahme, die für Ihre Gesundheit – mental, emotional und körperlich – absolut notwendig ist. Wir haben so viele Frauen gesehen, die diese Energie wieder in Besitz nahmen und sich aus ihren blassen, blutleeren Versionen in Frauen verwandelten, die vor Vitalität und Freude nur so strotzten.

Kriegerinnen gibt es nicht nur in der Fiktion. In der ganzen Menschheitsgeschichte waren Kriegerinnen ebenso wild und brutal wie ihre männlichen Gegenstücke, wenn nicht sogar wilder und brutaler. Fiktiv ist nur die Vorstellung, dass Frauen von Natur aus ausschließlich passiv, friedliebend und gefällig seien. Die Griechen verliehen uns die Bezeichnung Amazonen – praktisch ein Synonym für »Kriegerinnen«. Es bedeutet ursprünglich »mit einer Brust«: Amazonen schnitten sich angeblich die rechte Brust ab, um besser mit Pfeil und Bogen schießen zu können. Wenn das nicht wahre Hingabe ist! Diese Figuren mögen mythisch gewesen sein, eine männliche Erfindung, die die Angst der Männer vor weiblicher Kraft symbolisiert. Fraglich ist auch die Existenz solcher Frauen in Südamerika; spanische Eroberer wollen sie gesehen haben und gaben aus diesem Grund dem Fluss Amazonas seinen Namen. Ausgrabungen im russischen Pokovka aus dem Jahr 1995 zeigten, dass ungefähr 600 vor Christus bis 300 nach Christus zahllose Frauen mit ihren Waffen begraben worden waren. Marco Polo berichtete nach seinen Reisen durch die Mongolei von weiblichen Kriegerinnen auf Pferden und erwähnte auch eine Prinzessin, die ein großes Vermögen ansammelte, indem sie ihre Verehrer im Ringkampf besiegte – jeder der Männer hatte einhundert Pferde gesetzt und an sie verloren. (Sie heiratete nie.) Die gefeierte Keltenkönigin Bodicea stellte für einen blutrünstigen Rachefeldzug gegen die Römer ein Heer aus Frauen und Männern auf. Und im afrikanischen Dahomey wurden Frauen bis vor kurzem als wilde Kriegerinnen geehrt, die zum Wohle ihres Stammes kämpften.

Kein reizendes Bild unseres Geschlechts. Unsere Gründe, aggressiv zu werden, mögen sich von denen der Männer unterscheiden, aber Frauen auf einem gerechten Rachezug können gnadenlos, wild und grausam sein. Wenn wir das zugeben, können wir die beträchtliche Kluft zwischen den Geschlechtern heilen. Gewalt ist auch eine weibliche Eigenschaft; wir können nicht länger nur den Jungs die Schuld geben.

Die Meditation kann uns dabei helfen, unsere Kriegerinnenener-
gie in Besitz zu nehmen – und sie mit Selbstreflexion zu *vermitteln*.
Wir können unsere Ansichten bereinigen, damit wir mit Würde,
Kraft und Verständnis adäquat handeln können. Natürlich müssen
Frauen heutzutage nicht mehr buchstäblich zu den Waffen greifen.
Aber viele von uns schwingen das Schwert für gute Zwecke, beispielsweise den Umweltschutz, globales Bewusstsein und einfühlsame Kommunikation. Wenn wir zu starken Befürworterinnen von
beziehungsrelevanten, lebensbejahenden Werten werden, ist das vielleicht der beste zeitgenössische Ausdruck für diesen Kriegerinnen-
geist.

Emotionale Pfiffigkeit

Ein gut geölter emotionaler Körper mit Spannkraft fördert ein reiches Innenleben und tiefere Intimität in unserem äußeren Leben.
Der Zugang zu unseren emotionalen Tiefen verleiht uns die Elasti-
zität, um voller Mut, Einfühlsamkeit und Schwung in der Welt zu
leben.

Emotionen sind anpassungsfähig. Sie informieren uns über die
grundlegenden Instinkte, die für unsere Sicherheit und unser Gedeihen sorgen. Sie nähren unsere Intuition – unser »Gespür für die
Wahrheit«, das von wacher Einfühlsamkeit und akkurater Wahrnehmung abhängt. Emotionen pflegen Einfühlungsvermögen und
Mitgefühl – entscheidend für den persönlichen und den weltweiten
Frieden –, die wiederum von einem feinen Verständnis von uns
selbst und anderen abhängen. Aufgrund dieser erweiterten Wahrnehmung wird die »emotionale Intelligenz« der zerebralen Intelligenz langsam gleichgesetzt. Je umfassender unser emotionales
Spektrum, desto größer unsere Wahrnehmungsfähigkeit. Es tut uns
daher allen gut, das volle Spektrum der Emotionen zu kultivieren.

Wir Frauen haben zweifelsohne bei der emotionalen Intelligenz
die Nase vorn, und die meisten von uns respektieren diese angebo-

rene Fähigkeit. Der weibliche Ansatz an die Meditation kann und muss daher das bewusste Ausüben dieser Fähigkeit des Fühlens beinhalten. Was läge da näher? Und doch glauben viele Menschen, dass Emotionen auf dem Weg zur Erleuchtung nur hinderlich seien, Reaktionen eines unreinen »Ego« und sicheres Zeichen für das Scheitern der Meditation. Im Namen der Spiritualität werden mächtige Emotionen wie die Pest gemieden, gelten als viel zu unsauber, unvorhersehbar, gefährlich und ablenkend.

Zugegeben, wir alle wünschen uns hin und wieder eine Pause von der Intensität dessen, was wir fühlen, und es tut gut, einige Meditationen im Repertoire zu haben, die diesem Zweck dienen (siehe auch *9. Geheimnis: Ruhen Sie in der Einfachheit*). Meistens tauchen unsere Emotionen jedoch aus einem guten Grund auf: Etwas will in uns bewegt werden, will sich mitteilen, wenigstens uns selbst gegenüber. Das Negieren unserer Emotionen führt nur zu Zerstückelung, insbesondere bei Frauen. Daher sprechen wir uns für die radikale Erforschung der Emotionen aus, so chaotisch das auch scheinen mag.

Das Reich der Emotionen kann in der Tat ein heikles Terrain sein, und häufig ist die Suche nach Ausgeglichenheit ein echtes Kunststück. Jede kennt doch Menschen, die »die Kontrolle verloren haben« und dadurch alle um sie herum beeinträchtigen. Klassischerweise stecken Frauen im Umgang mit flüchtigen Emotionen in einer höllischen Zwickmühle fest: Darauf beschränkt, sie entweder zu unterdrücken oder auszuleben, bleibt ihnen nur die Wahl, sich selbst oder anderen zu schaden. Wir alle haben schon Frauen beobachtet, die im einen oder anderen Extrem feststecken: in dem sprachlosen, selbstbestrafenden Zustand, bei dem sie alle Gefühle wegsperren, oder in dem manipulierenden, hysterischen, Schuld zuweisenden Stil, mit dem sie ihre Gefühle ausdrücken. Wie auch immer, Frauen scheinen von Emotionen kontrolliert zu werden – und wer will das schon? Dennoch neigt fast jede Frau zum einen oder anderen Ende des Spektrums.

Wenn Ihre Mutter beispielsweise unter einem dieser Extreme zu leiden hatte, dann haben Sie womöglich beschlossen, das genaue Gegenteil zu werden. Falls Ihre Mutter distanziert und zurückhaltend war, dann sorgen Sie wahrscheinlich dafür, nichts, aber auch gar nichts zurückzuhalten; »Königin der Dramatik« ist dann womöglich eine Ihrer Lieblingsrollen. Im gegenteiligen Fall, falls Ihre Mutter also auf irgendeine Weise zu Gefühlsausbrüchen neigte, dann sind Sie sicher Expertin in Sachen Zurückhaltung, und der Kontrollfreak ist für Sie eine vertraute und angenehme Rolle. Oder vielleicht hatten Sie es mit dem sentimentalen, rührseligen, einfältigen Stil all jener Weibchen zu tun, die sich »wirklich, wirklich so fühlen«, darum haben Sie sich voller Abscheu von jeder Emotionalität abgewendet.

Distanzierung kann zur Berufskrankheit werden. Alle, die sich um andere kümmern, sehnen sich verzweifelt nach einer emotionalen Auszeit; angefüllt mit den Bedürfnissen anderer, sind sie viel zu müde, um sich noch um ihre eigenen zu kümmern. Weibliche Führungskräfte üben eine enorme Selbstkontrolle aus, um in der männlich dominierten Geschäftswelt Erfolg zu haben; wenn sie ihre weichere Seite zur Schau stellten, könnte das ihren Status quo gefährden. Eine unserer Freundinnen, eine Frauenärztin, geht den ganzen Tag in wahren Strömen weiblicher Emotionen und Körperflüssigkeiten unter. Das Letzte, was Terri will, sind noch mehr Ergüsse! Dennoch sehnt sie sich nach der Ehrlichkeit und Intimität ihrer eigenen emotionalen Ausdruckskraft. Was soll sie tun? Wie können wir die Fülle dessen, was gefühlt werden muss, ohne Unterdrückung, Besessenheit oder Besitzdenken zulassen?

Es gibt viele Formen der Psychotherapie, die den Inhalt Ihrer Emotionen, Ihrer persönlichen Geschichte und deren Auswirkung auf Ihr gegenwärtiges Leben erforschen. Die mentale Dekonstruktion der Emotionen kann Reaktionsmuster offen legen, die Ihnen nicht länger dienlich sind. Sie können dadurch lernen, Ihre wahren Reaktionen zu finden und auszudrücken. Das ist äußerst hilfreich, wenn Sie mit den schmerzlichen Erfahrungen zurechtkommen wollen, die jeder Mensch durchleben muss. Um sich mit schwierigen Gefühlen anzufreunden, empfehlen wir Ihnen jede Technik, die Sie anspricht.

Hüten Sie sich jedoch davor, das Geschenk tiefer Emotionen wegzureden. Hier ein Geheimnis: Es gibt eine völlig andere Möglichkeit, nämlich die zarte Kunstfertigkeit, sich auf den Emotionen bewusst bis zurück zu ihrer ursprünglichen Quelle treiben zu lassen.

Bei der Meditation können Sie »hinter« den Inhalt gelangen – zu der Geschichte, der Erinnerung, dem Bild oder dem Ereignis, das mit diesem Gefühl verbunden ist. Wir sprechen nicht von Dissoziation oder Distanzierung, nicht einmal von »Achtsamkeit«. Hinter der Maske jedes Charakterzugs, hinter dem Etikett jeder Emotion, steckt pure Lebenskraft. Die Emotion selbst ist Zeichen einer grundlegenden Energie, die durch Ihr System zirkulieren will – ein fühlbarer, körperlicher Strom der Macht. Um welche Emotion es sich auch immer handeln mag, Sie können in sie eintauchen und sich bei der Meditation auf ihrem Strom treiben lassen. Sie können sich dem Fluss der Emotion bewusst anschließen und sich von ihm durchdringen lassen.

Wenn Sie Ihre vitale Energie unterdrücken, hat das düstere Folgen für Ihr körperliches und emotionales Wohlbefinden. Sobald die Lebenskraft gestaut wird, zeigt sie sich als:

- Reizbarkeit
- Depression
- Erschöpfung
- Verwirrung
- Launenhaftigkeit
- Kopfschmerz
- Krankheitssymptome

Diese Störungen entstehen oft dadurch, dass man bestimmte Gefühle nicht zulässt. Eine Emotion ist eine kraftvolle Welle der Ener-

gie, die irgendwie kanalisiert werden muss, sobald sie aktiviert wurde. Wellen bleiben nicht einfach stehen und gehen auch nicht einfach wieder weg. Wird die emotionale Energie unterdrückt, kann sie
echte Probleme verursachen – sie führt zur Stagnation im Körper
oder zu geistigem Ungleichgewicht oder sie zeigt sich ununter-
drückbar zu den unmöglichsten Zeitpunkten, für gewöhnlich mit
sehr viel Schwung.

Wenn Sie vermuten, dass die Energie in Ihnen festsitzt, dann
fragen Sie sich, was genau sich da versteckt. Welches Gefühl oder
welcher Charakterzug wäre in diesem Moment besonders inakzep-
tabel? Denken Sie daran, je stärker das Gefühl tabuisiert ist, desto
größer die psychische Energie, die befreit werden will. Wenn ein
Charakterzug oder ein Gefühlsausdruck zurückgewiesen wurde,
verdrängt in die Isolation der Schatten Ihrer Innenwelt, dann lauert
er wahrscheinlich darauf, wieder zum Vorschein zu kommen. Bei
der Meditation können Sie ihn begrüßen und ihn wieder zirkulieren lassen. Geben Sie ihm eine Zuflucht, bringen Sie ihn in ihr Heiligtum und lernen Sie ihn kennen. Spüren Sie seine Lebenskraft und
nehmen Sie sein Geschenk entgegen.

Vielleicht will eine quälende Verletzlichkeit akzeptiert werden
oder irgendeine flüchtige, politisch unkorrekte Einstellung, oder
dunkle Wut lauert in Ihrem Herzen und verlangt, anerkannt zu werden. Das Gefühl mag asozial, primitiv oder wortlos sein, und Ihr
einziger Hinweis ist eine leichte Trauer oder vage Gereiztheit.
Gleichgültig, welche Emotion es auch sein mag, es ist ungeheuer
wichtig, sie in der Sicherheit der Meditation zu akzeptieren und anzunehmen. Dabei geht es *nicht* darum, das Gefühl unangemessen
auszudrücken, sondern darum, die Energie zuzulassen und sie bewusst in sich zirkulieren zu lassen.

Nehmen wir einmal das Beispiel Wut – so wichtig und doch so
problematisch. Menschen, die sich selbst für spirituell halten, besonders Frauen, tabuisieren normalerweise die Wut. Sie befolgen jede Meditationsübung, die sie kennen, um die Wut auszublenden:

Sie praktizieren Mitgefühl, sind hingebungsvoll, baden sich in weißem Licht. Doch indem sie die Wut wegwaschen, betrügen sie sich um das Geschenk der urtümlichen Kraft und Ehrlichkeit der Wut; sie verlieren das Fundament, das nötig ist, um sich in ihrem Leben zu aktivieren, und können so jahrelang in machtloser Verwirrung herumwandern.

Angenommen, Sie setzen sich zur Meditation hin und bemerken, dass Sie ein wenig verstimmt sind. Sie konzentrieren sich auf Ihren Atem oder ein Mantra und versuchen wie ein braves Mädchen, diese Gereiztheit loszuwerden. Doch sie wehrt sich. Plötzlich müssen Sie an eine Situation aus der Vergangenheit oder Gegenwart denken und entdecken, o je, Sie sind wütend. Normalerweise würden Sie jetzt denken: *Ich sollte nicht wütend sein, ich sollte nachsichtig sein, Verständnis zeigen, ich bin doch ein liebevoller Mensch.* Wenn Sie jedoch auf die Wut näher eingehen, werden Sie zweifelsohne die Dynamik dieser Situation durchschauen und größere Klarheit über das gewinnen, was ausgedrückt werden muss. Etwas hat sich in dieser Situation nicht bewegen können und will freigesetzt werden. Nun, hier kommt die echte Kunst: Sie können der wilden Eigenschaft der Wut auch erlauben, durch Sie hindurchzuströmen. Lassen Sie sie in sich tanzen. Lassen Sie die Flammen züngeln und Ihre ganze Aura aufladen. Machen Sie diese Empfindungen zu Ihrem meditativen Konzentrationspunkt. Das körperliche Empfinden von sich selbst als Energie wird stärker, wenn Sie dieser Kraft Zügel anlegen und sich von ihr vitalisieren lassen. Dieses Bewusstsein schafft mehr persönlichen Raum und gibt Ihnen die Kraft, mit diesem Menschen oder diesem Ereignis wirksamer umzugehen. Nach der Meditation haben Sie dann die freie Wahl, wie Sie tatsächlich auf die Situation reagieren wollen, die Sie so wütend machte, ohne Ihre Wut dabei zu unterdrücken oder falsch einzusetzen.

Andererseits verteilen manche Frauen gern selbstgerechte Schuldzuweisungen. Wenn Sie gewohnheitsmäßig voller Wut oder Groll reagieren, wenn das Ihre übliche Art ist, mit Unbehagen umzugehen, dann kann die Botschaft auch lauten, hinter Ihre Wut und Ihren Groll zu schauen. Vielleicht bedroht Ihr Reaktionsmuster Ihre Beziehungen oder die Gesundheit Ihres Herzens. Wagen Sie es, in die tiefe Emotion einzutauchen, die Sie ruft – wahrscheinlich ist es etwas, das Sie verletzlich macht, beispielsweise Trauer oder Furcht. Werden Sie locker. Tolerieren Sie die Empfindungen, die sich einstellen, sobald Ihre Brust und Ihr Herz sich entspannen. Vielleicht scheint es Ihnen schlimmer als der Tod, in diese Zartheit einzutreten, aber es öffnet Sie der Tiefe der Verbindung, nach der Sie sich sehnen. Ein neues Mitgefühl für sich selbst und andere wird zweifelsohne auftauchen.

Wenn kraftvolle Emotionen an die Oberfläche kommen, fürchten die Menschen oft, dass sie in ihnen feststecken werden, dass Trauer oder Zorn oder Furcht niemals enden werden. Aber Emotionen sind überaus flüchtig; wenn Sie sie akzeptieren und sie ohne Widerstand einfach fließen lassen, können sie sich rasch verändern. Wut wird zu Freude, Trauer wird zu Liebe, Furcht wird zu Wut oder Erregung. Die Verwandlung selbst wird zu einer fröhlichen Freisetzung. Dieser ständig wechselnde Fluss der Energie ist sowohl die Herausforderung als auch die Ekstase der Bewusstheit.

Die Flüchtigkeit der weiblichen Natur kann schwer auszuhalten sein. Lorin scherzt oft, dass eine Frau mehr emotionale Zustände an einem Tag durchlebt als ein Mann in einem ganzen Jahr! Darum ist es gerade für uns Frauen notwendig, sehr bewusst auf diesem Fluss zu navigieren; weil wir emotional labiler sind, ist es ein Muss, dass wir mit uns selbst »im Fluss« bleiben. Nein, *labil* ist nicht mit *Labia* verwandt (schade eigentlich – eine völlig andere Etymologie); es bedeutet »offen für Veränderung, anpassungsfähig« – vielen Dank! Wenn Sie lernen, auf dem Fluss Ihrer Emotionen zu navigieren, werden Sie eine neue Erfahrung der Integration erleben, das greifbare Gefühl der Macht und Erleichterung. Das kann Ihr Leben verändern. Legen Sie sich ein neues Motto zu: »Bin labil und liebe es!«

Ihr ganzes Spektrum

Jedes Gefühl und jeder innere Charakterzug sind wie eine Farbe in Ihrer Palette, an der Sie sich freuen und die Sie kreativ zum Ausdruck bringen können. Je mehr Sie das erforschen, desto mehr werden Sie sich dessen bewusst. Erweitern Sie Ihre Meditation, setzen Sie das ganze Spektrum ein: von Ultraviolett bis Infrarot, von zutiefst verfeinerter Empfindsamkeit bis zur sengenden Hitze der Leidenschaft. Entwickeln Sie eine Wertschätzung Ihrer persönlichen Ästhetik, Ihrer individuellen Nuancen. Vielleicht kommen auf Ihrer Palette vorzugsweise subtile, zarte Pastelltöne vor oder vielleicht sind intensiv vibrierende, elektrische Nuancen mehr Ihr Stil. Ihre individuelle Verkörperung jeder energetischen Farbe, Ihre speziellen »Blau«- oder »Rot«-Töne unterscheiden sich von denen aller anderen Menschen. Auf diese Weise drückt sich das Leben durch Sie aus, auf diese einzigartige Weise, wie es nur durch Sie geschehen kann.

Im Zentrum Ihres Farbrades ruhen *Sie* in Bewusstheit. Wenn Sie jede einzelne emotionale Nuance befreien, fängt das Rad an, sich zu drehen, und die Farben wirbeln um Sie herum. In diesem wirbelnden Rad aus Farbe zirkuliert das ganze emotionale Spektrum – das freie Spiel urtümlicher Energie. Alle emotionalen Farbtöne, die Sie brauchen, stehen Ihnen jederzeit zur Verfügung. Stellen Sie sich vor, dass Sie in der Mitte ruhen, das Ganze steuern und die Bewegung der Lebenskraft in sich aufnehmen. Das ist die Meisterschaft, die Kunst und die Fertigkeit emotionaler Ausgeglichenheit: im Zentrum des ganzen Bewegungsspektrums zu bleiben – in Shaktis zeitlosem, segensreichem Tanz.

Forschungsreisen

+ Wie sehen Ihre üblichen Stimmungen oder Emotionen aus? Achten Sie auf das Wechselspiel der Launen bei Ihrer Meditation (beispielsweise ängstlich, reizbar, gelangweilt, verspielt, schelmisch, sarkastisch, furchtsam, überschäumend, friedlich, ekstatisch).

- Geliebte, Mutter, Erzieherin, kindliches Selbst, Kriegerin, Märtyrerin, Priesterin, Einsiedlerin, Zauberin-Bruja-Hexe, Curandera-Heilerin, Alte Weise, Närrin, Zicke, Schlampe, Heilige, Hure – mit diesen Archetypen beschreiben wir, wie sich die Energie in der Psyche ausdrückt. Mit wie vielen Archetypen können Sie sich identifizieren? Welche sind in Ihrer Psyche am stärksten ausgeprägt? Welche schlummern als Geheimnis in Ihnen?

- Wo erhaschen Sie einen Blick auf Ihre Macht?

- Mit welchen fiktiven oder historischen Gestalten identifizieren Sie sich?

- Welche mythischen Wesen faszinieren Sie? (Beispielsweise Drachen, Elfen, Engel, Devas, Feen, Einhörner, Dämonen, Ungeheuer, Gorgonen?) Welche Eigenschaften bieten sie Ihnen?

- Welche Energien/Archetypen machen Ihnen Angst? Und warum?

- Finden Sie heraus, welche Bilder in Ihren Träumen oder Fantasien auftauchen oder zu welchen Sie sich in Kunst, Theater, Tanz, Fotografie oder Film hingezogen fühlen.

- Erstellen Sie eine Collage aus Ihren inneren Charakteren. Suchen Sie sich die passenden Abbildungen in Zeitschriften oder malen Sie sie selbst.

8. Fertigkeitskreis:
Wie Sie mit Ihrem inneren
Theater meditieren können

In diesem Abschnitt stellen wir Ihnen einige Methoden vor, wie Sie mit Ihren inneren Figuren und Emotionen arbeiten können. Akzeptieren Sie die Komplexität Ihrer Meditationserfahrung. Hinter jeder Rolle, die wir spielen, steckt ein innerer Charakter, und jedem Charakter liegt eine Emotion zu Grunde. Sie können durch jede Figur in Ihr inneres Theater eintreten.

Aufwärmübung:
Legen Sie Ihre Gedanken auf den Boden

Manchmal werden wir unseren inneren Stimmen nicht gerecht, wenn wir sie einfach nur in unserem Tagebuch festhalten. Es folgt eine Technik, die Sie hin und wieder anwenden sollten. Verfolgen Sie zuerst einige Tage lang das Hintergrundgeplauder Ihrer Gedanken, lange genug, um eine Seite mit Dialogen zu füllen. Schreiben Sie die Sätze in ein Tagebuch oder wohin Sie wollen. Oder führen Sie ständig ein Notizbuch bei sich, damit Sie immer alles notieren können, was Sie hören.

Übertragen Sie die Sätze dann auf Karteikarten; die Größe können Sie frei wählen. Geben Sie Ihren Gedanken viel Platz. Brauchen Sie mehr Raum? Ähnliche Gedanken können näher zusammengeschoben werden und gegensätzliche weiter weg. Setzen Sie sich mit einem 360-Grad-Bewusstsein in die Mitte und respektieren Sie jeden einzelnen Gedanken. Ihre inneren Gedanken sind möglicherweise völlig verblüfft, dass man sie endlich bemerkt.

Sehen Sie sich jede Karteikarte an, und denken Sie über ihre Botschaft nach. Nehmen Sie sich für jede Karte eine Minute Zeit. Denken Sie an all die Dialogzeilen und die Gefühle, die Sie dadurch erhalten. Dann nehmen Sie eine andere Karte zur Hand und verfahren genauso. Achten Sie auf Asymmetrien. Wo liegt das Ungleichgewicht? Falls es eine kritische Stimme gibt, gibt es dann auch eine, die Sie unterstützt? Wenn eine Stimme Sie zur Pflichterfüllung aufruft, gibt es auch eine, die Ihnen Ruhe und Entspannung empfiehlt? Wenn eine Stimme Sie warnt, sich nicht auf einen bestimmten Menschen einzulassen, gibt es auch eine Stimme, die Sie auffordert, mehr Zeit mit Ihrem Freundeskreis zu verbringen?

Es besteht kein Grund, sich nur an Worte zu halten. Sie können in einen Spielzeugladen oder auf den Flohmarkt gehen und Actionfiguren kaufen – Wonder Woman, eine mittelalterliche Prinzessin und so weiter. Verwenden Sie sie. Oder Sie können Zeichnungen, Kleider, Farben oder symbolische Objekte heranziehen.

Das *Motherpeace*-Tarot ist ein wunderbares Kartenspiel voll weiblicher Weisheit und mit interessanten Bildern und Symbolen auf runden Karten. Sie können Statuen von Heiligen besorgen und sie aufstellen. Jede Heilige hat eine andere Persönlichkeit, eine andere Botschaft. Oder Statuen von Göttern und Göttinnen. Sie wissen, welche Bilder für Sie funktionieren, denn sie erscheinen Ihnen wie verzaubert. Wenn Kinder spielen, dann sind die Spielzeuge und Puppen für sie lebendig. Ihre Karten oder Puppen werden eine Zeit lang ebenfalls lebendig werden. Eine Übung wie diese ist eine Art Spiel. Und nicht nur Kinder spielen.

Wenn Sie fertig sind, legen Sie die Puppen oder Karten zurück in die Schachtel. Bringen Sie allen Wertschätzung entgegen, denn Sie werden zweifelsohne weiter von ihnen lernen. Jetzt sind die Gedanken nicht nur in Ihrem Kopf – sie sind draußen und haben viel mehr Raum, um zu agieren. Nach dieser Übung wird Ihnen auffallen, dass Sie während der Meditation nicht länger von so vielen Gedanken bestürmt werden.

Feiern Sie Ihre inneren Charaktere. Sie alle zusammen machen die Gemeinschaft aus, die *Sie* sind. Jede Figur verkörpert eine andere Art von Intelligenz und geht eine Situation anders an. Dadurch können Sie die Dinge aus einem neuen Blickwinkel sehen. Stellen Sie alle im Kreis auf, damit sie der Gemeinschaft ihr Geschenk machen können. Die Transformation stellt sich ein, wenn wir all unsere Energien begrüßen und sie gemeinsam sprechen, tanzen und singen lassen.

Emotionen

Der emotionale Körper zirkuliert im ganzen Spektrum emotionaler Farben, und jede Erfahrung ist für gewöhnlich eine komplexe Mischung aus mehr als einem Ton. Eine bestimmte Stimmung, eine bestimmte Gefühlslage kann jederzeit in den Vordergrund rücken, aber sobald man sie anerkennt, verwandelt sie sich in eine andere oder bekommt eine neue Nuance. Wie die Emotion auch aussehen mag, in der Meditation können Sie sie zurückverfolgen. Die Bewegung der einzelnen Emotionen ist von Mensch zu Mensch verschieden, aber im Allgemeinen kann sie nach oben gehen (Freude, Entzücken, Lachen), nach unten (flaue Gefühle, Trauer, Depression), nach innen (Scham, Entsetzen, Neid) oder nach außen (Wut, Schuldzuweisungen, Freude, Anbetung). Einige der Empfindungen, die mit den Emotionen einhergehen, sind wild und dehnen sich aus (Wut), andere ziehen eher nach unten (Trauer), wärmen und glühen innerlich (Liebe), verengen und verkrampfen sich (Furcht), zittern und sind ruhelos (Angst) oder sprudeln über (Freude).

Darüber hinaus kann jede Emotion von einem Bild begleitet werden. Es ist überaus hilfreich, wenn man diesen Energien eine kreative Form verleiht, besonders den unbequemeren. Das Bild selbst ist ein Vehikel, das Ihnen eine kreative Möglichkeit verleiht, mit der Emotion umzugehen, ohne sich allzu sehr mit ihr zu »identifizieren« oder von ihr besessen zu werden. Deshalb empfehlen wir Ihnen, sich zu überlegen, welcher Ihrer inneren Charaktere dieses Gefühl ausdrückt. Dann können Sie die Methoden anwenden, die wir hier vorstellen, um das Geschenk der Energie anzunehmen.

Wenn Sie emotional stagnieren, brauchen Sie vielleicht Hilfe, um wieder in den Fluss zurückzukehren. Die wirksamsten Heilmethoden gehen von dieser Weisheit aus und führen Sie immer zu Ihrer eigenen machtvollen Teilnahme zurück, anstatt die Abhängigkeit weiter zu fördern. Nehmen Sie auf jeden Fall eine Beratung oder Therapie in Anspruch, wenn die Emotionen zu überwältigend oder unkontrollierbar scheinen.

Die inneren Charaktere

Durch die »Forschungsreisen« konnten Sie einige Ihrer inneren Figuren identifizieren. Bei Ihrer Meditation werden Sie häufig von einer von ihnen Besuch bekommen. Irgendeine schleicht sich aus den Kulissen heraus, zeigt sich mitten auf der Bühne und verlangt, beachtet zu werden. Und jede Figur bringt stets ein Geschenk mit.

Da Ihre Innenwelt in Symbolen, in Bildern und Metaphern spricht, müssen Sie sich von den Beschränkungen der buchstäblichen Realität befreien. Ihre inneren Charaktere können Dinge sagen oder tun, die körperlich unmöglich oder moralisch nicht ganz einwandfrei sind. Darauf kommt es nicht an; wichtig ist nur die Qualität dieser Energie, die hier nach Anerkennung verlangt. Was Sie mit diesen Informationen anstellen – wie Sie sie in Ihren Beziehungen zum Ausdruck bringen –, kommt später. Im Moment lassen Sie Ihrer Vorstellungskraft einfach freien Lauf.

Begrüßen Sie die Figur auf der Bühne. Was für ein Gesicht sehen Sie? Was für eine Stimme hören Sie und was sagt diese Stimme? Wie ist die Figur gekleidet? Was macht sie und wie bewegt sie sich? Welche Energie verkörpert dieser Charakter?

Manchmal taucht die Figur nur als Gefühl auf, ohne Gesicht oder Bild, aber Sie können dennoch den Empfindungen nachspüren. Wie gestaltet sich die Qualität der Energie und was will sie? Möchte sie, dass Sie sich verstecken, oder will Sie, dass Sie sich losreißen? Verlangt sie viel Raum oder möchte sie es lieber eng und gemütlich? Will sie in Ihrem Körper herumsurren und zischen oder möchte sie Ihre Nerven beruhigen? Versucht die Energie, Sie zu mobilisieren oder jede Aktion zu vermeiden? Will sie, dass Sie unsinnige Silben flüstern, lauthals singen oder eine lange, traurige Geschichte erfinden? Ist Ihnen danach, zu weinen, zu lachen, zu feixen, zu spucken, zu gurren, zu reden, zu keuchen, zu stöhnen oder zu toben? Wollen Sie Energie aus Ihrem Körper hinausschicken oder hineinziehen?

Ob Sie nun mit einem bestimmten Bild arbeiten oder nicht, hier folgen einige Vorschläge, wie Sie Ihre inneren Figuren erforschen und ihnen Gestalt geben können:

Suchen Sie die Geste. Machen Sie sich auf die Suche nach einer Bewegung oder Geste, die sich befriedigend anfühlt – wie immer diese aussehen mag. Das innere Bild weist Ihnen vielleicht den Weg zu einer bestimmten Bewegung, Sie können aber auch experimentieren und Ihren Körper spontan eine passende Bewegung finden lassen. Vielleicht stellen Sie fest, dass er Sie zu einem kleinen Ball zusammenrollt oder dass Sie wie verrückt in die Luft stechen. Ihre Hände kann es automatisch zu Ihrem Herzen ziehen oder sie strecken sich in einer sehnsuchtsvollen und leidenschaftlichen Bewegung aus. Möglicherweise ist Ihnen danach, wegzurennen, auf und ab zu springen, wie Espenlaub zu zittern oder still zu stehen wie ein Berg. Wenn Sie die Bewegung oder die Abfolge von Bewegungen gefunden haben, wird Ihnen auf anschauliche Weise klar, worum es bei dieser Energie geht.

Wiederholen Sie die Geste immer wieder, und lassen Sie alle Veränderungen zu. Auf welche Weise strömt Ihr Atem mit der Bewegung? Will sich ein Geräusch bilden? Geben Sie sich der Energie hin, bis sie sich völlig befriedigt anfühlt. Machen Sie dann eine Pause, und spüren Sie den inneren Empfindungen noch tiefer nach. Das kann Sie wieder in die Meditation führen oder dazu, über Ihre Erfahrung zu schreiben.

Dialog. Bevor oder nachdem Sie sich mit der Energie bewegen, können Sie sich mit der Figur unterhalten. Ihr Ego-Selbst kann Fragen stellen und sich die Antworten anhören. Eine mögliche Vorgehensweise für eine solche Konversation besteht darin, dass Sie sie in Ihrem Tagebuch notieren. Sie können mit der Frage »Was willst du?« anfangen und Ihren Stift einfach über das Papier gleiten lassen. Wenn die Antwort bewegend, merkwürdig oder schockierend ist, dann ist das ein ziemlich guter Hinweis darauf, dass Sie auf eine verborgene Wahrheit gestoßen sind.

Spontanes Schreiben. Laden Sie ein Wort, das auf die Energie der Figur hinweist, zur Meditation oder direkt nach der Bewegung dazu ein, in Ihr Bewusstsein zu treten. Das Wort kann sofort auftauchen, vielleicht müssen Sie aber auch warten, bis es zu Ihnen treibt. Es kann jedes beliebige Wort sein, und es kann durchaus überraschend oder merkwürdig sein. Schlagen Sie dann Ihr Tagebuch auf und schreiben Sie dieses Wort auf eine Seite. Lassen Sie die Assoziationen kommen und dann durch den Stift fließen. Wenn Sie mit der Energie getanzt haben, so befindet sich dieser Tanz immer noch in Ihrem Körper, und die Qualität der Bewegung kann auf das Papier gluckern, sich ergießen oder strömen. Versuchen Sie nicht, logisch oder sinnvoll zu sein oder komplette Sätze zu konstruieren. Das ist jetzt die Zeit, um die rationalen Konstrukte aufzubrechen und so unsinnig wie möglich zu sein, damit die Wahrheit Ihrer Psyche durch die Risse dringen kann. Schreiben Sie alles auf, was Ihnen in den Sinn kommt. Wenn Sie feststecken, wiederholen Sie die Worte, die Sie gerade geschrieben haben, so lange, bis sie sich schließlich verändern und zu etwas Neuem werden.

Hören Sie nach ungefähr fünf Minuten auf zu schreiben und lesen Sie, was Sie aufgeschrieben haben. Wenn Sie noch Zeit haben, können Sie darüber meditieren oder sich wieder mit diesen Eindrücken bewegen.

Bezeugen. Manchmal wollen diese Charaktere auch von anderen Menschen beobachtet werden. Es ist sehr befreiend, wenn ein anderer Mensch aufmerksam und bewusst dabei ist, während Sie eintreten und sich im Ausdruck verlieren. Eine vertrauensvolle Freundin oder Gruppe, ein Therapeut oder eine Klasse können ein herrlicher Kontext sein, in dem man die Energie aus der Isolation herausführt und in die Kommunikation einbringt.

Meditationen

Das Pendel

Diese Meditation erleichtert den Fluss zwischen den Gegensätzen (siehe auch den Abschnitt *Der Fluss der Gegensätze* in diesem Kapitel). Sie können sich auch zwischen zwei inneren Aspekten Ihrer

Persönlichkeit entscheiden, die miteinander im Clinch zu liegen scheinen.

Geben Sie sich zuerst ganz dem einen Ende des Pendelschlags, einem der Gegensätze hin, dann völlig dem anderen Ende. Überlassen Sie sich der Intensität der vollen Bandbreite des Ausdrucks. Werden Sie zu jeder Eigenschaft, und das ohne Vorbehalte – keine postmoderne Ironie, keine Abschwächung.

Seien Sie beispielsweise fünf Minuten lang eine tyrannische Chefin, die sich so lange in ein Projekt verbeißt, bis es erledigt ist, und dabei jeden bis zur Erschöpfung antreibt. Treten Sie dann weitere fünf Minuten in das Gefühl ein: *Ich schmeiße alles hin, es ist mir egal.*

Der Schlüssel besteht darin, umfassend in dem Gefühl zu ruhen; begeben Sie sich ganz und gar hinein, ohne etwas zurückzuhalten. Zurückhaltung wirft uns aus dem Gleichgewicht und hält das Leben und den Körper davon ab, zwischen den Gegensätzen zu fließen. Im echten Leben kann es unangemessen sein, die ganze Intensität zum Ausdruck zu bringen, aber in der Meditation geht das ohne weiteres.

Richten Sie Ihre Aufmerksamkeit ein paar Mal abwechselnd zwischen den beiden Ausdrucksformen hin und her. Machen Sie sich dabei bewusst, dass Sie die verschiedenen Aspekte Ihres Lebens miteinander verweben. Betrachten Sie das als Ihr inneres Yoga.

Der Jazz-Atem

Diese Atemübung ist sehr belebend und lustig. Führen Sie sie nach Ihrer Sitzmeditation oder während Ihrer Bewegung durch.

Richten Sie Ihre Aufmerksamkeit auf Ihren Atem und konzentrieren Sie sich auf das Ausatmen. Öffnen Sie den Mund und lauschen Sie dem flüsternden Geräusch beim Austreten des Atems. In diesem Fall streben wir ausschließlich ein Atmungsgeräusch an, die Stimmbänder kommen nicht zum Einsatz. Erforschen Sie die unterschiedlichen Atemgeräusche: *shhhh, huuuu, ssssss, tschahh.* Erinnert sich noch jemand an Jimmy Durante? Er war für sein »Ha cha cha!« berühmt.

Richten Sie Ihr Interesse jetzt auf den Rhythmus der Ausatmung, und fangen Sie an, mit dem Atemgeräusch zu spielen wie mit Ihrem ureigensten, sich ständig wiederholenden Jazzmotiv. Sie können das sogar zu Trommelmusik machen und den Rhythmus passend zu den Trommeln verändern, als ob Sie zur Band gehörten. Wenn Sie sich auf diesen Gefühlsausdruck einlassen, können Sie dabei auf eine zwingende Energie oder einen inneren Charakterzug treffen. Sollte dem so sein, lassen Sie sich darauf ein – und lassen Sie der Energie freien Lauf. Dieser Atem kann auf ganz natürliche Weise zu Bewegung führen, und Sie können diese Rhythmen auch tanzen. Legen Sie ruhig los!

Indem Sie auf diese Weise ausdrucksvoll atmen, befreien Sie die Energie Ihres Solarplexus. Während Zwerchfell und Lungen die Lebenskraft durch Ihren Körper pumpen, sind alle Muskeln in Bauch und Brust daran beteiligt und werden gelockert. Das ist für alle inneren Organe sehr reinigend und energievoll. Der Solarplexus wird im Allgemeinen mit der persönlichen Macht in Verbindung gebracht, aber auch mit der Fähigkeit, Informationen aus der Umwelt aufzunehmen. Sie müssen Ihren Bauch nicht zwingen oder verengen. Hyperventilieren Sie nicht; atmen Sie einfach auf freie und spielerische Weise.

Nach ein paar Minuten lassen Sie das absichtliche Atmen abklingen. Erlauben Sie dem Atem, alles zu sein, was er sein will, und achten Sie einfach auf die Nachwirkungen. Sie fühlen sich möglicherweise wacher. Ihre Haut kribbelt oder ein Gefühl der Vitalenergie strömt durch Ihren ganzen Körper. Es ist gut, ein paar Runden aus Atem und Stille durchzuführen. Sobald Sie sich bereit fühlen, fangen Sie erneut an. Jedes Mal werden Sie Neues entdecken.

Aufbauübungen

Hinter der Maske

Jede von uns hat eine Persona, die sie der Welt zeigt, eine vertraute und sichere Identität, die wir andere sehen lassen. Das Wort *Persona* stammt aus dem antiken Theater und bezeichnet die Masken, die die Schauspieler trugen, um die verschiedenen Charaktere darzustellen. Hinter der Persona beziehungsweise der Maske, die Sie für gewöhnlich tragen, steckt ein komplexes menschliches Wesen mit vielen inneren Teilaspekten. In meinen »Moving Theater«-Workshops sage ich immer: »Die Identität wird überschätzt.« Damit meine ich, dass Menschen, die davon sprechen, »sich selbst zu finden«, das Selbst für ein Ding, für eine feste Identität halten und darunter kein reiches Spektrum an Bewegung zwischen vielen, sich ständig verändernden Teilaspekten verstehen. Diese Übung bringt Bewegung in Ihre Maske, um einige der anderen Persönlichkeitsaspekte hervorzurufen.

Sie können diese Übung vor Ihrer Meditation durchführen, um sich selbst freizumachen, oder zusammen mit den Übungen »Jazz-Atem« beziehungsweise »Was für ein Charakter!«. Nehmen Sie sich einige Minuten in einer bequemen Haltung Zeit, um Ihr Bewusstsein auf Ihr Gesicht zu lenken. Verändern Sie noch nichts; beobachten Sie einfach. Achten Sie auf die Empfindungen und Ausdrücke von Mund, Augen und Augenbrauen. Wie fest pressen sich Lippen und Kiefer aufeinander? Was geschieht mit Ihrer Zunge? Gibt es Anspannung in den Muskeln um Augen und Stirn? Wie sehen die Empfindungen um Augen und Stirn aus? Welche Empfindungen haben Sie in Nase und Wangen? Wenn Sie sich jetzt in einem Spiegel sehen könnten, was für ein Gefühl würden Sie sehen?

Richten Sie nun Ihre Aufmerksamkeit auf die Innenseite des Mundes. Verändern Sie ganz sanft und vorsichtig die Form Ihres Mundes: Öffnen Sie die Zähne, schürzen Sie leicht die Lippen, bewegen Sie die Zunge. Wackeln Sie dann ein wenig mit den Augenbrauen, und lassen Sie Ihre Augen einen bestimmten Ausdruck annehmen. Spüren Sie die Bewegungen in Wangen und Nasenlöchern.

Achten Sie darauf, wie jede neue Bewegung einen bestimmten Ausdruck hervorruft. Fangen Sie an, mit diesen Ausdrücken zu spielen. Lächeln Sie, schneiden Sie eine Grimasse, schmollen Sie, strecken Sie die Zunge heraus, runzeln Sie die Stirn, öffnen Sie weit den Mund. Wahrscheinlich werden Sie feststellen, dass Ihr Atemrhythmus sich verändert, während Sie mit Ihrem Gesicht spielen, darum lassen Sie auch den Atem einen Ausdruck annehmen. Produzieren Sie Geräusche. Die Bewegung kann sehr dramatisch werden, wie bei balinesischen Masken, aber das muss nicht so sein. Im Gegenteil, die kleinsten Nuancen können Sie zu den tiefsten Gefühlen und größten Feinheiten des Charakters führen. Machen Sie langsamer, und beobachten Sie, wie minimal die Bewegung sein kann.

Legen Sie nach mehreren Minuten eine Pause ein, und spüren Sie Ihren Gefühlen nach. Beobachten Sie die Empfindungen in Ihrem Gesicht, das Kribbeln und die Lebendigkeit der Haut, die Wachsamkeit in den Augen. Wenn Emotionen oder Assoziationen aufgerührt wurden, lassen Sie sie durch sich hindurchströmen. Nehmen Sie sie mit in die Meditation, oder schreiben Sie sie in Ihr Tagebuch. Begrüßen Sie die Gefühle und Bilder aus Ihrem inneren Theater.

Was für ein Charakter!

Manchmal zeigt sich ein innerer Charakter, kaum dass Sie die Augen geschlossen und sich auf Ihre Innenwelt eingestimmt haben. Wie schon im Fertigkeitskreis beschrieben, können Sie mit seiner Energie meditieren. Jeder Charakter ist eine facettenreiche Erfahrung; lassen Sie sich auf alle Eindrücke ein, die sich Ihnen zeigen — eine Emotion, eine körperliche Wahrnehmung, ein visuelles Bild, eine Sehnsucht oder ein Verlangen. Vielleicht verkündet der Charakter seine Präsenz mit den Worten »Halte mich fest!« oder »Bring mich hier weg!« oder »Ist mir alles egal!«. Seien Sie neugierig, hören Sie zu und erforschen Sie.

Manchmal möchten Sie einen bestimmten Charakter in Ihre Meditation einladen. Rufen Sie all Ihre »Alter Ego«-Aspekte, um Zugang zu deren Energie zu gewinnen: die Kriegerin, die Weise Alte, die Wilde Frau oder das Biest. Jeder der Charaktere, mit denen Sie sich im Abschnitt »Forschungsreisen« identifiziert haben, kann hier ins Spiel kommen.

Nehmen Sie sich reichlich Zeit, wenn Sie bei Ihrer Sitzmeditation die sensorischen Einzelheiten erforschen, und lassen Sie die Energie durch Ihren Körper strömen.

Darüber hinaus können Sie Ihren inneren Charakter auch durch den Tanz ausdrücken. Jeder Aspekt Ihrer Psyche besitzt eine ausgeprägte Energie und somit einen anderen Körper und eine andere Art der Bewegung. Stimmen Sie sich auf die Eigenschaften und Emotionen ein, die der Aspekt ausdrückt. Wie sieht sein Tanz aus? Schließen Sie sich dieser Bewegung an. Welche Musik passt zu dem Gefühl? Legen Sie ein Musikstück auf, das zu der Qualität dieses Aspekts passt, atmen Sie mit dem Gefühl und machen Sie Ihren Körper zu dem Körper der Emotion beziehungsweise des Charakters.

Experimentieren Sie, indem Sie zwischen Tanz und Meditation abwechseln. Beide verstärken sich gegenseitig, darum nehmen Sie sich viel Zeit, um beide zu erforschen.

Bla-bla-bla – Sie dürfen Widerworte geben

Es gibt viele Möglichkeiten, mit den inneren Stimmen in Kontakt zu treten. Versuchen Sie es mit der folgenden, wenn Sie Respektlosigkeit praktizieren wollen. Wenn es in Ihrem Kopf sehr laut zugeht, identifizieren Sie einige dieser Stimmen und fangen Sie an, mit ihnen zu reden. Sie können ihnen wie ein Regisseur Anweisungen erteilen: »Also gut, du da drüben, du großes Ungeheuer, du gehst jetzt in die Ecke und stützt die Wand ab. Vielen Dank auch.« Oder wenn Sie in der Stimmung sind, Ihre tyrannische Seite auszuleben, dann trainieren Sie sie, als wären Sie ein anspruchsvoller Trainer, ein

Ausbilder beim Militär oder eine andere Art von Einpeitscher. Wenn Sie für diese Charaktere Vorbilder suchen, dann leihen Sie sich ein Video aus, in dem ein Trainer oder Ausbilder vorkommt, beispielsweise *Die Akte Jane, An jedem verdammten Sonntag* oder *Ein Offizier und Gentleman.*

Wenn beispielsweise eine kritische Stimme in Ihnen sagt »Du strengst dich nicht genug an, deine Arbeit ist unzulänglich«, dann können Sie erwidern »Das nennst du kritisch? Ha! Du bist armselig. Du solltest mehr Schwung in deine Kritik legen! Mach mich fertig! Ach, das kannst du wohl nicht, wie? Du bist gar nicht so hart!« Wenn es eine ängstliche Stimme ist, die Ihnen sagt, die Welt sei Furcht einflößend (»Pass auf, wenn du die Straße hinuntergehst«, »Geh keine Risiken ein«), dann antworten Sie: »Davor soll ich Angst haben? Was ist mit dem Ende des Universums? Oder was ist, wenn ein Meteor auf die Erde knallt? Was ist nur mit dir los? Hast du keine Fantasie? Du würdest einen jämmerlichen Horror-Drehbuchautor abgeben! Warum verkriechst du dich nicht einfach und vergräbst deinen Kopf vor Scham?«

Geben Sie mindestens zwei der Stimmen, die Sie gefunden haben, Widerworte. Wenn eine Stimme schweigt, können Sie sie damit aufziehen, dass sie stumm bleibt: »Was? Hast du heute nichts zu sagen? Hast du etwa deine Zunge verschluckt?«

Diese Übung ist eine Möglichkeit, Ihre Schatteneigenschaften anzuerkennen. Achten Sie darauf, wie es sich anfühlt, wenn man den tyrannischen Stimmen Widerworte gibt. Stehlen Sie deren Kraft, indem Sie Ihre eigene zugeben und sich zu Nutze machen.

Reflexionen

- Welche Energien sind Ihnen am vertrautesten? Welche können Sie am schwersten akzeptieren? Früher oder später werden Sie sich mit einer ganzen Tonleiter an inneren Klangcharakteren anfreunden müssen. Sobald Sie dazu bereit sind, nähern Sie sich ihnen, reden Sie mit ihnen oder lassen Sie sie auf sich zukommen. Häufig haben uns die merkwürdigsten Energien die wichtigsten Dinge beizubringen.

- Spüren Sie, dass in Ihrem Leben etwas fehlt? Welcher innere Charakter ruft Sie? Spricht er mit einem Flüstern, mit Weinen, Kichern oder Brüllen? Um welchen Bereich Ihres Lebens macht er sich Sorgen? Wie können Sie seine Weisheit ehren oder sein Verlangen befriedigen?

- Zu welcher Ausdrucksform können Sie Ja sagen? Welche Tabus können Sie hinterfragen?

- Wenn Sie Ihre Komplexität respektieren, wird die Einfachheit ihres Kerns ans Licht kommen. Die Stimmen werden verstummen, weil Sie ihnen allen zugehört haben. Sie werden nicht aufgrund von Unterdrückung leiser, sondern weil sie wissen, dass man sie gehört hat.

- Lernen Sie, sensibel auf den Ruf eines inneren Charakters zu hören. Lassen Sie sich von seinem Geist durchströmen und durchdringen. Ermöglichen Sie ihm auf irgendeine Weise, sich auszudrücken. Setzen Sie Tanz, Malerei oder intuitives Schreiben ein, um diese Energie zu befreien. Meditieren Sie anschließend, um die Energie zu zentrieren und sie für Ihr Leben in Anspruch zu nehmen.

- Bringen Sie in Ihre Beziehungen mehr Ausdruck. Lorin und ich improvisieren beispielsweise häufig im Haus. Wenn in einem von uns irgendeine innere Stimme auftaucht, lassen wir sie mit »Zitaten« zu Wort kommen. Was hatten wir schon für herrliche Sticheleien. Diese Improvisation hilft uns, kleinere Gereiztheiten aufzulösen, die manchmal zwischen uns entstehen. Ist doch ganz geschickt, oder nicht?

9. Geheimnis
Ruhen Sie in der Einfachheit

Alles ist so kompliziert. Entscheidungen müssen
getroffen werden, Probleme gelöst.
Eine Million Gedanken, tausend unterschiedliche Gefühle ...
Mir entgleitet alles! Na gut, ich gebe es zu – es
wird mir alles zu viel.
Für gewöhnlich habe ich ja alles unter Kontrolle,
lasse Dinge geschehen.
Warum gelingt mir das jetzt nicht? Vielleicht
wenn ich mich mehr anstrenge ...
Puh, ich glaube, ich muss mich hinlegen.

Nur ein paar Minuten, dann schwinge ich mich
wieder aufs Pferd.
Auf den Boden, mit dem Bauch nach unten. Ja,
schon besser.
Der große Bauch der Erde soll mich eine Weile
halten.
Aber ... wer bin ich, wenn ich nicht die bin, die
alles organisiert?
Wer hält die unzähligen Fäden in der Hand und
zieht sie gerade?
Werde ich mich einfach auflösen, wie die böse
Hexe des Westens?

Tja, vermutlich kann ich es mir schon erlauben,
    einfach mal loszulassen ... für ... äh ... fünf
    oder zehn Minuten ...

Atmen ... ja, einfach atmen. *(Tief einatmen.)*
Sich um alle anderen zu kümmern kann einen
    echt auslaugen.
Vielleicht sollte sich mal jemand um mich küm-
    mern. Weißt du, was toll wäre?
Wenn sich jemand Schweres auf mich legen
    würde, mich nach unten presst, mich beruhigt.
Oder ich könnte mich vollkommen von der Erde
    umfassen lassen ...
Das ist es. Ich stelle mir vor, ich sei ein Teil des
    Bodens,
ich sinke einfach hinein – fest, schwer,
    langsam ... *(Tief ausatmen.)*

Hoppla, wo bin ich? Das waren doch jetzt mehr
    als zehn Minuten!
Mal sehen, ob ich mich überhaupt bewegen
    kann. Meine Knochen sind so entspannt ...
Ja, da sind meine Finger, meine Zehen.
Da ist mein Atem – immer noch vorhanden, er
    kümmert sich prima um sich selbst.

Was ist, wenn ich versuche, die Augen zu öffnen?
    Umdrehen, sich umschauen ... Vorsicht,
    schön langsam ...
Hmm, eine völlig neue Welt. Alles sieht so frisch
    aus ...
In mir ist auch eine neue Welt. Irgendwie ... wie
    neu geboren. Verbunden, gehalten, sicher.

Jetzt werde ich mich wieder auf den Stuhl
    setzen … einfach ein oder zwei Minuten
    sitzen …
Ah, jetzt verstehe ich. All diese Dinge werden
    sich von selbst lösen, alles zu seiner Zeit …
Ja, alles zu seiner Zeit …

Gelassenheit

Manchmal *sehnen* wir uns nach Einfachheit. Wir wollen uns aus
den Anforderungen unseres Lebens ausklinken, von allem,
was unsere Aufmerksamkeit beansprucht. In solchen Zeiten kann
die Meditation wie ein frischer Lufthauch wirken.

Wir alle hatten schon einmal den Wunsch, von etwas gehalten zu
werden, das größer ist als wir selbst. Wir wollten, dass sich jemand
um uns kümmert, wir wollten das Kind in den Armen der Mutter
sein, von der Energie des Vaters beschützt. Manchmal möchten wir
uns einfach nur unterwerfen, alles loslassen, was sich nach »ich« anfühlt und mit etwas Kosmischem oder Universellen verschmelzen.
Die Welt ist uns zu viel, und wir wollen uns leeren. Wenn uns die
Umstände auf die Knie zwingen, gibt es manchmal keine Alternative, als sich fallen zu lassen.

Die Erfahrung der Hingabe an die Einfachheit, zu akzeptieren,
dass wir unkompliziert sind, ist ein wahrer Segen! Es ist eine tief
greifende Freisetzung. Einfach zu *sein* kann sich nach Stille, Leere
und Raum anfühlen. Es kann sich intim anfühlen oder auch einsam.
Viele Menschen fürchten sich vor der Leere. Wenn wir uns einfach
sein lassen, reißen wir die Mauern unserer üblichen Verteidigungs-
mechanismen ein. Wir lassen die Anstrengung los, den Druck, etwas
leisten zu müssen, die Art und Weise, wie wir Kontrolle ausüben.

Unsere Grenzen lockern sich, die alten Masken fallen ab. An diese andere Art von Selbst muss man sich erst einmal gewöhnen. Vielleicht fühlen Sie sich schutzlos, hautlos, jung – oder so, als ob Ihr Gehirn zu Brei geworden wäre. Aber wenn Sie lernen, sich in die Leere zu entspannen, gibt es eine Erlaubnis, eine greifbare Geräumigkeit (ah, Raum zum Atmen!), die zutiefst erholsam ist. Lernen Sie, diese fremde und doch vertraute Eigenschaft zu begrüßen. Sie birgt einen Hinweis auf Ihre Gelassenheit.

Zuhören und Abwarten

Einfachheit ist die Kunst des Zuhörens und Abwartens. Hier, in der so genannten modernen Welt, sind Zeit und Aufmerksamkeit randvoll mit Aktivitäten. Wir müssen vielleicht eine ganze Weile meditieren, bis wir uns genug entfaltet haben, um zuhören zu können. Wenn Sie geduldig warten und zuhören, wird Ihre Seele zu guter Letzt singen.

Im Laufe unseres Lebens entwickelt jede von uns Wege, um den Schmerz und den Druck des Lebens abzuwehren. Wir bilden eine Art schützende Hülle, die uns hilft, schwere Zeiten durchzustehen. Aber häufig bleibt diese Hülle noch lange, nachdem sie nicht mehr gebraucht wird, bei uns und dient nur noch dazu, uns vom Leben abzuschneiden. Diese »Hülle« besteht in Wirklichkeit aus mentalen, körperlichen und emotionalen Gewohnheiten, die Erfahrung ausblenden, und dieses Muster der Verleugnung brennt sich in das Nervensystem ein. Hinter diesem Schutzschild befindet sich unser authentisches Selbst, das Selbst, das wir sind, wenn wir uns wahrhaft entspannen.

Wir Menschen sind überaus erfindungsreich, wenn es darum geht, uns Entspannung zu verschaffen. Wir entspannen uns durch Sex, Sport, Kino, Fernsehen, Bücher, Alkohol und Drogen – um nur ein paar zu nennen. Das Bedürfnis loszulassen ist so real und so groß, dass einige dieser Methoden exzessiv eingesetzt werden, was häufig unsere Gesundheit schädigt. Wenn wir uns ausschließlich auf diese äußeren Verhaltensweisen verlassen, kann sich das zu Grunde liegende innere Muster niemals verändern.

Die Meditation ist eine Möglichkeit, sich auf sichere und bewusste Weise zu entfalten. Der Vorteil der Meditation – insbesondere der Meditation, die wir vorschlagen – liegt darin, dass die Entspannung sehr tief im Nervensystem ansetzt, auf einer Ebene, wo echte Veränderung auftritt.

Wenn wir die Person loslassen, die wir zu sein glauben, ist das eine herrliche Sache – es ist aber auch Ehrfurcht gebietend und Furcht einflößend. Manchmal kommt Trauer hoch, wenn wir loslassen. Vielleicht wird Ihnen klar, wie sehr und wie lange Sie sich schon festgeklammert haben. Lassen Sie den Tränen freien Lauf; Ihr Herz öffnet sich dadurch dem Leben. Lernen Sie, die Auflösung alter Muster zu tolerieren; beobachten Sie Ihre Überzeugungen, Ihre Ängste und Ihre Enttäuschungen, die sich auf der Spindel des Bewusstseins drehen. Hören Sie zu, und warten Sie ab, lachen und weinen Sie. Letztlich werden Sie aus einem tieferen, echteren Zustand wieder neu zusammengefügt.

Die schlichte Natur

In der Einfachheit wird die Aufmerksamkeit von all der Anstrengung, etwas zu tun und jemand zu sein, befreit. Wir sind präsenter und offener, um die Eindrücke der Farben, Geräusche und Bewegungen des Lebens, das uns umgibt, zu empfangen. Wenn wir uns einfach dem *Sein* hingeben, werden unsere Herzen geschmeidiger, offener, und selbst kleine Freundlichkeiten von anderen berühren uns im Innersten.

Der Zustand der Einfachheit ruft Dankbarkeit hervor – für die simple Tatsache, am Leben zu sein, für die kleinsten Freuden, die uns begegnen. Wir fühlen uns unschuldig; wir gehören dazu. Die Meditation lässt Sie das einfache Gefühl wertschätzen, Teil der Natur zu sein; Ihre Sinne sind Natur, die sich selbst erkennt. Nach der Meditation werden die sensorischen Erfahrungen lebendiger und das Alltägliche bekommt viel mehr Unmittelbarkeit. Die Berührung durch Licht, der Geschmack von Wasser, selbst der Gang durch das Zimmer – alles kann wie ein Wunder erscheinen. Die Gelassenheit der Einfachheit erklärt, warum Sie, wenn Sie in Herz und Kopf eines Mönches sehen könnten, der auf einem Waldpfad wandelt – und nichts besitzt und nichts erwartet, und gleichzeitig in Herz und Kopf eines einsamen Milliardärs in seinem Penthouse, den Milliardär bemitleiden würden.

Unsere Freundin Georgianne, Mutter einer fünfjährigen Tochter namens Serina, erklärt, dass sich eine Mutter wie selbstverständlich zu Einfachheitsmeditationen hingezogen fühlt, wenn sie kleine Kinder hat. Hunderte Male am Tag ist die Mutter gezwungen, sich zurückzunehmen, langsamer zu machen und aufmerksam zu sein. Wenn sie mit ihrem Kind spazieren geht, muss sie sich seiner Geschwindigkeit anpassen, muss stehen bleiben, um an einer Blume zu riechen oder einen Käfer auf einem Blatt zu beobachten. Alle zwei Sekunden gibt es etwas Neues, das beobachtet werden will. Eine Mutter muss ständig loslassen – nicht nur ihren festen Terminplan, sondern auch die tiefste Bewegung ihres Herzens. Das mütterliche Band ist ein mächtiger, urtümlicher Instinkt. Jedes Mal, wenn eine Mutter ihr Baby der Obhut einer anderen Person überlässt, spürt sie schmerzhaft die Sorge um die Sicherheit ihres Kindes; es ist, als ob an den Saiten dieses Bandes gezogen würde. Jeder Tag ist ein kleiner Tod und eine Herausforderung, voller Vertrauen zu leben. Wenn die Mutter lernt, diesen Vorgang zu akzeptieren, und sich erlaubt, dadurch verändert zu werden, wird ihr Herz weicher und größer. Das zeigt erneut, wie uns Frauen das Bewusstsein für die Kostbarkeit des Lebens zu einer natürlichen Spiritualität führt, die nicht gemacht oder erzwungen werden muss.

Eine Art Lichtdurchlässigkeit begleitet die Einfachheit. Der Schleier zwischen dem Inneren und dem Äußeren wird durchsichtig, und die Hindernisse, die die Intimität mit der Welt verdunkelten, fallen weg. In dieser Durchlässigkeit kann uns göttliches Licht durchdringen – bis hinein in unsere Knochen. Unser inneres Strahlen funkelt: mühelos, ohne großen Plan und ohne Zurschaustellung. Wir *sind* einfach – ein Gefäß, das gleichzeitig voll und leer ist. Wir akzeptieren unsere Natur – närrisch und weise, in Fesseln und frei, vergänglich und ewig.

Beichte

In der Privatsphäre unserer Meditation können wir uns unseren tiefsten Geheimnissen stellen. Wenn uns Liebe und Akzeptanz durchdringen, werden die Teile in uns, die Liebe und Akzeptanz nicht kannten, schließlich berührt. Reue für frühere Taten, Bedauern über verpasste Gelegenheiten oder selbst tiefe Scham rücken in unsere Aufmerksamkeit, um gebeichtet und geheilt zu werden. Vielleicht brennen Sie vor Scham oder weinen sich vor Trauer die Eingeweide heraus, aber was ist das für ein großartiger Ort, um sich reinigen und läutern zu lassen!

1990 hatte ich kurz nach unserem Umzug nach Los Angeles eine Begegnung mit meinen eigenen Kontrollmechanismen. Nach 14 Jahren in Santa Fe drängte es mich, verkrustete Identitäten aufzubrechen und mich neuem Blut, neuem Leben und größerer Zirkulation zu öffnen. Als ich in der Stadt der Engel ankam, rief ich: »Mögen die Engel der Veränderung sich meiner annehmen!« Tja, das haben sie wirklich getan. In dem geschäftigen Treiben und der Unvorhersehbarkeit des Lebens in Los Angeles funktionierten die Dinge nicht ganz so, wie ich es gehofft hatte, und mich quälten Enttäuschung und Zweifel. Aber eines wusste ich: Wenn man den Fluss schon nicht überqueren kann, dann kann man sich wenigstens von seinen Wellen tragen lassen. Ich konnte nichts anderes tun, als mich treiben zu lassen.

In der Meditation trat mein »falsches Selbst« in Technicolor zu Tage. Mentale Gewohnheiten des »Leistungsdenkens« und des Anpeitschens zeigten sich und lösten sich auf, als ich sie losließ. Eine verdeckte Vorgehensweise wurde offengelegt: eine Scham, die immer noch gnadenlos war, obwohl ich verdammt viel an mir gearbeitet hatte: Scham über imaginäres Versagen, Scham über ernste Mängel, eine Scham, die sich nicht anders beschreiben lässt als die Hölle. Eine Freundin fragte mich: »Welche Gestalt hat deine Scham?« Sofort wurde es mir klar: ein zurückgebliebenes Mädchen, von schlichtem Gemüt und mit einem Speicheltropfen im Mundwinkel.

Nachdem ich aus meinem inneren Theater einen Beruf gemacht hatte, faszinierte mich natürlich dieser neue Charakter. Als ich mit diesem Bild meditierte, fing es an, mich zu durchdringen, und mein Gefühl wechselte bald von Demütigung zu Erleichterung. Ich ließ mein Gesicht zu ihrem Gesicht werden, ließ meine Augen und meinen Mund völlig hängen. Ich ließ meinen Körper schwammig und formlos werden wie den ihren, Muskeln und Fett hingen schlaff von meinen Knochen. Selbst mein Gehirn fühlte sich schlaff an. Wenn mir Spucke über das Kinn tropfte, na und? Wenn ich niemals wieder irgendetwas erreichen würde, was soll's? Ich stöhnte und seufzte, kicherte und weinte, während sich mein Nervensystem entfaltete. Mein ganzes Wesen entspannte und öffnete sich und ich wurde neu zusammengesetzt.

Der Zufall – oder eine andere Instanz dieser merkwürdigen Verschwörung zwischen der inneren und der äußeren Welt – wollte es, dass mir das Leben ein Geschenk machte. Lorin und ich besuchten eine Vormittagsvorstellung im Kino, kurz nachdem wir uns nach einer schmerzlichen Trennung wieder neu vereint hatten. Als das Licht anging, sah ich, dass in der Reihe hinter uns lauter Kinder mit Downsyndrom saßen. Sie waren so glücklich, so selbstvergessen und voller Zuneigung. Sie hörten nie auf, einander zu berühren, Händchen zu halten und sich spielerisch zu stupsen, während sie den Gang hinuntergingen. Hier war mein Bild der Offenheit dem Leben gegenüber: schlichtes Gemüt, offenes Herz, Unmittelbarkeit und Freude. Natürlich brach ich in Tränen aus.

Mir wurde klar, dass ich mich immer furchtbar hart bemüht hatte und darüber der einfache Zustand zu meinem Schatten wurde. Ich hatte meine Einfachheit ausgeblendet, weil sie mir mangelhaft erschien, aber in Wirklichkeit ist sie die Fähigkeit, auszuruhen und zu genießen. Diese Begegnung und mein schlichtes Mädchen bleiben stets in meinem Herzen, und wann immer ich meine schlichte Natur vergesse, ist das Mädchen da, um mich mit seinem fröhlichen Lächeln daran zu erinnern. Durch sie (das gebe ich zu) wurde ich wahrhaft verändert.

Ruhen Sie in den Elementen

Die Grundelemente der Natur weisen Eigenschaften auf, in denen Sie Ruhe finden. In einigen Systemen gibt es drei Grundelemente, in anderen sind es fünf. Wir wollen uns hier an das Viergespann aus Erde, Luft, Wasser und Feuer halten.

Jedes Element bietet eine besondere Heilung und Stärkung und verkörpert eine besondere Bewegung. Wenn Sie über ein Element meditieren, können Sie ganz in seine Atmosphäre eintauchen – sich von ihr halten lassen, darin aufgehen, davon genährt werden. Lassen Sie sich von dem Element in die Schlichtheit führen. Seine Eigenschaften können Sie so gründlich durchdringen, dass Sie sogar zu dem Element selbst zu werden scheinen. Es ist eine freudige Erleichterung, sich dem kleinen, getrennten Selbst hinzugeben und mit einem Aspekt des weisen, riesigen Körpers der natürlichen Welt zu verschmelzen.

Die *Erde* verkörpert Boden, Halt und Unterstützung. Erdenergie ist schwer und tief, wie ein Berg oder eine Höhle, oder langsam

wechselnd wie Sand. Sie können sich nach dieser Eigenschaft beispielsweise immer dann sehnen, wenn Sie allzu große Lasten tragen
müssen, in Panik geraten sind oder geistig unter Druck stehen. Eine meiner Lieblingsmeditationen besteht darin, mir vorzustellen,
dass ich von warmer, dunkler Erde umgeben bin, die mich hält; ich
bin unfähig, mich zu bewegen, zu sehen, zu hören oder zu sprechen.
Das Gefühl von Gewicht und Stille ist zutiefst entspannend und
beruhigend. Klingt das bizarr? Manche Menschen leben das buchstäblich aus, indem sie sich eine Stunde oder länger in Sand ein-
buddeln lassen (mit einem Strohhalm, durch den sie atmen), bis ihre Freunde sie wieder ausgraben. Sich der Erdenergie zu überlassen
hat auch etwas mit Vertrauen zu tun!

Die *Luft*, leicht und grenzenlos, bewegt sich frei. Die Berührung
durch die Luft kann zu einem erotischen Streicheln auf der Haut
werden wie bei einer tropischen Brise, oder zu einem kühlen Toni-
kum wie bei einem eisigen, heftigen Wind. Wenn eine große Last auf
Ihrem Herzen liegt oder Ihr Herz schwer vor Trauer ist, sehnen Sie
sich vielleicht nach Auflockerung durch den Wind. Stellen Sie sich
bei der Meditation vor, wie eine kräftige Brise durch Sie hindurch-
fegt und alles mit sich nimmt, was freigesetzt werden will, als ob Sie
auf einem Berggipfel oder am Meeresstrand säßen. Sie können auch
mit der Leichtigkeit oder mit Weite und der Freiheit der Luft meditieren – ein wunderbares Gegenmittel, wenn Ihre Alltagspflichten
Ihnen jede Freude rauben.

Das *Wasser* strömt und reinigt wie ein klarer Gebirgsbach, wie
ein Wasserfall oder eine Quelle. Es umschließt und trägt kraftvoll
wie ein Teich, ein See oder das Meer. Sie sehnen sich vielleicht nach
der Wasserenergie, wenn Sie unter rigider Kontrolle stehen, zu hart
angetrieben werden oder sich ausgetrocknet und isoliert fühlen. Die
Meditation mit der rauschenden Bewegung des Wassers kann Sie
erfrischen und revitalisieren. Oder stellen Sie sich vor, wie Sie zu einem großen Wasserreservoir werden, wie Sie sich davontragen lassen und in diese Kraft eintauchen. Wenn Sie mit der Wasserenergie

verschmelzen, werden Sie zu einem mühelos dahinströmenden Fluss und spüren die Verbundenheit, sowohl in sich selbst als auch mit Ihren Mitmenschen.

Feuer dehnt sich aus und verleiht Energie. Es bietet Wärme, Schutz und Licht und kann zart wie eine Kerze oder jubilierend wie ein Freudenfeuer brennen. Wenn Sie ganz im meditativen Feuer aufgehen, ähnelt das dem Eintritt ins Herz der Sonne oder in eine heilige Flamme, die Sie läuternd aufzehrt. Ruhen Sie in dem Feuer; lassen Sie sich vom Feuer umgeben und sich von ihm schützen. Lassen Sie sich von der Flamme verzehren und Ihren Geist und Ihr Herz durch das Feuer läutern und stärken.

Jedes Element besitzt eine Reinheit und Einfachheit, die zugleich Geschenk und Inspiration ist. Jedes ist eine Welt der Erfahrung, so heilig, dass eine ganze Religion darum aufgebaut werden könnte – und wahrscheinlich auch schon wurde. Welches Element trägt ein besonderes Geschenk für Sie in sich?

Forschungsreisen

* Wann ruhen Sie in sich selbst? In welchen Situationen können Sie einfach Sie selbst sein?
* Mit welchen Freunden oder Partnern fühlen Sie sich wohl, wenn Sie einfach nur Sie selbst sind?
* Erinnern Sie sich, wann Sie das letzte Mal so richtig geweint haben. Fühlen Sie sich danach nicht gereinigt und erfrischt? Ihr Herz war weich, und Sie konnten wieder lächeln oder sogar lachen. Vielleicht schien Ihnen die Welt neu, oder Sie waren wieder voller Liebe für Ihre Freunde. Nehmen Sie sich eine Minute Zeit, und schreiben Sie über einen solchen Vorfall.
* Welche natürliche Umgebung, die Sie mögen, ruft einen ruhevollen Zustand in Ihnen hervor?
* Erstellen Sie eine Liste aller Dinge, für die Sie dankbar sind.

Aufwärmübung: Einfache Bewusstheit in der Welt

Experimentieren Sie mit dieser Übung zu Hause, in einem Park oder in einem Restaurant. Oder spazieren Sie über das Flughafengelände – wo immer Sie wollen. Eine anonyme Umgebung kann Ihnen ein Gefühl der Freiheit vermitteln, aber Sie können diese Übung auch mit Menschen durchführen, die Sie kennen.

Nehmen Sie mit offenen Augen einfach die Welt in sich auf. Lassen Sie Ihre Aufmerksamkeit mit der Vielfalt der sinnlichen Eindrücke spielen, als ob Sie sie nie zuvor empfunden hätten – wie ein neugieriger Außerirdischer, der menschliche Form angenommen hat. Genießen Sie das Licht, die Farben, die Formen und die Bewegungen, die Sie sehen. Nehmen Sie alle Geräusche wahr und lassen Sie sie wie Musik in Ihre Ohren strömen. Achten Sie auf alle Gerüche, die Sie mit Ihrem Atem aufnehmen. Freuen Sie sich an dem Gefühl der eigenen Körperlichkeit, das Gefühl, in dieses reiche Feld des Lebens eingetaucht zu sein. Wenn andere Menschen zugegen sind, lassen Sie sie um sich herumgehen; beobachten Sie sie, und fühlen Sie sie einfach. Seien Sie präsent. Sie müssen sich nicht verpflichtet fühlen, auf irgendeine Weise zu reagieren. Wenn Sie das jedoch wollen, können Sie es natürlich tun. Kehren Sie immer wieder zurück zu den Freuden dieses einfachen Seinszustandes.

9. Fertigkeitskreis:
Wie man mit der Einfachheit meditiert

Wenn Sie wollen, dass Einfachheit auftaucht:

- Fordern Sie im Namen der Meditation nichts von sich. Setzen Sie sich nicht unter Druck, bei der Meditation irgendeine »Leistung« erbringen zu müssen.

- Gedanken kommen und gehen. Sobald Sie sich dieser Gedanken bewusst werden, richten Sie Ihre Aufmerksamkeit einfach wieder zurück auf Ihren Konzentrationspunkt (bei allen Meditationen mit Atem, Klängen oder Empfindungen).

◆ Lassen Sie Ihre Gedanken vorbeischweben, als ob sie völlig ohne Gewicht wären.

◆ Kehren Sie immer wieder zu den einfachen Freuden Ihrer gewählten Meditation zurück, und ruhen Sie in der Atmosphäre, die diese hervorruft. Nehmen Sie jedes angenehme Detail in sich auf. Auf diese Weise pflegen Sie den neuen Seinszustand.

Wenn Sie sich an manchen Tagen zur Meditation hinsetzen, wird Sie Stille überkommen. Besonders wenn Sie schon eine ganze Weile jeden Tag meditiert haben, kann sich eine geradezu greifbare, körperliche Präsenz des Friedens zeigen, sobald Sie sich eingestimmt haben, auch wenn Ihre Augen noch geöffnet sind. In solchen Momenten sollten Sie nicht das Gefühl haben, dass Sie irgendeiner Technik folgen oder auch nur die Augen schließen müssen. Bleiben Sie einfach sitzen, und verweilen Sie in der Stille. Begegnen Sie ihr. Diese unerwartete Gelassenheit, ein Zustand völliger Einfachheit, überkommt Meditierende aller Stufen – Anfänger, Fortgeschrittene und Könner. Es besteht keine Notwendigkeit, diesen Zustand zu verkomplizieren, indem man eine bestimmte Technik hinzufügt.

Tipp für die Meditation

Machen Sie erst ein Nickerchen, und meditieren Sie anschließend.

Erfinden Sie Ihren Ansatz neu

In der Einfachheit zu ruhen ist eine Möglichkeit, bei der Meditation einen Neuanfang zu finden, alte Seinszustände zu entwirren und eine Meditationsform zu finden, die zu der Person passt, die Sie heute sind. Wir müssen alle bei uns selbst auf dem Laufenden bleiben und unseren Meditationsansatz entsprechend unserer eigenen Entwicklung verändern.

Jede Meditationstechnik soll über sich hinaus ins »Nichtstun« führen. Das muss sehr einfach und sanft geschehen, und wir wollen damit jenseits allen Tuns zum Sein gelangen. Für gewöhnlich können wir uns nicht einfach hinsetzen und nichts tun, dabei helfen uns entsprechende Techniken. Doch aus Gewohnheit tragen wir das Gefühl, uns anstrengen zu müssen, auch oft in eine Meditationstechnik hinein; wir sind dann allzu bemüht. Hinter dieser Neigung stecken mehrere Faktoren: Unsere Vermeidungs- und Kontrollmuster greifen, und die Einstellung, mit der wir an diese Technik zu Beginn herangegangen sind, wird bleiben.

Ende der Sechziger meditierte Lorin einmal wie üblich. Zum Ende der Meditation blieb er noch einige Minuten mit geschlossenen Augen sitzen. Diesmal fiel ihm in der Übergangszeit nach der Technik auf, dass er tatsächlich noch tiefer ins Sein kam. »Ich sah, dass ich eine winzige Anstrengung gemacht hatte, um bei der Technik zu bleiben, und schon dieser Hauch eines Tuns hielt mich davon ab, das Sein zu erleben. Die völlige Einfachheit war mir entgangen. Ich wusste nicht einmal, dass sie auf mich wartete.«

Als Meditationslehrer wurde ihm später klar, dass fortgeschrittene Meditierende dieses Problem häufig haben. Sie klammern sich zu sehr an die Technik, weil sie versuchen, »es richtig zu machen«. Manchmal wird eine alte Technik auch nicht länger gebraucht oder führt sogar zu Stagnation. Dann wieder werden Techniken als eine Art Zauber verwendet, um Schmerz abzuwehren oder Teile von sich auszublenden, die man nicht mag. Doch am Ende blockiert man damit nur das eigene Sein, diese leise Stimme im Inneren, die genau weiß, was wir brauchen.

Wenn Sie zur Einfachheit zurückkehren, haben Sie die Gelegenheit, loszulassen und sich in der Meditation neu zu erfinden. Darum ist es nützlich, eine Meditationszeit einzuplanen, in der Sie überhaupt keiner Technik folgen. Seien Sie einfach da und für sich selbst verfügbar. Kommen Sie regelmäßig wieder. Praktizieren Sie hin und wieder das »Nichtstun«.

Die Technik des Nichtstuns

Bei dieser Übung setzen oder legen Sie sich hin. Seien Sie einfach für sich da, ohne Plan. Lassen Sie Ihrer Aufmerksamkeit fünf oder zehn Minuten lang freien Lauf. Akzeptieren Sie sich völlig. Nichts muss anders sein, als es ist; auch Sie selbst müssen niemand anders sein als die, die Sie im Augenblick sind. Das hilft Ihnen, sich an die Vorstellung zu gewöhnen, dass Sie in der Einfachheit ruhen – ohne das Bedürfnis, etwas geschehen zu lassen oder etwas zu kontrollieren.

Üben Sie, sich bei Ihrer Meditation in keinster Weise zu manipulieren. Es kann schwierig sein, Ihren natürlichen und unverstellten Zustand zu tolerieren. Achten Sie darauf, wohin es Ihre Gedanken zieht; achten Sie auf die Gefühle, die sich dabei einstellen. Finden Sie heraus, was geschieht, wenn Sie die Kontrolle aufgeben.

Meditationen

Atemmeditation: keine Forderungen

Diese Meditation können Sie bequem im Sitzen oder im Liegen durchführen. Wenn Sie sitzen, sollten Sie sich mit vielen Kissen abstützen, damit Sie sich behaglich fühlen. Wenn Sie auf dem Boden liegen, öffnen Sie leicht die Beine. Sie können auch ein Kissen unter die Knie legen, um das Kreuz zu entlasten.

Nehmen Sie sich Zeit, um sich einzustimmen, und achten Sie auf Ihr inneres Klima. Machen Sie sich dann Ihren Atem bewusst, so wie er ist, ohne ihn auf irgendeine Weise zu verändern. Folgen Sie dem Rhythmus und der Struktur des Atems, und ruhen Sie in dieser Bewusstheit.

Machen Sie sich nach einigen Minuten Ihren ganzen Körper bewusst. Stellen Sie sich vor, wie der Atem Ihre ganze Gestalt ausfüllt.

Jedes Einatmen strömt sanft in Sie hinein und füllt mühelos jeden Winkel und jede Ritze, von den Zehen bis zu den Fingerspitzen. Entspannen Sie sich, wenn Sie ausatmen. Machen Sie das mehrere Atemzüge lang; lassen Sie dann die Aufmerksamkeit los, und fühlen Sie einfach. Richten Sie Ihre Aufmerksamkeit hin und wieder auf einige bewusste Atemzüge, die Ihre ganze Gestalt anfüllen, dann lassen Sie los und ruhen Sie sich wieder aus.

Nach ungefähr zehn Minuten richten Sie Ihre Aufmerksamkeit mit geschlossenen Augen wieder auf den Atem und Ihren Körper. Machen Sie sich Ihre Umgebung bewusst: das Zimmer, in dem Sie sich befinden, die Geräusche, die Berührung durch die Luft. Halten Sie Ihren Körper innerlich ganz entspannt, während Sie langsam die Augen öffnen. Nehmen Sie das Licht in sich auf, die Farben und Formen. Nehmen Sie einfach einige Minuten lang alle Eindrücke in sich auf, ohne etwas zu tun. Gestalten Sie den Übergang langsam. Wackeln Sie vorsichtig mit den Fingern und den Zehen, strecken Sie sich ein wenig und holen Sie ein paarmal tief Luft. Wenn Sie dann aufstehen und herumgehen, beobachten Sie, wie verändert sich Ihr Körper anfühlt.

Dankbarkeitsmeditation

Häufig sind wir zwar dankbar, nehmen uns aber nicht die Zeit, dieses Gefühl durch uns hindurchströmen und uns von ihm verändern zu lassen. Bei dieser Meditation erforschen Sie Ihre Dankbarkeit etwas gründlicher. Glücklichen Menschen ist es wichtig, über das, wofür sie dankbar sind, nachzudenken; sie verlieben sich in die einfachsten Dinge.

Nehmen Sie einen der Punkte auf Ihrer Dankbarkeitsliste und denken Sie eine Minute lang über ihn nach. Drehen Sie den Punkt vor Ihrem geistigen Auge, nehmen Sie alles an ihm wahr. Lassen Sie Ihren Körper und Ihren Atem mit dem Zustand interagieren, den dieser Punkt hervorruft – das Gefühl in Ihrem Herzen, die Art und Weise, wie sich Ihre Sinne öffnen, wie Ihre Augen die Welt wahr-

nehmen, wie Sie atmen. Auf welche Weise verändert Sie die Dankbarkeit?

Fahren Sie mit zwei oder drei weiteren Punkten fort, für die Sie
dankbar sind. Lassen Sie die Bilder dann verblassen, und seien Sie
für die Nachwirkungen der Empfindungen und Gefühle da. Die
Macht der Dankbarkeit kann Ihr Herz aufbrechen. Vielleicht werden Sie innerlich ganz weich. Oder Sie sind traurig, weil Sie das, wofür Sie dankbar sind, vermissen. Oder Sie sprudeln vor Freude über.

Lassen Sie all das anschließend los, und versinken Sie in Stille.
Ruhen Sie einfach in sich selbst. In dieser Nachverarbeitung organisiert sich Ihr Nervensystem neu.

Diese Meditation richtet Ihre Zellen, Ihren ganzen Körper auf
das aus, was Ihnen wirklich wichtig ist. Folgen Sie der Duftspur Ihrer Dankbarkeit und studieren Sie sie. Dadurch lernen Sie, in einem
erweiterten Zustand zu leben und Dankbarkeit für alles zu empfinden, was Sie bereits erlebt haben. Es macht Ihren Körper darüber
hinaus wachsam für die Geschenke, die Ihnen die Zukunft bringen
wird.

Teilen Sie den Wohlstand

Um das, wofür Sie dankbar sind, noch mehr in sich aufzunehmen,
sollten Sie darüber meditieren, wie Sie Ihr Gefühl weitergeben. Sie
können sich Folgendes sagen: »Möge meine Fülle (meine Freude,
mein Wohlstand, mein Frieden, und so weiter) anderen dienen
und sie inspirieren ...«

Aufbauübungen

Meditation mit Erde, Luft, Wasser und Feuer

Nach welchem Element sehnen Sie sich? Welches Bild entsteht vor Ihrem inneren Auge? Sie können mit den Elementen in innerer und äußerer Aufmerksamkeit meditieren.

Bei der äußeren Aufmerksamkeit konzentrieren Sie sich auf eine Form des Elements und lassen Ihre Sinne davon berühren. Wenn Sie zum Beispiel die Erde ruft, dann können Sie es sich auf dem Boden gemütlich machen, sich auf einen Felsen oder in den Sand setzen und mit dem kinästhetischen Schwerkraftgefühl meditieren. Erforschen Sie das Gefühl, getragen zu werden, fest und stabil zu sein.

Beim Element Luft können Sie sich auf den Rücken legen und in den Himmel schauen. Lassen Sie sich in die Geräumigkeit treiben, während Sie die vorüberziehenden Wolken oder die Unendlichkeit der Sterne am Nachthimmel in sich aufnehmen.

Bei der Wassermeditation können Sie sich in die Nähe einer Quelle, eines Flusses, eines Sees oder des Meeres begeben und dem erfrischenden Klang lauschen oder die Bewegung und das funkelnde Spiel des Lichts auf seiner Oberfläche beobachten. Sie können auch einen Zimmerbrunnen kaufen, der Ihnen das Geräusch und den Fluss der Wasserenergie vermittelt.

Wenn Sie sich nach dem Element Feuer verzehren, setzen Sie sich vor eine Kerze oder das Kaminfeuer und nehmen Sie die Farbe und den Tanz der Flamme in sich auf. Sie können auch dem Knacken und Zischen lauschen oder die Wärme spüren.

Bei der inneren Meditation rufen Sie ein Bild des Elements in sich wach, etwas, das nährend und energievoll scheint. Denken Sie darüber nach, wie Sie es bei der äußeren Meditation tun würden. Stellen Sie sich dann vor, dass Sie mit dem Bild verschmelzen, dass Sie eins werden. Das Bild kann sich auf gewisse Weise verändern, wenn Sie feststellen, was Ihnen Zufriedenheit schenkt. Sobald dieses Element Sie umgibt, ruhen Sie darin. Tauchen Sie ganz in die elementare Substanz ein: Werden Sie zur Erde, zum Feuer, zur Luft oder zum Wasser.

Auf welche Weise Sie auch meditieren, nehmen Sie die Energie des Elements, nach dem Sie sich sehnen, an. Lassen Sie sich von ihr »durch-dringen«: Sie selbst übernehmen deren Eigenschaften. Werden Sie völlig eins mit dem Element. Das ist eine machtvolle und heilende Meditation. Sobald Sie dazu bereit sind, tauchen Sie wieder auf. Nehmen Sie sich die Zeit, und eruieren Sie, wie Sie selbst und Ihr Körper durch dieses Durchdringen verändert wurden. Öffnen und schließen Sie im Laufe eines vorsichtigen Übergangs Ihre Augen ein paar Mal, strecken Sie sich ein wenig und stehen Sie dann auf. Erforschen Sie Ihr neues Bewusstsein, während Sie die ersten Schritte machen.

Reflexionen

- Welche dieser Einfachheitsmeditationen war für Sie besonders zufrieden stellend? Gewöhnen Sie sich an diese Zufriedenheit.
- Welche körperlichen Empfindungen sind Ihnen aufgefallen, als Sie sich entspannt und losgelassen haben?
- Sind Ängste oder Sorgen hochgekommen? Welches Tabu brechen Sie möglicherweise gerade? Können Sie sich dafür die Erlaubnis geben?

10. Geheimnis

Fürchten Sie sich nicht vor der Tiefe

Mir reicht es. Viel zu viel Welt.
Ich will nichts mehr tun, niemanden mehr
    sehen.
Stimmt etwas mit mir nicht? Bin ich depressiv?
Tja, nein, eigentlich nicht. Ich muss nur los-
    lassen.
Ich muss zurück – zurück zu meinen inneren
    Wurzeln.

Ich werde mich von meiner Meditation in die
    Tiefe führen lassen.
Hinunter, unter das oberflächliche Geschnatter.
Unter das Gepolter und das Durcheinander
    menschlicher Pläne.
Meine Augen brennen durch das Übermaß an
    Licht.
Meine Ohren schmerzen unter dem Gewicht
    der Worte.
Nichts mehr geben, sagen, hören …
Ich sehne mich nach Stille. Ich sehne mich
    nach Dunkelheit.
Ich will mich in der Dunkelheit auflösen.
Ich möchte verschwinden …

Ich werde alle Lichter ausschalten, mich in meinem
    Heiligtum einschließen,
mich der Sehnsucht nach Tiefe hingeben.
In steige in den dunklen Körper der Erde hinab ...
Ah, Dunkelheit, umfange mich mit deiner Stille.
Schließe mich in deine samtige Umarmung.
Ich verschmelze mit Schwärze und Ewigkeit. Ich
    löse mich auf ...
Alles, was noch bleibt, ist dieser Atemzug ... und
    dieser ...
Nimm, was du willst. Ich biete es dir an ...

Langsam, ganz langsam kehre ich ins Leben
    zurück ...
Ich bin ... irgendwie anders, irgendwie neu
    geschaffen.
Aus dem fruchtbaren, dunklen Unbekannten.
Mein altes Selbst ist gestorben, und doch bin ich
    mehr *ich* als je zuvor –
authentischer, tiefer, wirklicher. Und seltsam frei.
Der Hinweis einer Möglichkeit, das Flüstern von
    etwas Neuem
und eine feine, einfache, schamlose Freude.

Nach unten, gnädige Frau?

Es gibt Ebbe und Flut in unseren Erfahrungen, Gipfel und Täler in unseren Emotionen und Energieebenen. Im Laufe eines einzigen Tages kann eine Frau eine Vielzahl dieser Zyklen durchlaufen. Ob es nun emotionale Reaktionen auf äußere Umstände sind, die

Fluktuation der Hormone oder ein einfacher Ausgleich, der in unserem Körper und unserem Gehirn stattfindet – dieses Auf und Ab ist notwendig und natürlich. Niemand beschwert sich über das Auf; nur das Ab in diesem Kreislauf müssen wir akzeptieren lernen. Hier ist der Haken: Wenn wir das nicht tun, können die Täler zunehmen und sich in eine immer tiefere Schlucht verwandeln. Die Meditation verfolgt unsere kleinen täglichen Rhythmen und hilft uns, mit den längeren, steileren Abstiegen fertig zu werden.

Nach einer Phase intensiver Arbeit loszulassen ist schon ein »Abstieg« und kann sich traurig anfühlen. Vielleicht sind Sie aber auch einfach müde und brauchen eine Pause. Oder Sie sind ein wenig niedergeschlagen, weil Sie einen seltsamen Traum hatten oder mit dem nagenden Gefühl aufwachten, dass eine persönliche Beziehung falsch läuft. Vielleicht kamen nach einer Massage alte Gefühle hoch, die Sie noch nicht verarbeiten konnten. Was auch immer der Grund sein mag – etwas taucht auf und zieht Sie nach unten.

Tapferkeit besteht zum Großteil aus Innehalten: Man sieht nach innen, konfrontiert sich selbst, nimmt die Wirklichkeit wahr und lässt sich von der Erfahrung verändern. All das, was uns zusammenhält, zerfließt im Kleinformat – ein kleiner Tod und eine Aufgabe der Identität, durch die wir neu organisiert und belebt werden. Diese Bewegung nach unten ist Teil der tiefen psychologischen Ökologie des Weiblichen. Das Bewusstsein wird unter die Oberfläche gerufen, um genährt zu werden, um das Unkraut beseitigen zu lassen und die innere Welt neu auszusäen. Der Gang in die Tiefe spiegelt eine Weisheit wider, der wir vertrauen können – und müssen.

Dieses Vertrauen ist jedoch ein Schlag ins Gesicht unserer kollektiven gesellschaftlichen Werte. Wir freuen uns an Phasen der Begeisterung, der Hochstimmung und äußeren Produktivität; diese Werte werden von unserer Kultur in Ehren gehalten. Aber die Täler – die organische Bewegung nach unten und nach innen – sind umwölkt von Vorurteilen und Ängsten. Wir begegnen ihnen mit Sorge und der verkehrten Sicherheit, dass etwas furchtbar im Argen liegt.

In den meisten Fällen könnte nichts weniger der Wahrheit entsprechen.

Aufgrund dieses eklatanten Missverständnisses wird der subtile Zug nach innen häufig abgelehnt – oder schlimmer noch, als krankhaft dargestellt. Der innere Ruf bleibt unbeantwortet und unerfüllt; seine Stimme wird lauter und eindringlicher, seine Symptome werden intensiver. Frauen, die nicht wissen, dass dieser Zug nach unten gesund und natürlich ist, und die nie gelernt haben, wie man diesen Zustand respektiert, laufen zuhauf zu Autoritätspersonen, damit diese sie von den unguten Gefühlen befreien. Apotheker bekommen dadurch viel zu tun: der Verkauf von Antidepressiva ist heutzutage ein Eckpfeiler der Pharmaindustrie. Manchmal ist eine medizinische Behandlung angemessen, aber allzu oft wird sie nur dazu benutzt, ein tieferes Bedürfnis zu maskieren. Der Ruf nach innen und nach unten ist etwas Natürliches und völlig normal. Wir müssen alle loslassen, immer und immer wieder.

Die Bewegung der Seele

Im Leben einer Frau gibt es Zeiten, in denen der Ruf nach unten zu einer transformativen Reise wird, zu einer Vorladung in die Tiefen der Seele.

Viele Menschen halten Spiritualität für eine Aufwärtsbewegung gen Himmel. In traditionellen (männlichen) Lehren ähnelt die Erleuchtung häufig einem Flug aus den unteren Zentren des Körpers, den instinktiven und sexuellen Orten, zu den oberen Zentren des Körpers und dann ganz hinaus. Im Gegenteil dazu führt die spirituelle Suche der Frau an einem bestimmten Punkt zu einem seelenvollen Einsinken in sich selbst. Jede fürchtet diesen Abstieg, dieses Einsinken. Und doch werden wir dadurch mit der Erde verbunden, mit unserem persönlichen Grund, mit unserem Fundament. In der »Verdunkelung« liegt ein großes Geheimnis.

Das Reich der Seele ist nicht luftig und hell, sondern eher schlammig: schmutzig, feucht und fruchtbar. Seelenprozesse vollziehen sich unten, bei Moos und Würmern, unten in den faulenden Blättern, unten, wo der Tod sich in Leben wandelt. Sich in die Seele vertiefen erfordert den Mut, in den Untergrund zu gehen, unsere Wurzeln ins Dunkle auszustrecken, sich durch den reichen, feuchten Erdboden zu winden und zu schlängeln. In dieser Dunkelheit finden wir Weisheit, und zwar nicht durch den funkelnden Strahl des Willens, sondern indem wir einem wilden, blinden und doch unfehlbaren Instinkt folgen, der die Essenz der Dinge spürt und Nahrung findet, die sich in Wachstum wandelt.

Nur äußerst selten kann ein Mann damit umgehen. Deshalb dreht es sich bei der männlichen Spiritualität so oft darum, aus dem Schmutz herauszukommen, die Leidenschaften und die blutigen Vorgänge des Lebens zu transzendieren. Und wer könnte den Männern dafür einen Vorwurf machen? Es braucht schon den Körper und die Geisteskraft einer Frau für diese Reise.

An irgendeinem Punkt Ihrer Entwicklung werden auch Sie diese Reise antreten.

Das Mysterium des Abstiegs

In der klassischen Mythologie, von den Sumerern bis zu den Griechen, beinhaltet die weibliche Initiation einen Abstieg in die Unterwelt — mit einer Rückkehr zu einem normalen Leben nach einer tief greifenden Verwandlung. Während unsere Heldin sich in der Unterwelt befindet, bricht die Hölle los. In den sumerischen Mythen hört Inanna, die Königin des Himmels, die trauernden Rufe ihrer dunklen Schwester Ereskigal, der Göttin der Unterwelt. Als sie hinabsteigt, um sie zu treffen, wird sie von Ereskigal ausgezogen, gehäutet und an einen blutigen Haken gehängt, um zu verrotten. Als Inanna schließlich wieder an die Oberfläche zurückkehrt, ist sie

ein wenig dunkler, tief gründiger und weiser. Nachdem die griechi-
sche Göttin Persephone von Hades entführt wurde, verschwand sie
aus dem Leben. Persephones Mutter Demeter, die Göttin von Ge-
treide und Wachstum, trauerte furchtbar und vernachlässigte darüber die Felder und ließ sie sogar sterben. Persephone tauchte wieder auf, wurde aber damit bestraft, sechs Monate im Jahr zu Hades
zurückzukehren. Auch in der schamanistischen Vorstellung erfordert die Heilung eine Reise in das Reich des Todes, um den Teil der
Seele wiederzuholen, der verloren ist und ohne den man nicht wirklich lebendig sein kann. Erst nach diesem Abstieg und der Seelen-
findung können Transformation und Wiedererwachen stattfinden.

Moderne Frauen, die sich mit der Meditation beschäftigen, sagen, dass es bei der meditativen Reise Phasen gibt, die sich wie Tod
und Zerstückelung anfühlen. Das ist der Tod des falschen Selbst,
konstruiert aus den Illusionen, die bei jeder Frau anders aussehen:
die pflichtbewusste Tochter, die Naive, das Sexhäschen, der Kontrollfreak, die misstrauische Menschenfeindin, die leidende Märtyrerin, die allmächtige Königin. Ein veraltetes Bild muss gehen. Wir
wissen das, aber es fällt uns schwer, dieses Bild sterben zu lassen. Je
mehr wir versuchen, unsere übliche Realität aufzupumpen, desto
enttäuschender wird es; etwas fühlt sich einfach nicht richtig an.
Unsere Felder liegen brach, weil die Lebenskraft uns hinunter zu
unseren Wurzeln zieht. Und zu guter Letzt steigen wir hinab.

Der Zug nach unten kann sich wie eine Depression anfühlen
oder als ob der Boden unter unserer Psyche nachgibt. Wenn Sie spüren, dass es Sie nach unten zieht, dann machen Sie sich klar, dass Ihre Seele Sie ruft. Kooperieren Sie. Ihre Meditation ist der perfekte
Ort, um diesen Abstieg zu realisieren.

Einsamkeit, Trauer und
der heilige Brunnen

Die nach unten gerichteten Emotionen, beispielsweise Bedauern, Trauer und Einsamkeit, führen Sie in Ihre Tiefen. Jede Frau erlebt das manchmal bei der Meditation, und Sie sollten sich nicht dagegen wehren. Wenn Sie einen geliebten Menschen, eine bestimmte Lebensweise, ein Selbstbild oder einen Traum verloren haben, dann trauert Ihr Herz. Treten Sie in die Trauer ein, und empfangen Sie ihr heilendes Geschenk.

Wenn wir einsam sind oder trauern, dann sitzen wir an dem heiligen Brunnen des Lebens. Obwohl wir weinen, tauchen wir erneuert daraus hervor. Wir fürchten zwar, für immer zu weinen, aber je mehr wir uns diesem Prozess hingeben, desto schneller kann er sich auflösen. Viele Meditierende erzählen, dass es Zeiten gibt, wo sie binnen eines Herzschlags starben und neu geboren wurden, weil sie gelernt hatten, sich zu unterwerfen.

Wenn wir uns unserem eigenen Leid öffnen, teilen wir die Bitterkeit des menschlichen Lebens. Wir werden uns anderer Menschen bewusst, die ebenfalls leiden, und stimmen uns auf das morphogenetische Feld der Menschheit ein. Das Band, das uns durch unser gemeinsames Leiden mit dem Rest der Menschheit verbindet, wird zu einem bewussten Gebet und zu Transformation. In der Meditation können wir unser Herz öffnen, um das Leid der Welt einzuatmen und mit Mitgefühl und Heilung für uns selbst und andere auszuatmen.

Trauer und Liebe sind eng miteinander verbunden. Wenn Sie lieben, riskieren Sie den unvermeidlichen Verlust — und entscheiden sich dennoch für die Liebe. Wir verlieren einander immer auf die eine oder andere Weise, durch Trennung oder Tod. Wer diese Trauer aushält, lebt mit einem offenen Herzen.

Depressionen

Wenn wir das Wort *Depression* hören, wissen wir alle, was es bedeutet, aber dieser so häufig gebrauchte Begriff bezeichnet eine Vielzahl unterschiedlicher Zustände. Echte Depressionen sind tiefe Abstürze, schmerzlich und komplex. Mal abgesehen von der Hirnchemie und den Hormonen – was geht dabei eigentlich vor sich? Wir wollen einige der Facetten der Depression erforschen und herausfinden, ob wir in sie eintreten und das Geheimnis aufspüren können, das in der Dunkelheit vergraben liegt.

Wenn wir in die Unterwelt entführt wurden, fühlen wir uns vom Leben betrogen. Wie Inanna haben wir das Gefühl, als ob man uns nackt ausgezogen, uns gehäutet, uns die Gliedmaßen ausgerissen und uns tief in einer Höhle an einen Haken gehängt hätte. Wir sind sicher, dass wir niemals wieder auftauchen werden; die Ewigkeit hat uns im Griff. Wie sollen wir jemals das Tageslicht wieder sehen? Was müssen wir lernen, um aufzuerstehen und verwandelt zu werden?

Die meisten Frauen stehen unter mehr Stress, als ihnen klar ist. Dauernder Stress erschöpft die Energiereserven des Körpers. Depressionen sind der natürliche Versuch des Körpers, unwesentliche Funktionen auszuschalten, um sich neu aufzuladen. Bei einer Depression will man nichts tun, man will nicht ins Freie, man will niemanden sehen. Die Energie ist erschöpft, und man fühlt sich zu kraftlos, um sich zu ändern. Man will einfach nur im Dunkeln sitzen, symbolisch oder buchstäblich. Wenn Sie depressiv sind, haben Sie wahrscheinlich das tief greifende Bedürfnis nach Ruhe.

Manche Frauen haben entdeckt, dass die Depression einer weiteren wichtigen Funktion dient: Sie gibt ihnen Privatsphäre. Besonders wenn die Familie sie in Beschlag nahm oder die Tiefe von Gefühlen verleugnet wurde, kann die Depression ein inneres Retreat schaffen. Möglicherweise ist es ihre einzige Möglichkeit, ihr Bedürfnis nach Einsamkeit zu rechtfertigen und an dem heiligen Brunnen ihres eigenen Wesens zu sitzen.

Andererseits können Isolation und ein Mangel an Intimität ebenfalls quälende Faktoren der Depression sein. Das körperliche und psychologische Bedürfnis nach Berührung wird kaum anerkannt. Wie eine Freundin einmal sagte: »Manchmal muss sich das äußere Leben der Frau ändern, nicht nur das innere, aber das scheint zu überwältigend oder unmöglich. Der Grund für ihre Depression ist eine durchaus reale, tiefe Unzufriedenheit. Sie ist einsam, sie muss weg, muss Gemeinschaft finden; sie braucht eine Beziehung, jemanden, den sie lieben und halten kann.«

Die Wurzel der Depression kann auch die Sehnsucht nach Einfachheit sein. Wir sind womöglich so sehr am Boden, dass wir einfach aufgeben wollen. Die Depression, besonders in Zeiten des Übergangs wie in den Wechseljahren, mündet oft in dem Wunsch, für das alte Selbst zu sterben. Gedanken an Selbstmord, den höchsten Akt der Aufgabe, könnten auftauchen, aber man darf sie nicht wortwörtlich nehmen. Fast alle Frauen, die solche Gedanken hatten, leben sie nicht aus. Aber diese Gedanken sind dringende Hinweise darauf, dass es auf einer tieferen Ebene Unterwerfung geben muss. Die Tiefen Ihres Seins rufen Sie. Wehren Sie sich nicht gegen diesen Ruf.

Die Worte selbst tragen die Lösung in sich: *aufgeben, nachgeben, übergeben, weggeben.* Wir müssen die Last der alten Seinsweise ablegen und dürfen nicht länger das tun, was einfach nicht mehr passt. Wir müssen dem Wunsch nachgeben, unser Leben zu vereinfachen. Das kann wie ein Opfer klingen – und es ist auch eines. Es kann sich wie ein Tod anfühlen – und das ist es auch. Legen Sie diese alten Teile Ihres Selbst an Ihrem inneren Altar ab: Opfern Sie sie, damit neues Leben fließen kann.

Angelique wohnt in New Mexico und ist von Natur aus zutiefst spirituell. Sie ist Künstlerin, spezialisiert auf »das Leben als Kunst«. Angelique überwachte und erdachte Performance-Inszenierungen, leitete rituelle Pilgerfahrten zu Mutter Erde und praktizierte heilende Atemarbeit. Doch im Alter von 56 Jahren wurde sie plötzlich zutiefst depressiv. Gegen den Wunsch ihrer besorgten,

therapeutisch geschulten Freunde nahm sie keine Medikamente und
wählte stattdessen intuitiv ihren eigenen Weg.

Als Angelique tapfer ihren leblosen Zustand erforschte, lernte
sie, den Abstieg zu akzeptieren und sich selbst zu erlauben, demon-
tiert und transformiert zu werden. Um mit ihrem eigenen Tod zu
Rande zu kommen, begann sie, so zu leben, als ob sie nur noch ein
Jahr zu leben hätte. Sie praktizierte das bewusste Leben und Sterben, wie es Stephen Levine formuliert hat. Angelique arbeitete mit
der Verwandlung zusammen, stellte sich ihrer Trauer und Angst,
während eine neue Kraft in ihr wuchs. Allmählich ließ sie alles los,
was nicht länger von Bedeutung für sie war. Heute, ein Jahr später,
ist sie einfacher und erneuert aus diesem Prozess hervorgegangen.
Sie fühlt sich lebendiger denn je, klarer und wahrhaft emanzipiert.
»Jetzt, da all das hinter mir liegt, wird mir klar, dass der Abstieg
notwendig für meine Psyche war, um alte Türen der Begrenzung
aufzustoßen. Ich bin jetzt vielleicht etwas zarter ... aber ich begrü-
ße diese Zartheit – der neue Kokon für das Herz, ein Weg, von dem
ich immer wusste, dass er der meine ist. Bei dieser Umkehr geht es
um Abschluss und Auflösung ... und zu guter Letzt um Trost.
Gleichzeitig ist es ein Ort des Auftauchens, an dem ich die Wahl
und den Schwung habe, mein Leben neu zu schaffen – was für ein
großer Segen.«

Das Leben mit dem Bewusstsein für unsere Sterblichkeit ist eine
machtvolle fortwährende Meditation. In vielen Traditionen ist die
Vorbereitung auf den Tod die Grundlage der spirituellen Praxis.
Wir möchten Sie jedoch darauf hinweisen, dass das, was Sie da ruft,
das Leben selbst ist. Allzu große Spiritualität birgt eine Gefahr in
sich: die vorzeitige Auflösung des Selbst. Vielen Frauen fällt es
leichter, aufzugeben und zu sterben, obwohl sie sich eigentlich nur
ihrer eigenen Kreativität hingeben sollten. Ein volles Leben kann
weitaus spiritueller sein, weitaus tapferer und herausfordernder. Der
Schlüssel liegt darin, Ihr Leben zu leben, nicht die Vorstellung eines
anderen, wie Ihr Leben auszusehen habe.

Rachels Geschichte:
Der Eintritt in das Unbekannte

Wenn wir uns in der Unterwelt befinden, ist die Membran zwischen der inneren und der äußeren Welt durchscheinend, und wir werden sensibel für das Geheimnis des Unbekannten.

Rachel, eine attraktive Frau Anfang fünfzig, wurde seit Jahren von Depressionen geplagt. Sie hatte sich lange gegen den Ruf des Abstiegs gewehrt. Rachel lebte in Paris und arbeitete in der Finanzbranche. Als ihre Ehe auseinander brach, passierte das auch mit ihrer Psyche. Die Rückkehr in die USA beschrieb sie als »schauderhafte Erfahrung des Verlorenseins, des Alleinseins, ohne zu wissen, was ich tat oder was ich tun sollte.

Dann fingen die Träume an – kraftvolle Träume, die mich Dinge lehrten, die ich im wachbewussten Leben nicht kannte. ›Höre auf dein wahres Selbst‹, sagte mir ein Traum nach dem anderen. Aber die einzige innere Stimme, die ich kannte, wenn ich wach war, klang hart, verurteilend und kritisch, eine Stimme, die fast mein ganzes Leben lang in meinem Kopf herumgebrüllt und geschwatzt hatte. Und diese Stimme riet mir, meine innere Tiefe zu fürchten, meine Träume als Hirnstörungen abzutun und meine Einsichten als Anzeichen von Wahnsinn zu verhöhnen. Diese Stimme wollte, dass ich mich mit Drogen von dem Fluch, der auf mir lag, befreite – mit Hilfe jedes rezeptpflichtigen Antidepressivums und jeder Anti-Angst-Pille, die auf den Markt kam. Nichts funktionierte.

Ich wusste, ich musste eine Stimme entdecken, die lange vergessen, verloren und schamhaft versteckt gewesen war. Ich wusste nicht einmal, wonach ich suchte. Ich wusste nur, dass ich graben musste, tief graben – eine Art Ausgrabung meiner Seele. Obwohl sich das Leben, wie ich es gekannt hatte, auflöste, versuchte ich, weiterzumachen. Ein neues Projekt. Eine neue Beziehung. Eine neue Therapie. Eine neue Wohnung. Aber Depression und Verzweiflung, Hoffnungslosigkeit und Mutlosigkeit zogen mich immer wieder an die Ausgrabungsstätte zurück.

In der Meditation mit Camille lernte ich, diesen Ort zu erforschen,

ohne zu versuchen, ihn zu verstehen oder zu verändern. Ich lernte,
alles zu sehen, ohne mir Schuldgefühle zu verursachen, was immer
zu Depression führt. Während des langen Vorgangs, während der
enormen inneren Kämpfe und Unruhen, hatte ich oft das Gefühl,
ich würde mir mein eigenes Grab schaufeln. Je tiefer ich in dem
Meer des Nicht-Wissens versank, desto mehr lösten sich die rest-
lichen Strukturen meines Lebens auf — jene, die mich als Tochter,
Geliebte, Freundin, Künstlerin, Nicht-Künstlerin, depressive Pa-
tientin, verwundete Heilerin, Schülerin, Lehrerin, Feministin,
Mystikerin oder was immer definierten. Ich wurde stumm — es gab
nichts, was ich über diese Erfahrung hätte sagen können. Alles war
stumm und lag im Schatten.
Manchmal rollte ich mich in embryonaler Stellung unter einer Decke zusammen, und schließlich hörte ich ein leises, kaum wahr-
nehmbares Flüstern. Ein dünnes Stimmchen, das lange vergraben
und vergessen war, rief mich aus den Tiefen meines Seins. Die
weibliche Weisheit, das fruchtbare Wissen meiner selbst als Frau.
Langsam, von einem tiefen Ort in mir selbst, bewegte sich Energie
in spontanen Gesten durch meine Arme und Hände. Die innere
Bewegung schien meinen Körper zu archetypischen Posen zu formen: balinesische Tänzerin, antike Priesterin, raubkatzenhaftes
Herumschleichen. Etwas Elementares bewegte sich in mir — etwas
Urtümliches, Tierisches. Wörter waren nur ärgerliche Geräusche,
die in meiner animalischen Welt keinen Sinn ergaben und mich
beim Zuhören störten. Ich war hinter etwas Tieferem her, etwas
jenseits aller Worte. Eine tiefe Kraft des Seins baute mich neu auf.
Obwohl sie sich formlos anfühlte, war sie nicht chaotisch. Sie *war*
einfach.
Im Laufe der Zeit ließ ich die Erfahrung reinen Seins hinter mir,
aber ich kehrte nicht zum Tun zurück. Stattdessen schuf sich die
Spannung zwischen Sein und Tun einen Webstuhl, auf dem sich
das *Werden* selbst zu neuen Formen und Mustern webte. Es war, als
ob ich mich in einen Ort des Geformtwerdens aufgelöst hätte. Ein
Paradox: ein leerer Platz, voll mit dem Puls des Lebens, ein Ort
des Werdens, der Brennofen der Schöpfung. Ich lernte, mich mit
diesem Prozess der Schöpfung zu identifizieren, und hörte auf,

meine alten Identitäten neu beleben zu wollen. ›Nicht zu wissen‹ führte nicht länger zu Unterwürfigkeit, Depression und Furcht — es rief nicht länger Ängste hervor. Ich war viel zu sehr am Prozess der Schöpfung selbst beteiligt. Ich war lebendig und neugierig. Die Erfahrung, von innen heraus bewegt zu werden, formte sich aus der Tiefe meines Ichs immer wieder neu und schien mich zu öffnen, schien mehr Raum zu schaffen, in dem Dinge geschehen konnten — sowohl innerlich als auch in meiner Umwelt. Mein Verstand und mein Herz wurden gewaltsam geöffnet, und infolgedessen ist etwas aufgetaucht, das in der Lage ist, das, was mir in diesem Augenblick wichtig erscheint, durch Synthese aufzubauen. Ich kann jetzt die Mehrdeutigkeit aushalten und vertraue dem Mysterium dieses Vorgangs, zu dessen integralem Bestandteil ich geworden bin.«

Sie können sich Rituale für den Abstieg erschaffen. Schon ein einfacher Akt des Loslassens kann genügen: Geben Sie alte Besitztümer weg, die sich zu belastend anfühlen, zu schwer; geben Sie Verantwortung ab, die sich zu belastend anfühlt, zu schwer; verzichten Sie auf Aktivitäten, die sich zu belastend anfühlen, zu schwer. Erleichtern Sie durch das Ritual des Weggebens Ihr Herz.

Hinunter und hinaus

Wenn eine Frau aufgrund ihrer Gefühle der Machtlosigkeit den inneren Ruf nicht beantworten kann und in den Umständen ihres Lebens gefangen bleibt, nehmen Körper und Psyche Zuflucht zu dramatischen, metaphorischen Maßnahmen. Wenn sich Energie nicht ausleben kann, bieten Wahnsinn, Krankheit und sogar der Tod einen Ausweg. Die klassische Psychologie sieht eine Verbindung zwischen Depression und unterdrückter Wut; wenn der Zorn nicht nach außen ausgedrückt werden kann, wendet er sich nach innen gegen das Selbst. Die Wahnsinnige ist ein Archetypus dieser Spirale. Ihr Wahnsinn ist eine bühnenreife Demonstration von Eigenschaften, die nach Anerkennung schreien, eine One-Woman-Show dessen, was von ihrer Familie oder der Gesellschaft akzeptiert werden muss – und, noch wichtiger, von ihr selbst.

Krankheit kann ein weiterer symbolischer Ausdruck der Anspannung sein, eine psychologische Botschaft nicht nur für die Betroffene, sondern für das ganze Umfeld, in dem sie lebt. Unser Körper und unsere Psyche existieren nicht isoliert; sie sind immer Teil eines größeren gesellschaftlichen Körpers, eines politischen Körpers. Eine neue Forschungsrichtung, die sich mit »metaphorischen Krankheiten« beschäftigt, untersucht Krankheitssymptome als poetische Verkörperung einer kulturellen Malaise, die noch keine anderen Mittel gefunden hat, mit denen sie sich ausdrücken kann. Die chronische Müdigkeit könnte beispielsweise eine kollektive körperliche Reaktion auf die temporeiche moderne Gesellschaft sein, der Versuch, die Gefahren dieser mörderischen Geschwindigkeit in das gemeinsame Bewusstsein zu bringen, damit wir es alle begreifen und etwas daran ändern.

Der Tod ist natürlich der finale Ausweg und manchmal scheint er der einzige Ausweg aus unerträglichem, psychischem Schmerz zu sein. Selbstmord drückt nicht nur hoffnungslose Unterwürfigkeit aus, sondern auch den Willen nach Freiheit. Paradoxerweise ist eine so offensichtlich selbstzerstörerische Entscheidung auch ein unbewusster Akt der Macht. Manchmal ist ein Selbstmord eine deutliche Zurschaustellung unausgesprochener Wut und spiegelt eine verborgene Selbstbehauptung wider. Wenn Sie jemanden kennen, der im Griff dieser Spirale steckt, nehmen Sie die Situation ernst und drängen Sie die Person, sich professionelle Hilfe zu suchen. Mit der soliden Unterstützung eines Therapeuten kann sie in Kontakt mit den tieferen Gefühlen hinter dem selbstmörderischen Impuls gelangen; sie kann die geheime Macht integrieren, dem Wunsch, frei zu sein, Zügel anlegen, und diese Freiheit in ihr Leben einbringen.

An der Kreuzung zwischen Leben und Tod befinden wir uns in dem Wirbel, in dem Schöpfung und Zerstörung miteinander verwoben sind, im Reich der Göttin, die bei den Hindus Kali heißt. Ohne Zerstörung kann keine Schöpfung geschehen. Wenn man den Tod ins Bewusstsein bringt, wird er zum Lehrer par excellence. Lebensbedrohliche Krankheiten oder Traumata sind auf die eine oder andere Weise Weckrufe. Es ist ungeheuer kraftvoll, sich zu fragen: »Wenn ich jetzt sterben und eine neue Inkarnation erleben würde, welches Leben würde ich mir dann schaffen?«

Aufwärmübung: Dunkle Augen

Völlige Dunkelheit ist für die Augen überaus heilend und kraftvoll. Machen Sie in der Geschäftigkeit des Sehens eine Pause. Legen Sie von Zeit zu Zeit Ihre Hände über die Augen, um das Licht auszublenden. Drücken Sie die Handflächen ganz sanft auf die Augenlider. Entspannen Sie die Augen, und lassen Sie sie die beruhigende Schwärze und die Energie von Ihren Händen aufnehmen.

Forschungsreisen

* Wie müde sind Sie? Viele Menschen leiden unter einem Schlafdefizit. Berufstätigen Müttern fehlen oft zwanzig Stunden Schlaf und mehr. Machen Sie ein Nickerchen. Gehen Sie früh zu Bett. Ruhen Sie sich aus, wann immer es Ihnen möglich ist.

* Befinden Sie sich in einer Übergangsphase? Auf welches neue Leben steuern Sie zu? Was müssen Sie loslassen? Was müssen Sie akzeptieren?

* Welche Verluste und Enttäuschungen haben Sie erlitten? Überlegen Sie sich, ob Sie diese Ereignisse nicht in Ihrem Tagebuch festhalten und sie vielleicht einer Freundin mitteilen wollen. Lassen Sie zu, dass der Fluss der Worte den Schmerz in Ihrem Herzen heilt.

* Im Internet kursiert ein Witz: »Depression ist Wut ohne Begeisterung.« Gibt es etwas, über das Sie insgeheim wütend sind? Schreiben Sie Ihre wahren Gefühle in Ihr Tagebuch. Schwelgen Sie begeistert in Ihrer Wut, und ergießen Sie deren Energie auf das Papier.
* Welche Traumbilder verfolgen Sie? Welche Botschaften enthalten sie?

10. Fertigkeitskreis:
Wie man ein Ritual erschafft

Rituale sind symbolische Handlungen, die Phasen des Übergangs ehren und ermächtigen. Sie sind ein bewusstes Ja zur Verwandlung, ein Signal an uns selbst und die Kräfte-die-Sind, dass wir bereit sind, uns zu ändern. Rituale sind Akte, die Körper und Seele integrieren, darum ist es wichtig, einen körperlichen Ausdruck dafür zu finden.

* Wie lautet die symbolische Bedeutung Ihrer Übergangszeit? Welches Ritual wäre für diese Zeit angemessen?
* Bestimmte Handlungen befriedigen den inneren Ruf. Schreiben Sie zum Beispiel Ihr eigenes Gebet oder Gedicht und lesen es dann laut vor. Entzünden Sie eine spezielle Kerze, und sehen Sie in der Flamme Ihren Wunsch leuchten. Geben Sie etwas weg, das früher kostbar für Sie war, aber nun nicht länger zu Ihnen passt. Misten Sie Ihre Schränke aus. Vergraben oder verbrennen Sie etwas. Lassen Sie Ihr Menstruationsblut auf die Erde tropfen. Heulen Sie den Mond an. Laufen Sie barfuß im Schlamm. Pflanzen Sie einen Garten. Kaufen Sie sich Blumen. Kaufen Sie neue Schuhe für Ihre neuen Füße.
* Errichten Sie einen speziellen Altar. Stellen Sie ihn sich als Spiegel Ihrer Seele vor. Sie können ihn ganz schlicht halten, mit nur einem oder zwei Gegenständen, oder ihn aufwendig und extravagant gestalten. Lassen Sie sich von der Fülle der Natur inspi-

rieren, von allen vier Elementen: Erde, Luft, Wasser und Feuer. Legen Sie Zweige, Blätter und Steine auf Ihren Altar oder eine hölzerne Schale mit Erde. Suchen Sie schöne Federn. Füllen Sie eine Schüssel oder eine Muschel mit Wasser. Brennen Sie mindestens eine Kerze ab. Gönnen Sie sich eine neue Vase. Welche Blumen wären für diese Zeit perfekt? Stellen Sie Skulpturen von Göttinnen auf, Spiegel, Kristalle oder heilige Talismane. Wirklich alles kann bedeutsam werden. Wenn Sie sich gern schriftstellerisch betätigen, legen Sie einen Stift und Papier auf Ihren Altar oder Ihr Lieblingsbuch. Erlauben Sie, dass sich Ihre Schöpfung mit der Zeit entwickelt, passend zu den Veränderungen Ihrer Innenwelt.

- Schreiben Sie Briefe an Menschen, die Ihnen wichtig sind oder mit denen Sie ungelöste Angelegenheiten haben, so als ob Sie nur noch ein Jahr zu leben hätten. Bringen Sie alle Angelegenheiten zu einem Abschluss. Lassen Sie das Alte gehen. Machen Sie reinen Tisch.

- Ihre Meditationszeit ist ein ritueller Ort. Er bietet Ihnen einen heiligen Kreis für Ihren Abstieg. Führen Sie die Meditationen aus diesem Kapitel durch oder jene aus *7. Geheimnis: Machen Sie sich Ihren Rhythmus zu Nutze.* Wie die Sufis sagen: »Stirb, bevor du stirbst.« Üben Sie das Sterben in der Meditation, und werden Sie mit neuen Werten für Ihr Leben neu geboren.

- Tragen Sie ein rituelles Kleidungsstück für Ihre Meditation. Verwenden Sie ein besonderes Kleid, einen Umhang oder eine Stola, um sich in das Gefühl einzuhüllen, nach dem Sie sich sehnen. Ein Pelzmantel, eine Lederjacke oder ein knappes Negligé können genau das Richtige sein.

- Manchmal brauchen Sie Gemeinschaft, um Ihr Gefühl der Isolation zu lindern. Gehen Sie zu einer Selbsthilfegruppe oder treten Sie in den heiligen Kreis der Therapie, wenn der Schmerz zu groß wird, um ihn allein zu tragen.

- Sammeln Sie Freunde um sich für eine Meditation oder einen

Ritualzirkel. Ehren Sie die Stimmung, nach der Sie sich sehnen. Es kann eine stumme Gemeinschaft sein, ein sanfter verbaler Austausch oder eine wilde und raue Befreiung, die alte Tabus durchbricht. Zeichnen oder malen Sie, oder formen Sie Figuren aus Ton. Errichten Sie gemeinsam einen Altar. Gehen Sie nackt ins Freie, in der Sonne oder bei Mondschein. Entzünden Sie ein Freudenfeuer, oder springen Sie in einen See. Malen Sie Ihre Gesichter an, und tanzen, trommeln oder singen Sie. Wackeln, rasseln und hüpfen Sie Ihren Weg in völlig neue Ausdrucksformen.

Meditationen

Der Über-Atem

Diese Atemübung löst alte Strukturen auf und setzt sie frei. Bei CONTINUUM nennen wir sie den »Mond-Atem«, und sie ähnelt der *Uiyaji*-Atemübung im Yoga. Kombinieren Sie diese Übung mit einer der anderen Abstiegsmeditationen, oder praktizieren Sie sie jedes Mal, wenn Sie langsamer machen und loslassen wollen.

Führen Sie diese Übung im Sitzen oder im Liegen auf dem Fußboden durch, mit Kissen unter den Knien, um das Kreuz zu entlasten. Achten Sie darauf, dass Sie es warm und bequem haben, damit Sie sich wirklich tief entspannen können.

Nachdem Sie sich eingestimmt haben, richten Sie Ihre Aufmerksamkeit auf Ihren Atem, und schwingen Sie einfach einige Minuten lang mit seiner Bewegung mit. Machen Sie sich dann den leerenden Fluss des Ausatmens bewusst. Verlängern Sie die Ausatmung, und geben Sie mit geschlossenem Mund ein leises, flüsterndes Geräusch aus Ihrem Hals von sich. Ziehen Sie Ihren Gaumen etwas zusammen, und Sie werden spüren, wie der Luftweg enger wird und auf diese Weise ein Geräusch hervorbringt. Atmen Sie mit diesem Geräusch so langsam wie möglich aus. Leeren Sie den Atem völlig aus und warten Sie ab.

Das Einatmen wird ohne eine Anstrengung Ihrerseits kommen. Sobald der Atem kommt, lassen Sie sich sanft davon anfüllen. Atmen Sie dann wieder mit dem flüsternden Atem aus. Stellen Sie sich bei jedem Ausatmen vor, dass Ihr übliches Selbst sich mit dem Hinausatmen auflöst, als ob es wie ein Parfüm im Zimmer versprüht würde. Diese diffuse Bewusstheit ist so sanft wie das Mondlicht, kühlend und ausgedehnt, nicht sonnig und direkt. Treiben Sie hinter dem Schleier der Erscheinungen in diese kühle, dunkle Ausdehnung. Ziehen Sie wie eine Wolke über den offenen Nachthimmel.

Mit dem Bauch auf dem Boden

Diese einfache Meditation ist überaus beruhigend und regenerierend. Sie eignet sich wunderbar draußen im Freien auf dem Gras, wenn das Wetter es erlaubt. Im Haus sollten Sie sich einen weichen Untergrund suchen – einen Teppich oder mehrere Decken.

Legen Sie sich mit dem Bauch nach unten auf den Boden. Suchen Sie sich die bequemste Stellung für Ihren Körper. Breiten Sie die Beine aus, drücken Sie Schambein, Bauch und Brüste auf den Boden. Formen Sie mit Ihren Händen ein Kissen, legen Sie den Kopf seitlich darauf. (Drehen Sie den Kopf regelmäßig auf die andere Seite, um den Hals zu entlasten.)

Atmen Sie, lassen Sie Ihr Gewicht langsam fallen und entspannen Sie die ganze Vorderseite Ihres Körpers, die in Kontakt mit dem Boden ist. Bei jedem Ausatmen sinken Sie tiefer und entspannen sich mehr. Achten Sie auf die schwellende Bewegung des Atems in Ihrer Haut, wenn sie sich sanft auf die Haut der Erde presst. Der Körper des Planeten breitet sich weit unter Ihnen aus, und während Ihr Körper in diesen Kontakt hineinfließt, stellen Sie sich vor, wie Sie sich rund um diese gewaltige Kugel ausdehnen. Lassen Sie die Erde in Sie atmen.

Wenn Sie ausatmen, öffnen Sie den Mund und geben ein Geräusch in den Boden ab: einen Seufzer, ein Stöhnen oder ein Flüstern. Machen Sie sich der Erde vernehmbar: Sagen Sie ihr alles mit diesem Geräusch. Gibt es etwas, das Sie loslassen wollen? Schicken Sie es mit Ihrem Atem davon; spüren Sie, wie die alte Energie nach unten und direkt aus Ihrem Körper herausströmt. Mit jedem Ausatmen befreien Sie sich mehr.

Wenn Sie einatmen, empfangen Sie die Energie der Erde; wenn Sie ausatmen, lassen Sie los. Ehren Sie die Zartheit und Offenheit Ihres Bauches. Mit jedem Atemzug gleiten Sie tiefer in die sanfte Gemeinschaft mit der Erde.

Es wird Zeiten geben, in denen Sie einfach ausruhen wollen und Ihr Atem sich ohne Ihre bewusste Aufmerksamkeit bewegt. Lassen Sie es geschehen, und *seien* Sie einfach da. Wann immer Sie sich erfüllt fühlen, bewegen Sie sich ganz langsam und vorsichtig und kehren Sie zu Ihrem Leben zurück.

Aufbauübungen

Bis-auf-die-Knochen-Meditation

Ihre Knochen sind der Kern Ihrer ganzen Struktur. Sie bilden das Gerüst für Ihre Muskeln, Ihre Haut und Ihre Organe – ein tragendes Gitterwerk. Wir alle haben eine Vorstellung vom Skelett. Aber vielleicht wissen Sie nicht, dass lebende Knochen nicht brüchig und ausgetrocknet sind, sondern fest und feucht und sich selbst ständig erneuern. Die Mineralien in Ihren Knochen wurden aus dem explosiven Tod einer Supernova geschaffen; stellen Sie sich vor, dass das Sternenlicht Ihre Zellen immer noch durchdringt.

Die Substanz Ihrer Knochen ist ausdauernd; selbst nach dem Tod und trotz des Zahns der Zeit überdauern die Knochen. Die tibetische Tradition kennt viele Meditationen über den Zerfall des Fleisches, die helfen sollen, die Meditierenden vom Leben im Körper zu entfremden, indem man beispielsweise auf Friedhöfen meditiert oder aus menschlichen Schädeln trinkt. Bei dieser Meditation konzentrieren wir uns auf die tiefe Freisetzung der Knochen, gehen hinein in die Essenz und die innerste Struktur ihres Wesens – zu dem, was bleibt, wenn alles andere zerfällt.

Diese Meditation ist in absoluter Dunkelheit einfach wunderbar. Verbannen Sie jede Lichtquelle aus Ihrem Zimmer oder verbinden Sie sich die Augen mit einem Tuch beziehungsweise einer Augenmaske. Leise Musik – dezent und zurückhaltend – kann Ihnen beim Loslassen helfen. Legen Sie sich zu Beginn auf den Rücken. Wenn Sie wollen, können Sie die Knie abpolstern und auch ein kleines Kissen unter den Kopf legen, falls Ihr Hals verspannt ist. Sorgen Sie dafür, dass es im Zimmer warm ist, oder decken Sie sich zu, damit Sie wirklich loslassen können. Es bleibt Ihnen freigestellt, ob Sie alle Schritte durchführen wollen oder nur einige von ihnen.

1. Schritt: Pressen Sie Hüfte und Taille sanft gegen den Boden, anschließend Rücken und Schultern. Rollen Sie den Kopf vorsichtig von einer Seite zur anderen, und lassen Sie das Gewicht des Kopfes los. Prüfen Sie die gesamte Hinterseite Ihres Körpers, um sie in offenen Kontakt mit dem Boden zu bringen. Lassen Sie Ihr Gewicht los, lockern Sie den Nacken und die Innenseite Ihres Mundes, lassen Sie das Kinn sinken, den Kiefer leicht geöffnet. Lockern Sie die Rückseite Ihres Kopfes und lassen Sie los.

Richten Sie Ihre Aufmerksamkeit nun auf Ihren Atem und konzentrieren Sie sich auf die Ausatmung. Atmen Sie sehr langsam durch Nase oder Mund aus, lauschen Sie dabei dem Geräusch Ihres Atems. Mit jedem Atemzug lassen Sie Ihr Gewicht noch ein wenig mehr einsinken. Spüren Sie, wie Ihre Muskeln sich von den Knochen lösen und in den Boden sinken. Lassen Sie Ihre Knochen los, bis hinunter zu den Knochen der Erde. Stellen Sie sich vor, wie sich Ihr Fleisch auflöst, sodass nur die Knochen übrig bleiben. Nehmen Sie sich eine Ewigkeit Zeit, um loszulassen.

2. Schritt: Stellen Sie sich mit Hilfe Ihrer inneren Sehkraft die Struktur Ihrer Knochen vor. Sehen Sie sie wie auf einem Röntgenbild, hell vor einem dunklen Hintergrund. Verweilen Sie einige Minuten bei dieser Wahrnehmung.

3. Schritt: Erzeugen Sie mit Hilfe Ihrer Stimmbänder eine sanfte Schwingung in Ihren Knochen. Erforschen Sie summende Konsonanten, beispielsweise *vvvv* oder *gggg* (wie in »Genie«) oder *zzzz* oder jede Kombination daraus. Spüren Sie, wie die Schwingung Ihre Knochen durchdringt, oder stellen Sie es sich vor. Nachdem Sie sie ein oder zwei Minuten mit dem Geräusch stimuliert haben, entspannen Sie sich, und achten Sie auf die Nachwirkungen.

4. Schritt: Richten Sie sich sehr langsam in eine sitzende Position auf. Lassen Sie Ihr Skelett sich selbst aufrichten. Das Fleisch hängt einfach an diesem inneren Fundament. Meditieren Sie weiter über diesen vereinfachten und essenziellen Zustand. Die Knochen bilden Ihren Kern, versteckt vor den Augen der Öffentlichkeit. Sie sind eine private und geheime Kraft. Visualisieren Sie ihre Leuchtkraft, von Ihrem Schädel bis hinunter zu Ihren Füßen.

Kehren Sie ganz langsam zurück. Öffnen Sie in der Dunkelheit die Augen und nehmen Sie die Eindrücke in sich auf. Während Sie sich darauf vorbereiten, sich wieder zu bewegen, spüren Sie, wie Sie von Ihren Knochen getragen werden, genährt von den Knochen der Erde. Machen Sie sich klar, wie ausdauernd und beinahe unzerstörbar diese innere Struktur ist – jenseits oberflächlicher Realität, jenseits der Zeit, jenseits des Todes.

Die Abstieg-zur-Göttin-Meditation

Manchmal werden Sie in die Unterwelt gerufen – nicht nur einmal, sondern an vielen Scheidewegen in Ihrem Leben. Als Eingeweihte in die Mysterien können Sie sich bewusst entscheiden, in das Reich des dunklen Weiblichen hinabzusteigen. Diese Meditation beschäftigt sich mit Ihrer Vorstellungskraft, die Sie aus der Tyrannei der Buchstäblichkeit hinunter zu der poetischen Wahrheit der Seele führt.

Setzen Sie sich aufrecht hin oder legen Sie sich auf den Rücken beziehungsweise mit dem Bauch auf den Boden. Nehmen Sie sich reichlich Zeit, um sich einzustimmen und für sich selbst präsent zu werden. Während Sie sich entspannen, wird Ihr Atem ganz allmählich länger und langsamer. Sobald das der Fall ist, rufen Sie die Macht Ihrer Vorstellungskraft an. Bitten Sie sie, Ihnen durch diese Reise genau zu zeigen, was Sie zu diesem Zeitpunkt wissen müssen. Beginnen Sie dann Ihren Abstieg. Lassen Sie jedes Bild zu, während Sie unter die Oberfläche der Erde sinken. Wohin werden Sie geführt: in eine Höhle, unter die Wasseroberfläche, in den feurigen Kern der Erde?

Wenn Sie angekommen sind, sehen Sie sich um und betrachten Sie die Umgebung. Seien Sie von allen Bildern überrascht, die sich Ihnen zeigen. Jedes Detail ist eine wichtige Information. Vielleicht müssen Sie warten, bis man Sie ruft, oder Sie werden sofort von der Gestalt oder der Stimme einer Unterweltgöttin begrüßt beziehungsweise von einer Botin, die Sie zu ihr bringt.

Wenn die dunkle Göttin kommt, nehmen Sie alles an ihr wahr. Hören Sie aufmerksam zu, schauen Sie wachsam hin. Verbeugen Sie sich mit Ihrem imaginären Körper, gestikulieren oder sprechen Sie mit ihr. Zeigen Sie ihr, was in Ihrem Herzen ist. Sie kann darauf mit Worten reagieren oder sie singt, tanzt, berührt Sie oder schenkt Ihnen einen Gegenstand. Was sie sagt oder tut, könnte Sie schockieren; möglicherweise ergibt es sofort einen Sinn, es kann aber auch sein, dass Sie erst eine Weile darüber nachdenken müssen. Nehmen Sie alle Einsichten an, die sie Ihnen schenkt, und wenn der Zeitpunkt gekommen ist, kehren Sie an die Oberfläche zurück.

Während Sie sich langsam auf den Weg zurück zu Ihrem normalen Bewusstsein machen, bleiben Sie noch einige Minuten sitzen, um diese Ereignisse zu verarbeiten. Schreiben oder zeichnen Sie die Eindrücke dessen, was Sie gesehen, gehört und gefühlt haben, auf. Wenn Sie auf eine solche Reise der Seele gehen, dann achten Sie darauf, die Erfahrung als die Offenbarung zu respektieren, die sie auch ist. Nehmen Sie sich fest vor, sich an die Bilder, die sich Ihnen gezeigt haben, zu erinnern und sie zu ehren, und kehren Sie von Zeit zu Zeit bei Ihren Meditationen zu diesen Bildern zurück.

Die ägyptische Haltung

Bei altägyptischen Initiationen lagen die Priesterinnen mitunter in einem Sarkophag und betraten bewusst das Reich des Todes. Sie kehrten mit Visionen und Träumen zurück. Diese Meditation ist ein freiwilliger Mini-Tod mit Reinkarnation. Sie lassen völlig los und kehren erneuert zurück. Die Meditation eignet sich hervorragend, wenn Sie deprimiert sind, sich desorientiert fühlen, verträumt oder ausgelaugt sind – und wenn Sie vermuten, dass der Geist Sie ruft.

Sie können diese Meditation mit dem »Über-Atem« verbinden. Wenn Sie wollen, stellen Sie eine Zeituhr ein, oder verwenden Sie leise Musik, um die Dauer nicht aus den Augen zu verlieren (eine halbe Stunde ist gut). Sie können in dieser Pose auch nachts einschlafen und direkt in Ihre Träume gleiten.

Bedecken Sie Ihre Augen, und kreuzen Sie die Arme über Ihrer Brust, mit einer Hand auf jeder Schulter (wie bei einer Mumie). Stellen Sie sich vor, Sie seien im Innern einer uralten Pyramide.

Fangen Sie damit an, dass Sie Ihren Körper von den Füßen aufwärts innerlich abtasten. Entspannen Sie jedes Körperteil: die Fußsohlen, die Knöchel und die Zehen, die Waden, Schienbeine und Knie, die Schenkel und Hüften, den Bauch und die Rippen, den Brustkasten und die Schultern, den Hals, den Kopf und die Arme. Lockern Sie die Schädeldecke und den Bereich zwischen den Augenbrauen. Entspannen Sie Mund und Wangen. Richten Sie Ihre Aufmerksamkeit auf den Bereich hinter den Augen und verweilen Sie dort ungefähr eine Minute lang.

Lassen Sie Ihre Gedanken nun aufsteigen, als ob Sie Ihren Körper von oben betrachten. Treiben Sie ruhig immer weiter – lassen Sie Ihre Gedanken einfach ziehen. Es besteht keine Notwendigkeit, irgendetwas im Griff zu haben, also lassen Sie Ihr Bewusstsein völlig los.

Nach dem Aufwachen – oder am Ende der halben Stunde – nehmen Sie sich reichlich Zeit, um sich wieder zu orientieren. Kehren Sie langsam in Ihr Bewusstsein zurück. Wenn Bilder mit Ihnen treiben, nehmen Sie sich noch mehr Zeit, um über sie nachzudenken.

Stellen Sie sich vor, dass Sie in ein neues Leben geboren wurden. Betrachten Sie diesen Augenblick als *Tabula rasa*, als reinen Tisch, von dem aus Sie neu geschaffen wurden, wie ein Kunstwerk. Welche Werte dienen Ihnen nun als Fundament? Was ist weggefallen und hat für Sie keine Bedeutung mehr? Wie soll Ihr neues Leben aussehen? Welche Wahrnehmungen, Neugierden, Sehnsüchte oder Wünsche leiten Sie? Welche neuen Freiheiten können Sie ausleben?

Schreiben Sie alles in Ihr Tagebuch, während Sie über diese Fragen nachdenken.

Reflexionen

* Was haben Sie über sich selbst herausgefunden? Wie sieht Ihre Beziehung zu Emotionen aus, die nach unten gerichtet sind?
* Wenn Sie mit Hilfe dieser Meditationen loslassen, bemerken Sie dann irgendeine Freisetzung in Ihrem Körper? Fühlen Sie sich geerdeter, entspannter, der Erde näher?
* Welche alten Werte sind von Ihnen abgefallen?
* Welche neuen Werte sind aufgetaucht? Wie können diese Werte anerkannt und ausgedrückt werden?

11. Geheimnis
Lieben Sie Ihren Körper

Meine linke Brust schmerzt.
Ich sitze da und atme und fühle und frage
    schließlich:
Warum tust du weh? Was brauchst du denn?

Eindrücke wirbeln durch mein Bewusstsein,
    dann wird es klar:
»Du hast mich vergessen. Ich bin allein und
    friere.
Ich brauche Wärme und Berührung.«
Es ist eine leise, wehmütige Stimme, wie von
    einem pelzigen Tier oder einem Kind.
Ich sage: Ich höre dich. Ich werde dich berühren
    und dich wärmen.
Bitte erzähle mir, was du mir mitteilen willst.
Ich lege meine rechte Hand unter meine Brust,
    meine linke darüber.
Sofort flutet die Hitze der Berührung durch
    meine Handflächen,
und in dem weichen Gewebe seufzt es:
»Zu schwer, es ist zu schwer. Du bist immer weg.
Du drängst und strebst und entziehst dich. Ich
    will weich sein.
Ich will kein Kriegerinnenschild sein.

Ich will gehalten werden. Ich will den Fluss
 deines Herzens spüren.
Es ist direkt unter mir, pulsiert vor Wärme und
 Leben.
Halte mich fest, damit ich loslassen kann.«

Die Brust hebt und senkt sich, von meinen
 Armen wie ein Baby gehalten.
Sehnsucht und Trauer heben und senken sich
 ebenfalls,
während Atem und Wärme uns zusammen-
 weben.
Ich sage ihr, dass ich sie nicht vergessen werde.
 Ich werde ihr zuhören. Ich werde für sie da
 sein.
Morgen und alle Tage, das gelobe ich.
Mein Brustkasten entspannt sich, mein Rücken
 wird locker
in der sanften Kurve der Umarmung,
und ich spüre eine Präsenz hinter mir.

Wärme breitet sich um meine Schultern aus,
 hinter meinem Herzen,
als ob große Schwingen mich umfassen.
Unsichtbare Arme halten mich in weichem
 Fleisch.
Ich werde gehalten, wir werden gehalten —
von etwas Uraltem, etwas Weisem. Und ich
 erinnere mich:
Sie ist da. Sie ist immer da.
Wir sind geborgen in den Armen der Liebe.

Die Souveränität des Körpers

Für viele Frauen ist es eine echte Herausforderung, ihren Körper zu lieben. Wir sind dazu konditioniert, ja beinahe hypnotisiert, unser Fleisch zu hassen. Wenn wir angefüllt mit auferzwungenen Idealen sind, befinden wir uns im Reich der gesellschaftlichen Konditionierung. Bei der Meditation betreten Sie die Welt der Empfindungen jenseits äußerer Bilder, einen Ort, an dem Sie Ihren wahren Körper entdecken.

Die Meditation ist eine Heimkehr zu uns selbst. Wir erkennen unsere eigene Atmosphäre und atmen in ihr. Tauchen Sie in die Meditation ein, um Ihre Essenz zu berühren, und tragen Sie diese Erkenntnis dann in jeden Teil Ihres Körpers. Erweitern Sie mit Hilfe der Meditation das kulturelle Bilder des weiblichen Körpers, und nehmen Sie Ihre eigene Gestalt mit Staunen und Freude neu wahr.

Wir sind viel eher in der Lage, unseren Körper zu lieben, wenn wir zutiefst entspannt sind: kurz nach dem Aufwachen, wenn wir nicht gleich aufstehen müssen; während einer Massage; nach dem Liebesspiel; im Bad. Wenn die Meditation gleichermaßen entspannend ist, bietet sie uns Frauen die Gelegenheit, in unserer eigenen Liebe zu baden und in der Freude, einfach zu existieren.

Ihr Körper gehört Ihnen. Das mag auf der Hand liegen, aber Ihr körperliches Selbst wahrhaft zu bewohnen, ohne Entschuldigungen, ist ein echter Kraftakt. Die Souveränität Ihres Körpers muss vielleicht erst kultiviert werden. Die meisten von uns sind eine Besatzungszone: besetzt von den Vorstellungen, Wünschen und Erwartungen anderer. Es braucht Zeit und Mühe, uns wieder selbst in Besitz zu nehmen. Allzu häufig ist unser Körper physischem, sexuellem oder emotionalem Missbrauch ausgesetzt. Manchmal tun wir uns selbst Gewalt an oder vernachlässigen uns.

Werden Sie wieder jungfräulich. Die ursprüngliche Bedeutung des Wortes *Jungfrau* bezog sich nicht auf Sex, sondern auf Souveränität: »Sie, die sich selbst gehört, und niemand anderem.« Nehmen

Sie sich wieder in Besitz. Sagen Sie Nein, wenn Sie das müssen. Nur dann können Sie auch Ja zum Entzücken der Liebe sagen.

Mit Hilfe der Körpermeditation können Sie es sich in sich selbst gemütlich machen. Sie ist ein kumulativer Prozess, der Mitgefühl, Ausdauer und Hingabe erfordert. Jedes Mal, wenn Sie bewusst und zärtlich in Ihren Körper eintreten, wird etwas in Ihnen stark und deutlich werden. Allmählich werden Sie ein neues Fundament aufbauen. Jede Zelle wird von dem neuen Bewusstsein durchdrungen, und die Substanz der Liebe wird zu einer lebendigen Realität.

Ein vereintes Haus

Als ich 1982 von Marion Woodmans Buch *Heilung und Erfüllung durch die große Mutter – Studie über den Zwang zur Perfektion* hörte, wusste ich, dass ich es lesen musste. Der Titel sagt schon alles. Ich erwähne das jetzt, um Sie daran zu erinnern, dass die Beziehung zu Ihrem Körper neu gestaltet werden kann, gleichgültig, wie schmerzlich sie momentan sein mag.

Der Krieg gegen den Körper bringt unglaubliches Leid mit sich. Die alten Ideale behandeln den Körper – und das Selbst – als Objekte, die es zu manipulieren und in Form zu bringen gilt. Schande über Sie, wenn Sie dem Vollkommenheitsideal nicht gerecht werden: Hohn und Spott über Sie! Wenn Sie nur ein wenig disziplinierter wären, könnten Sie diese Schlacht gewinnen. Dieser militärische Ansatz gegenüber dem Körper versetzt uns in einen Krieg gegen uns selbst. Militärische Disziplin ist zum Scheitern verurteilt, weil das, was wir eigentlich dringend bräuchten, Akzeptanz ist.

Es ist immer wieder ein Schock, wie quälend dieser Bereich für die meisten Frauen ist, sogar wenn sie diese irreführenden und tödlichen Einstellungen durchschauen. Frauen erklären oft, dass sie ihren Körper unmöglich so akzeptieren können, wie er ist, und doch schlagen ihre Versuche, ihn zu ändern, zurück. Sie sind wie gelähmt, denn ein weiserer, wenn auch unbewusster Teil von ihnen weiß, dass sie im Griff eines verinnerlichten, arroganten Patriarchen stecken, und dieser unbewusste Teil weigert sich, den Forderungen des Patriarchen zu entsprechen. Seelenstärke und eine Menge Unterstützung sind nötig, wenn wir uns dieser despotischen Stimme stellen und den Lügen mit unserer Körperweisheit entgegentreten wollen. Nur das liebevolle Bewusstsein des zutiefst Weiblichen ist stark genug, um die Trance zu durchbrechen.

Körperbildideale sind stets verallgemeinernd und basieren auf einer betäubenden Vorliebe für Konformität. Diese kollektiven Bilder sind vergiftet mit dem Hass auf die Individualität, was unvermeidlich in eine Zwickmühle führt: Sie wollen attraktiv sein, aber was attraktiv ist, gibt ein abstraktes allgemeines Bild vor. Wie können Sie da Ihre eigene Gestalt akzeptieren, wie die Schönheit in Ihrer Einzigartigkeit sehen? Unmöglich! Nein, nicht unmöglich. Es gibt viele Frauen, die sich davon befreit haben und lustvoll ihren Körper akzeptieren, gleichgültig, welche Form oder Größe er hat. Sie strahlen Freude, Humor und Lebenslust aus — eine magnetische Macht und Schönheit, die für alle offen zu Tage tritt.

Wenn Sie das große Glück haben, aus einer Familie, einer Volksgruppe oder Kultur zu stammen, die das Fleischliche akzeptiert und es mag (und wir wissen, es gibt ein paar da draußen), dann feiern Sie das ausgelassen, und der Rest von uns wird Sie feiern! Wir brauchen so viele Vorbilder gesunder Körperliebe, wie wir kriegen können.

Wenn Sie eine der vielen Frauen sind, die an Ihrem Körper leiden, seien Sie geduldig mit sich selbst. Die Reise zurück in Ihren Körper kann Ängste, Trauer, Wut oder Furcht hochbringen. Manchmal sind diese Emotionen genau die Energie, die zurückgehalten wird und buchstäblich aus Ihrem Fleisch heraus muss. Expressive Bewegung ist eine der besten Möglichkeiten, um diese Emotionen freizusetzen. Suchen Sie Situationen, in denen Sie sich sicher fühlen, und lassen Sie dann los. Die psychische Energie hinter den Emotionen wird auf diese Weise freigesetzt und zirkuliert durch Ihren ganzen Körper als Stärkung und Vitalität.

Das Geheimnis des Gewichts

Das ideale Körpergewicht ist relativ. In vielen anderen Kulturen –
beispielsweise bei den amerikanischen Ureinwohnern, auf Hawaii
und bei den Inuit – symbolisiert das Gewicht Wohlstand und
Macht – und je mehr, desto besser! Das Problem ist nur, dass allzu
viele zusätzliche Pfunde nicht gesund sind. In unserer Kultur mas-
kiert großes Körpergewicht oft ein tiefes Bedürfnis oder Verlangen,
das nicht erfüllt wird. Als Krankheitssymptom ist Übergewicht ein
Symbol für eine Botschaft Ihres Körpers, die von einer inneren
Sehnsucht kündet. Denken Sie über die buchstäbliche Bedeutung
von Gewichtigkeit nach, um die metaphorische Wahrheit im Innern
zu finden.

Vom Standpunkt der Natur aus ist Fett ein Brennstoff. Zusätz-
liches Gewicht ist so, als ob Sie Ihren eigenen Energievorrat mit sich
herumtragen, für den Fall einer Hungersnot. Die dicken Frauen, die
ich kenne, haben eindeutig jede Menge psychischer Energie, jede
Menge Leidenschaft und Kraft, obwohl es ihnen oft nicht leicht
fällt, das anzuerkennen. Ihre Leidenschaften sind so stark, dass sie

---

Die Heiligkeit des Weiblichen

Wenn eine Frau vom Abstieg zurückkehrt, nimmt sie ihren Körper
wieder in Besitz, und in diesem Akt der Rückgewinnung nimmt
sie nicht nur *ihre persönliche* körperliche Form wieder ein, sondern
verkörpert gleichzeitig die Heiligkeit des Weiblichen für uns alle.
Sie rückt dessen Bedürfnisse ins Bewusstsein. Durch bewusste Ernährung, körperliche Betätigung, Baden, Ruhe, Heilung, Liebesspiel, Geburt und Tod erinnert sie uns an die Heiligkeit des Weiblichen … Diese heilige Dimension findet im Körper statt, und die
Seele eines Menschen, aber auch die Seele einer Kultur kann sich
nur dann weiterentwickeln, wenn der Körper wieder zurückgewon-
nen und geehrt wird.

Maureen Murdock, *The Heroine's Journey* (1990)

nicht wissen, was sie damit anfangen sollen. Sie betäuben ihre Emotionen, vergraben sie unter zu viel Nahrung oder leben sie auf gewalttätige Weise aus. Meine Mutter war eine solche Frau: Es hat sie umgebracht. Ich musste mich mit ihren Mustern in mir selbst auseinander setzen. Ich lernte, mit der flüchtigen Energie zu tanzen, und das war einer der wichtigsten Schlüssel, um sie zu verwandeln.

Akzeptieren Sie Ihr Dicksein. Nur zu, seien Sie energetisch riesig: Nehmen Sie viel physischen und psychischen Raum ein! Meditieren Sie darüber, wie Sie Ihr Feld vergrößern: Seien Sie so gewaltig wie ein Berg, so endlos wie der Himmel. Dann muss Ihr physischer Körper nicht länger unbewusst die Größe für Sie ausdrücken.

Neben Macht und Leidenschaft vermittelt das dick und »gewichtig« sein auch ein Gefühl des Geerdetseins, der Erdverbundenheit, der Substanz, der Tiefe und der *gravitas*. Viel Fleisch kann ein Gefühl der Fülle, des Luxus, der Weichheit und des Schutzes bieten, andererseits aber auch Einsamkeit oder Isolation und die Sehnsucht nach Verbindung. Das alles sind instinktive Bedürfnisse, die von Ihrem Fleisch repräsentiert werden: das Bedürfnis nach Kräftigung und Liebe, nach Ruhe, Zuflucht, nach einem Nest und nach Kommunikation. Die meisten Therapeuten sind sich einig, dass Gewicht ein Symptom für Stress ist. Zu viel Gewicht bietet eine Art schützende Isolierung vor Grenzverletzungen und den Pfeilen und Fallstricken des Lebens. Wenn Sie gegen Ihr Gewicht ankämpfen, dann finden Sie erst einmal heraus, was Ihnen Stress bereitet, und suchen Sie neue Möglichkeiten, für sich selbst zu sorgen. Zu viel Gewicht ist buchstäblich eine Last für das Herz. Welche schwere Bürde tragen Sie, und wie können Sie die Last leichter machen? Die tiefere Botschaft könnte lauten, dass Sie lernen müssen, anzunehmen.

Jedes Dilemma ist ein Tanz der Gegensätze, und das Gewicht verkörpert die Dynamik zwischen groß und klein. Akzeptieren Sie auch Ihr Kleinsein. Seien Sie verletzlich, unschuldig und bedürftig, verweilen Sie im Kleinsein. Rollen Sie sich in Ihrem Nest ein, und geben Sie Ihrem Körper, was er verlangt.

Entdecken Sie das Geheimnis in Ihrem Gewicht, wie immer dieses Geheimnis für Sie aussehen mag. Lernen Sie zu respektieren, wie hingebungsvoll Ihr Körper diese Botschaft verkörpert hat und darauf wartete, dass Sie sie bewusst annehmen. Wenn Sie das akzeptieren können, kann die Liebe durch Ihr Fleisch fließen. Der Krieg wird vorüber sein, und das Gewicht wird wissen, dass es nun gehen kann. Möglicherweise schmilzt es vor Erleichterung einfach weg.

Meditieren Sie über die Metapher, dass Ihr Körper etwas für Sie hält. Baden Sie in der Eigenschaft, nach der Sie sich sehnen, und lernen Sie, sie direkt zu befriedigen. Suchen Sie die wahre Nahrung und nehmen Sie sie auf. Ernähren Sie sich gesund im täglichen Leben, und lassen Sie sich Zeit, um jeden Bissen wirklich zu genießen. Seien Sie zärtlich mit sich selbst. Drücken Sie Ihre Gefühle aus, und suchen Sie sich Unterstützung, um überall dort Veränderungen in Ihrem Leben durchzuführen, wo Sie können. Legen Sie Ihre Last ab, und lernen Sie die Leichtigkeit in Ihrem Herzen kennen.

Wo Sie jetzt gerade sind

Hüten Sie sich vor den wohlgemeinten, aber kryptisch perfektionistischen Gedankenkonstrukten einiger New-Age-Heilsysteme. Viele Bücher wurden Bestseller, weil sie andeuteten, dass man nur richtig denken müsse, und schon habe man vollkommene Gesundheit und würde niemals altern. Wenn Sie folglich irgendwelche Symptome an sich feststellen, haben Sie offensichtlich eine falsche Einstellung und schlechtes Karma und tragen nun für alle sichtbar die Zeichen Ihrer Schuld mit sich herum.

Gestern Abend unterhielt ich mich mit meiner Freundin Karina. Sie ist eine stattliche Frau Anfang fünfzig und seit achtzehn Jahren eine engagierte Schülerin des spirituellen Weges. Vor ungefähr fünfzehn Jahren wurde bei Karina Multiple Sklerose diagnostiziert. Sie geht mit ihrem Zustand mit philosophischer Klarheit um und be-

Heilendes Schwänzen

Anne und ihr Ehemann haben eine private Grundschule in Santa
Fe, New Mexico, eröffnet, die sie nun schon seit zwanzig Jahren
leiten. Die Schule ist überaus erfolgreich und gehört zu den ange-
sehensten im Umkreis. Anne praktiziert auch *Jin Shin Jyutsu* und
hat uns diesen heilenden Tipp weitergeleitet:
»Ich lege mich gern auf den Boden und meditiere – ganz ohne
Kissen. Ich platziere ein kleines Lavendelkissen auf meine Augen.
Dabei verwende ich auch gern ein Mantra. Ich begebe mich an einen völlig anderen Ort, und wenn ich dann zurückkehre, fühle ich
mich viel besser.
Den ganzen Tag werden wir gerufen – laut und leise –, und wir
sollten uns diesen Rufen eigentlich widmen. Wenn etwas in Ihrem
Körper wirklich aus dem Gleichgewicht geraten ist, dann werden
diese kleinen Signale stärker, und es wird immer wichtiger, sich
von ihnen sagen zu lassen, was man tun soll. Sie sind immer da,
aber normalerweise schenken wir ihnen keine Aufmerksamkeit.
Wenn Sie heilen wollen, dann müssen Sie es sich allerdings zur
Aufgabe machen, ihnen Aufmerksamkeit zu schenken.
Sie müssen hin und wieder alle äußeren Stimuli komplett loslassen
und sich dem hingeben, was Ihr innerer Zustand sein will – was
immer das ist. Meditation macht am meisten Spaß. Man lässt alles Äußere los und lässt das Innere seinen eigenen Rhythmus finden. Es gibt Zeiten, in denen man die Überreste von Depression
und Wut durchgehen muss. Schließlich gelangt man an einen Ort,
an dem man quasi die Außenwelt schwänzt. Man fühlt sich unar-
tig, weil man so viel Spaß hat. Klammern Sie sich an dieses Gefühl
des Blaumachens. Wenn Sie dann später wieder nach außen kommen, fühlen Sie sich besser. Diese Erfahrung ist angenehm, auch
wenn es Augenblicke gibt, die sich heikel anfühlen.
Wenn Sie mit sich selbst die Abmachung treffen, sich diese Zeit zu
nehmen, und es dann nicht tun, sorgen Sie nur für Misstrauen
gegenüber sich selbst.«

trachtet ihn als Lehre, um Begrenzung zu akzeptieren, langsamer zu machen und sich mit Anmut dem gegenwärtigen Augenblick zu öffnen. Sogar wenn sie sich selbst die schwierigen und schmerzlichen Injektionen eines vom Gesundheitsamt freigegebenen Medikaments spritzt, hält sie das für eine tägliche *puja*, ein Ritual der Hingabe: Sie chantet und segnet die Spritzen und die Medikamente, als ob es sich bei ihnen um feinstes Räucherwerk oder Blumen handle. Diese Einstellung hilft Karina, mit den überaus realen Herausforderungen der Entkräftung umzugehen.

Nachdem sie mir traurig mitteilte, dass sich ihr körperlicher Zustand seit kurzem verschlechtert hatte, las sie mit zitternder Stimme diese Verse des Sufi-Dichters Hafiz:

> Dieser Ort, an dem du dich gegenwärtig findest,
> wurde von Gott auf einer Landkarte markiert.
> Wohin immer deine Augen, deine Arme und dein
>   Herz sich auf Erden und im Himmel bewegen,
> der Geliebte hat sich dort verbeugt …
>
> Der Geliebte hat sich dort verbeugt, wissend, dass
>   du kommst …

Nachdem Karina das ganze Gedicht vorgelesen hatte, saßen wir schweigend beisammen und ließen die Worte nachklingen. Dann sagte Karina, dass sie sich einige Kassetten angehört hatte, die ihr ein Freund hatte zukommen lassen. Es ging um Heilung und darum, seine Wunden loszulassen. Etwas an diesen Kassetten verursachte ihr ein schreckliches Gefühl, als ob ihre Symptome bedeuteten, dass sie sich an ihre Krankheit klammere und darum nicht spirituell genug sei.

Ich versicherte ihr, dass ihre Beziehung zum Heiligen sehr privat und intim sei und niemand wissen könne, was für sie richtig ist. Wir können Dinge lesen oder sehen oder wertschätzen, die uns in der

Tiefe der Seele öffnen und unser Herz mit ihrer Schönheit und Ergriffenheit berühren. Aber wenn wir die Meinung anderer in diesem
höchst privaten Bereich gelten lassen, erweist sie sich für uns häufig
als unverdaulich. Anstatt uns Kraft zu geben, sorgen diese Vorstellungen für Verkrampfungen, und wir müssen eine ungeheure Menge an psychischer Energie darauf verwenden, deren Gift wieder aus-
zuschwemmen.

Viele vorherrschende Theorien haben diese quälende Wirkung,
seien es nun kulturelle, spirituelle oder New-Age-Heilungsideale.
Ironischerweise sind die meisten Einstellungen zum Körper sehr
kopfgesteuert und mechanistisch. Hüten Sie sich davor. Wenn Sie
feststellen, dass sich bestimmte Ideen auf Ihr Innenleben auswirken,
dann finden Sie heraus, was Sie nährt, und jäten Sie alles aus, was
sich strafend, giftig oder allzu hart anfühlt. Begrüßen Sie das, was
Ihnen erlaubt, voll zu atmen, Raum in sich selbst zu schaffen und
Herz, Körper und Seele weit zu öffnen.

Der Körper ist ein Mysterium

Unser Körperbild könnte eine Aufmöbelung vertragen. Die Sprache, mit der wir »den Körper« beschreiben, ist viel zu buchstäblich;
inneren Wahrheiten wird man am besten durch Metaphern gerecht.
Die Energie hört nicht an der Grenze zur Haut auf; unser Körper
ist mehr als Muskeln, Fett, Blut und Knochen. Unser Körper ist
nicht nur ein klobiger, alter Schuh, in dem wir herumspazieren. Was
wir »Körper« nennen, ist ein großes Geheimnis.

Wenn Sie Ihre Wahrnehmung in diese Richtung verlagern, befreien Sie sich dadurch auf kraftvolle Weise von dem Gedanken, Ihr
Körper wäre ein Gefängnis.

Die Ideale, die Frauen verrückt machen, sind steril, seelenlos und
entbehren jeder Poesie. Betreten Sie die Seele Ihres Körpers, lauschen Sie seiner Lyrik. Hier sind einige alternative Realitäten:

Der Ozean der Liebe

Die urtümliche, schöpferische Bewegung des Lebens ist eine Wellenbewegung. Ein Ozean an Bewegung strömt ständig um uns herum und durch uns hindurch. Leben ist Bewegung, und wir sind Bewegung; in diesem ozeanischen Tanz gibt es keine Trennung. Was innen ist und was außen, verschmilzt in einem unablässigen Austausch, einem endlosen energetischen Fluss. Der Herzschlag, die Wellen des Atems und der Strom von Blut und Lymphe sind keine isolierten, inneren Prozesse, sondern Teil des größeren Tanzes der Schöpfung. In dieser Umarmung aus Bewegung lösen sich alle Vorstellungen von Festigkeit, Starre und Isolation auf.

Unser Körper besteht größtenteils aus Wasser. Durch diese Flüssigkeit schwingen wir mit der Ersten Mutter, dem Ozean, und mit der Entstehung des Lebens auf diesem Planeten mit. Unsere Zellen erinnern sich: In der Gebärmutter wiederholt der heranwachsende Embryo die einzelnen Phasen der Evolution; der Salzgehalt von Blut und Fruchtwasser entspricht dem von Meerwasser. In vielerlei Hinsicht bewegt sich das Meer immer noch in uns.

Der flüssige Zustand ist ein heilender Zustand, ein Zustand der Möglichkeiten. Wenn wir uns bewusst dieser Flüssigkeit hingeben, erfahren wir uns eingetaucht in der urtümlichen Gebärmutter, genährt und getragen von einem Ozean der Liebe. Schwimmen Sie in diesem Ozean, und lassen Sie sich neu erschaffen.

Ihr galaktischer Körper

Unser Körper ist zu 99,99 Prozent leerer Raum. Die Atome unseres Körpers bestehen in erster Linie aus leerem Raum, und in dieser gewaltigen Ausdehnung blitzen Elektronen auf, drehen sich, tauchen auf und verschwinden wieder. Wir sind Galaxien: üppiger schwarzer Raum und funkelnde Lichtpunkte. Die Wissenschaft vermutet, dass ein Großteil des Universums aus »dunkler Materie« besteht, einem fruchtbaren Feld, aus dem heraus die Sterne ihre Form annehmen, geboren werden und sterben. Materie, Mater, Mutter!

Materie selbst besteht aus Elementen, die schon beim Urknall geschaffen wurden. Das Kalzium in unseren Knochen und das Eisen in unserem Blut entstammen dem explosiven Tod einer Supernova. Materie und Energie sind eng miteinander verbunden – was ist was? Betreten Sie dieses Mysterium voller Staunen.

Mehr zu Meditation und Sex

Auf Ihre Weise

Körpermeditationen sind ein Schlüssel zu Ihrer Sinnlichkeit, und die Sinnlichkeit ist ein Schlüssel zu Ihrer Sexualität und Ihrer Macht. Wenn Sie in Ihren Körper eintreten, betreten Sie Ihr sinnliches Naturell, und unwillkürlich werden auch sexuelle Fragen hochkommen. Für die meisten von uns ist Sex ein zutiefst belastetes Thema. Denken Sie daran, dass Sinnlichkeit und Sexualität in erster Linie nur für Sie da sind. Ob Sie allein sind oder einen Partner beziehungsweise eine Partnerin haben, stets kann die Meditation Ihre Erotik erhöhen – eine Erotik, die gesund ist und Sie befriedigt.

Sexuelle Energie, Eros, Kreativität, Lebenskraft und das Heilige sind austauschbare Begriffe. Alle spiegeln die transformative Kraft des Weiblichen wider, die empfängt, schwanger wird und neues Leben zur Welt bringt. Wir sind erotische Wesen, und ob Sie das nun dadurch ausdrücken, dass Sie eine Familie gründen, Kunst kreieren, eine Karriere erschaffen oder sich in das Leben verlieben, die sexuelle Energie ist immer Ihr Geburtsrecht und Ihre wichtigste Quelle.

Colette, Filmemacherin und Stimmtrainerin Mitte vierzig, beleuchtet diese Verbindung: »Ich fühle mich oft erregt, sobald ich meine Augen schließe, um zu meditieren. Eine Zeit lang dachte ich, ich sollte die Meditation aufgeben und einfach anständig sein und zur Kirche gehen. Aber selbst in der Kirche erregen mich das Singen und das Beten und diese überschäumende Energie. Ich dachte: ›Was stimmt nur mit mir nicht?‹ Zu guter Letzt wurde mir klar, dass es keine Trennung zwischen sexueller und spiritueller Energie gibt. Das ist die Lebenskraft. Das ist die Schöpfung. Auf diese Weise sind wir alle auf die Welt gekommen. Alle sind so furchtbar damit beschäftigt, zu transzendieren und zu sublimieren. Beim Gesang benützt man sein sexuelles Zentrum. Man schickt die Energie nach unten, damit die Stimme frei wird, sich zu erheben und davonzufliegen. Man bewegt sich in beide Richtungen. Wenn eine aus der Tiefe ihres Körpers singt, erlebt sie dort Gott.«

Lernen Sie, diesen Strom der Erotik durch Ihren Körper zirkulieren zu lassen, sich von ihm nähren und vitalisieren zu lassen. Dann können Sie sich entscheiden, wie und wann Sie Ihre Erotik mit jemand anderem teilen wollen.

Lassen Sie sich von niemandem Schuldgefühle einreden – weder für Ihren Körper noch für Ihre sexuelle Natur, unter keinen Umständen. Ich weiß, ich weiß – das ist leichter gesagt als getan. Die vorwurfsvollen Stimmen können aus allen Richtungen kommen: Sie sind zu viel, Sie sind nicht genug. Es gibt keinen Bereich unseres Lebens, der verletzlicher ist als die Sexualität, ungeachtet unseres Geschlechts. Jeder, der aufmerksam ist, kennt die Herausforderungen von Sex und Intimität. Die Erotik einer Frau kann nur in einer Atmosphäre der Entspannung, der Sicherheit und des Vertrauens voll erblühen. So mancher winzige Faktor kann das Klima für das Liebesspiel stören: die geringfügigste emotionale Anspannung, Misstrauen oder nicht verarbeitete Reibung zwischen den Partnern fügen dem Gewebe des Vergnügens Risse zu und machen es fast unmöglich, sich zu entspannen.

Wenn Sie sich dieser Quelle in Ihrem Innern entzogen fühlen, kann die Einsicht helfen, dass ein Teil von dem, was Sie fühlen, uns allen gemeinsam und nicht nur auf Sie beschränkt ist. In der ganzen Menschheitsgeschichte haben Frauen alle möglichen Entwürdigungen ertragen müssen, und die Gewalt hält bis zum heutigen Tag an. In gewissem Maß trägt jede Frau uralte Wut und Trauer in ihrer Seele. Maureen Murdock bezieht sich auf alte Zeiten, als die weibliche Sexualität noch geehrt und verehrt wurde, wenn sie schreibt, dass die meisten Frauen dieses Gefühl der Macht, das mit ihrer Sexualität einhergehen sollte, verloren haben. Der Mann habe die Frau klein gemacht, indem er sie als Verführerin, böse Versucherin und Verschlingerin denunzierte. Die ursprüngliche Macht der rohen Sexualität der Göttin und ihre schöpferische Energie seien von den männlichen Autoritäten als enorme Bedrohung empfunden worden. Man habe es auch als kontraproduktiv für unsere kulturelle Arbeitsethik wahrgenommen.

Die kollektiven Schrecken von Vergewaltigung, Inzest und körperlichen Misshandlungen von Frauen sind tief in die weibliche Psyche eingegraben. Allzu häufig sind sie auch entsetzliche persönliche Erfahrung. Wenn das in Ihrem Leben der Fall sein sollte, dann machen Sie sich klar, dass Sie geheilt werden können.

Unsere natürliche Erotik sollte eine Quelle der Freude sein, nicht der Scham oder der Angst. Aus diesem Grund kann die Meditation hilfreich sein. Die Meditation ist ein heiliger Ort für die Intimität mit sich selbst. In dieser sicheren Atmosphäre können Sie Ihre tiefe persönliche Verbindung zum Vergnügen entwickeln, ohne dass Sie sich zwingen müssen, sexueller zu werden, oder die Hollywood-Fantasien eines anderen erfüllen zu müssen. Machen Sie die Meditation zu einem Ort, an dem Sie Ihrer eigenen inneren Führung folgen und sich an das gewöhnen, was sich für Sie gut anfühlt. Das ist eine der besten Möglichkeiten, sexuelle Traumata zu heilen. Darüber hinaus sprechen viele Formen der Therapie diese Wunden an und bauen allmählich Ihr Selbstwertgefühl wieder auf. Zu guter Letzt werden Sie Ihr erotisches Naturell wieder finden und erneuern.

Das weibliche Yang

Die weibliche Energie ist nicht nur Yin und empfangend. Der Zugang zu Ihrem Yang ist ermächtigend, belebend und klärend. Er hilft Ihnen, das Leben zu erschaffen, das Sie sich wünschen – und zwar sofort. Er verhilft Ihnen zu Mut, um sich auszudrücken, sich in der Welt zu behaupten, für Ihre Wünsche und Ihre Überzeugungen einzustehen. Sie könnten es die phallische Macht der Frau nennen. Denn wider Erwarten muss man die Eigenschaft der Selbstbehauptung keineswegs als männlich interpretieren.

Das Yang einer Frau kann sich elementar anfühlen – eine wilde Naturgewalt wie ein Fluss, ein Waldbrand oder ein Gewitter. Wenn man ihm Zügel anlegt, erlangt es eine elektrifizierende, konzentrierte Intensität. Klingt das sexuell? Und ob.

Anatomisch gesehen ist die Klitoris die ursprüngliche Darstellung dieses konzentrierten weiblichen Yang. In Augenblicken sexueller Erregung vergrößert sich die Klitoris und will vorwärts drängen, sich ausstrecken, durchbohren. Nein, Sigmund, das ist kein Penisneid; es ist die urweibliche Stoßkraft. Es ist die »Frauoben«-Aggression, die sich alles nehmen will. Das Gefühl kann androgyn sein, aber selbst dieser Begriff ist noch zu begrenzend. Weit tiefer als die kulturellen Rollen von Mann und Frau und weitaus zwingender sollte das Yang der Frau als zutiefst weiblich gefeiert werden. Für einige Frauen bricht diese sexuelle Kraft ein tief sitzendes und beängstigendes Tabu. Wir fürchten und hassen diese Form von Macht, denn sie gehört vermeintlich zu den Männern und fühlt sich gefährlich an. Häufig wird sie falsch angewendet. Werde auch ich töten, vergewaltigen und plündern?

Sie wollen niemandem Schaden zufügen, das versteht sich wohl von selbst. Betrachten Sie die Yang-Energie als Dienst am Leben. Manchmal mag sie sich gewalttätig anfühlen, aber es ist die Gewalt des Freiheitsdrangs. Sie *ist* gefährlich – für Ihre Hemmungen. Sie durchstößt eine Membran – die der Falle, in der Sie gefangen sind. Und sie tötet Illusionen – die Illusion, Sie seien eine Gefangene.

Yin und Yang besitzen beide eine Macht und eine Sinnlichkeit, die für Ihr Frausein wichtig sind. Beide verkörpern eine Form der Beziehung zum Universum. Wir brauchen ein Gleichgewicht zwischen den beiden: die ausbreitende, sich auflösende Empfänglichkeit des Yin und die engagierte, muskulöse Dringlichkeit des Yang.

Wie bei allen anderen Gegensatzpaaren auch, neigen wir normalerweise zu einer der beiden Seiten. Das Gegenstück ist daher immer eine Quelle der Offenbarung und der Befreiung.

Sie können bei der Meditation – und beim Sex – beide Eigenschaften kultivieren. Wenn Sie auf körperliche Weise meditieren, kann es wirklich heiß hergehen. Vielleicht werden Sie erregt – machen Sie sich keine Sorgen: das ist *gut!* Vom Becken bis zum Scheitel, von den Brustwarzen bis zu den Knien wird die Energie strömen. Sie können mit dieser Energie spielen: »Mal sehen, ist heute die Klitoris dran oder die Vulva? Stark aufgeladen und voll konzentriert oder träge, weich und locker? Ein kurzer Strip mit beiden?« Wählen Sie das Vergnügen, und tun Sie damit, was Sie wollen! Ihre Haut wird auf besondere Weise glühen, und Ihr Gang wird selbstsicherer und freier. Und Ihre Beziehungen? Die könnten durchaus eine kribbelnde neue Dimension annehmen.

Sich einander öffnen

Je mehr Sie Ihren Körper in Besitz nehmen und Ihre weibliche Macht kennen, desto mehr können Sie sich der Energie eines anderen öffnen. Sie können dann souverän den anderen in sich aufnehmen – ohne die Angst, überwältigt, besetzt oder missbraucht zu werden. Wie sollte das auch möglich sein, wenn Sie ganz mit sich selbst erfüllt sind?

In jeder intimen Beziehung bildet der Fluss des Eros zwischen den Partnern ein tiefes energetisches Band. Dieser Fluss kann als ständiger Strom der Nährung und Verbundenheit zwischen Ihnen kultiviert werden. Wenn Sie in einer dauerhaften Beziehung sind, wird die Entdeckung und Pflege dieser Verbundenheit Ihre Partnerschaft stärken.

Unsere Ahnen verstanden die kosmische Energie als den unablässigen erotischen Austausch zwischen den männlichen und weiblichen Aspekten des Universums. Die poetische Symbolik im Tantra drückt es am besten aus: Shiva und Shakti sind für immer eng umschlungen im göttlichen Tanz der Kreativität und Liebe. In dieser erotischen Verbindung liegt Ekstase. Die Liebenden können sich diesem kosmischen Spiel bewusst anschließen. Auch wenn gleichgeschlechtliche Paare ihre eigene Version dieses Tanzes der Gegensätze (frei zu interpretieren) haben, sprechen wir hier speziell von einer männlich-weiblichen Paarung.

Glücklich verheiratete Frauen werden Ihnen sagen, dass eine gesunde sexuelle Beziehung der Schlüssel zu ihrem Erfolg ist. Die stets bereite Sexualität des Mannes unterscheidet sich enorm von der Sexualität der Frau, darum ist für gewöhnlich große Bewusstheit nötig, um den Paarungstanz zu koordinieren. In einer guten Beziehung können wir kommunizieren und lernen ständig voneinander. Männern macht es Freude, wenn sie einer Frau Vergnügen bereiten können. Die Aufgabe der Frau besteht darin, ihre eigene Erotik zu entwickeln und ihrem Partner zu zeigen, was für sie funktioniert. Sie kann auch bewusst und großzügig den erotischen Energiefluss zu ihm strömen lassen.

Wenn Sie einen Mann lieben, lieben Sie auch seinen Körper, gleichgültig in welcher Verfassung er ist. Feiern Sie seinen weichen Penis; feiern Sie die Momente phallischer Kraft. Die bewusste Vereinigung des männlichen *Lingam* und der weiblichen *Yoni* ist eine Quelle des Staunens und der Freude.

Bereiten Sie sich durch die Meditation auf Ihr Liebesspiel vor. Üben Sie die »Lippen-Labia«-Meditation: Lassen Sie Ihre Vulva anschwellen, um seine männliche Essenz zu empfangen. Seien Sie Shakti in ihrer göttlichen Ausstrahlung, und laden Sie Shiva in Ihre üppige Umarmung ein.

Meditieren Sie häufig über all das, was Sie an dem Menschen, den Sie lieben, schätzen. Wertschätzung bedeutet einen Anstieg an Wert – und Liebe ist ein Zustand erhöhter Wertschätzung. Dass Männer und Frauen einander ehren und sich an der gegenseitigen Kraft erfreuen sollen, scheint nur natürlich. Frauen, lasst uns unseren Teil dazu beitragen! Erfreut euch an euren Männern!

Der Flug der Sola

Viele Frauen sind »sola« – sie leben aus eigenem Entschluss oder aufgrund schicksalhafter Umstände allein. Wenn Sie keinen Sexualpartner haben, müssen Sie sich diese Vitalität und diesen Fluss der Energie dennoch nicht versagen. Es gibt Zeiten im Leben, in denen Keuschheit angemessen ist. Aber Sie müssen dem Entzücken von Körper und Seele nicht abschwören, nur weil Sie allein sind.

Eigene Erkundungen sind manchmal die stimmigste und befriedigendste Form sexuellen Ausdrucks, eine Vereinigung mit dem Selbst. Viele Frauen, die sich bewusst für das Zölibat entscheiden, sagen, dass sie trotzdem die sexuelle Energie durch sich fließen lassen, als Strom der Verbundenheit und Freude. Sie mögen »allein« sein, aber sie sind auf tiefste Weise mit sich selbst verbunden und stehen in einer sinnlichen Beziehung zum Leben. Sie erleben kleine erotische Berührungen von der Natur: das Sonnenlicht, den Wind, ihre Hände in der Gartenerde, die Berührung weicher Kleidung auf dem Körper, den Rhythmus und Schwung eines Spaziergangs. Viele Wege führen zum Entzücken. Die Ekstase über ein Musikstück oder einen Tanz kann zu wilder dionysischer Ausgelassenheit führen, selbst in der Privatsphäre Ihrer Wohnung.

Auf einer subtileren Ebene kann Ihre Sinnlichkeit die Vollendung Ihrer Beziehung zum Universum, zu Gott oder dem göttlichen Geliebten darstellen. Im Hinduismus wird die Verehrung von Krishna durch leidenschaftliche, unzüchtige Liebe symbolisiert, und die Gläubigen können in die Ekstase eintreten, indem sie über den Gott meditieren oder erotisch mit ihm tanzen. Der Legende zufolge hörten die Frauen, deren Ehemänner schliefen, nachts den Ruf von Krishnas Flöte und schlichen sich zum Fluss, wo sie sich der Ekstase hingaben. Viele Nonnen kennen diese geheime Ekstase, auch wenn es nicht viele zugeben werden. Nähern Sie sich Ihrer Erotik mit dem meditativen Ansatz, und Sie werden entdecken, wie machtvoll und mystisch diese innere Verbindung sein kann.

Forschungsreisen

- Wann fühlen Sie sich in Ihrem Körper am wohlsten? Wann verspüren Sie Freude?
- Rufen Sie sich Zeiten tiefer Entspannung und großen Vergnügens ins Gedächtnis. Erinnern Sie sich an diesen Zustand und kultivieren Sie ihn.
- Wann konnten Sie spüren, wie die Lebenskraft durch Ihren Körper pulsiert?
- Es gibt jeden Tag hunderte von Gelegenheiten, bei denen Sie sich um sich selbst kümmern können – wenn Sie Ihr Gesicht waschen, wenn Sie sich mit Körperlotion einreiben, wenn Sie sich anziehen, wenn Sie sich kratzen. Mit welcher Qualität berühren Sie Ihren Körper? Neigen Sie zu Grobheit, fahren Sie nur oberflächlich darüber, tätscheln Sie sich brüsk oder streicheln Sie sich zärtlich? Bringen Sie mehr Bewusstheit in die Berührungen.
- Haben Sie unter Ihrem Körper gelitten? Wie sieht der schmerzlichste Aspekt aus, die verstörendste Erfahrung? Schreiben Sie darüber in Ihr Tagebuch; geben Sie dieser Erfahrung eine Stimme. Bringen Sie das Schlimmste zum Ausdruck.
- Mit welchen Symptomen haben Sie zu kämpfen? Welche Metapher würde diese Symptome am besten beschreiben?
- Welche alten Einstellungen über Ihre Körperlichkeit können Sie loslassen?

11. Fertigkeitskreis:
Wie man auf seinen Körper hört

Körper und *Psyche* sind Begriffe, mit denen wir zwei Aspekte eines einzigen Wesens bezeichnen. Beide sind ein besonderer Ausdruck innerer Weisheit und Intelligenz. Häufig teilt Ihnen Ihr Wesenskern am klarsten und eindringlichsten durch Ihren Körper mit, was er

Aufwärmübung: Die Nachwirkung

Nehmen Sie sich irgendwann nach dem Liebesspiel etwas Zeit,
und genießen Sie die Nachwirkungen. Das ist eine ideale Meditationszeit, darum nützen Sie sie, wann immer Sie können. Anstatt
sich zu unterhalten oder gleich unter die Dusche zu springen, ver-
einbaren Sie schon vorher, ungefähr fünfzehn Minuten die tiefen
und feinen Empfindungen des Vergnügens in Ihrem Körper zu erforschen. Beim Orgasmus öffnen sich Energieströme in Ihrem
ganzen Körper. Sie werden durch und durch entspannt, und Ihr
Nervensystem befindet sich im »Reset«-Zustand, häufig noch
umfassender als nach einem Urlaub. Seien Sie neugierig auf die
Art und Weise, wie *Sie* diese Ströme wahrnehmen, und lassen Sie
sich von ihnen etwas über Ihre innere Welt beibringen. Nachdem
Sie beim Sex auf dem Strom der Liebe in einer Beziehung gewan-
delt sind (mit einem Partner oder mit sich selbst), können Sie ihn
nun in Richtung Ihrer eigenen Essenz verwandeln.
Sexuelle Energie, psychische Energie und kosmische Energie sind
eng verwandt: Sie drücken allesamt die urtümliche kosmische
Kraft aus, die durch alles Leben pulsiert. Das tantrische Training
ist eine Meditationsschule, die auf sexueller Energie basiert: Es
gibt ausgefeilte Techniken, um den Energiefluss zu manipulieren
und zu erhöhen. Aber an dieser Stelle möchten wir Sie nur darauf
hinweisen, wie Sie Ihre eigene Erfahrung entdecken und schätzen
können. Es gibt eine ganze Fülle leicht zu übersehender Empfindungen. Klingt eine der folgenden Feststellungen vertraut?

* Ihre Haut ist auf andere Weise in Kontakt mit der Luft und den
  Laken.
* Winzige Nach-Beben, es kribbelt, ein inneres Strahlen.
* Das Verlangen, zu kuscheln und still zu sein und sich nicht zu
  bewegen.
* Eine machtvolle Bewegung, bei der man sich mit der reinen Le-
  benskraft identifiziert – man verflüssigt sich oder wird zu Feu-
  er oder Licht.

Respektieren Sie die ästhetische Qualität dieser Empfindungen – die Poesie Ihrer Innenwelt. Wenn Sie sich die Zeit nehmen, das schätzen zu lernen, wird eine Verbindung zwischen dem subtilen Körper und Ihrem Gehirn geschaffen. Welche Fantasie nimmt Bezug auf Ihren Energiefluss? Manche Frauen berichten zum Beispiel, dass sich die sexuelle Energie wie eine wellenartige Schlangenbewegung durch ihren Kern anfühlt und dass sie bei den Nachwirkungen ihres Orgasmus innere Restwellen verspüren. Andere sprechen von Pulsschlägen, die konzentrisch von ihrem Körper nach außen ausstrahlen. Wieder andere sagen, es fühle sich an wie ein Fluss, in dem Energie strömt, oder dass sie wie Champagner schäumen und funkeln. Und manche nehmen ihren Körper als unendlich viele, tanzende Partikel aus Licht wahr, oder sie werden für einen Augenblick eins mit dem Universum.

Machen Sie die Meditation zu einer Arena, in der Sie die Geheimnisse Ihres Körpers entdecken und in ihnen schwelgen, auf jene ganz besondere Weise, auf die das Leben Sie berührt und durch Sie hindurchfließt.

Wenn Sie nach dem Liebesspiel einen Mangel an Empfindungen feststellen oder wenn es Ihnen schwer fällt, einen Orgasmus zu bekommen, ist das die Zeit, in der Sie besonders sanft mit sich selbst sein sollten. Möglicherweise erleben Sie eine Flut an Emotionen – Trauer, Sehnsucht, Zorn, Scham – und diese Emotionen müssen ausgedrückt werden. Halten Sie sich selbst voller Liebe im Arm: Legen Sie eine Hand auf Ihr Herz und atmen Sie. Bitten Sie Ihren Partner, Sie ebenfalls im Arm zu halten. Machen Sie die Empfindungen und Gefühle dieser liebevollen Umarmung zum Konzentrationspunkt Ihrer Meditation. Bitten Sie Akzeptanz und Zärtlichkeit, in Ihren Körper zu treten.

braucht, und informiert Sie durch Anzeichen von Unbehagen, aber auch durch Empfindungen von Vergnügen und Energie.

Der Körper ist wie ein Traum. Er präsentiert seine Weisheit in der Sprache der Symbole und er lügt nicht. Ebenso wie die Psyche ist der Körper überaus geduldig und wohlwollend und bewahrt In-

formationen im Unterbewusstsein auf, bis uns die Ressourcen zur
Verfügung stehen, sie bewusst zu verarbeiten. Sobald wir bereit sind
und zuhören, tauchen Erinnerungen, Emotionen und intuitive Erkenntnisse auf, und wir können uns bewusst dafür entscheiden, von
ihnen zu lernen. Körpermetaphern sind wortreiche und poetische
Ausdrucksformen, die weit mehr offenlegen als klinische oder intellektuelle Interpretationen.

Sobald Sie etwas mehr Erfahrung damit haben, der Poesie Ihres
Körpers zu lauschen, werden Sie den Botschaften glauben, die der
Schlüssel zu Ihrer Ganzheit sind. Im Grunde sagt jedes Symptom:
»Meine Güte, ich wollte dir doch nur helfen.«

Inbesitznahme des Körpers

Machen Sie einen Ausflug durch Ihren Körper – eine Reise der Bewusstheit, Berührung, Bewegung und des Atems. Die sanfte Berührung mit den Händen ist eine wunderbare Möglichkeit, in alle Teile Ihres Körpers mehr Empfindsamkeit zu bringen. Wechseln Sie
die Stellung, vom Sitzen zum Liegen oder was immer sich dabei für
Sie bequem anfühlt.

Ihre Hände besitzen heilende Kräfte. Betrachten Sie sich als Ver-
treterin der Göttlichen Heilerin, deren Berührung erweckt und erneuert. Wenn Sie mit liebevoller Bewusstheit berühren oder berührt
werden, wird ein Schaltkreis aus elektrischer Energie geschaffen,
und Bewusstsein wird im Fleisch illuminiert. Setzen Sie das in die
Praxis um, und berühren Sie Ihren Körper voller Sorgfalt.

Im *4. Geheimnis: Seien Sie sanft zu sich selbst* haben wir von der »sanften inneren Berührung« des Denkens gesprochen. Es kann Ihnen
leichter fallen, Mitgefühl für andere zu haben, als für sich selbst,
und es kann für Sie schwerer sein, den eigenen Körper voller Liebe
zu berühren, anstatt den anderer.

Achten Sie auf den Aufbau Ihres Eigenkontakts. Entwickeln Sie
auch bewusst eine liebevolle und akzeptierende »weiche äußere Berührung« mit sich selbst.

Hände und Arme. Lassen Sie uns bei den Händen anfangen. Betrachten Sie Ihre Hände und reiben Sie sie dann aneinander. Spüren Sie die Haut und die Knochen von jedem Finger, von den Handflächen und den Handgelenken. Denken Sie dabei an all die Dinge, die Ihre Hände für Sie tun, wie leistungsfähig sie sind, wie sensibel, flexibel und stark. Schütteln Sie anschließend die Hände an den Handgelenken aus, und wenn Sie damit aufhören, achten Sie auf das Kribbeln durch die erhöhte Blutzirkulation.

Erweitern Sie nun die Zirkulation in den Armen, indem Sie die Unterarme, Ellbogen und Oberarme massieren, so sanft oder so fest, wie Sie mögen. Heben Sie einen Arm an, und legen Sie die andere Hand in Ihre Achselquelle (ich habe diesen Bereich, der auch als Achselhöhle bekannt ist, umbenannt). Stellen Sie sich diese Stelle als Quelle der Energie und der Verbindung zwischen Ihrem Herzzentrum und Ihren Armen vor. Überlegen Sie jetzt, wie Sie dank der Arme vom Brustkasten aus, je nach Bedarf, etwas oder jemanden umarmen, zu sich holen, hochheben oder wegstoßen können. Machen Sie Ihre Berührung zu einem Dankeschön für alles, was Ihre Arme tun können und wie sie Sie mit der Welt verbinden.

Entspannen Sie sich dann einen Augenblick, seien Sie sich einfach der Empfindungen in Armen und Händen bewusst. Wie fühlen sich Ihre Arme und Hände an? Während Sie dem Fluss der Energie nachspüren, könnte auch ein visuelles Bild vor Ihrem inneren Auge auftauchen, das symbolisiert, wie Sie sich innerlich fühlen.

Hals und Schultern. Jetzt fahren wir weiter oben fort. Reiben Sie sanft über Schultern und Hals. Spüren Sie die Knochen und Muskeln, die Ihrem Kopf erlauben, auf dem Torso zu ruhen. Massieren und erforschen Sie, dann entspannen Sie sich und achten Sie auf das Kribbeln auf Ihrer Haut.

Richten Sie nun Ihre Bewusstheit nach innen. Spüren und visualisieren Sie den Fluss der Energie durch Ihren Hals, während Sie atmen. Versuchen Sie, ob Sie den Atem so klingen lassen können, als ob er aus Ihrem Hals kommt (Ujayi-Atmung). Massieren Sie sich mit Ihrem Atem, lassen Sie sanft Ihren Hals los und nähren Sie das ganze Gewebe, Stimmbänder und Schilddrüse. (Die Schilddrüse ist eine schmetterlingsförmige Drüse am unteren Ende des Halses, innerlich so weich, dass sich ihre Flügel ausbreiten können.) Während Sie dem Fluss der Energie nachspüren, machen Sie sich klar, dass Sie den Kanal Ihrer Stimme öffnen, Ihres kreativen Ausdrucks in der Welt.

Entspannen Sie anschließend völlig, und spüren Sie einfach die Empfindungen und alle Bilder, die vor Ihnen auftauchen, während Sie diesen Bereich wahrnehmen.

Gesicht und Kopf. Legen Sie die Fingerspitzen nun ganz sanft auf Ihr Gesicht, erforschen Sie die Beschaffenheit der Haut, des Fleisches und der zu Grunde liegenden Knochenstruktur. Streichen Sie sanft über die ganze Oberfläche Ihres Gesichts, einschließlich Ihrer Augenlider und Ohrläppchen. Ehren Sie jeden Bereich, den Sie berühren: Augen, Ohren, Nasenlöcher, Wangen und Lippen, die Augenbrauen und die Stirn. Danken Sie Ihrem Gesicht, dass es nicht nur sieht, hört, riecht, spricht und isst, sondern auch dafür, dass es in der Lage ist, Gefühle mit einem so breiten Spektrum nonverbaler Zeichen auszudrücken.

Massieren Sie anschließend mit den Fingern die Kopfhaut, den Bereich um die Ohren bis hinunter zum Nacken. Zupfen Sie vorsichtig an den Haaren (wenn sich das gut anfühlt). Entspannen Sie sich daraufhin, und genießen Sie die erhöhte Blutzirkulation im Kopf.

Richten Sie Ihre Aufmerksamkeit nun nach innen, mit sanft entspannten und geschlossenen Augen. Stellen Sie sich vor, wie Ihr Gehirn friedlich in Ihrem Kopf schwebt. Danken Sie Ihrem Gehirn für seine überwältigende Intelligenz und die Myriaden verzweigter Funktionen, die es ausübt, ob Sie nun schlafen oder wach sind. Spüren Sie, wie sich Ihr ganzer Kopf entspannt. Wenn Sie sitzen, lassen

Sie den Kopf einfach auf der Wirbelsäule ruhen; wenn Sie liegen, lassen Sie sein Gewicht auf den Boden sinken. Lassen Sie jedes Bild zu, das in Ihr Bewusstsein treibt, ohne es zu forcieren. Atmen Sie mit dem Bild, bevor Sie weitermachen.

Füße, Beine und Gesäß. Richten Sie nun Ihre Aufmerksamkeit bis hinunter zu den Füßen, und wackeln Sie ein wenig mit den Zehen. Bringen Sie auch Ihre Hände ins Spiel, und berühren Sie die Fußsohlen, das Fußgewölbe und die Ferse, jeden einzelnen Zeh, den Rist und die Knöchel. Massieren Sie beide Füße mit dem Druck, der Ihnen angenehm ist. Erhöhen Sie Bewusstheit und Blutzirkulation. Entspannen Sie sich einen Augenblick, und genießen Sie die Empfindungen in Ihren Füßen. Lassen Sie jedes Bild zu.

Massieren Sie nun jedes Bein, die Waden und Schienbeine, die Knie und die Schenkel. Lassen Sie sich so viel Zeit, wie Sie wollen – es gibt viel zu erkunden. Entspannen Sie jedes Bein, wenn Sie es massieren, damit Sie die Beschaffenheit der Muskeln, der Haut und die tragende Knochenstruktur im Innern erfühlen können. Wenn Sie zu Ihrem Gesäß kommen – zum hinteren Hüft- und Schenkelbereich – ehren Sie die Kraft dieser großen Muskeln und Knochen. Bringen Sie die Liebe Ihrer Hände in Ihr ganzes Bein, einschließlich der schützenden Fettschichten. (Wenn Sie merken, dass Sie bei der Erwähnung des »F«-Wortes zusammenzucken, dann atmen Sie ein paar Mal bewusst durch, um dieses Gefühl hinauszuschwemmen und es durch Wohlwollen zu ersetzen.)

Stellen Sie nun die Fußsohlen fest auf den Boden und lassen Sie sie einen Teil Ihres Gewichtes tragen. Wenn Sie liegen, ziehen Sie die Beine an, und erhöhen Sie den Druck auf die Füße, als ob Sie die Hüften anheben wollten; lassen Sie das Becken leicht schweben, wenn das für Sie bequem ist. Wenn Sie sitzen, können Sie einfach aufstehen. Verlagern Sie Ihr Gewicht von einem Fuß auf den anderen, und spüren Sie, wie sich Ihre Muskeln dabei bewegen. Denken Sie darüber nach, auf wie vielfältige Weise Ihre Beine Sie stützen, Sie mit dem Boden verbinden und Sie durch die Aktivitäten des Tages bringen. Nehmen Sie sich eine Minute Zeit, entweder im Stehen oder im Liegen, um mit der Bewegung zu spielen und mit jedem Bild, das aus der Verbundenheit mit Ihren Beinen und Füßen entsteht.

Ihr heiliges Kreuzbein. Setzen Sie sich aufrecht hin, legen Sie die Hände auf die Rückseite des Beckens. Das Kreuzbein ist ein breiter, dreieckiger Knochen, an dem das nach unten zeigende Steißbein sitzt. Das Steißbein ist eine verkümmerte Erinnerung an unsere tierische Herkunft, darum nehmen Sie sich einen Augenblick Zeit, um Ihre animalischen Wurzeln zu ehren.

Massieren Sie sanft das Kreuzbein und das umgebende Fleisch der Hüften; pressen Sie die Daumen in die kleinen Täler Ihres Knochens und dann das Dreieck hinunter, wo sich die Gelenke befinden. Lassen Sie die Hände dort ruhen. Biegen Sie das Becken vorsichtig vor und zurück, und spüren Sie die subtile Bewegung. Machen Sie eine Pause, entspannen Sie die Arme und verweilen Sie eine Zeit lang bei dem Gefühl am unteren Ende Ihrer Wirbelsäule.

Legen Sie sich jetzt auf den Rücken, mit angezogenen Knien, die Füße flach aufgestellt, die Hüften entspannt und schwer auf dem Boden. Zwischen dem Kreuzbein und den unteren Rippen befindet sich ein natürlicher Bogen – der Lendenwirbel. Atmen Sie aus, und drücken Sie diesen Bereich sanft auf den Boden. Atmen Sie dann ein, und entspannen Sie sich erneut in neutraler Pose. Erforschen Sie nach einigen Atemzügen neue Wege, um das Becken in eine Schräglage zu bringen und dabei den unteren Rückenbereich gegen den Boden zu drücken. Wie immer sollte sich das gut anfühlen; wenn nicht, hören Sie auf oder bewegen Sie sich so lange, bis es sich gut anfühlt.

Entspannen Sie sich dann für mehrere Atemzüge. Das nach unten weisende Dreieck des Kreuzbeins ist esoterisch mit der Shakti-Energie beziehungsweise dem weiblichen Aspekt der Lebenskraft verbunden. Atmen Sie in dieses heilige Dreieck, und genießen Sie diese Verbindung.

Der Bauch. Massieren Sie nun sanft Ihren Unterleib. Forschen Sie auf kreisrunden Wegen: vom Unterleib bis hoch zu den Rippen auf der rechten Seite, über den Solarplexus zu den Rippen auf der linken Seite, und dann wieder zurück zum Unterleib. Achten Sie beim Atmen auf das Anschwellen Ihres Körpers unter Ihren Händen – der Körper hebt sich, wenn Sie einatmen, und senkt sich wieder, wenn Sie ausatmen. Spüren Sie, wie der Atem alles in Ihrem Innern massiert, reinigt und all Ihre inneren Organe stärkt: Leber, Galle, Milz, Magen, Bauchspeicheldrüse, Nieren, Nebennieren, Darm, Gebärmutter, Blase. Stellen Sie sich vor, wie all diese Organe mit Lebensenergie pulsieren, um bei der Versorgung Ihres ganzen Körpers ihren Anteil zu leisten. Nehmen Sie sich einen Augenblick Zeit, um ihnen dafür zu danken.

Dr. Geeta Iyengar, Tochter des Yogameisters B. K. S. Iyengar, sagt, dass die Gebärmutter bei der modernen Frau aufgrund von Stress oft verhärtet ist, was unser hormonelles Gleichgewicht gefährdet. Es ist wichtig, diesen Bereich zu lockern, besonders in den Jahren vor und während des Klimakteriums. Stellen Sie sich vor, wie Ihre Gebärmutter sanft in Ihrem Bauch schwebt, mit viel Raum zum Atmen.

Halten Sie anschließend inne, und genießen Sie einfach den Atem, die Wärme und die Verbindung mit Ihrem Bauch. Verweilen Sie mehrere Augenblicke in dieser Bewusstheit, und falls ein Bild auftaucht, nehmen Sie sich die Zeit, es zu respektieren.

Brüste. Bleiben Sie auf dem Rücken liegen, und massieren Sie sanft Ihren Brustkasten. Wenn Sie sich den Brüsten nähern, gehen Sie behutsam vor und schenken Sie ihnen besondere Aufmerksamkeit. Halten Sie kurz inne, und umfassen Sie mit den Händen Ihre Brüste, spüren Sie die Wärme und den Fluss des Kontakts. Spüren Sie die Bewegung unter Ihren Händen, während sich Ihre Lungen füllen und leeren. Durchdringen Sie den Brustkasten mit Ihrem Bewusstsein, und stellen Sie sich vor, wie Ihre Herzenergie jede Brust ausfüllt. Auch hier können sich visuelle Bilder einstellen. Wenn dem so ist, nehmen Sie sich mehrere Minuten Zeit, um mit den Eindrücken zu atmen.

Der ganze Körper. Machen Sie sich die Rückseite Ihres Herzzentrums bewusst und lassen Sie es mit dem Boden verschmelzen. Richten Sie Ihre Aufmerksamkeit auf die Breite Ihres Rückens und Ihrer Hüften, die Kontakt mit dem Boden haben. Strecken Sie dann sanft die Beine aus, wenn sich das bequem anfühlt, und prüfen Sie die Unterseite Ihres Körpers von den Fersen bis zum Kopf.

Lassen Sie mehrere Minuten lang Ihre Aufmerksamkeit frei durch den ganzen Körper fließen: vorn, hinten, an den Seiten, von ganz innen durch die Haut bis nach draußen. Die Membran der Haut ist eine Schnittstelle zwischen der inneren und der äußeren Welt. Machen Sie sich klar, was für ein wunderbares Behältnis die Haut ist – und wie sie Ihren ganzen Körper umfasst. Nehmen Sie die Eindrücke Ihrer ganzen Gestalt wahr – ich nenne es die »globale Körperbewusstheit«. Gibt es ein Bild, das für Sie diese ganze Körpererfahrung repräsentiert?

Wenn Sie auf diese Weise vorgehen, erhält Ihre Aufmerksamkeit von bestimmten Bereichen möglicherweise mehr Wahrnehmungsimpulse – ein starkes Kribbeln, Wärme, Verspannung, Schmerz, irgendein innerer Zug. Das sind kleine Signale von Stellen, die etwas Besonderes zu sagen haben – Energie, die sich mit dem Ganzen neu verbinden will. Sie können sich entscheiden, diesen Stellen mehr Aufmerksamkeit zu widmen, und mit den nachfolgenden Vorschlägen weitermachen. Betrachten Sie diese lokalisierte Aufmerksamkeit als die körperliche Version der Parole: »Global denken, lokal handeln«.

Lassen Sie ein Symptom sprechen. Sie können mit einem Körperteil oder einem Symptom als einer inneren Figur in Kontakt treten und sein metaphorisches Geschenk in Empfang nehmen. Fangen Sie mit den

Bildern an, die sich Ihnen bei den vorigen Übungen gezeigt haben, oder mit den Empfindungen, die Sie jetzt gerade wahrnehmen. Wenn Sie Ihr Verständnis für Figuren und wie man mit ihnen arbeitet, auffrischen wollen, lesen Sie noch einmal das *8. Geheimnis: Sagen Sie Ja zu jedem Teil von sich,* besonders den *Fertigkeitskreis* »Das innere Theater«.

»Werden« Sie zu diesem Teil in Ihrer Fantasie, und erlauben Sie ihm, mit Ihnen zu reden – das heißt, mit Ihrem zentralen, beobachtenden Selbst. Schreiben Sie mit der Stimme des Symptoms in Ihr Tagebuch: Gestatten Sie dem Symptom, seine Bedürfnisse, Gefühle oder Erkenntnisse zu kommunizieren.

Zeichnen Sie das Gefühl Ihres Symptoms oder des betreffenden Körperteils. Ihre früheren Eindrücke aus »Bewohnen Sie Ihren Körper« können ebenfalls auf diese Seite kommen – in Farbe, Form und Qualität der Bewegung. Lassen Sie beim Zeichnen jedes voreingenommene Bild los, und geben Sie sich ganz der energetischen Eigenschaft und Emotion hin. Lassen Sie Ihre Hände frei die Farbe wählen, und tanzen Sie dann mit dem Stift auf dem Papier.

Bringen Sie tatsächliche Bewegung irgendeiner Art in dieses Körperteil (auf nette Weise) und achten Sie dabei auf erhöhte Wahrnehmungen. Auf welche Weise will sich die Energie dieses Körperteils bewegen? Wie sehen seine Eigenschaften aus? Wie sehen seine Emotionen aus? Mag sein, dass Sie keine konkreten Antworten bekommen, aber die spontane Kommunikation innerhalb der Bewegung kann zutiefst beredsam sein.

Denken Sie nun über Ihre Selbsterforschung nach. Welche Metapher hat sie offen gelegt? Was drückt sie aus? Auf welche Weise können Sie diese Botschaft von Ihrem Körper und Ihrer Psyche ehren?

Körpergedicht. Eine elegante Möglichkeit, die Eindrücke von Ihrem Körper anzuerkennen, besteht darin, ein einfaches Gedicht zu verfassen. Wenn Sie in jeden Teil des Ganzen Bewusstheit bringen, wer-

den Sie feststellen, dass ein oder zwei Wörter wie von selbst auftauchen. Schreiben Sie sie auf und spielen Sie damit. Finden Sie heraus, auf welch überraschende Weise die Wörter miteinander in
Verbindung stehen. Sie können jedes Wort oder jeden Satz auf eine
Karteikarte schreiben und die Karten dann herumschieben. Oder
arrangieren Sie die Karteikarten zu einer ästhetisch schönen Ordnung.

Das lässt sich wunderbar in einer Gruppe oder mit einer Freundin durchführen. Sprechen Sie Ihr Körpergedicht laut aus – mit
dem Gefühl, das mit den Worten einhergeht. Spüren und hören Sie
die Kraft, Schönheit und Ergriffenheit in der Poesie Ihres Körpers.

Suchen Sie sich Hilfe, falls nötig. Wir haben Glück, dass es heutzutage bei
der Arbeit mit dem Körper so viele Hilfestellungen gibt. Massage-
therapie oder andere Körperarbeit, Tanztherapie oder Bewegungs-
unterricht können Ihnen eine Arena für direkte körperliche Erfor-
schungen bieten. Darüber hinaus bieten viele Psychotherapeuten,
besonders jene mit einer Jung'schen oder Archetypus-Ausbildung,
Hilfsmittel und Erkenntnisse für die methaphorischen und emotionalen Botschaften Ihres Körpers und Ihrer Psyche.

Manchmal ist körperlicher Schmerz ein Schrei nach medizinischer Aufmerksamkeit, darum hören Sie auf diese Botschaft, wenn
Sie sie erhalten. Ganzheitliche Heiler behandeln das Symptom
innerhalb des Kontexts Ihres ganzen Wesens, aber es gibt auch Zeiten, in denen Sie sich für die übliche allopathische Behandlung entscheiden mögen (die sich oft nur mit dem Symptom beschäftigt).
Denken Sie einfach daran, dass die größere, globale Umarmung
durch liebevolle Bewusstheit an erster Stelle steht, und kultivieren
Sie das im Laufe der Zeit. Zögern Sie nicht, sich Hilfe zu suchen:
Wir brauchen alle irgendwann Hilfe und Begleitung.

Meditationen

Die Liebe der Großen Mutter

Welches Verhältnis wir zu unserem Körper und zu unserer Weiblichkeit haben, hat sehr viel mit dem Begriff »Mutter« zu tun und ob unsere Assoziationen dazu positiv oder negativ sind. Selbst wenn die Beziehung zu unserer biologischen Mutter viel zu wünschen übrig lässt, können wir unser Bewusstsein neu auf den Begriff »Mutter« einstellen und das Geburtsrecht unseres kosmischen Heims für uns in Anspruch nehmen.

Ob wir uns dessen bewusst sind oder nicht, die Große Mutter hält uns immer in ihren Armen. Unser Körper ist ihr Körper, der fruchtbare Körper der Natur, in dem wir leben, uns bewegen und existieren. Bei dieser Meditation bringen Sie Bewusstheit in diese grundlegendste aller Beziehungen. Erleben Sie Atem, Schwerkraft, Puls, Licht, Farbe, Form und Bewegung als Geschenke des Lebens an Sie.

Setzen Sie sich mit offenen Augen bequem hin. Richten Sie Ihr Bewusstsein auf die einfachen sensorischen Eindrücke, die Sie umgeben. Achten Sie auf die Qualität des Lichts und die Vielfalt der Farben jener Gegenstände, die Sie sehen. Trinken Sie die Bilder mit Ihren Augen. Gibt es in Ihrem Sichtfeld irgendeine Bewegung? Welche Mischung aus Aktivität und Stille sehen Sie? Welche Geräusche hören Sie? Wie viel Vergnügen gewinnen Sie durch diese Eindrücke? Nehmen Sie sich mehrere Minuten Zeit, um sich selbst als eingetaucht in diese Struktur des Lebens zu erkennen. (An irgendeiner Stelle werden sich Ihre Augen schließen wollen; lassen Sie das ganz natürlich zu.)

Richten Sie nun Ihre Aufmerksamkeit auf den Atem. Der Atem ist fließend. Das Meer der Luft um uns herum ist fließend und strömt überall, über die Erde und über die Ozeane. Es ist der Atem der Großen Mutter. Spüren Sie beim Atmen, wie der Fluss des Atems Sie in tiefere Verbindung mit der ganzen Natur bringt. Stellen Sie sich vor, dass Sie mit jedem Atemzug die Liebe der Großen Mutter in jeden Winkel Ihres Körpers aufnehmen.

Nehmen Sie Ihre Körperlichkeit wahr: die Gestalt, Dichte und Struktur der Materie. Machen Sie sich die Schwerkraft bewusst und wie Ihr Gewicht auf dem gewaltigen Körper der Erde ruht. Was empfinden Sie angesichts dieser Beziehung? Unser Planet fliegt mit unvorstellbarer Geschwindigkeit durch das Weltall, aber wir werden auf seiner Oberfläche festgehalten, sicher und wohlauf, in scheinbarer Bewegungslosigkeit. Spüren Sie, wie die Schwerkraft Sie von unten festhält wie eine gewaltige Umarmung, und lassen Sie sich in dieses Fundament sinken. Stellen Sie sich vor, dass Ihr Körper ein untrennbarer Teil des größeren irdischen Körpers ist; lockern Sie die Ränder, die mentalen Grenzen zwischen Ihnen und der natürlichen Welt. Achten Sie darauf, wie jeder Sinneseindruck in Wirklichkeit eine intime Berührung durch einen Aspekt des Lebens ist.

Inwiefern ändert es Ihre inneren Gefühle, wenn Sie sich klarmachen, dass Ihr Körper von der Natur weder getrennt noch isoliert ist? Wie ist es, in Ihrem Körper zu stecken? Während Sie über diese Eindrücke nachdenken, werden verschiedene Gedanken, Assoziationen und Emotionen auftauchen. Einige von ihnen können schmerzlich, zynisch, wütend oder traurig sein. Akzeptieren Sie sie und hören Sie alle an, gleichgültig, was sie zu sagen haben. Machen Sie sich klar, dass Sie in die Umarmung Ihrer Bewusstheit kommen, um geheilt zu werden. Sie kommen aus ihrem Versteck und treten in die Präsenz der Liebe.

Tränken Sie Ihren ganzen Körper mit dieser liebevollen Bewusstheit. Verwenden Sie die Berührung durch Ihre Bewusstheit und Ihre Hände, um Heilung und Fürsorge zu kanalisieren. Verbringen Sie zusätzliche Zeit mit jeder Stelle, die nach mehr Aufmerksamkeit ruft, entweder durch angenehme oder durch unangenehme Empfindungen. Vielleicht müssen Sie sich um ein Symptom kümmern oder um innere Bilder, vielleicht ist es aber auch einfach Neugier angesichts einer körperlichen Erfahrung. Bedienen Sie sich

der Vorschläge aus dem Fertigkeitskreis, um jeden dieser Rufe anzugehen.

Es ist eine große Erleichterung, sich in den größeren Körper der
Großen Mutter zu entspannen. Wenn die Illusionen der Isolation
wegschmelzen, können auch Tränen hochkommen. Diese Tränen
haben entweder eine emotionale Qualität oder sind einfach ein Zeichen physiologischer Freisetzung — Ihr Körper lässt los. Jedes Mal,
wenn Sie mit Körperbewusstheit meditieren, wird die Verbindung
stärker und leichter zugänglich. Haben Sie Geduld mit sich und
seien Sie nett zu sich. Ihr Bewusstsein wird sich unweigerlich entfalten, und die Heilung wird in der ihr gemäßen Zeit eintreten.

Die treibende Welt

Diese Meditation über feinsinniges Eintauchen in das Meer der
Liebe wirkt mit leiser Musik besonders beruhigend. Richten Sie
sich einen weichen und warmen Ort auf dem Boden her, und legen
Sie sich genüsslich auf den Rücken. Wenn Sie wollen, können Sie
Ihr Kreuz durch ein Kissen unter den Knien entlasten. Sie können
auch ein weiches Kissen unter den Kopf legen. Sie sollen sich absolut sicher, warm und wohl fühlen.

1. Schritt: Nehmen Sie sich mehrere Minuten Zeit, um sich zu entspannen. Lassen Sie Ihr Gewicht nach unten sinken, und öffnen Sie
Ihren Rücken dem Boden, als ob Ihr ganzer Körper wie Eiscreme in
der Sonne schmelzen würde. Machen Sie sich dieses Paradox bewusst: Je mehr Sie sich auf Ihr Gewicht einstimmen, desto leichter
fühlen Sie sich. Genießen Sie das Gefühl, dahinzuschmelzen und
frei zu treiben. Lösen Sie sich in den Fluss auf.

2. Schritt: Entspannen Sie die Hände so weit es geht. Richten Sie dabei Ihre Bewusstheit auf die Fingerspitzen. Bewegen Sie sie, aber
nur andeutungsweise. Richten Sie die Fingerspitzen ganz leicht auf
und lassen sie wieder los. Breiten Sie sie mit der winzigsten Mikro-

Bewegung aus, und spüren Sie das hauchzarte Gewebe zwischen Ihren Fingern. Achten Sie auf ein weiteres Paradox: Die winzigste Bewegung ist eine Pforte, die zu einem Universum an Empfindungen führt. Fahren Sie damit fort, so lange Sie mögen, und geben Sie sich ganz dieser weichen und geräumigen Bewusstheit hin.

3. Schritt: Richten Sie Ihre Aufmerksamkeit nun auf Ihre Zehen. Suchen Sie dort auf dieselbe Weise nach winzigen Bewegungen. Wackeln Sie mit jedem Zeh; spreizen Sie die Zehen vorsichtig auseinander. Fahren Sie fort, und bewegen Sie sanft Energie durch die Füße.

Wenn Sie auf diese sanfte Weise subtile Bewegung in Ihre Gliedmaßen bringen, breitet sich Ihr ganzer Körper sanft und weit aus. Andere Teile Ihres Körpers bewegen sich plötzlich ebenfalls auf subtile Weise. Geben Sie sich weiter dieser fließenden und umfassenden Entspannung hin. Vielleicht haben Sie das Gefühl, gewichtslos zwischen Sternen zu treiben, im kosmischen Meer zu schwimmen und eingetaucht in einem warmen und nährenden Schoß zu sein. Treiben Sie auf diesem Meer der Liebe und lassen Sie sich von ihm tragen.

Wir schlagen vor, diese Übung nach der »Weichen Haltung« oder der »Im Rhythmus wiegen«-Meditation (in *4. Geheimnis: Seien Sie sanft zu sich selbst*) auszuführen. Die größere Wellenbewegung des Torso bei diesen Übungen führt zu einer wellenartigen Ausbreitung in Ihrem ganzen Körper, die Sie hier in den subtilen Modus des Empfindens einbringen können.

Aufbauübungen

Die Lippen-Labia-Meditation

Bei dieser Meditation schwelgen Sie in der Sinnlichkeit, Weichheit und Beweglichkeit Ihrer Lippen. Es gibt eine Resonanz zwischen den Lippen im Gesicht und den Lippen Ihrer Vulva; neuromuskulär und poetisch sind die beiden Münder eng miteinander verwandt. Inwieweit das auf Sie persönlich zutrifft, ist eine unaufhörliche Entdeckungsreise.

Lassen Sie uns mit den oberen Lippen anfangen. Richten Sie Ihre Aufmerksamkeit auf den Mund. Entspannen Sie Zunge und Kiefer. Spüren Sie die Form Ihrer Lippen; formen Sie sie sanft zu einem Kussmund und lassen Sie dann los. Öffnen und schließen Sie den Mund vorsichtig zu einem großen »O«. Breiten Sie die Lippen zu einem Lächeln aus und lassen Sie sie wieder weich werden. Erforschen Sie die zarten, pulsierenden Nuancen der Bewegungen. Wenn Sie möchten, legen Sie die Finger auf die Lippen und ertasten Sie deren Beschaffenheit. Legen Sie die Fingerspitzen auch in das weiche, feuchte Fleisch. Würdigen Sie die Schönheit und Sinnlichkeit Ihres Mundes.

Richten Sie Ihre Aufmerksamkeit nun auf Ihre Vulva. Können Sie vor Ihrem inneren Auge Ihre Labia sehen? Welche Empfindungen nehmen Sie wahr? Wenn Sie sitzen, spüren Sie den Kontakt des Beckens mit der Sitzfläche. Erforschen Sie die Bewegung, die winzigen Kontraktionen der Labien und des Innern der Vagina – die so genannte Kegel-Übung. Ich mochte den Begriff »Kegel« noch nie – er klingt so klinisch und wer will da unten schon den Namen von jemand anderem? Die Yogis nennen diese Übungen »mulabandha«, auch nicht viel besser. Aber das Hochziehen des Beckenbodens kräftigt die weiblichen Organe sowie die Blase und führt zu (hurra!) umfassenderen Orgasmen. Eine Klientin schlug einmal vor, diese Übung »Die Anemone« zu nennen, und ich liebe diesen Ausdruck, weil er sich sowohl auf eine schöne Blume bezieht als auch auf ein durchscheinendes Lebewesen, das mit pulsierenden Bewegungen durch das Meer zieht. Sie sollten bei der Bewegung der Labien nicht an ein medizinisches Rezept denken, sondern an ein üppiges und poetisches Ereignis. Wenn Sie die Ästhetik der Sinnlichkeit kultivieren, öffnet das Ihren inneren Körper wie sonst nichts.

Fügen Sie der Übung nun die anemonenähnliche Bewegung durch Ihren Mund hinzu. Während Sie Ihre Aufmerksamkeit abwechselnd auf die Labien und die Lippen richten, spüren Sie, wie sich der innere Kanal zwischen beiden öffnet und die Energie wellenartig durch Ihren Kern fließt. Nehmen Sie sich die Zeit, das zu genießen.

Diese Empfindungen sind erotisch und stimulierend, eine Art Liebesspiel mit sich selbst. Machen Sie sich dadurch mit Ihren persönlichen Wegen zum Entzücken vertraut. Es kann Sie darauf vorbereiten, in Gegenwart Ihres Liebhabers stärker aufzublühen oder Sie in einen lustvollen Traum führen. Die Luft selbst kann wie Eros ihre Form verändern und zu einem vollkommenen Streicheln werden, zu den unsichtbaren Armen Ihres Göttlichen Liebhabers.

Die galaktische Körpermeditation

Es gibt ein altes esoterisches Sprichwort: »Wie oben, so unten«. Die Wissenschaft scheint diese Wahrheit zu bestätigen. Führen Sie sich einmal vor Augen, dass Ihr Körper größtenteils »leerer« Raum ist. So wie die Entfernung zwischen Sternen unvorstellbar gewaltig ist, so ist auch der Raum in einem Atom unvorstellbar groß. Was fest und schwer erscheint, ist in Wirklichkeit eine verschwindend kleine Schwingung zwischen subatomaren Partikeln — die so gut wie keine physikalische Dimension und kein Gewicht haben — und den gewaltigen Entfernungen zwischen ihnen. Die Bewegung der Materie ist so subtil und fein wie ein Gedanke.

Wir genießen das Privileg, in einem technologischen Zeitalter zu leben, in dem man die Gewaltigkeit des Weltalls direkt nachvollziehen kann. Wir kennen alle die Fotos von den majestätischen

Wirbeln aus Galaxien. Kosmologen haben herausgefunden, dass es allein in unserer Galaxie 400 Milliarden Sterne gibt und 50 Milliarden Galaxien in dem uns bekannten Universum. Da wird einem leicht schwindelig, aber während wir über solche Grenzenlosigkeit nachdenken, macht auch das Bewusstsein einen gewaltigen Sprung.

Wie sieht Ihr Lieblingsbild des Weltraums aus? Meditieren Sie über den Raum in Ihrem Körper, und lassen Sie Ihrer Fantasie freien Lauf. Können Sie sich die galaktische Herrlichkeit Ihres Körpers vorstellen? Können Sie sich vorstellen, dass Sie selbst ebenso grenzenlos sind wie der Nachthimmel?

Machen Sie sich klar, dass Ihre Essenz nicht auf die Begrenzung durch Ihre Haut beschränkt ist. Geben Sie Ihrem Bewusstheit unendlichen Raum. Sie müssen Ihre Gedanken nicht in das Innere Ihres Schädels einzwängen; lassen Sie sie frei aus Ihrem Kopf schweben. Stellen Sie sich vor, wie sich Ihre Essenz bis zu den Sternen ausstreckt und sich wie das Universum selbst ausdehnt.

Die Substanz der Sterne funkelt in jeder Ihrer Zellen. Denken Sie über das Geheimnis dieser Realität nach.

> Ein Stern wird größer, explodiert und stirbt in
> einem orgasmischen Supernova-Aufglühen.
> Elemente werden in seinem weißglühenden Feuer
> geboren ...
> Atome spalten sich und binden sich zu einem
> Molekül, sausen durch den galaktischen Raum.
> Die Moleküle sind hier: diese Erde ist Sternenstaub,
> dieser Körper, Sie ...
> Unendlich winzige Partikel aus Licht pulsieren
> sanft,
> wie eine Million kleinster Drachen überall ...
> wellenartige, vibrierende, vielfarbige Prismen ...
> stets ist Materie mit Bewusstsein durchsetzt,
> mit Licht, mit Liebe ...

Reflexionen

● Welche neue Wertschätzung Ihres Körpers können Sie von heute an kultivieren?

● Welche Botschaft haben Sie entdeckt, nachdem Sie ein Symptom erforscht haben?

● Auf welche neue Weise können Sie sich selbst Kraft geben?

● Wie könnten Sie sich auf einfache Weise im Laufe des Tages selbst mehr Liebe schenken? Welche besonderen Vergnügungen könnten Sie sich erlauben? Nehmen Sie sich täglich ein Vergnügen fest vor.

12. Geheimnis
Leben Sie!

Ah, viel kreative Energie heute, viel zu geben …
Ich werde voller Erregung über das Leben medi-
    tieren,
dankbar und staunend, dass es mich gibt …

Vor so vielen Milliarden Jahren explodierte das
    Universum ins Sein:
Der Urknall, der urtümliche Schrei der Schöp-
    fung.
Das Licht leuchtete in unzähligen Sternen auf,
der Raum selbst erblühte zur Unendlichkeit
und dunkle Materie gebar uns alle …

Alle Materie singt, vibriert in diesem urtümlichen
    Puls.
Das O, das Om, der heilige Klang …

Ich sitze in diesem Reichtum namens Stille,
meine inneren Saiten werden vom Akkorden der
    Ehrfurcht angeschlagen –
dass die Evolution solche Möglichkeiten hervor-
    brachte:
dieser Tanz, dieses Lied, dieser Augenblick des
    Lebens, den wir teilen.

Ich will meinen Teil in dieser Symphonie spielen ...
Ich will in diese Harmonie einstimmen!

Ich höre das »Ooooo«, hell wie eine Glocke; es
    steigt durch meinen Kern auf.
Das Mantra breitet sich in alle Richtungen aus ...
Konzentrische Ringe des »O« strahlen wellen-
    förmig von meiner Mitte aus,
verbreiten den Klang der Liebe um den Globus –
schaffen Raum, schaffen Beziehungen, schaffen
    Berührung.

Ich tauche in das »O« ein wie ein Kieselstein in
    einen Teich.
Ich sende meine Essenz aus, ich gebe mich selbst
    hin ...
Meine Brust hebt sich, atmet offen und frei.
Mein Herz erstrahlt durch meinen Kopf, meinen
    Bauch, meine Füße.
Das ist die Macht des »O«, die Freude der
    Schöpfung,
während ich mein Lied den Sternen vortrage.

Der Ruf zur Rückkehr

Meditation und Ausdruck ergänzen sich. Ebenso wie es einen
Rhythmus gibt, der Sie zur Meditation ruft, um sich zu erneuern, gibt es den Ruf, in die Welt zurückzukehren, um die Energien, die Sie hervorgerufen haben, spielerisch umzusetzen. Es ist der
Ausschlag des Pendels, und je weiter Sie in die eine Richtung gehen,

desto weiter gehen Sie auch in die andere. Die Meditation ist die
Vorbereitung auf das Leben; es geht ebenso darum, sich selbst auszudrücken, wie darum, in sich selbst zu ruhen. Dabei werden sich in
all Ihren Aktivitäten, in Ihrer Arbeit und in Ihren Beziehungen
höchst interessante Vorteile zeigen.

Seien Sie offen und heißen Sie alle Sehnsüchte willkommen,
denn jede einzelne führt Sie hinein in das Selbst, aber auch hinaus
zur Tat. Sehnsucht ist ein elektrischer Strom, der das Innere mit
dem Äußeren verbindet, darum liegt in jeder Sehnsucht Ihr Weg zur
Integration – das Yoga des Alltags. Wir sind Gesellschaftstiere. Wir
müssen Umgang mit anderen haben, das tut unserer Gesundheit in
jeder Beziehung gut. Üben Sie Ihre gesellschaftlichen Instinkte,
wenn Sie meditieren; kultivieren und feiern Sie Ihre Liebe zur Welt.

Die Meditation kann in Ihnen das Gefühl wecken, in Ihrer Leidenschaft zu köcheln, und sie kann eine Erregung über Ihr Leben
hervorrufen; akzeptieren Sie diese Reaktion, und atmen Sie mit ihr,
wenn sie auftritt. Würdigen Sie die Sehnsüchte, die während Ihrer
Meditation auftauchen – das bringt Sie dazu, Ihre Leidenschaften
auch zu leben. Der Sinn der Meditation besteht darin, dass Sie Ihre inneren Ressourcen mit dem ganzen Prozess der Sehnsuchtser-
füllung verbinden – Kreativität in Aktion. Wie gut die Meditation
für Ihr Leben ist, können Sie letztlich an der Beantwortung dieser
Frage abschätzen: Was gibt sie Ihrem Alltagsleben, Ihrem Geschick,
sich in der Welt zurechtzufinden, und Ihrer Fähigkeit, so zu leben,
wie Sie das wollen?

Eine der wunderbaren langfristigen Wirkungen dieses integrati-
ven Ansatzes ist eine neue Wahrnehmung des ganzen Gewebes Ihres
Lebens – mit all seinen Herausforderungen und Schmerzen. Sie
spüren langsam einen größeren Plan – eine Unvermeidbarkeit beziehungsweise einen Sinn hinter Ihrer persönlichen Geschichte –
und mit dieser Bewusstheit geht Vergebung einher. All Ihre Lebensumstände und Entscheidungen werden als notwendige Erfahrungen
auf dem Weg deutlich, um die zu werden, die Sie heute sind. Sie er-

kennen und akzeptieren, wer Sie sein wollen und was Sie tun müssen – in Erfüllung dieses Planes. Bereitwillig, demütig und eifrig nehmen Sie Ihren Platz in dem bunten Gewebe des Lebens ein.

Mentale Probeläufe

Die Kunst der Meditation besteht unter anderem darin, die Erregung zu tolerieren und mit ihrem Segen zu atmen. Sie bauen eine Brücke zwischen den Tiefen Ihres inneren Lebens und den Einzelheiten des Alltagslebens.

Künftige Handlungen zu durchdenken und zu proben ist ein natürlicher Aspekt des Meditationsvorgangs. Der Körper entspannt sich, prüft die Einstellungen und Muskelbewegungen anstehender Herausforderungen und probt die wirksamste und effizienteste Reaktionsweise. Wenn Gedanken über künftige Aktivitäten aufkommen, sollten Sie sie nicht nur zulassen, Sie sollten sich auch bewusst auf sie konzentrieren. Ein mentaler Probelauf hilft Ihnen, überschüssige Spannung und Versagensängste abzubauen. Die Meditation stimmt Sie darauf ein, Ihr Bestes zu geben, voll zu erblühen und in Harmonie mit Ihrem Leben zu stehen. Rechnen Sie damit, dass ungefähr die Hälfte Ihrer Meditationszeit auf diese Weise verbracht wird.

Bei der Meditation können Sie sich in Ihre Aktivitäten hinein entspannen. Wenn Sie über Ihr Alltagsleben nachdenken, üben Sie in Wirklichkeit, entspannt zu bleiben, während Sie das tun, was Ihnen im Kopf herumgeht. Sie können jedes Detail Ihrer Erregung verfolgen, jeden Herzschlag aus Angst, Hoffnung und Furcht, aber weil Sie nur dasitzen und es »proben«, wird die Angst aus Ihrem System massiert.

Lassen Sie sich von der Meditation helfen, sich auf wichtige Ereignisse vorzubereiten. Wenn etwas ansteht – eine Präsentation, die Bitte um eine Gehaltserhöhung, ein entscheidendes Gespräch mit einem geliebten Menschen –, können Sie das während der Meditation proben. Lassen Sie diesen Probelauf zu. Zu Ihrer Überraschung werden Sie später besser agieren können, weil Sie vorbereitet, gelassener und zuversichtlich sind. Gelassenheit beim Handeln ist Anmut – eine ökonomische und natürliche Bewegungsabfolge. Es gibt keine überflüssige Bewegung, keine Energieverschwendung oder Ablenkung – man kann das bei vielen Leistungssportlern und bei Tieren beobachten. Bei der Meditation lernen Sie Anmut, und wie Sie leicht wie eine Gazelle durch Ihr Leben sprinten können.

Der Kreativitätsschub

Die Meditation ist kreativ. Es ist, als ob Sie Ihr künftiges Selbst gebären und stillen, das Selbst, zu dem Sie werden. Ihr emotionaler Körper wird gedehnt und gestärkt, damit Sie den Mut aufbringen, das Leben in Fülle zu leben. Manchmal werden Sie bei der Meditation einen kreativen Schub erleben. Genießen Sie dieses Gefühl. Sie bauen dadurch nicht nur Ihre Träume und Inspirationen auf, sondern auch die emotionale Widerstandsfähigkeit, um diese Träume am Leben zu erhalten. Manchmal werden Sie auch heilende Fantasien erleben. Wenn Sie meditieren, wird jede Energie, die feststeckt, gelockert und fängt wieder an zu fließen. Möglicherweise werden Sie mit kreativen Ideen förmlich überschwemmt. Lernen Sie, neue Bewegungsempfindungen anzunehmen, alle neuen Impulse, die auftauchen, um in Ihrem Leben manifestiert zu werden.

Der meditative Zustand ist berühmt dafür, unerwartete Offenbarungen hervorzurufen. Ob in der Kunst, Ihr Leben zu führen, oder bei einem bestimmten kreativen Projekt, häufig taucht die Lösung intuitiv auf, sobald Sie das Problem loslassen. Bei der Kreativität geht es nicht um Kontrolle, sondern darum zu erspüren, was geschehen will, und an dieser Bewegung teilzuhaben. Das ist wahre Meisterschaft. Ihre Kreativität ist ein Fluss, den man nicht erzwin-

gen kann – aber man kann ihn hegen. Wenn Sie mit dem kreativen
Strom Ihres eigenen Lebens fließen, spüren Sie: »Ja, das fühlt sich
richtig an« – selbst oder gerade dann, wenn es schwierig ist.

Leben Sie *Ihr* Leben, die Eigenschaften und Charakteristika, für
die Sie bestimmt sind. Sie sind die Schöpferin Ihres Lebens; nehmen Sie diese Autorität in Anspruch. Tun Sie, was Sie tun müssen,
und teilen Sie, was Sie zu teilen haben. Es gibt keine größere Befriedigung.

Meditation für die Welt

Das Heiligtum der Meditation bietet eine Umarmung, die groß genug ist für all die Liebe, die Sie in Ihrem Herzen haben und die
manchmal zu machtvoll, zu gewaltig ist, um sie einem anderen
Menschen mitzuteilen. Bei der Meditation können Sie sich dieser
Leidenschaft, diesem Mitgefühl und diesem Einfühlungsvermögen
in sich hingeben. Ihre Sorgen und Kümmernisse verwandeln sich in
den bewussten Segen für geliebte Menschen, für die Menschheit und
für den Planeten. Auf diese Weise können Sie alles, was Sie erleben
– all Ihre Freude und all Ihr Leid – als Geschenk jener Verbundenheit sehen, das dieses Band mit der Welt noch fester schmiedet.

Meditation für den Planeten

Frauen sind einfühlsam, und sie sind sich des Leidens in der Welt
stets bewusst, zumindest vage. Manchmal ist es uns möglich, etwas
Konkretes zu unternehmen, aber gelegentlich können wir nicht zur
Tat schreiten. In solchen Fällen hilft es, eine innere Möglichkeit zu
finden, um die Situation anzugehen, damit unsere Energie nicht im
Schmerz stecken bleibt.

Bei der Meditation können Sie mit Bewusstheit in die Situation
atmen und Ihre Energie und Liebe zu diesem Ort auf der Welt oder
zu dem Planeten als ganzem schicken.

Verbringen Sie die ersten Minuten damit, Boden zu gewinnen.
Machen Sie sich Ihre innere Kraft klar, Ihre Fähigkeit zu lieben, Ih-

Lucys Größe

Lucy ist Schriftstellerin Anfang fünfzig und meditiert seit ungefähr zwölf Jahren. »Es ist unvernünftig, zu schnell zu sein oder zu viel zu tun, wenigstens für mich. Dann mache ich immer Fehler und verletze die anderen. Das Heilmittel für ein allzu volles Leben ist die tägliche Meditation. Ich kann dann bei dem sein, was wirklich vor sich geht. Ich habe einen Augenblick Zeit, um zu sehen und zu spüren, wie ich bin.

Alle meine Sinne sind daran beteiligt. Ich spüre meinen Atem. Ich höre die Geräusche von draußen, ich sehe das Licht im Zimmer. Ich habe das angenehme Gefühl zu versinken, als ob mein Schwerkraftzentrum nach unten gezogen wird. Dann weiß ich, dass ich losgelassen habe. Es fühlt sich an, als habe ich einen See in mir und als sei ich *zutiefst zu Hause.* Von diesem Ort können Großzügigkeit und Weisheit kommen. Es ist kein Zufall, dass es den Ausdruck ›zentriert sein‹ gibt. Bei der Meditation berühre ich die physikalische Wahrheit dieses Ausdrucks. Ich merke es, wenn ich mich zu weit vorlehne, wenn ich mich vor lauter Angst dazu dränge, etwas geschehen zu lassen. Wenn ich in meiner Mitte ruhe, öffnet sich der ganze innere Kanal. Ich bin bei jedem Teil meiner selbst – bei meiner Trauer, meiner Dummheit, meiner Sehnsucht und meiner Liebe.

Eines der großen Geschenke der Meditation ist die Fähigkeit, größer zu sein, als ich dachte. Die Meditation befähigt mich, meine Arbeit in der Welt zu leisten, Leid zu lindern und über meine eigenen Bedürfnisse hinauszuwachsen. Das ist ein Segen, und ich hoffe, dass ich das mein ganzes Leben lang so halten kann.«

re Verbundenheit mit der Menschheit und der Erde. Ziehen Sie diese Macht der Liebe jedes Mal, wenn Sie einatmen, in sich, bis Sie fühlen, dass sie voll in Ihnen pulsiert.

Sobald Sie bereit sind, richten Sie mehr Aufmerksamkeit auf Ihre Ausatmung. Wenn Ihr Atem nach außen strömt, schicken Sie einen Teil Ihrer Essenz mit. Werden Sie eins mit der Situation, und

Sandras Aufgaben

Sandra ist 36, frisch verheiratet und arbeitet in ihrem ersten Berufsjahr als Therapeutin. »Dieser Tage passiert so viel für mich. Die Meditation gibt mir die Zeit, ausführlich über das nachzudenken, was sich in all den verschiedenen Bereichen meines Lebens gerade ereignet. Ich nehme mir die Zeit, um die Dinge zu fühlen, die ich im wahrsten Sinne des Wortes fühlen muss. Ich meditiere über meine Klienten, über meine Familienangehörigen und Freunde und über das Leben, das ich mir zusammen mit meinem Ehemann aufbaue. Wenn ich mich auf mich selbst einstimme, fällt mir auf, wie ich zittere, weil alles so Furcht einflößend ist.

Manchmal meditiere ich vor lauter Angst nicht, weil ich es zu einer Verpflichtung gemacht habe. Ich weiß, es ist eine Möglichkeit, mit meinem Potenzial in Kontakt zu bleiben, mit der Größe dessen, was alles kommen will. Wenn ich über diese Größe nachdenke, überwältigt es mich. Mein ganzes Leben lang habe ich es mir zur Pflicht gemacht, zu lernen und Leistung zu erbringen. Ich schaffe es, meinen Job so schwer erscheinen zu lassen, dass es mich richtig nach unten zieht. Darum musste ich lernen, dass die Meditation versöhnlicher sein kann, formloser … dass es nicht darum geht, sich anzustrengen oder etwas zu erreichen.

Als Kind verbrachte ich meine Zeit viel fauler. Ich weiß noch, wie ich sonntagmorgens immer auf dem Fenstersims in der Sonne saß – mit dem herrlichen Gefühl, einfach das Leben zu genießen. Das ist der Zustand, den ich heute auch pflege. Ich meditiere gern morgens und bleibe ungefähr eine halbe Stunde lang träge, aber wach einfach liegen. Ich schreibe auch jeden Tag, in Anlehnung an die ›Morgenseiten‹ aus *Der Weg des Künstlers.* Vor kurzem habe ich angefangen, mich jeden Dienstagmorgen – wenn ich allein bin und genug Raum habe, um mich auf kontemplative Weise zu bewegen – all den Strömen hinzugeben, die in mir fließen. Ich brauche die Einsamkeit und die Stille, um geerdet zu bleiben und mich an die Versöhnlichkeit zu erinnern.«

strecken Sie sich in Ihrem Bewusstsein nach ihr aus. Geben Sie ihr Ihren Atem und Ihre Bewusstheit. Lassen Sie heilende Energie durch Ihr Herz strömen.

Wenn Sie auf diese innere, energetische Weise aktiv werden, nimmt Ihnen das einen Teil Ihrer Frustration und Verzweiflung über die Umstände, die sich Ihrer direkten Kontrolle entziehen.

Manchmal wird Ihnen in der Meditation auch klar, dass es doch irgendeine kleine aktive Maßnahme gibt, die Sie ergreifen können. Jeder noch so kleine Schritt zählt.

Sich dem Leben entgegenstrecken

Möglicherweise werden Sie feststellen, dass Sie mehr Leben in sich haben, als Sie auszuleben wissen. Manchmal fühlen Sie sich nach der Meditation aufgeladen, ohne dass Ihnen klar ist, wie Sie sich abreagieren können. Das liegt daran, dass Sie auf einer neuen Energie- und Wahrnehmungsebene leben, an die Sie nicht gewöhnt sind. Vielleicht haben auch Ihre Lebensumstände Ihr neues Ich noch nicht eingeholt. Das ist immer eine echte Herausforderung.

Mit Hilfe der Meditation werden Sie Hinweise auf neue Aktivitäten und sogar auf Träume erhalten, die Sie bereits aufgegeben hatten. Verwenden Sie die Energie, um diese Träume jetzt umzusetzen. Vielleicht haben Sie Angst, sich auszudrücken oder sich in die Welt hinauszuwagen. Wenn Sie tiefe Enttäuschungen erlebt haben, kann es eine Weile dauern, bis Sie sich an den Gedanken, dass Erfüllung möglich ist, gewöhnt haben. Das ist sowohl erregend als auch absolut Furcht einflößend. Doch Sie können lernen, wieder zu lieben. Sie können zum Leben zurückkehren.

Wann immer wir eine lange vernachlässigte Fähigkeit neu einsetzen, ähnelt das ein wenig dem unerträglichen Kribbeln, das sich einstellt, sobald die Blutzirkulation in einem eingeschlafenen Fuß wieder einsetzt. Gehen Sie von vornherein davon aus, dass es unangenehm wird, und machen Sie sich klar, dass Sie es zu guter Letzt verarbeiten werden. Auch hier ist es eine Kunst, den Vorgang zuzu-

Das Herz von Alice

In einem Interview mit Sharon Salzberg sagte Alice Walker: »Wissen Sie, wozu ein Herz gut ist? Ein Herz ist dazu da, gebrochen zu werden, und ich sage das, weil das Herzen immer wieder zu geschehen scheint. Also, meines wurde schon so oft gebrochen, dass ich aufgehört habe, es zu zählen. Aber es scheint immer öfter und öfter aufgebrochen zu werden und es wird immer größer. Vor gar nicht langer Zeit habe ich zu meiner Therapeutin gesagt: ›Wissen Sie, mein Herz fühlt sich mittlerweile so offen an wie ein Koffer. Ich habe das Gefühl, es steht jetzt irgendwie dauerhaft offen, wie ein großer Koffer, der immer wieder aufklappt. So fühlt es sich an.‹

Anstatt das Gefühl zu haben, ein Dorn hätte das Herz durchbohrt, wie Pema Chodron es bei ihrer Tonglen-Meditation hat, bekommt man ein Gefühl der Offenheit, als ob der Wind durchpusten könnte. Ich glaube, so muss es sich anfühlen, wenn man ausgeglichen ist. Und wenn man diese Ausgeglichenheit verliert, dann hat man das Gefühl, als gäbe es keinen Wind, keine Brise, nur diesen Stein, in dem dieses riesige Ding steckt. Ich weiß nicht, wie man von einem Gefühl zum anderen kommt, außer durch Meditation oder häufig durch Aktivismus, indem man einfach sieht, was in der Welt oder in unserer Familie noch getan werden muss, und man das einfach tut.«

Alice Walker ist ihrer inneren Stimme gefolgt und hat in ihren Büchern häufig den Standpunkt von Menschen vertreten, die ihrer Gemeinschaft entfremdet waren. »Meine eigene kleine Theorie besagt, dass man oft immer wieder das tut, was einen ins Abseits drängt, und das hat natürlich mit dem wahren Selbst zu tun. Und dann trifft man all diese anderen Menschen, die im Abseits stehen. Und plötzlich hat man ein Team und alle gehören zu diesem Team. Davon bin ich fest überzeugt. Ich glaube das aufgrund der Positionen, die ich eingenommen habe, und der Dinge, über die ich geschrieben habe. Häufig finde ich mich im Abseits wieder. Aber das bedeutet nie, dass ich allein bin, denn ich entdecke all diese anderen Menschen, die subversive Gedanken haben und auch Dinge getan oder geschrieben haben, die ihr Stamm nicht gutgeheißen hat. Und da sind wir nun alle, und es entsteht eine völlig andere Gemeinschaft, eine ganz andere Familie aus Menschen, die nicht durch ihre Hautfarbe, ihre Abstammung, ihr Geschlecht oder was immer miteinander verbunden sind, sondern durch ihre Vision. Das glaube ich fest. Ich bin Teil einer Gemeinschaft wunderbarer Menschen, und das hat nichts mit Rasse zu tun, sondern mit Visionen und damit, wie die Welt unserer Meinung nach sein sollte.«

lassen und neue Empfindungen zu tolerieren. Ihr Körper und Ihre Psyche werden sich mit der Zeit an die größeren Energien gewöhnen, und bald schon sind Sie in der Lage, so aktiv zu werden, wie Sie es sich wünschen.

Zu zweit oder zu mehreren

Häufig stellen wir uns die Meditation als Retreat vor, als Pause oder Zwischenspiel zwischen zwei Aktivitäten. Aber manchmal ist es einfach die beste Möglichkeit, mit der Welt in Kontakt zu treten. Die Harmonie übernimmt das Zepter, und wir fühlen uns in uns selbst und in unserer Umgebung völlig zu Hause. Der Horizont erweitert sich, und wir werden wach für die Größe und Schönheit der Erde. Uns kommt ein Gedanke: Das ist die Wirklichkeit, das ist die reale Welt.

Wenn wir mit anderen zusammen meditieren, verstärkt sich diese Wahrnehmung. Selbst mit einer einzigen Person wird ein dichteres Energiefeld geschaffen, das die gemeinsame Stille trägt, insbesondere dann, wenn zwischen beiden eine enge Beziehung besteht. Wenn Paare, Familien oder Freunde gemeinsam meditieren, treten sie in eine stumme Konversation darüber ein, was Harmonie ausmacht. Die Individualität findet ihren Platz im Ganzen und vereint sich mit der Unendlichkeit. Es ist ein gesellschaftliches Ereignis, wie ein gemeinsames Abendessen, aber man wird in verschiedenen Restaurants bedient und schlemmt eine Mischung aus Luft, Licht, Klängen und Emotionen. Ein Gefühl der Gemeinschaft stärkt diese Bewusstheit. In der Kirche treten die Menschen zum Beispiel oft in den Reichtum der Stille zwischen den Gebeten, der Predigt und den Liedern ein.

Gemeinsames Meditieren schafft ein friedvolles Band. Da die Meditationszeit keine Forderungen stellt, hat sie eine befreiende, intime Qualität, die dem Beisammensein mit einem Haustier ähnelt. Die Meditation durchtrennt Schüchternheit und Unbeholfenheit und die Beschränkung der Wörter. Bei normalen gesellschaftlichen Anlässen treten Augenblicke gemeinsamer Stille spontan auf, aber für gewöhnlich sind die Menschen von der Stille peinlich berührt und versuchen, sie zu füllen. Darum ist es so herrlich, bewusst eine Zeit zu schaffen, in der man miteinander in diesem mühelosen Fluss ruht.

Nehmen Sie sich vor, sich mit Ihrem Geliebten, Ihren Freunden oder Angehörigen einmal die Woche zur Meditation zu treffen. Suchen Sie in diesem Buch nach Anregungen — lesen Sie, diskutieren Sie darüber, denken Sie darüber nach, bewegen Sie sich, atmen Sie. Lernen Sie sich auf dieser tiefen, schweigenden Ebene kennen und Sie werden das unerschütterliche Fundament für dauerhafte Beziehungen legen.

Atmen Sie in Ihrer eigenen Atmosphäre

Alle Meditationen in diesem Buch werden Sie zu einer körperlichen Erfahrung Ihrer inneren Natur führen. Wenn Sie lernen, von dem zu leben, was Sie lieben, ist es, als ob Sie Ihre eigene Atmosphäre

mit sich tragen, wohin immer Sie gehen. Wenn Sie in dem Vergnügen Ihrer Sinne und Ihrer tiefen weiblichen Instinkte baden, schaffen Sie eine nährende Substanz, von der Sie im Laufe des Tages zeh-
ren können. Ihr inneres Wesen erblüht, und Sie strahlen eine besondere Essenz aus, die andere zu schätzen wissen – Ihren einzigartigen
persönlichen Duft. Atmen Sie Ihre eigene duftende Atmosphäre
ein. Verbreiten Sie sie. Lieben Sie sie, sonnen Sie sich darin – ohne
sich zu entschuldigen oder sich dafür zu schämen!

Brechen Sie das Tabu

- Seien Sie glücklich.
- Seien Sie umwerfend.
- Seien Sie wild.
- Seien Sie sinnlich.
- Lachen Sie viel.
- Nehmen Sie sich Zeit für sich selbst.
- Sagen Sie Nein, wenn Sie etwas nicht wollen.
- Sagen Sie, was Sie wollen.
- Suchen Sie sich Ihren eigenen Stil.
- Seien Sie anders.
- Entschuldigen Sie sich nicht dafür, dass Sie *Sie* sind.
- Sagen Sie, was Sie sehen.
- Tun Sie, was Sie lieben.

Forschungsreisen

- Bei welcher Gelegenheit waren Sie so erregt wie noch nie in Ihrem Leben?
- Wann haben Sie Enttäuschungen erlebt? Hat der Verlust Ihre Begeisterung und Zuversicht gedämpft? Hat er Sie zu mehr Mitgefühl veranlasst? Was ist mit Ihrer Freude geschehen? Wo zeigt
sich Ihre Freude heute?

- Was bringt Sie zum Lachen? Welche Freunde, Filme, Cartoons oder Komiker aktivieren Ihre Lachmuskeln? Wann lachen Sie über sich selbst?
- Schreiben Sie über Ihre Leidenschaft. Was liegt Ihnen am meisten am Herzen?
- Wenn Sie sich vorstellen, dass Sie sich frei und umfassend ausdrücken könnten, was sehen Sie dann? Welche Sehnsüchte würden Sie ausleben? Wie sehen Ihre Träume aus?

Aufwärmübung

Wenn Sie während dieser Meditationen viele wiederkehrende Gedanken hatten, schreiben Sie sie auf. Es gibt zahlreiche Bücher mit Schreibübungen, um nach Ideen zu graben. Versuchen Sie es damit: Erstellen Sie eine Liste von zehn Dingen in Ihrem Leben, die Sie am meisten ärgern — vielleicht unerledigte Angelegenheiten — und wie deren Lösung aussehen könnte. Sie können diese Punkte in Ihr Tagebuch schreiben oder auf einen Zettel, den Sie rituell verbrennen. Das Verbrennen setzt die Form des Papiers und der Tinte frei und verwandelt sie in Hitze und Licht. Das Verbrennen kann Ihnen helfen, die Gedanken, die Ihre Aufmerksamkeit verlangen, erst zu akzeptieren und dann loszulassen, um den Weg zu ebnen, auf dem sich Ihre Kreativität entfalten kann.

---

12. Fertigkeitskreis:
Wie man in der Bewegung des Tages meditiert

Treten Sie durch jede Pforte ein

Jede von uns kann sich ihr eigenes Meditationsmenü zusammenstellen und sich aus allen Meditationen, die wir durchgespielt haben, eine Hand voll Favoriten aussuchen, um sich durch sie mit ihrem Innern zu verbinden. Stellen Sie Ihr eigenes Meditationsmenü zusammen, das Sie lieben. Gemeinsam spiegeln diese Meditationen in diesem Augenblick Ihr ganzes Selbst wider. Jede Meditation befriedigt einen bestimmten Teil von Ihnen, bietet ein nährendes Element, das ebenso notwendig ist wie Vitamin C, Wasser oder Proteine. Je nach Tagesform können eine oder mehrere Meditationen nötig sein.

Reagieren Sie auf die Bedürfnisse Ihres Lebens und Ihrer Sehnsüchte, und wählen Sie die Meditation aus, die für diesen Tag am besten funktioniert. Als Frauen reicht es uns nicht, wenn uns nur eine einzige monotone Meditation zur Verfügung steht; wir brauchen eine Vielzahl, aus der wir wählen können, wie bei verschiedenen Stoffen, Farben oder Stilrichtungen auch. Sie haben immer das Recht zu improvisieren! Wir haben Ihnen viele Geheimnisse und viele Reaktionsmöglichkeiten auf Ihren Körper und seine Rhythmen vorgestellt. Ein bestimmtes Kapitel mag eine besondere Bedeutung für Sie haben, und sein Geheimnis könnte sich als Pforte in die Tagesmeditation erweisen. Lernen Sie, auf den Ruf nach Meditation zu reagieren und durch seine geheime Pforte einzutreten.

Die Bedürfnisse und Rhythmen jedes Tages bestimmen den Aufbau Ihrer Meditation: die Art der Meditation, wie lange und wo Sie meditieren. Wenn ich beispielsweise an meinen Performance-Auftritten arbeite, genehmige ich mir zusätzliche Meditationszeit, weil ich so damit beschäftigt sein werde, die Choreografie oder den Text durchzugehen. Um mich am Tag der Aufführung vorzubereiten, achte ich darauf, einen Nachmittag lang zu meditieren.

1969 hat Lorin einmal einen Seminarleiter am Flughafen abgeholt und ihn zur Universität gefahren, wo er an diesem Tag unterrichten sollte. »Nachdem er am späten Nachmittag fertig war, fragte ich ihn, ob ich ihn zum Restaurant am Flughafen bringen sollte, aber er meinte, er wolle lieber an einen Ort, wo er meditieren könne. Ich sagte: ›Haben Sie dafür Zeit? Sie müssen doch Ihr Flugzeug erreichen.‹ Und er antwortete: ›Ich habe keine Zeit, nicht zu meditieren. In meinem Job kann ich es mir nicht erlauben, nicht voll da zu sein.‹«

Die Karte aller Meditationen

Es folgt eine Liste aller Meditationen, die wir in diesem Buch vorgestellt haben. Die mit einem Sternchen (*) gekennzeichneten eig-
nen sich sehr gut für ein- bis fünfminütige Sitzungen, auf den Tag
verteilt. Manchmal möchten Sie wahrscheinlich in der Stille meditieren, dann wieder wollen Sie sich bewegen oder ins Freie gehen.
Und manchmal müssen Sie sich einfach hinlegen. Schon eine einzige Minute kann Sie erfrischen, erinnern und ermächtigen. Im Laufe der Zeit wird sich Ihr Meditationsmenü verändern, oder Sie werden weitere Übungen hinzufügen, weil Ihre Bewusstheit und auch
andere Teile von Ihnen sich entfaltet haben. Ganz werden heißt, alle Aspekte in sich zu begrüßen – und das ist ein wundersamer, ge-
heimnisvoller, alles umschließender Prozess!

Rezepte und Heilmittel

Stellen Sie nach Belieben Ihr eigenes Rezept zusammen. Nehmen Sie sich für jeden Teil fünf Minuten Zeit. Hier einige Vorschläge für Ihre Experimentierversuche:

Furcht oder Angst

Zu erschaffen: »Heiligtum« . . . . 204f.

Körperritual: »Daumen hoch« 219

Mantra: »Kwan-Yin-Mantra« 235

Atem: »Atem des Mitgefühls« . . . . 199f.

Bild: »Erdschaltkreis« . . . . 115f.

Müdigkeit

Zu erschaffen: »Einfachheit« . . . . 342ff.

Körperritual: »Mit dem Bauch auf den Boden« . . . . 379f.

Atem: »Das Elixier des Lebens« 114

Bewegung: »Sich strecken« . . . . 447ff.

Depression

Zu erschaffen: »Souveränität« . . . . 388ff.

Körperritual: »Dunkle Augen« 375

Atem: »Der Atem als Geburt und Tod« . . . . 298ff.

Bild: »Der Abstieg zur Göttin« . . . . 382ff.

Bewegung: »Die Süße des Raumes« . . . . 202f.

Wut

Zu erschaffen: »Ihr inneres Theater« . . . . 306f.

Körperritual: »Die Bewegung des Nein« 115

Mantra: »Kali Mantra« 235

Atem: »Kernatem« . . . . 163ff.

Bild: »Was für ein Charakter!« . . . . 338f.

Schlaflosigkeit

Krankheit

Ihr Weg durch den Tag

Hier einige Vorschläge, wie Sie den Tag mit sinnlich-meditativer Bewusstheit durchleben können.

Aufwachen. Lassen Sie sich mehrere Minuten Zeit, um langsam aus dem Traumland zurückzukehren. Verwenden Sie, wenn möglich, keinen Wecker. Bleiben Sie in der schläfrigen Bequemlichkeit Ihres Bettes liegen, und gewöhnen Sie Ihre Sinne langsam an den Gedanken aufzustehen. Erinnern Sie sich an Ihre Träume und, falls Sie die Zeit dazu haben, schreiben Sie sie auf. Segnen Sie die Menschen, die Sie lieben. Erspüren Sie alles, wofür Sie dankbar sind. Führen Sie die Meditation »Ein sanftes Erwachen« durch (siehe *4. Geheimnis: Seien Sie sanft zu sich selbst*). Strecken Sie sich ein wenig, massieren Sie sanft Ihre Augen und nehmen Sie ein paar tiefe Atemzüge. Dann steigen Sie gemächlich aus dem Bett und hinein in Ihren Tag.

Essen. Nehmen Sie sich vor dem Essen Zeit, um den Geruch und den Anblick Ihrer Mahlzeit zu genießen. Bereiten Sie Ihre Sinne auf das Vergnügen des Essens vor: Bringen Sie all Ihre Säfte zum Strömen. Stellen Sie sich vor Ihrem inneren Auge vor, wie und wo die

Lebensmittel angebaut wurden. Finden Sie Ihren eigenen Weg, ein »Dankgebet« zu sprechen. Lassen Sie sich bei jedem Bissen ein oder zwei zusätzliche Sekunden Zeit, um die Nuancen von Geschmack und Beschaffenheit zu genießen. Wenn Sie fertig sind, geben Sie sich noch ein paar Minuten, um sich zu entspannen und zu verdauen, bevor Sie aufspringen.

Gedanken zur Nacht. Wenn Sie abends ins Bett gehen, nehmen Sie sich ein paar Minuten Zeit, um über Ihren Tag nachzudenken. Sonnen Sie sich in den Augenblicken, die Sie genossen haben. Wenn Sie nach unausgedrückten Impulsen suchen und sie ehren, werden Sie wahrscheinlich besser schlafen, weil Sie alle unerledigten Bewegungen aufgespürt haben, die uns nachts für gewöhnlich verfolgen. Fordern Sie sich selbst auf, sich an Ihre Träume zu erinnern. Bevor Sie dann einschlafen, segnen Sie die Menschen, die Sie lieben, und treiben Sie mit dieser Fülle Ihres Herzens ins Land Ihrer Träume.

Um besser zu schlafen, sollten Sie ungefähr eine Stunde, bevor Sie ins Bett gehen, allmählich langsamer machen. Weg vom Computer! Nehmen Sie ein Bad. Wenn Sie andererseits mitten in der Nacht aufwachen, ist das eine ganz besondere Zeit, um zu meditieren, besonders gegen vier Uhr früh (siehe auch die Vorschläge für Meditationen bei Schlaflosigkeit). Ich habe meine kreativsten Ideen oft mitten in der Nacht.

Nervenaufreibende Situationen
- *In Zeitnot:* Planen Sie Ihre Aktivitäten bewusst so, dass mehr Zeit für jede einzelne bleibt. Schon einige zusätzliche Minuten zwischen den Aktivitäten können entscheidend sein; Sie können freier atmen und sich zentrieren. Betrachten Sie es als Teil Ihrer Übung, gesunde Grenzen zu ziehen. Sich Zeit zu nehmen hilft, die Anspannung im Nervensystem nicht zu stark ansteigen zu lassen (ein weiterer Tipp für besseren Schlaf).
- *Autofahrten:* Nehmen Sie sich auch hier mehr Zeit, als Sie Ihrer

Meinung nach brauchen werden, damit Sie die Panik und die Eile auf ein Minimum beschränken können. Wenn Sie in einen
Stau geraten, atmen Sie tief durch, und rufen Sie sich Ihre Souveränität ins Gedächtnis – geben Sie äußerlichen Situationen
nicht so viel Macht über Ihr Wohlbefinden. Chanten Sie Ihr
Mantra, werden Sie zu Ihrem »Totem-Tier«, führen Sie den
»Jazz-Atem« durch – wenn andere Fahrer darüber lachen, na
und?

- *Auf jemanden warten:* Warten ist eine wunderbare Gelegenheit, in
  ein meditatives Bewusstsein zu fallen. Anstatt sich voller Unge-
  duld zu ärgern, nützen Sie die Zeit. Stimmen Sie sich auf die
  Sinnlichkeit Ihres Atems ein, führen Sie die »Ich-bin«-Bewusst-
  heitsübung durch, tun Sie sich etwas Gutes.

- *Beim Zahnarzt:* Atmen Sie langsam in Ihren Bauch. Wackeln Sie
  mit den Zehen, um sich durch die Füße zu erden. Meine Hände
  verspannen sich beim Zahnarzt leicht, darum halte ich meine
  Daumen nach oben (»Die Daumen hoch«-Übung) oder massie-
  re meine Finger. Denken Sie daran, wie tapfer Sie sich hinterher
  fühlen werden!

Meditationen

Öffnen Sie Ihre Arme für das Leben

Diese Meditation eignet sich wunderbar zu Beginn des Tages oder
vor einem wichtigen Ereignis. Setzen Sie sich einige Minuten bequem hin, um sich einzustimmen und präsent zu werden. Sobald
Sie bereit sind, stellen Sie sich hin, die Beine etwa hüftbreit auseinander, in einer kraftvollen, wenn auch offenen Haltung. Schauen Sie
in die Richtung, die sich am intensivsten anfühlt, beispielsweise in
das Herz Ihres Wohnorts oder zum Haus des Menschen, den Sie
lieben. Nehmen Sie sich weitere ein bis zwei Minuten Zeit, um sich
darauf einzustimmen. Halten Sie die Augen offen, damit Sie die äußere Welt auch wirklich sehen.

Strecken Sie sich

Tiere strecken sich stets vor oder nach einer Ruhepause. Es folgen einige leichte Streckübungen, die Sie vor oder nach der Meditation ausführen können – oder auch vorher *und* nachher! Sie helfen Ihnen, in Ihrem Körper wach zu werden, die Blutzirkulation anzukurbeln und Steifheit und Unwohlsein zu lindern. Betrachten Sie Ihre Streckübungen nicht als harte Disziplin, sondern als sanfte Massage, und erzwingen Sie nichts. Folgen Sie dem Spaßprinzip: Sie wollen schließlich, dass es sich gut anfühlt!

Die Aufweck-Berührung. Massieren Sie Ihre Arme, Beine, Hüften und Schenkel. Sagen Sie mit den Händen »Hallo« zu Ihrem Bauch und Ihrem Herzen. Reiben Sie jeden Finger ausgiebig, massieren Sie Handflächen und Handgelenke. Streicheln Sie sich liebevoll über die Haut.

Das Schulterkreisen. Holen Sie einmal tief Luft und kreisen Sie dann mit den Schultern: nach vorn, nach oben zu den Ohren, nach hinten und wieder nach unten. Wiederholen Sie das insgesamt achtmal. Ruhen Sie sich einen Atemzug lang aus, dann führen Sie die Übung in die andere Richtung durch: nach hinten, hoch zu den Ohren, nach vorn und wieder nach unten, und das achtmal. Stellen Sie sich vor, wie Sie auf diese Weise Ihre Gelenke schmieren.

Greifen Sie danach. Strecken Sie die Hände über den Kopf und falten Sie sie. Recken Sie die Arme immer höher. Übertreiben Sie Ihre Atmung: Atmen Sie tief durch die Nase ein und entweder durch Nase oder Mund wieder aus. Beugen Sie sich ein wenig zu beiden Seiten, und spüren Sie die Streckung von der Taille bis hinauf in die Arme. Nehmen Sie wahr, wie die Füße nach unten drücken. Entspannen Sie sich anschließend, und atmen Sie ein paar Mal tief durch. Achten Sie auf die Stimulation der Blutzirkulation. Sie können diese Übung auch auf dem Rücken liegend durchführen.

Das Kopfrollen. Senken Sie das Kinn ganz behutsam auf den Brustkasten, als ob Sie in Ihr Herz schauen wollten. Rollen Sie den
Kopf dann langsam zur rechten Seite, das rechte Ohr bewegt sich
dabei auf die Schulter zu. Legen Sie den Kopf nun zur Seite, rollen Sie ihn nicht in den Nacken. Dann rollen Sie den Kopf wieder
nach vorn. Wiederholen Sie die Übung auf der linken Seite. Spüren Sie das Gewicht des Kopfes und wie er von Hals und Schultern gehalten wird. Wiederholen Sie diese schaukelnde Bewegung
mehrmals, als ob Sie sich in sanften Wellen in den Schlaf wiegen
würden. Wenn Sie möchten, passen Sie Ihren Atemrhythmus an:
Atmen Sie ein, wenn der Kopf zur Seite rollt, atmen Sie aus, wenn
Sie nach vorn und unten entspannen.

Die Wirbelsäulenwelle. Lassen Sie im Sitzen oder im Stehen eine Wellenbewegung durch Ihre Wirbelsäule laufen. Beugen Sie sich sanft
vor und zurück, erst zur einen, dann zur anderen Seite. Gestalten
Sie diese Wellenbewegungen sanft, und seien Sie sich dabei Ihrer
ganzen Wirbelsäule bewusst. Lassen Sie den Kopf in die Bewegung einfallen, als ob er oben auf der Welle reitet.

Wackelnde Finger und Zehen. Auch diese Übung können Sie im Liegen
durchführen. Strecken Sie Arme und Beine aus, und bewegen Sie
die Füße und Hände, als ob Sie den Raum mit Ihren Fingern und
Zehen kitzeln wollten. Wackeln Sie mit jedem einzelnen Finger
und jedem Zeh, rollen Sie alle ein, und breiten Sie sie anschließend
weit aus. Atmen Sie dabei tief durch.

Gesichts- und Kieferlockerung. Öffnen Sie den Mund und formen Sie
die Vokale: aa, ee, ii, oo, uu. Sprechen Sie sie zuerst stumm aus,
dann flüstern Sie sie, zuletzt lassen Sie den Ton laut herauskom-
men. Spüren Sie im Mund, in den Zähnen und auf der Zunge, wie
sich Ihre Lippen verziehen, wenn Sie den Vokal formen. Richten
Sie Ihre Aufmerksamkeit auch auf den Rest Ihres Gesichts. Öffnen Sie die Augen und sehen Sie sich um. Kräuseln Sie die Nase,
und ziehen Sie die Augenbrauen hoch. Na los, seien Sie albern,
spielen Sie!

Kopfhautmassage. Diese Übung ist sehr entspannend – Sie werden sie lieben! Fangen Sie oben an der Stirn an. Legen Sie Zeige- und Mittelfinger beider Hände auf Ihren Haaransatz, drücken Sie fest zu und kreisen Sie. Bewegen Sie sich langsam den Haaransatz entlang zu den Ohren. Ziehen Sie sanft an den Ohrläppchen (das stimuliert jede Menge Meridiane). Massieren Sie dann weiter zum Kiefer hinunter und wieder hoch. Nehmen Sie sich dafür eine ganze Minute Zeit. Legen Sie die Hände auf Ihren Scheitelpunkt und massieren Sie sanft die Kopfhaut. Können Sie spüren, wie sich die Haut lockert und über den Schädel gleitet? Klopfen Sie zum Abschluss sanft mit den Fingern über das Gesicht, wie Schmetterlingsküsse auf Augenlidern, Wangen und Lippen.

Die Räkelübung. Wenn Sie keinen Teppich haben, breiten Sie ein paar Decken zur Polsterung auf dem Boden aus. Legen Sie sich hin und entspannen sich eine Minute mit Ihrem Atem. Bevor Sie mit der Bewegung beginnen, laden Sie die Sinne ein, lustvoll wach zu werden, wie eine exotische Kreatur im Dschungel oder eine Pflanze, die in der Sonne aufblüht. Entfalten auch Sie langsam Ihren Körper – rollen Sie sich zusammen oder zur Seite, strecken Sie sich voller Vergnügen. Atmen Sie, seufzen, gurgeln und stöhnen Sie. Führen Sie keine bestimmten Streckübungen durch, sondern spüren Sie, wie natürlich und organisch Ihre Bewegung sein kann. Hier geht es darum, sich im Fluss zu räkeln, nicht um bestimmte Anforderungen. Auf diese Weise eröffne ich meinen Yogaunterricht am liebsten; es schafft eine Atmosphäre der Lockerheit und Sinnlichkeit, die einen wirklich öffnet.

Auf allen vieren. Wir tragen die Weisheit unserer vierbeinigen Freunde in unserem Körper. Diese Streckübung bringt uns in Kontakt mit unserem animalischen Selbst und erweitert unser Gefühl des Menschseins. Es soll sich gut anfühlen, wie eine Bewegungsmassage. Setzen Sie sich nicht unter Druck. Jeder Körper hat seine eigenen Grenzen, darum ehren Sie stets das Feedback Ihrer Grenzen. Kriechen Sie auf allen vieren, und spüren Sie, wie Hände und Knie den Boden berühren. Wenn Sie einen harten Untergrund haben, verwenden Sie Decken oder ein Kissen unter den Knien. Krümmen Sie langsam und vorsichtig die Wirbelsäule, zu einem Bogen nach oben, dann zu einem Hohlkreuz und von einer Seite zur anderen. Beugen Sie anschließend leicht die Ellbogen, und bewegen Sie die Schultern, damit Brustkasten und Kopf langsam und fließend abrollen können. Spüren Sie, wie Ihr Bauch und Ihre Brüste über der Erde tanzen. Atmen Sie. Richten Sie Ihre Aufmerksamkeit nun auf das Becken, und achten Sie darauf, wie es sich in die verschiedenen Richtungen bewegt. Stellen Sie sich vor, ein Schwanz würde aus Ihrem Steißbein wachsen. Was für eine Art von Schwanz hätten Sie an diesem Tag? Lang, frech, voll und flauschig? Schlagen Sie mit dem Schwanz schamlos aus. Werden Sie sich nun immer mehr Ihres Atems bewusst. Atmen Sie hörbar aus, und geben Sie sich die Erlaubnis, jeden Laut auszustoßen, der nach draußen will. Genießen Sie die Freiheit, die sinnliche Macht und die Erdverbundenheit Ihrer Bewegung.

Sobald Sie müde werden oder sich vollständig fühlen, setzen Sie sich sanft auf die Fersen, und rollen Sie nach vorn über die Schenkel, bis die Arme auf dem Boden zum Liegen kommen. Oder legen Sie sich auf die Seite beziehungsweise einfach auf den Rücken und entspannen Sie sich ein paar Minuten in den Boden.

Die weichen Augen. Die Augen sind der Schlüssel zum gesamten Nervensystem; in ihnen sind Stress und alle eingefrorenen Traumata zu finden. Wenn Sie die Augen entspannen und weich werden lassen, ist das eine absolute Erleichterung. Falls Sie am Computer arbeiten oder viel lesen, tut Ihnen diese Übung besonders gut. Sie eignet sich am besten nach einer Gesichts- und Kopfhautmassage.

Spüren Sie die kleinen Muskeln rund um die Augäpfel, die Haut der Augenlider, die Brauen. Wackeln Sie ein wenig mit den Augenbrauen. Konzentrieren Sie sich nun auf Ihren normalen Blick. Selbst mit geschlossenen Augen starrt man normalerweise in eine bestimmte Richtung. Lassen Sie sanft jede Konzentration in Ihrem Blick los. Gehen Sie mit dem Blick auf Wanderschaft, ohne dabei den Kopf zu bewegen, als ob Ihre Augen einfach im Kopf schweben würden. Versuchen Sie das einmal mit offenen und dann mit geschlossenen Augen. Schauen Sie leicht nach oben, nach unten, diagonal, von einer Seite zur anderen – das ganze Sichtfeld abtastend.

Berühren Sie dann bei geschlossenen Augen mit den Fingerspitzen sanft die Augenlider, die Brauen, die Haut unter und über den äußeren Rändern der Augen. Entspannen Sie sich durch die sanfte Berührung noch weiter, ruhen Sie dann einfach aus und genießen Sie die Lockerheit. Öffnen Sie die Augen anfangs nur einen Schlitz breit, dann millimeterweise immer mehr. Bleiben Sie locker. Nehmen Sie das Licht, die Farben und Formen um Sie herum mühelos mit den Augen auf. Lassen Sie sich für diesen Übergang viel Zeit.

Manche Menschen denken, sie müssten sich bei der Meditation auf ihr drittes Auge konzentrieren, darum richten sie ihren inneren Blick fest auf die Stirn. Sie sollten sich stattdessen immer daran erinnern, die Augen locker zu lassen und sie frei zu bewegen.

Konzentrieren Sie Ihre Aufmerksamkeit nun auf den Atem. Würdigen Sie, wie Sie durch seine Bewegung mit dem Gewebe des Lebens verbunden werden – wie er in sie fließt und wieder hinaus, immer und immer wieder. Spüren Sie, wie er in Ihre Lungen tritt, Ihren Brustkasten weitet und Ihr Herzzentrum berührt.

Sobald Sie bereit sind, heben Sie die Arme zu einer weiten Umarmung. Achten Sie darauf, wie sich in dieser Position sowohl die Vorder- als auch die Rückseite Ihres Herzens öffnet, wie Energie durch Ihre Arme und Hände hinausströmt.

Begrüßen Sie nun jede mögliche Erfahrung, die Sie an diesem Tag machen werden. Stellen Sie sich alles vor: all den möglichen Spaß, die Herausforderungen, die schwierigen Situationen, die Vielzahl an Persönlichkeiten, denen Sie begegnen werden, und wie Sie sich in deren Gegenwart fühlen werden. Denken Sie daran, dass Sie für alles präsent sein wollen. Öffnen Sie Ihre Energie. Atmen Sie mit der Qualität und der Atmosphäre, die Sie gern erschaffen würden.

Atmen Sie in Ihr Herz, und begrüßen Sie auch weiterhin alle Energie. Akzeptieren Sie Ihre Freude, Ihre Ängste, Ihr Staunen, Ihre Erregung – und all die Liebe, die sich in Ihrem Herzen befindet. Lassen Sie Ihre Leidenschaft für das Leben ganz in sich einsinken.

Verankern Sie zum Abschluss diese Gefühle in Ihrem Körper, indem Sie die Hände auf Ihr Herz legen. Schließen Sie die Augen, und atmen Sie ein- oder zweimal tief durch. Dann gehen Sie locker zu einer Aktivität über.

Schicken Sie einen Ton hinaus in die Welt

Stellen Sie sicher, dass Sie im Anschluss an die folgende Meditation noch etwas Zeit haben, um ihre Wirkung zu genießen. Fangen Sie damit an, sich einige Minuten hinzusetzen und präsent zu werden. Orientieren Sie sich in dem Raum, in dem Sie sich befinden, mit geschlossenen oder offenen Augen.

Legen Sie dann die Hände auf den Bauch, und verbinden Sie sich mit der Bewegung Ihres Atems. Massieren Sie Ihren Unterleib, und ziehen Sie dann die Hände massierend nach oben, bis sie auf Ihrem Brustkasten unterhalb des Halses zum Liegen kommen. Klopfen Sie ein paar Mal sanft auf diese Stelle (um die Thymusdrüse zu wecken). Verbinden Sie sich mit der Bewegung Ihres Atems, wenn Sie ihn dort spüren. Massieren Sie sanft den gesamten Bereich, den Hals, das Gesicht und die Kopfhaut. Entspannen Sie dann die Arme, und ruhen Sie die Hände dort aus, wo es sich für Sie angenehm anfühlt. Feuchten Sie die Lippen an, schlucken Sie ein paar Mal und bewegen Sie den Mund.

Sammeln Sie nun Ihre Energie, und setzen Sie sich so hin, dass Ihre Wirbelsäule weich, aber aufrecht ist. Atmen Sie tief durch und stellen Sie sich vor, wie Sie Ihre Essenz in die Welt schicken. Wo und wie wollen Sie sich verbinden? Was wollen Sie kommunizieren? Bleiben Sie bei dieser Bewusstheit, aber richten Sie Ihre Aufmerksamkeit nach innen, um die Qualität der Energie zu erspüren, die hinaus will. Atmen Sie nun hörbar aus, und lauschen Sie mehrere Atemzüge lang diesem Geräusch. Visualisieren Sie, wie die Energie durch den Kanal Ihres Halses strömt. Welcher Ton will hinaus?

Sobald Sie bereit sind, verwandeln Sie Ihren Atem zu einem Ton. Öffnen Sie den Mund. Lassen Sie den Klang auftauchen; nehmen Sie sich Zeit, um zu experimentieren, bis Sie den Ton finden, der für Sie genau richtig scheint: *oo, om, aah* – was auch immer. Entlassen Sie diesen Ton nach draußen, damit der Raum selbst die Wirkung Ihrer Schwingung empfängt. Schicken Sie Ihren Ton deutlich, mutig und liebevoll hinaus. Berühren Sie mit dieser Schwingung die ganze Welt. Singen Sie Ihren Ton den Sternen.

Aufbauübungen

Die Meditation der Acht

Diese Bewegungsmeditation erfolgt zum Rhythmus von Ein und Aus, dem freien Fluss der kreativen Energie zwischen Ihrer inneren und Ihrer äußeren Welt.

Fangen Sie mit dieser Bewegungsmeditation an, nachdem Sie sich viel Zeit genommen haben, um sich einzustimmen, oder auch nach einer anderen Meditation. Führen Sie diese Übung fünf Minuten lang durch, aber erwarten Sie nicht, schon gleich zu Beginn etwas zu spüren.

Fangen Sie damit an, die Hände mit den Handflächen nach oben in den Schoß zu legen. Berühren Sie anschließend mit den Fingerspitzen Ihren Unterleib, fahren Sie mit ihnen über den Torso bis hin zum Herzen. Während Sie sich mit den Händen weiter nach oben bewegen, grüßen und aktivieren Sie die Kernenergien von Becken, Bauch, Solarplexus, Herz und Hals. Sobald Ihre Hände sich dem Hals nähern, drehen Sie sie nach außen ab. Strecken Sie die Hände mit nach außen gebeugten Handflächen nach unten und nach vorn, als ob Sie ein Geschenk überreichen wollten, bis Ihre Arme ganz ausgestreckt sind. Ziehen Sie dann die Arme hoch und wieder hinunter zum Bauch, von wo aus Sie mit den Händen bis zum Herzen wandern.

Fahren Sie mit diesem vollen Kreis fort. Variieren Sie die Geschwindigkeit, und sobald Ihre Muskeln sich an die Bewegung gewöhnt haben, können Sie so schnell machen, wie Sie wollen. Werden Sie dann allmählich immer langsamer, bis Sie mühelos und ohne zu stocken durch den Tanz gleiten.

Wenn man diese Bewegung von der Seite beobachtet, sieht sie aus wie eine Acht oder wie zwei Kreise, die sich an einem Punkt überschneiden. Dieses Symbol steht auch für die Ewigkeit. Die Bewegung scheint eine Geste der Endlosigkeit, die archetypische Verbindung zwischen Ihrem persönlichen Selbst und dem Universum.

Fahren Sie fort, die Bewegung zu erforschen und über den kreativen Zyklus des Gebens und Nehmens, den sie verkörpert, nachzudenken. Begrüßen Sie diese Bewegung als rituellen Ausdruck Ihrer Beziehung zum unendlichen Tanz des Lebens.

Im Universum zu Hause

Diese Körperübung ist eine Meditation über den Körper in Bezug auf das Universum. Sie können sie beispielsweise am Ende einer anderen Meditation durchführen, um sich neu zu orientieren und sich auf den Eintritt in die Welt vorzubereiten. Denken Sie einmal über Folgendes nach: In einem Körper zu sein, in Ihrem Körper zu sein, ist keine isolierte Erfahrung, sondern eine Erfahrung der Verbundenheit.

Nehmen Sie sich einige Augenblicke Zeit, um sich einzustimmen, damit Ihre Sinne Sie in dem gegenwärtigen Moment einholen können. Tasten Sie dann Ihren Körper ab.

Lassen Sie Ihre Bewusstheit einige Sekunden im Bereich der Augen ruhen, und richten Sie dann Ihre Aufmerksamkeit nach oben auf Stirn und Scheitel. Gehen Sie anschließend zu den Lippen über, dem Kiefer, den Ohren, dem Hinterkopf und dem Hals. Gleiten Sie mit Ihrer Bewusstheit sanft durch jeden Bereich und verweilen Sie jeweils einige Sekunden, bevor Sie weitermachen.

Ruhen Sie liebevoll auf Ihren Brüsten, auf Schultern und Armen, auf der Wirbelsäule hinter dem Herzbereich. Gleiten Sie den Rücken hinunter zu Kreuzbein und Steißbein, dann um Ihren Körper herum zum Bauch und zum Becken. Verweilen Sie dort einige Sekunden. Wandern Sie mit Ihrer Aufmerksamkeit anschließend die Beine hinunter zu den Füßen. Umfassen Sie nun Ihren gesamten Körper mit Ihrer Bewusstheit.

Als Nächstes machen Sie sich den Raum um Ihren Körper bewusst. Platzieren Sie sich im Zimmer, in der Wohnung beziehungsweise im Haus. Machen Sie sich dann Ihr Haus inmitten Ihres Wohnviertels bewusst. Achten Sie auf die Beziehung Ihres Körpers zu Ihrem Haus in Ihrer Stadt, dann Ihres Hauses zu Ihrer Stadt in Ihrem Land und dann auf dem Kontinent. Spüren Sie Ihren Körper im Haus in der Stadt in dem Land auf dem Kontinent und dann auf allen Kontinenten. Erweitern Sie Ihr Bewusstsein, schließen Sie jede große Land- und Wassermasse darin ein.

Ruhen Sie nun in der ekstatischen Beziehung Ihres Körpers zum gesamten Planeten. Sobald sich dieses Gefühl einstellt, spüren Sie Ihren Körper in Beziehung zur Sonne, dann zum Mond. Fügen Sie das ganze Sonnensystem hinzu, dann die Galaxie, anschließend all die Milliarden von Galaxien. Machen Sie sich nun Ihren Körper in Bezug auf den Weltraum bewusst, in dem sich die Galaxien drehen. Ruhen Sie in diesem universellen Körper, und atmen Sie einfach.

Beginnen Sie zu guter Letzt, den Prozess umzukehren, und gehen Sie vom Kosmischen zum Individuellen über. Richten Sie Ihre Aufmerksamkeit wieder auf jede einzelne Phase der Verbundenheit, bis Sie zuletzt in Ihrem ausgeprägten Selbst, in Ihrem individuellen Körper ruhen.

Nehmen Sie sich ein paar Minuten, um sich vorzustellen, wie Sie sich in Ihrer Alltagswelt bewegen, während diese universelle Verbundenheit in Ihnen lebt. Öffnen Sie langsam die Augen und schlagen Sie auch weiterhin eine Brücke von Ihrer inneren Erfahrung zu der äußeren Realität. Sobald Sie bereit sind, ziehen Sie los und leben Sie es aus!

Reflexionen

- Was haben Sie über Ihre Begeisterung für das Leben entdeckt?
- Haben Sie eine Vision für sich selbst? Für Ihre Gesellschaft? Für die Menschheit?
- Freuen Sie sich an dem Leben, das Ihnen gegeben wurde. Was will sich darin noch entfalten?
- Welche Freunde und Verbündete könnten das Leben unterstützen, das Sie führen wollen?
- Welche einfache Handlung können Sie diese Woche durchführen, um sich in Richtung Ihrer Träume zu bewegen?

Nächtliche Gedankenspiele

Meine verstorbene Freundin Carolyn Stevens, Analytikerin und Präsidentin des *C. G. Jung Institute of Chicago,* wusste meine Frage über die Theorien bezüglich des Männlichen und des Weiblichen markant zu beantworten: »Nach all diesen Jahren glaube ich heute, dass *alles,* was Frauen tun, weiblich ist.«

Unser Verständnis des Universums verändert sich mit zunehmender Entwicklung unseres Bewusstseins. Der technologische Fortschritt revolutioniert unablässig unser Modell des Weltalls, und je mehr sich unser kollektives Bewusstsein entfaltet, desto mehr überraschende und manchmal schockierende Entdeckungen machen wir. Unsere Paradigmen ändern sich, und unsere Sicht der Welt und unseres Platzes in ihr wird nie mehr dieselbe sein.

Eine neue kosmische Vision des Weiblichen taucht auf; sie funkelt hinter dem Schleier unserer Bewusstheit. Annahmen über »das weibliche Prinzip« wurden jahrtausendelang nie hinterfragt, blieben ungeprüft – unentwickelt. Manche Frauen suchen jenseits unserer kulturellen Vorurteile Anhaltspunkte in den uralten Archetypen weiblicher Weisheit. Ich habe das jedenfalls getan, und jene Geheimnisse sind in diesem Buch enthalten. Sie sind wahrhaft ermächtigend. Aber so wertvoll sie auch sind, mir wird immer klarer, dass die alten Formen auf einer völlig anderen Welt und Bewusstseinsebene basierten. Während ich darüber mitten in der Nacht, im Zentrum der Dunkelheit, nachdenke, stellt sich mir folgende Frage: Was wäre, wenn mehr, wenn eine völlig neue Weiblichkeit Gestalt annehmen würde? Was wäre, wenn sich dieses Neue nur durch die aktive Aufmerksamkeit der Frauen bilden könnte – durch die vereinte weibliche Aufmerksamkeit, die bis zum heutigen Tage nicht frei war?

Nach fünfzehn Millionen Jahren – ein paar Millionen Jahre mehr oder weniger – hat sich das Bewusstsein in der Materie entwickelt, und wir Menschen können jetzt an unserer eigenen Schöpfung teilnehmen. Wir haben all diese Zeit gebraucht, um uns diese Fragen zu stellen, ganz zu schweigen von der Geburt von noch mehr. Vielleicht haben die jüngsten Entdeckungen von dunkler Materie und die Lektionen, die darin verborgen sind, etwas damit zu tun – wer weiß?

Die Meditation ist eine sanfte Hebamme für das Auftauchen dieser neuen Realität. Während ich auf die Stille höre und hinter den kosmischen Schleier spähe, spüre ich das Funkeln von etwas, das geboren wird, etwas, das wächst, aber noch nicht gesehen werden kann. Dieses Etwas entwickelt sich im Gleichklang mit der Menschheit. Ebenso wie sich zu entscheidenden Zeitpunkten der menschlichen Entwicklung große Geister inkarniert haben (Moses, Buddha, Jesus), so wird auch dieses Weibliche geboren – nicht als individuelle Frau, sondern als ein Wissen, das durch uns alle in die Welt kommt. Der gesamte Globus vibriert angesichts dieser Veränderung; die Wehen haben schon eingesetzt. Welche Offenbarung dämmert heute, da die Frauen erwachen? Welche dringend benötigte Energie kommt in die Welt?

Wenn Sie denken, das klinge radikal, dann haben Sie Recht. Es ist die radikale Abkehr vom Altbekannten, ein radikales Eintauchen in das Mysterium in uns allen. Jetzt liegt es an uns Frauen, uns auf die Suche zu machen und die Visionen zu teilen, die wir entdecken und offen legen sollen. Wir stehen an der Grenze eines neuen Bewusstseins: Wir sind Forscherinnen, und das ist aufregend! Lassen wir uns überraschen. Lassen wir uns schockieren. Wie viel Freiheit werden wir aushalten?

Lektüreempfehlungen

Wir schlagen Ihnen vor, die folgenden Bücher begleitend zu den Kapiteln unseres Buches zu lesen. Das richtige Buch zur richtigen Zeit kann zu einem wundervollen Freund werden, zu einem Retreat, einem Sprungbrett, zur Seelennahrung. Es kann intimer zu Ihnen sprechen als Ihre beste Freundin. Einige dieser Bücher sind Bestseller und leicht zu bekommen, andere wurden von Kleinverlagen herausgebracht und sind etwas mühsamer zu beschaffen. Doch dank Computer und Internet wird Ihre Buchhandlung so gut wie jedes Buch, das jemals veröffentlicht wurde, finden können.

Einleitung

Im gesamten Text haben wir natürlich die Namen der Frauen, die ihre Geschichte mit uns teilten, aus Respekt vor der Privatsphäre ihrer Innenwelt verändert.

Carl Gustav Jung schrieb ausführlich über die Probleme, denen Menschen aus dem Westen begegnen, wenn sie asiatische Meditationspraktiken ausüben. Sein Werk *Zur Psychologie westlicher und östlicher Religion* (Olten, 1979) – ein gewaltiger Fachbuchfoliant – ist eine Sammlung vieler verschiedener Essays. Zwei sind für unsere Zwecke am interessantesten: Es sind Einführungen, die Jung für die Erstausgaben des Tibetanischen Totenbuches, des *I Ging* und Suzukis *Der Zen-Weg zur Befreiung* geschrieben hat. Seine Einführungsessays sind keine leichte Kost, enthalten aber viele scharfsinnige Erkenntnisse. Wir konnten feststellen, dass seine Kritik des Westens, der versucht, den Osten nachzuahmen, immer noch zutrifft. Obwohl er diese Essays zu Beginn des 20. Jahrhundert schrieb, war sein

Denken allen anderen weit voraus. Leihen Sie dieses Buch in Ihrer Bibliothek aus, und lesen Sie die Kapitel »Yoga und der Westen« sowie »Zur Psychologie der Meditation des Ostens«.

Lesen Sie auch Herbert Benson, dann werden Sie verstehen, wie absolut einfach die Meditation ist. Benson, Kardiologe an der Harvard Medical School, forscht seit über dreißig Jahren zur Physiologie der Meditation und hat dutzende wissenschaftlicher Untersuchungen und ein halbes Dutzend Bücher zu diesem Thema veröffentlicht. Er erläutert die medizinischen Vorzüge der Meditation und beschreibt einfache Wege zu deren Ausübung. Benson hat in den letzten Jahrzehnten hart daran gearbeitet, nicht selbst zum Guru zu werden und nicht alles zu mystifizieren, nur um das einfache Volk zu beeindrucken. Lesen Sie *Heilung durch Glauben* (Heyne, 1998).

Gesunder Geist, gesunder Körper von Alice Domar und Henry Dreher (Goldmann, 1998) schildert aus medizinischer Perspektive, wie man als Frau mittels der Meditation seiner Gesundheit etwas Gutes tun kann, und bespricht die wissenschaftliche Literatur zu den gesundheitlichen Vorzügen der Meditation.

Maharishi Mahesh Yogi gehörte zu jenen indischen Gurus, die die Meditation in den Sechzigerjahren im Westen populär gemacht haben. Als Lorin Lehrer für Transzendentale Meditation wurde, besuchte er viele der Vorträge von Maharishi. Um mehr über die Transzendentale Meditation zu erfahren, lesen Sie *Bhagavad Gita* von Maharishi Mahesh Yogi (Kamphausen, 1999).

Die Informationen zu den Unterschieden zwischen männlichen und weiblichen Gehirnen und deren Interferenzen stammen aus *Atlas Gehirn: Entdeckungsreisen durch unser Unterbewusstsein* von Rita Carter (Schneekluth, 1999). Viele andere Quellen bestätigen ihre Erkenntnisse.

Seine Heiligkeit der Dalai Lama drängt die Menschen, in ihrem Leben glücklich zu sein und nicht zu versuchen, Mönch zu werden. Im Juni 1997 hielt er in Los Angeles eine Reihe von Vorträgen, die auf dem buddhistischen Klassiker aus Indien *The Precious Garland: an Epistle to a King* stammen. Der Autor dieser Epistel ist Acarya Nagarjuna, ein Mönch, der im zweiten Jahrhundert lebte. Eine Sonderausgabe mit diesem Titel (Wisdom Publications, 1997) wurde im Publikum verteilt. Nagarjunas Text ist eine lange, ekelhafte Aufzählung, die den Körper, speziell den weiblichen Körper, äußerst bildhaft verurteilt, um alles Verlangen zu töten. Lesen Sie diesen Text nur, wenn Sie ein eklatantes Beispiel für vergiftende Einstellungen suchen, die man vermeiden sollte. Glücklicherweise hat *The Art of Happiness: A Handbook for Living* von seiner Heiligkeit dem Dalai Lama (Riverhead Books, 1998) einen weitaus einladenderen Tonfall.

Das Zitat von Alice Walker stammt aus einem Interview mit Sharon Salzberg (und Melvin McLeod), das im Januar 1997 im *The Shambhala Sun Magazine* erschien. Wir danken der Redaktion für die großzügige Erlaubnis, es abdrucken zu dürfen. Dank des wunderbaren Internets sandten wir unsere Bitte, sie zitieren zu dürfen, per E-mail an die *Sun* und erhielten die Erlaubnis weniger als zwanzig Minuten später, obwohl der Redakteur in Kanada sitzt und wir uns in Kalifornien befinden. Die Archive im Web unter www.shambhalasun.com reichen viele Jahre zurück und sind eine ergiebige Quelle der Inspiration. Wenn Sie *The Shambhala Sun* abonnieren wollen, schreiben Sie ihnen unter 1345 Spruce Street, Boulder, CO 80302-4886, USA oder mailen Sie: subscriptions@shambhalasun.com.

I. Geheimnis
Feiern Sie Ihre Sinne

Jeder Mensch besitzt ein wirksames inneres Gesundheitserhaltungssystem, schreiben Robert Ornstein und David Sobel in *Gesund durch Lebensfreude* (Rowohlt, 1997). Dieses Buch ist wirklich ungewöhnlich, denn es stellt wichtige Erkenntnisse zur Hirnforschung vor und ist doch leicht zu lesen, unterhaltsam und voll gesundem Menschenverstand. Ein dickes Lob den beiden Autoren. Ornstein und Sobel sind nicht nur Wissenschaftler; sie sind unserer Meinung nach mystische Wissenschaftler. Und weil sie schon so lange auf diesem Gebiet arbeiten, haben sie auch keine Angst vor dem Ratschlag, dass man das Leben genießen soll. »Freuen Sie sich auf tiefe, sinnliche Weise an jedem Aspekt Ihres Lebens – das ist gut für Ihre Gesundheit. Machen Sie die Meditation zu einem gesunden Vergnügen. Wir sind Wissenschaftler, also haben wir auf jeden Fall Recht.« Neben ihren Büchern geben sie auch den *Mind/Body Health Newsletter* heraus.

Die *Autobiographie eines Yogi* von Paramahansa Yogananda (Barth, 1979) ist eine mitreißende und unterhaltsame Geschichte von Yoganandas Begegnungen mit vielen der großen Lehrern und Heiligen Indiens. Er beschreibt darin die Phasen seines spirituellen Erwachens. Das Buch gilt schon lange als Klassiker.

Die schöne Macht der Sinne von Diane Ackerman (Knaur, 1993) ist eine herrliche Lektüre. Ackerman, eine wahre Poetin, schwelgt in der Physiologie des menschlichen Sinnesapparats. An irgendeinem Punkt im Leben sollte jeder Mensch auf Erden dieses Buch genüsslich lesen und dann in sein Alltagsleben hinausgehen und es neu sehen (und riechen und schmecken und hören).

2. GEHEIMNIS
Respektieren Sie Ihre Instinkte

»Ich entschuldige mich und setze mich dann irgendwo auf die Toilette«: Dieses erdverbundene Juwel verbreitete Goldie Hawn in Interviews in *Health* (Februar 2000) und *Good Housekeeping* (1. Juli 1997).

Das Wunder der Instinkte wird in den folgenden Büchern jeweils aus einem anderen Blickwinkel beleuchtet:

Mut zur Angst: wie Intuition uns vor Gewalt schützt von Gavin De Becker (Krüger, 1999) ist ein einzigartiges Buch darüber, wie man seine Intuition und seine Selbstschutzinstinkte zu beachten lernt. De Becker ist ein Experte für Stalker, und das Buch ist voller Geschichten von Fällen, an denen er gearbeitet hat. Das zentrale Thema lautet, wie man die Signale, die einem sagen »Du bist in Gefahr«, lesen und entsprechend darauf reagieren kann. Bei allen Menschen scheint ungefähr die Hälfte der Meditationszeit von »Signalverarbeitung« belegt zu werden – wie wir es nennen. Wenn Sie lernen, Signale besser zu verarbeiten, müssen Sie bei Ihrer Meditation weniger darüber nachdenken. De Becker leistet einen echten Beitrag zum Verständnis, wie man seine Furcht respektieren kann und somit die Zeit verringert, die man mit sinnloser und unnötiger Furcht verbringt.

Warum Zebras keine Migräne kriegen von Robert Sapolsky (Piper, 1998) ist eine großartige Lektüre für alle, die an der Stress-Physiologie interessiert sind, an dem, was im Körper geschieht, wann immer wir erschreckt, ängstlich oder wütend sind, entweder für einen kurzen Augenblick oder für längere Zeit. Sapolsky ist Professor für Biowissenschaften und Neurologie an der Stanford University und ein höchst unterhaltsamer Autor.

3. GEHEIMNIS
Nehmen Sie Ihre innere Autorität in Besitz

Dr. Caroline Myss bringt in *Geistkörper-Anatomie: Chakren – die sieben Zentren von Kraft und Heilung* (Knaur, 1997) drei Systeme zusammen: die christlichen Sakramente, die jüdische Kabbala und die hinduistischen Chakren.

Ihr Ego muss integriert und funktional sein, wenn Sie überleben und gut zurechtkommen wollen, schreibt John Bradshaw in *Das Kind in uns – wie finde ich zu mir selbst* (Knaur, 1992).

Die uralte und ehrbare hinduistische Tradition kennt ein Modell der Autorität und der Lehrer-Schüler-Beziehung, die uns Westlern vollkommen fremd ist (in den Schriften heißt es, der Guru sei »größer als Gott«). *Karma Cola: Gurus, Freaks, Business – die Vermarktung der indischen Mystik* von Gita Mehta (Heyne, 1984) ist eine köstliche Pflichtlektüre für alle, die sich für östliche Meditationspraktiken interessieren.

Starhawk erläutert in ihrem Buch *Mit Hexenmacht die Welt verändern* (Hermann Bauer, 1991) den Unterschied zwischen »Macht-aus-dem-Innern« und »Macht-über«. Sie betont eine einzigartige Mystik, wenn sie über Frauenfragen spricht. Starhawk ist eine Hexe – eine gute Hexe – und gibt der erdumfassenden Religion eine Stimme, bei der die Spiritualität aus dem Boden stammt und durch ihre Füße in ihren Körper aufsteigt.

Tibets weise Frauen von Tsultrim Allione (Capricorn, 1987) wirft Licht auf die wenig bekannten Frauen im tibetischen Buddhismus aus der Perspektive einer zeitgenössischen Amerikanerin, die dieser Tradition folgt.

4. GEHEIMNIS
Seien Sie sanft zu sich selbst

Die Wiederentdeckung des Weiblichen von Marianne Williamson (Goldmann, 1995) ist eine gute kurze Lektüre darüber, wie man nicht gemein zu sich selbst ist.

CONTINUUM ist ein eleganter Ansatz an die Heilungsbewegung, entwickelt von den Gründerinnen Emilie Conrad und Susan Harper. Informationen zu Workshops unter Telefonnummer 001-310-453-4402, oder besuchen Sie die Website www.ContinuumMovement.com.

5. Geheimnis
Verweilen Sie in Ihrem inneren Heiligtum

Die Theorie von der »zärtlichen und hilfreichen« Reaktion der Frau auf Stress wird derzeit von einem Team unter Leitung von Dr. Shelley E. Taylor, Professorin für Psychologie an der University of California in Los Angeles, erforscht. Ihr Bericht wird in *Psychological Review* erscheinen.

Frauen-Körper, Frauen-Weisheit von Dr. Christiane Northrup (Zabert, 1994) bietet einen umfassenden Überblick über weibliche Gesundheitsfragen. Northrup verbindet die konventionelle Medizin mit der alternativen Medizin auf eine Weise, die deren tiefe gegenseitige Ergänzung offen legt. Sie gibt auch einen Newsletter heraus, *Health Wisdom for Women*, den wir jeden Monat begeistert lesen.

Es gibt viele Göttinnen, jede mit ihren eigenen Gefühlsnuancen. Wenn Sie an den archetypischen griechischen Göttinnen interessiert sind, lesen Sie *Aphrodites Wiedergeburt – Plädoyer für eine lustvolle Spiritualität* von Ginette Paris (Schweizer Spiegel Verlag, 1990) oder *Göttinnen in jeder Frau – Psychologie einer neuen Weiblichkeit* (Sphinx, 1993) von Jean Shinoda Bolen.

6. Geheimnis
Dem Ruf folgen

Wir empfehlen *The Pregnant Virgin: A Process of Psychological Transformation* von Marion Woodman (Inner City Books, 1985). Woodman ist Jung'sche Analytikerin und ehemalige Englischlehrerin. Sie schreibt voller Leidenschaft und Poesie über die Herausforderung, den inneren Ruf zu hören und zu beantworten.

Queen Maeve and her Lovers: A Celtic Archetype of Ecstasy, Addiction, and Healing stammt von Sylvia Perera, einer weiteren Jung'schen Psychoanalytikerin (Carrowmore Books, 1999). In Pereras Werk finden sich die Erfahrungen aus dem Leben ihrer Klienten wieder sowie viele Märchen und Mythen. Dieses umfangreiche Buch ist umfassend und erhellend.

In *The Heroine's Journey* (Shambhala, 1990) spricht Maureen Murdock von den vielen unterschiedlichen Arten, wie eine Frau dazu aufgerufen werden kann, das Abenteuer der Erforschung ihres weiblichen Selbst auf sich zu nehmen. Das Buch lehnt sich an Joseph Campbells *Der Heros in tausend Gestalten* (Insel, 1999) an; es stellt die Geschichte des Helden aus weiblicher Sicht dar und steckt voller weiblicher Erkenntnisse.

7. GEHEIMNIS

Machen Sie sich Ihren Rhythmus zu Nutze

Die impulsive Saat der Schöpfung kommt nicht auf sanften Katzenpfoten daher, schreibt Georgianne Cowan in »The Sacred Womb« aus dem Buch *The Soul of Nature: Visions of a Living Earth,* das von Michael Tobias und Georgianne Cowan herausgegeben wurde (CONTINUUM Publishing, 1994). Dieses Zitat verwenden wir mit freundlicher Erlaubnis der Autorin.

Gabrielle Roth zeigt in *Totem: Gelebter Schamanismus* (Heyne, 2000), wie man Meditation und Tanz verbinden kann. Vielen Frauen ist es wichtig, vor dem Meditieren zu tanzen, denn das ist eine fröhliche Aufwärmübung, die die ganze Erfahrung bereichert. Die Meditation selbst fühlt sich anschließend wie ein subtiler innerer Tanz an.

Vor einiger Zeit nahm ich an einem Workshop von Angeles Arrien im Earth Trust in Malibu teil. Sie sprach darüber, manchen Menschen die vier Phasen des Lebens am Gesicht ablesen zu können, und dieses Bild habe ich nie vergessen. Es gibt keine veröffentlichten Quellen zu dieser Information, aber sie selbst hat zahlreiche weise und hilfreiche Bücher geschrieben.

Die Schätzungen, wie viele Menschen als Ketzer während der Inquisition zu Tode kamen, stammen aus *Wiederkehr der Göttin: die Religion der großen kosmischen Mutter* von Monica Sjöö und Barbara Mor (Labyrinth Verlag, 1985). Dieses wissenschaftliche Werk ist voll von erschreckenden Fakten, die alle gewissenhaft recherchiert wurden.

8. GEHEIMNIS

Sagen Sie JA zu jedem Ihrer Teile

Meine vielen Gesichter: Wer bin ich wirklich? (Kösel, 1994) von Virginia Satir ist nur etwas über einhundert Seiten lang und außergewöhnlich gut zu lesen. Satir wird gemeinhin als Genie unter den TherapeutInnen betrachtet. In

Meine vielen Gesichter zeigt sie auf, wie man mit den inneren Unterpersön-
lichkeiten beziehungsweise dem Alter Ego arbeiten kann.

Der Weg zur inneren Quelle: Core-Transformation in der Praxis (Junfermann,
1995) von Connirae Andreas und Tamara Andreas ist keine leichte Lektüre, aber der Mühe wert. Ihre Beschreibung, wie man die inneren Persönlichkeiten miteinander in Kontakt bringt, ist in ihrer Klarheit beispiel-
los, und niemand sagt besser, wie man den inneren Kritiker zum inneren
Verbündeten macht.

*Die dunkle Seite der Lichtjäger: Kreativität und positive Energie durch die Arbeit am
eigenen Schatten* (Goldmann, 1999) von Debbie Ford ist ein hervorragender
Führer bei der Arbeit mit Ihrer »dunklen Seite«, dem Teil Ihrer selbst, den
Sie nicht für spirituell halten und den Sie am liebsten loswerden würden.
Das Buch ist leicht zu lesen und unterhaltsam.

9. GEHEIMNIS
Ruhen Sie in der Einfachheit

Ein guter Tag: 365 Schritte zum erfüllten Leben von Sarah Ban Breathnack
(Goldmann, 1998) ist ein herrliches Meditationsbuch (eine Seite für jeden Tag des Jahres). Uns gefällt es sehr. Die Autorin erledigt ihre Aufgabe exzellent: Jeden Tag wird die Leserin mit einer passenden Meditation
eingestimmt. Ihre Alltagswelt wird sich in ein Heim für Ihr authentisches,
seelenvolles Selbst verwandeln.

Muscheln in meiner Hand von Anne Morrow Lindbergh (Piper, 2000) ist
ein schmales Büchlein, das Sie sehr gut mit an den Strand, ans Ufer oder
auf den Rasen hinter dem Haus mitnehmen können, wann immer Sie einen friedlichen Moment genießen wollen.

10. GEHEIMNIS
Fürchten Sie sich nicht vor der Tiefe

Das Bild des aktiven »Abstiegs zur Göttin« entspringt der bahnbrechen-
den Arbeit von Sylvia Perera. *Descent to the Goddess: A Way of Initiation for Women* (Inner City Books, 1989) zeigt das weibliche Mysterium des Abstiegs

anhand des sumerischen Mythos von Inanna und Ereskigal auf. Es gibt noch weitere kostbare Quellen, mit denen Sie Ihre Tiefen ausloten können:

Die Wolfsfrau: Die Kraft der weiblichen Urinstinkte von Clarissa Pinkola Estes (Heyne, 1993) ist ein Buch von einer erfahrenen Geschichtenerzählerin und Jung'schen Analytikerin, die weibliche Erfahrungen prägnant und tiefsinnig zu erzählen weiß.

Frau und Natur: das Brüllen in ihr von Susan Griffin (Suhrkamp, 1987) gehörte zu den ersten Büchern, die patriarchale Annahmen in Frage stellten und uns Frauen wieder mit unserer natürlichen Quelle in Verbindung brachten.

Die Seele lieben: Tiefe und Spiritualität im täglichen Leben von Thomas Moore (Knaur, 1995) bietet ebenfalls großartige Hilfestellungen.

11. Geheimnis
Lieben Sie Ihren Körper

Die meisten Frauen kennen das Gefühl der Macht ihrer Sexualität gar nicht mehr, schreibt Murdock in *The Heroine's Journey*. Und weiter: »Wenn eine Frau von ihrem Abstieg zurückkehrt, nimmt sie ihren Körper neu in Besitz.«

»The Place Where You Are Right Now« findet sich in *The Subject Tonight Is Love: Sixty Wild and Sweet Poems by Hafiz* in der Übersetzung von Daniel Ladinsky (Pumpkin House Press, 1996).

Heilung und Erfüllung durch die große Mutter: Studie über den Zwang zur Perfektion (Ansata, 1987) von Marion Woodman ist ein Buch über Essstörungen, aber es reicht viel weiter und spricht noch viele andere Faktoren an, die eine Frau dazu bringen, sich von ihrem Körper abzutrennen. Lorin meint, dass Woodman eine der wenigen Menschen ist, die aus der Tiefe ihres Körpers schreiben, aus dem Knochenmark, wo die roten Blutkörperchen entstehen; ihre Worte pulsieren mit dem menschlichen Herzschlag.

Frau – eine intime Geographie des weiblichen Körpers von Natalie Angier (Bertelsmann, 2000) ist ein sehr freches, wissenschaftliches Exposé über die jüngsten Erkenntnisse zur weiblichen Biologie.

Die Vagina-Monologe von Eve Ensler (Fischer, 2000) basieren auf dem außergewöhnlichen Theaterstück gleichen Namens. Ensler bat Frauen, über die Beziehung zu ihrer Vulva und ihrer Gebärmutter zu sprechen, und das Ergebnis ist lustig, bewegend und aufschlussreich.

In *The Soul of Sex* (HarperCollins, 1998) spricht Thomas Moore, seit zwölf Jahren Mönch und ausgebildeter Therapeut, voller Humor, Staunen und Ehrfurcht über Sex. In seinem Buch *Die Seele lieben: Tiefe und Spiritualität im täglichen Leben* (Knaur, 1995) nennt er Symptome auch Symbole und erläutert, wie man ihrer Poesie lauschen kann.

Magie des Tantra – die hohe Schule für Paare und Singles (Goldmann, 1995) von Margo Anand leistet eine wunderbare Arbeit: Es erforscht die meditative und spirituelle Seite der Sexualität. Dieses Buch strahlt die Liebe aus, die Anand hineinsteckte, und enthält eine ganze Reihe Körperübungen und Meditationen, die Sie durchführen können, um die Scham und die Peinlichkeit in Hinblick auf Ihre Sexualität zu überwinden und sie als innewohnenden Teil Ihrer spirituellen Natur willkommen zu heißen.

12. Geheimnis
Leben Sie!

»Wissen Sie, wozu ein Herz gut ist?« stammt aus dem Interview, das Sharon Salzberg und Melvin McLeod mit Alice Walker für die *Shambhala Sun* führten (Januar 1997).

Der Weg des Künstlers von Julia Cameron (Knaur, 1996) ist eine forsche Anleitung, mit der Sie Ihre Kreativität neu entdecken können. Es ist die Art von Buch, das man, wenn man es einmal gelesen hat, immer wieder gern zur Hand nimmt, um einen Absatz oder eine Seite nachzuschlagen. Wir empfehlen auch Camerons späteres Buch *The Vein of Gold* (Putnam, 1997). Beide Bücher verwenden die Meditation als Hilfsmittel, um zu den inneren Tiefen zu gelangen, sie zu pflegen und sie in die Welt hinauszutragen.

Machiavelli für Frauen: Strategie und Taktik im Kampf der Geschlechter von Harriet Rubin (Fischer, 2000) ist eine lebendige Anleitung zur Überwindung von Hindernissen, die einem Aufblühen in der Welt im Wege stehen. Rubin rät, Macht auf weibliche Weise auszuüben und Situationen zu erschaffen, in denen alle Beteiligten gewinnen. Wie schon Jesus sagte, müssen wir »klug wie die Schlangen« sein und »unschuldig wie die Tauben«. Jede Meditierende muss lernen, ihre Macht gut einzusetzen, sonst wird die Meditation zu einer endlosen Selbstspiegelung darüber, wie Sie Ihre Macht *nicht* gut einsetzen.

James Hillmans Arbeit liefert eine verblüffende neue Sicht der Grundlagen der Psychologie. Wir empfehlen all seine Schriften. In *Charakter und Bestimmung: eine Entdeckungsreise zum individuellen Sinn des Lebens* (Goldmann, o. J.) erklärt er, dass jedes Leben von einem inneren Bild geformt wird, einem kreativen Genius, der dieses Leben seiner Bestimmung zuführt.

Es kann locker zehn oder zwanzig Jahre dauern, diese Liste durchzuarbeiten, aber wir hoffen ohnehin, dass Sie mindestens so lange meditieren. Denken Sie bei der Lektüre immer daran, die Worte bewusst in sich aufzunehmen. Die Wahrheit über die Meditation findet sich nicht »da draußen« in den Büchern oder in anderen Menschen, sie ist »da drin«. Die Assoziationen, die Ihnen beim Lesen kommen, sind wichtig; die Dinge, die Sie vergessen haben und an die Sie erinnert werden mussten, sind oft besonders nützlich. Wenn Sie mit der Autorin oder dem Autor nicht übereinstimmen oder feststellen, dass deren allgemeine Aussagen überhaupt nicht auf Sie zutreffen, dann ist das eine höchst nützliche, wenn auch unbequeme Information. Wenn Sie sich auf diese Weise unangenehm berührt fühlen, können Sie erkennen, wo sich Ihre Individualität vom Allgemeinen und von der Herde unterscheidet.

Suchen Sie darüber hinaus Gedichte, die Ihr Herz berühren. Gedichte sprechen direkt aus der Seele und zur Seele und können herrliche Einsichten in all das bieten, was sich in normaler Sprache nicht sagen lässt. Wir empfehlen insbesondere die alten Dichter Rumi, Kabir und Hafiz. Meine Lieblingsdichterin aus alter Zeit, Mirabai, gehört zu den wenigen Frauen, deren Arbeiten es in Schriftform gibt.

Musikempfehlungen

Musikgeschmack ist etwas überaus Individuelles, besonders wenn es darum geht, ein hilfreiches Gefühl für eine Meditation zu wecken. Dennoch gibt es einige ungewöhnliche Stücke, die den Frauen gefielen, mit denen wir gearbeitet haben.

Sanft und zart

Sunyata und *Offerings* von Vas; *A BoneCroneDrone* und *Weaving My Ancestors' Voices* von Sheila Chandra; *Eight String Religion* von David Darling; *Himalaya, Yatra* und *Dorje Ling* von David Parsons; *Shamanic Dream* von Anugama; *El Hadra: The Mystic Dance* von Klaus Wiese; *Sustaining Cylinders, Ancient Leaves* und *Planetary Unfolding* von Michael Stearns (alles von ihm ist einfach wunderbar); *The Lama's Chant* von Lama Gyurmé und Jean-Philippe Rykiel.

Emotional aufwühlend

The Mirror Pool von Lisa Gerrard; *Earth Heart* von Vicki Hansen; *Symphony #3* von Henryk Gorecki; alle Cello-Solostücke von Johann Sebastian Bach; *Requiem* von Gabriel Fauré; *Passion: Music for »The Last Temptation of Christ«* von Peter Gabriel; *Chronos* und *Baraka* von Michael Stearns; *Mass* von Charles Bernstein.

Trommelrhythmen

Percussive Environments von Jim McGrath; *Medicine Trance* von Professor Trance; *At the Edge* von Mickey Hart.

Danksagungen

Ideen werden immer aus einem größeren Erkenntniszusammenhang geboren. Wir möchten unsere Wertschätzung für einige der Menschen zum Ausdruck bringen, die uns nachhaltig beeinflusst haben.

Ich, Camille, möchte meinem Freund Federico Montoya danken und seinen tiefsinnigen Lehren zum Essential Movement, die er Ende der Siebziger mit mir teilte. Ich bin June Kounin auf ewig dankbar, einer außergewöhnlichen weisen Alten, die jene weibliche Kraft modellierte, welche es mir erlaubte, das Fundament meiner Seele zu ergründen – und die mich immer noch durchdringt. Ich applaudiere meiner geliebten Verbündeten und Freundin Emilie Conrad für den Mut ihrer Vision, dafür, dass sie CONTINUUM erschuf und dass sie ein radikales Verständnis für die Intelligenz des Körpers in Worte fasste. Danke für deine lebhafte Ermutigung und unseren fortgesetzten kreativen Dialog.

Eine besondere Erwähnung gilt dem *Jungian Women's Gathering* – einer Gruppe weiser und wilder Analytikerinnen und ein paar Statistinnen wie mir, die sich seit zehn Jahren jeden Juni in Taos treffen, wo wir in unsere weiblichen Tiefen eintauchen. Eure Weisheit begleitet mich immer in meinen Knochen. Ein tiefer Dank an Medora Woods für ihre vielfältige Unterstützung, einschließlich eines großzügigen Darlehens, das es mir erlaubte, mich ein Jahr lang dem Schreiben zu widmen. Zu meiner wunderbaren Movement-Truppe gehörten Susan Harper, Georgianne Cowan und Stephanie Franz Rivera. Ich liebe unseren Viererkreis, in dem wir durch ein Jahrzehnt der Lebensübergänge tanzten: Geburten, Todesfälle, Scheidungen und Hochzeiten.

Ein liebevoller Dank gilt meinen liebsten Freundinnen in aller Welt, besonders Louisa Putnam, Deanne Newman, Jessica Fleming, Katherine

Lee und Carol Zeitz, die mir auf der Reise Gesellschaft leisteten und das Netz der Verbundenheit pflegten.

Lorin möchte Beulah Smith danken, seiner ersten Meditationslehrerin. Er ist besonders seiner Schwester Dale Lewis für die lebenslange Konversation dankbar. Aufgrund ihrer Erfahrungen mit Meditation, Mutterschaft, Co-Beratung und Unterricht konnte Dale viele feinsinnige Beiträge zu diesem Buch leisten. Lorin möchte auch den hunderten von Frauen Dank sagen, die ihre Geschichten in den letzten 33 Jahren überaus detailreich mit ihm geteilt haben und die ihm dadurch beigebracht haben, wie man zuhört.

Unser Dank gilt auch unserem geliebten Agenten Gareth Esersky von der Carol Mann Agentur in New York, weil er eine so freundliche Art des Geschäftsgebarens erfand. Ein Dankeschön auch unserem Verleger Doug Abrams bei HarperSanFrancisco für seine aufschlussreiche Anleitung und seiner Assistentin Renée Sedliar – danke euch beiden für den erfreulichen Austausch während der Produktion. Unbegrenzter Dank unserer Freundin Ilene Segalove, die das Buch ausdauernd unterstützt hat, es las und es auf ihre einzigartige und kecke Art, Dinge anzugehen, feingeschliffen hat. Dank auch unserem Leser John Chamberlain für seinen Blick eines Wissenschafts- und Englischlehrers, und unserer Leserin Sara Staehle Urso, die viele wertvolle Kommentare abgab.

Ich verdanke meine Hingabe an Leidenschaft, Vergnügen und inneren Frieden meiner Mutter Beverly Angelina (1926–1971). Sie war schon vor der Zeit eine wilde Frau und verkörperte die Tragödie eingesperrter weiblicher Energie. Ihren Kampf erlebte ich während ihres Lebens und ihres Todes in Technicolor mit, sodass ich ihr Erbe deutlich verstehen und weitergeben konnte.

Ich möchte auch das Offensichtliche aussprechen: zeitloser Dank meinem Ehemann Lorin, weil er so ein beherzter Kämpfer für die Frauen ist und weil er das kreative Feuer mit mir durchsteht. Danke für dein herrliches Lachen, dass du mich neckst, wenn ich zu ernst bin, und für das fröhliche Wunder, dass wir leben.

Wie Sie uns erreichen

Wenn Sie Informationen über unsere Vorträge, Workshops, Videos und HarperSanFrancisco, Performancestücke und andere Veröffentlichungen möchten, besuchen Sie unsere Website www.lorinroche.com, oder richten Sie Ihre Fragen, Kommentare oder Erfahrungen per E-mail an:

secrets@lorinroche.com

Sie können uns auch über unseren Verlag HarperSanFrancisco erreichen:

HarperSanFrancisco
353 Sacramento Street
Suite 500
San Francisco, CA 94111-3653
USA
Tel. 001-415-477-4400

Register